中華民國史檔案資料滙編

第五輯 第三編

財政經濟（四）

中國第二歷史檔案館編

鳳凰出版傳媒集團 鳳凰出版社

目　　录

〔四〕工矿业

（一）工矿业概况

一、组织法规与方针政策

1. 经济部工商辅导处组织条例
　(1946 年 11 月 23 日) ………………………………………… 1
2. 经济部工商督导处组织条例
　(1947 年　月　日) ………………………………………… 2
3. 国民政府公布修正公司法
　(1946 年 4 月 12 日) ………………………………………… 3
4. 国民政府公布标准法
　(1946 年 9 月 24 日) ………………………………………… 51
5. 国民政府公布钨锑收购条例
　(1946 年 10 月 24 日) ………………………………………… 52
6. 国民政府公布修正度量衡器具营业条例
　(1946 年 11 月 9 日) ………………………………………… 53
7. 国民政府公布电业法
　(1947 年 12 月 10 日) ………………………………………… 54
8. 资源委员会关于战后办理后方工业建设紧缩概况及今后建设方针签呈稿
　(1945 年　月　日) ………………………………………… 69
9. 战时生产局关于美籍顾问杰克逊对战后工业生产意见的

签呈
(1945年8月28日) ………………………………………………………… 77
10. 行政院对于外商来华投资工业问题的声明
(1947年8月 日) ………………………………………………………… 81
11. 行政院关于施行各省省营企业整理办法的训令
(1947年10月23日) …………………………………………………… 83
12. 全国经济委员会三十次会议通过的经济改革方案实施办法(工业部分)(抄件)
(1948年1月15日) ……………………………………………………… 84
二、工矿业调查统计
〔1〕工业
1. 经济部统计处关于全国电气事业统计报告
(1946年12月 日) ……………………………………………………… 96
2. 经济部关于中国棉纺织业设备产量统计表
(1947年 月 日) ……………………………………………………… 100
3. 中国棉纺织工厂同业公会联合会编中国纺织厂一览表
(1947年9月 日) ………………………………………………………… 107
4. 主计部关于1947年度工厂概况及工业品产量统计
(1948年6月 日) ………………………………………………………… 127
5. 主计部关于工厂经营概况统计
(1948年6月 日) ………………………………………………………… 129
6. 主计部关于工业产品统计
(1948年6月 日) ………………………………………………………… 148
7. 主计部关于1946年与1947年电气事业统计
(1948年6月 日) ………………………………………………………… 151
8. 主计部关于电气事业统计
(1948年6月 日) ………………………………………………………… 151
9. 主计部关于1946年与1947年度量衡统计
(1948年6月 日) ………………………………………………………… 158

10. 主计部关于度量衡概况统计
(1948 年 6 月　日) …………………………………………… 158
〔2〕矿业
1. 主计部关于全国矿藏量统计
(1948 年 6 月　日) …………………………………………… 165
2. 主计部关于矿业权统计
(1948 年 6 月　日) …………………………………………… 180
3. 主计部关于全国矿产品统计
(1948 年 6 月　日) …………………………………………… 188
〔3〕工人工资生活费及劳资争议案件
1. 主计部关于劳工福利工资及生活费调查统计
(1948 年 6 月　日) …………………………………………… 194
2. 主计部关于劳资争议案件及处理数调查统计
(1948 年 6 月　日) …………………………………………… 210
三、经济部的施政报告
1. 经济部关于战后生产事业情况的报告
(1946 年 3 月　日) …………………………………………… 213
2. 经济部关于一九四七年度重要行政措施检讨报告
(1948 年 2 月　日) …………………………………………… 224
3. 工商部抄送 1948 年下半年施政报告呈
(1949 年 1 月　日) …………………………………………… 253
4. 工商部抄送该部投资事业概况表致财政部代电
(1949 年 3 月 22 日) ………………………………………… 264

(二) 战后工矿业的“复员”与接收

一、“复员”计划与实施办法
1. 经济部编后方国营民营工矿业调整计划
(1945 年 8 月　日) …………………………………………… 271
2. 经济部编收复区敌伪工矿业接收整理计划

(1945年8月　日)………………………………………………… 334
3. 经济部编光复区敌办工矿业接收整理计划
(1945年8月　日)………………………………………………… 382
4. 经济部编收复区民营工矿事业调整计划
(1945年8月　日)………………………………………………… 397
5. 经济部编光复区民营工矿事业接收整理计划
(1945年8月　日)………………………………………………… 438
6. 中央设计局编东北矿业检讨报告及复员计划
(1945年8月　日)………………………………………………… 441
7. 资源委员会拟具沦陷区工矿事业整理原则及处理办法稿
(1945年　月　日)………………………………………………… 480
8. 经济部公布收复区工矿事业整理委员会组织规程
(1945年8月1日)………………………………………………… 485
9. 经济部
战时生产局各收复区特派员办公处组织规程
(1945年8月　日)………………………………………………… 486
10. 经济部公布收复区工矿事业接收整理办法
(1945年8月20日)………………………………………………… 488
11. 行政院通过收复区重要工矿事业处理办法
(1945年8月21日)………………………………………………… 489
12. 经济部关于收复区各种公司及各项企业组织应行遵守事项令
(1945年8月22日) ………………………………………………… 490
13. 经济部公布收复区敌国资产处理办法
(1945年8月29日) ………………………………………………… 492
14. 经济部战时生产局各收复区特派员办公处登记及接收工矿事业实施办法
(1945年9月4日)………………………………………………… 493
15. 经济部核定收复区电气事业处理办法

(1945 年 9 月 9 日) …………………………………………………… 495
16. 经济部核定收复区矿业权处理办法
(1945 年 9 月 15 日) …………………………………………………… 496
17. 资源委员会标售厂矿办法
(1945 年　月　日) …………………………………………………… 497
18. 山东青岛区敌伪产业审议会通过的敌伪小工厂标售办法
(1946 年 1 月 19 日) …………………………………………………… 498
19. 山东青岛区敌伪产业审议会通过的处理接收敌伪船舶及附带产业物资办法
(1946 年 1 月 24 日) …………………………………………………… 499
20. 山东青岛区敌伪产业审议会通过的青岛市中日合办工厂复工办法
(1946 年 2 月 6 日) …………………………………………………… 500
21. 山东青岛区敌伪产业审议会通过的经济部鲁豫晋区特派员办公处接收工厂复工贷款暂行办法
(1946 年 2 月 27 日) …………………………………………………… 501
22. 山东青岛区敌伪产业审议会通过的经济部特派员办公处出售工厂实施办法
(1946 年 2 月 27 日) …………………………………………………… 502
23. 山东青岛区敌伪产业审议会通过的标售青岛区敌伪工厂暂行办法
(1946 年 5 月 22 日) …………………………………………………… 503
24. 经济部一九四六年度复员实施办法
(1946 年　月　日) …………………………………………………… 504
二、对收复区工矿业的接收
1. 孙越崎筹办接收华北东北等地工矿事业致翁文灏等电
(1945 年 12 月—1946 年 5 月) …………………………………………………… 512
2. 经济部等核办民营电业协会呈诉明远电气公司普临电气公司被省府非法接收案公函

(1946年1—4月) ………………………………………… 516
3. 行政院秘书处抄发中统局关于湖南零陵标卖敌产内幕情报公函
(1946年2月21日) ………………………………………… 519
4. 经济部抄送上海市商会建议政府将被敌伪占夺的民营工厂发还原主代电公函
(1946年5月15日) ………………………………………… 520
5. 经济部粤桂闽区特派员办公处接收区内敌伪厂库工作报告
(1946年5月 日) ………………………………………… 522
6. 经济部苏浙皖区特派员办公处工作报告
(1946年7月 日) ………………………………………… 537
7. 经济部冀热察绥区特派员办公处工作总报告书
(1946年 月 日) ………………………………………… 610
8. 经济部工业复员工作办理情形稿
(1946年9月18日) ………………………………………… 641
9. 经济部东北区特派员办公处敌伪事业资产接收处理报告(节录)
(1946年11月 日) ………………………………………… 645
10. 经济部统计处编接收处理敌伪产业初步统计报告
(1946年11月 日) ………………………………………… 682
11. 资源委员会关于接办台湾工矿事业进展情形及周年简报呈
(1947年7月22日) ………………………………………… 706

〔四〕工　矿　业

（一）工矿业概况

一、组织法规与方针政策

1. 经济部工商辅导处组织条例

（1946年11月23日）

经济部工商辅导处组织条例　三十五年十一月二十三日公布

第一条　经济部为促进民营工矿电商事业之发展，于上海、广州、天津、沈阳、汉口、重庆、兰州，设置工商辅导处，其设置先后及管辖区域，由经济部呈准行政院定之。

第二条　工商辅导处之职掌如左：

一、民营工矿电商业管理或技术之指导改良事项。

二、民营工矿电商业创设规划之指导协助事项。

三、输出输入贸易之指导辅助事项。

四、辖区内生产事业之配合事项。

五、辖区内工业器材原料供应之筹划调剂事项。

六、辖区内经济实况之调查报告事项。

七、其他经济部交办事项。

第三条　工商辅导处置处长一人，简派，综理处务，指挥监督所属职员。

第四条　工商辅导处置秘书二人，一人简派，一人荐派；技正四人，二人简派，二人荐派；技士二人至四人，处员四人至八人，均委派。雇员六人至十人。

前项人员,必要时得由经济部就部内人员调用之。

第五条　工商辅导处置会计主任一人,荐派;会计助理员一人,委派;依国民政府主计处组织法之规定,办理岁计会计统计事务。

第六条　工商辅导处办事细则,由经济部定之。

第七条　本条例自公布日施行。

〔国民政府档案〕

2. 经济部工商督导处组织条例

(1947 年　月　日)

经济部工商督导处组织条例

第一条　经济部为督导工矿商事业之发展,于国内各大城市分设工商督导处,各处所管辖之区域以部令定之。

第二条　督导处之职掌如左:

一、指导并协助民营工矿商事业,以改善其技术及管理。

二、供给商业界以国内外贸易之资料。

三、研究工矿商事业之改进。

四、筹划工业器材及原料之供应。

五、调查经济状况。

六、经济部交办之其他事项。

第三条　督导处设处长一人,简派;秘书二人,一人简派,一人荐派;技正四人,二人简派,二人荐派;专门委员三人,聘用会计主任一人,荐派;处员六人至十二人,委派;雇员六人至十八人。

第四条　督导处办事细则另定之。

第五条　本条例自公布之日施行。

〔国民政府行政院档案〕

3. 国民政府公布修正公司法

（1946 年 4 月 12 日）

修正公司法　国民政府三十五年四月十二日公布施行

第一章　定义

第一条　本法所称公司，谓以营利为目的，依照本法组织登记成立之社团法人。

第二条　本法所称无限公司，为二人以上之股东所组织对公司债务负连带无限清偿责任之公司。

第三条　本法所称两合公司，为一人以上之无限责任股东与一人以上之有限责任股东所组织，其无限责任股东对公司债务负连带无限清偿责任，有限责任股东就其出资额为限，对于公司负其责任之公司。

第四条　本法所称有限公司，为二人以上十人以下之股东所组织，就其出资额为限，对公司负其责任之公司。

第五条　本法所称股份有限公司，为五人以上之股东所组织，全部资本分为股份，股东就其所认股份对公司负其责任之公司。

第六条　本法所称股份两合公司，为一人以上之无限责任股东与五人以上之有限股份股东所组织，其无限责任股东对公司债务负连带无限清偿责任，有限股份股东就其所认股份对公司负其责任之公司。

第七条　本法所称外国公司，谓以营利为目的、依照外国法律或经外国政府特许组织登记、并经中国政府认许在中国境内营业之公司。

第八条　本法所称本公司为公司依法首先设立以管辖全部组织之总事务所，称分公司为受本公司管辖之分支机构。

第九条　本法所称公司负责人，在无限公司、两合公司为执行业务或代表公司之股东，在有限公司为执行业务之股东或董事，在股份有限公司为董事，在股份两合公司为无限责任股东。公司之经理人或清算人、有限公司之监察人、股份有限公司之发起人、监察人或检查人、股份两合公司之监察人或检查人，在执行其职务之范围内亦为公司之负责人。

第十条　本法所称连带责任，为各股东不问其出资或盈亏分派之比例，对公司债权人所负共同或单独清偿全部债务之责任。

第十一条　本法所称主管官署，在中央为经济部，在省为建设厅，院辖市为社会局。

第二章　通则

第十二条　公司分为五种：

一、无限公司。

二、两合公司。

三、有限公司。

四、股份有限公司。

五、股份两合公司。

公司之名称应标明其种类。

第十三条　公司以其本公司所在地为住所。

第十四条　公司非在中央主管官署登记后，不得成立。

第十五条　公司设立登记后，如发现其设立登记或其他登记事项有违法或虚伪情事时，经法院裁判后通知中央主管官署撤销其登记。公司负责人有前项情事时，得各科一千元以下之罚锾，其情节重大者得各科一年以下有期徒刑、拘役或二千元以下之罚锾。

第十六条　公司设立登记后，满六个月尚未开始营业者，或开始营业后自行停止营业至一年以上者，中央主管官署据地方主管官署呈请或利害关系人申请，得撤销其设立登记。

前项所定期限如有正当事由，公司得呈请准予延展。

第十七条　公司设立分公司，应于设立后十五日内，呈由分公司所在地主管官署转呈中央主管官署声请登记。

第十八条　公司设立登记后，有应登记之事项而不登记、或已登记之事项有变更而不为变更之登记者，不得以其事项对抗他人。

第十九条　公司之解散，除破产外，应于接收解散命令或决议解散后十五日内，呈由地方主管官署转呈中央主管官署声请为解散之登记，并在本公司所在地公告之。

公司负责人违反前项声请登记期限之规定时，得各科五百元以下之罚锾。

第二十条　公司不得为他公司之无限责任股东或合伙事业之合伙人，如为他公司之有限责任股东时，其所有投资总额不得超过本公司实收股本二分之一，但投资于生产事业或以投资为专业者不在此限。

第二十一条　公司得为他公司之董事、监察人，但须指定自然人充其代表。

对于前项代表权所加之限制，不得对抗善意第三人。

第二十二条　公司不得经营其登记范围以外之业务。

第二十三条　公司除以其他法律或公司章程规定以保证为业务者外，不得为任何保证人。

第二十四条　公司负责人违反第二十二条或第二十三条之规定时，得各科二千元以下之罚锾，并赔偿公司因此所受之损害，其情节重大者，并得撤销其登记。

第二十五条　公司之业务须经政府特许者，于领得特许证件后，方得经营。

第二十六条　同类业务之公司，不问是否同一种类、是否同在一省市区域以内，不得使用相同或类似之名称。

第二十七条　凡未经设立登记而以公司名称经营业务或为其他法律行为者，其行为负责人得各科一千元以下之罚锾，并禁止其使用公司名称。

第二十八条　公司每届经营年度告终，应将营业报告书、资产负债表、财产目录损益表，于股东同意或股东会承认后十五日内，呈报主管官署核查。

公司负责人违反前项所定呈报期限时，得各科五百元以下罚锾，其对于表册有不实之记载者，得各科一千元以下之罚锾。

第二十九条　主管官署为审核前条所定各项簿册，得令公司提出证明文件、单据、表册，但须保守秘密，并于查阅后发还。

第三十条　公司负责人对于公司业务之执行，如有违反法令致他人受到损害时，对他人应与公司连带负赔偿之责。

第三十一条　解散之公司，于清算范围内视为尚未解散。

第三章　无限公司

第一节　设立

第三十二条　无限公司之股东应有二人以上，其中半数须在国内有住所。

股东应以全体之同意订立章程，签名盖章，置于本公司，并每人各执一份。

第三十三条　无限公司章程应载明下列事项：

一、公司之名称。

二、所营之事业。

三、股东之姓名住所。

四、资本总额及各股东之出资额。

五、各股东有以现金以外之财产为出资者，其种类、数量、价格或估价之标准。

六、盈余及亏损分派之比例或标准。

七、本公司分公司及其所在地。

八、定有代表公司之股东者其姓名。

九、定有执行业务之股东者其姓名。

十、定有解散之事由者其事由。

十一、订立章程之年月日。

公司负责人不备置前项章程于本公司或所备章程有不实之记载时，得各科一千元以下之罚锾。

第三十四条　公司自章程订立后十五日内，应将前条所列各款事项向中央主管官署声请为设立之登记。

公司负责人违反前项声请登记之规定时，得各科五百元以下之罚锾。声请登记时有不实之陈述者得各科一年以下有期徒刑、拘役或二千元以下之罚锾。

第二节　公司之内部关系

第三十五条　公司之内部关系，除法律有规定者外，得以章程定之。

第三十六条　股东得以信用、劳务或其他权利为出资，但须依照第三十三条第一项第五款之规定办理。

第三十七条　股东以债权抵作股本，而其债权到期不得受清偿者，应由该股东补缴。如公司因之受有损害，并应负赔偿之责。

第三十八条　各股东均有执行业务之权利而负其义务，但章程订定由股东中一人或数人执行业务者从其订定。

第三十九条　股东之数人或全体执行业务时，关于业务之执行取决于过半数之同意。

执行业务之股东，关于通常事务各得单独执行，但其余执行业务之股东有一人提出异议时，应即停止执行。

第四十条　经理人之选任及解任，应得全体股东过半数之同意。

第四十一条　公司变更章程，应得全体股东之同意。

第四十二条　不执行业务之股东，得随时向执行业务之股东质询公司营业情形，查阅财产文件、账簿、表册。

第四十三条　执行业务之股东，非有特约不得向公司请求报酬。

第四十四条　股东因执行业务所代垫之款项，得向公司请求偿还，并支付垫款之利息。如系负担债务而其债务尚未到期者，得请求提供相当之担保。

股东因执行业务受有损害而自己无过失者，得向公司请求赔偿。

第四十五条　公司章程订明专由股东中一人或数人执行业务时，该股东不得无故辞职，他股东亦不得无故使其退职。

第四十六条　股东执行业务，应依照法令、章程及股东之决议。

违反前项规定致公司受有损害者，对于公司应负赔偿之责。

第四十七条　股东代收公司款项，不于相当期间照缴或挪用公司款项者，应加算利息一并偿还。如公司受有损害并应赔偿。

第四十八条　股东非经其他股东全体之同意，不得为自己或他人为与公司同类营业之行为及为他公司之无限责任股东或合伙事业之合伙人。

股东违反前项规定时，其他股东得以过半数之决议，将其为自己或他人所为之行为，认为为公司所为，但自行为后逾一年者不在此限。

第四十九条　股东非经其他股东全体之同意，不得以自己出资之全部或一部转让与他人。

第三节　公司之对外关系

第五十条　公司得以章程特定代表公司之股东，其未经特定者，各股东均得代表公司。

第五十一条　代表公司之股东，关于公司营业上一切事务有办理之权。

第五十二条　公司对于股东代表权所加之限制，不得对抗善意第三人。

第五十三条　代表公司之股东如为自己或他人与公司为买卖、借贷或其他法律行为时，不得同时为公司之代表，但向公司清偿债务时，不在此限。

第五十四条　公司资产不足清偿债务时，由股东连带负其清偿之责任。

第五十五条　加入公司为股东者，对于未加入前公司已发生之债务亦应负责。

第五十六条　非股东而有可以令人信其为股东之行为者，对于善意第三人应负与股东同一之责任。

第五十七条　公司非弥补损失后，不得分派盈余。

公司负责人违反前项规定时得各科一年以下之徒刑、拘役或二千元以下之罚锾。

第五十八条　公司之债务人不得以其债务与其对于股东之债权抵消。

第四节　退股

第五十九条　章程未定公司存续期限者，除关于退股另有订定外，股东得于每营业年度终退股，但应以六个月以前书面向公司声明。

股东有必要时不问公司定有存续期限与否，均得随时退股。

第六十条　除前条规定外，各股东因下列各款情事之一而退股：

一、章程所定之事由发生。

二、死亡。

三、破产。

四、受禁治产之宣告。

五、除名。

第六十一条　股东有下列各款情事之一者，得经其他股东全体之同意议决除名，但非通知后不得对抗该股东。

一、应出之资本不能照缴或屡催不缴者。

二、违反第四十八条第一项之规定者。

三、有不正当行为妨害公司之利益者。

四、对于公司不尽重要之义务者。

第六十二条　公司名称中列有股东之姓或姓名者，该股东退股时得请求停止使用。

第六十三条　退股之股东与公司之结算，应以退股时公司财产之状况为准。

退股股东之出资不问其种类，均得以现金抵还。

股东退股时，公司事务有未了结者，于了结后计算其损益，分派其盈亏。

第六十四条　退股股东应向地方主管官署声请登记，对于登记前公司之债务于登记后二年内仍负连带无限之责任。

股东转让其股份者，准用前项之规定。

第五节　公司之解散

第六十五条　公司因下列各款情事之一而解散：

一、章程所定解散事由之发生。

二、公司所营事业已成就或不得成就。

三、股东全体之同意。

四、股东仅余一人。

五、与他公司合并。

六、破产。

七、解散之命令。

股东遇有必要时，得声请法院发前项第七款之命令。

第六十六条　公司得以全体股东之同意，与他公司合并。

第六十七条　公司决议合并时应即编造资产负债表及财产目录。

公司为合并之决议后，应即向各债权人分别通知及公告，并指定三个月以上之期限声明，债权人得于期限内提出异议。

公司负责人于资产负债表或财产目录为不实之记载时，得各科一千元以下之罚锾。

第六十八条　公司不为前条之通知及公告，或对于其在指定之期限内提出异议之债权人不为清偿或不提供相当之担保者，不得以期合并对抗债权人。

第七十条　公司为合并时，应于实行后十五日内，呈由地方主管官署转呈中央主管官署，分别依下列各款声请登记：

一、因合并而存续之公司为变更之登记。

二、因合并而消灭之公司，为解散之登记。

三、因合并而设立之公司，为设立之登记。

公司负责人违反前项声请登记期限之规定时，得各科五百元以下之罚锾。

第六节　清算

第七十二条　公司解散后之财产，除经股东之决议定有清算人外，应由全体股东清算。

第七十三条　由股东全体清算时，股东中有死亡者清算事务由其继承人行之，继承人有数人时应由继承人互推一人行之。

第七十四条　不能依第七十二条规定定其清算人时，法院得因利害关系人之声请选派清算人。

第七十五条　法院因利害关系人之声请，认为必要时得将清算人解任，但股东选任之清算人，亦得由股东过半数之同意将其解任。

第七十六条　清算人应于就任后十五日内将其姓名、住所及就任日期向法院呈报。

清算人之解任,应由股东于十五日内向法院呈报。

清算人由法院选派时应公告之,解任时亦同。

公司负责人违反第一项或第二项呈报期限之规定时,得各科五百元以下之罚锾。

第七十七条　清算人之职务如下:

一、了结现务。

二、收取债权清偿债务。

三、分派盈余或亏损。

四、分派剩余财产。

清算人因执行前项职务,有代表公司为一切行为之权。

第七十八条　清算人有数人时,关于清算事务之执行以其过半数之同意定之,但对于第三人各有代表公司之权。

第七十九条　对于清算人之代表权所加限制不得对抗善意第三人。

第八十条　清算人就任后应即检查公司财产情形,造具资产负债表及财产目录,送交各股东查阅。

对前项所为之检查有妨碍行为者或清算人对于资产负债表、财产目录有不实之记载时,得各科一千元以下之罚锾。

清算人应于六个月内完结清算,不能于六个月内完结清算时,清算人得申叙理由,声请法院展期。

清算人遇有股东询问时,应将清算情形随时答复。

第八十一条　清算人就任后,应以公告方法催告债权人报明债权,对于明知之债权人并应分别通知。

第八十二条　公司财产不足清偿其债务时,清算人应即声请宣告破产。

清算人移交其事务于破产管理人时,其职务即为终了。

清算人违反第一项规定不即声请宣告破产者,得科一千元以下之罚锾。

第八十四条　剩余财产之分派除章程另有订定外，依各股东分派盈余或亏损后净余出资之比例定之。

第八十五条　清算人应于清算完结后十五日内，造具决算表册，送交各股东请求其承认，如股东不于一个月内提出异议即视为承认，但清算人有不正当之行为时不在此限。

第八十六条　清算人应于清算完结后十五日内向法院呈报。

清算人违反前项呈报期限之规定时，得科五百元以下之罚锾。

第八十七条　公司之账簿、表册及关于营业与清算事务之文件，应自清算完结时起保存十年，其保存人以股东过半数之同意定之。

第八十八条　股东之连带无限责任自解散登记后满五年而消灭。

第四章　两合公司

第八十九条　两合公司以无限责任股东与有限责任股东组织之。

有限责任股东以出资额为限，对于公司负其责任。

第九十条　两合公司除本章规定外，准用第三章之规定。

第九十一条　两合公司之章程除记载第三十三条所列各款事项外，并应记明各股东之责任为无限或有限。

第九十二条　有限责任股东不得以信用或劳务为出资。

第九十三条　经理人之选任或解任以无限责任股东过半数之同意定之。

第九十四条　有限责任股东得于每年度终查阅公司之账目、业务及财产之情形。

遇必要时法院得由有限责任股东之声请，许其限时检查公司之账目、业务及财产之情形。

对于第一项或前两项之检查有妨碍行为者，得科一千元以下之罚锾。

第九十五条　有限责任股东非得无限责任股东过半数之同意，不得以其股份之全部或一部转让他人。

第九十六条　有限责任股东得为自己或他人为与本公司同类营业之行为，亦得为他公司之无限责任股东或合伙事业之合伙人。

第九十七条　有限责任股东如有可以令人信其为无限责任股东之行为者，对于善意第三人负无限责任股东之责任。

第九十八条　有限责任股东不得执行公司业务及对外代表公司。

第九十九条　有限责任股东不因受禁治产之宣告而退股，有限责任股东死亡时，其股份归其继承人。

第一百条　有限责任股东遇有必要时，得经无限责任股东过半数之同意退股，或声请法院准其退股。

第一百零一条　有限责任股东有下列各款情事之一者，得经全体无限责任股东之同意，将其除名。

一、不履行出资之义务者。

二、有不正当行为妨害公司利益者。

前项除名非通知该股东后不得对抗之。

第一百零二条　两合公司因无限责任股东或有限责任股东全体之退股而解散。

第一百零三条　两合公司解散后得由无限责任股东过半数之决议选任清算人。

无前项决议时由全体无限责任股东清算。

第一百零四条　前条第一项之清算人，得由无限责任股东过半数之同意将其解任。

第五章　有限公司

第一百零五条　有限公司之股东应有二人以上十人以下，其中半数须在国内有住所。

股东应以全体之同意订立章程，签名盖章，置于本公司，并每人各执一份。

第一百零六条　各股东对于公司之责任，以其出资额为限。

第一百零七条　公司资本总额应由各股东全部缴足，不得分期缴款或向外招募。

第一百零八条　有限公司章程应载明下列事项：

一、公司之名称。

二、所营之事业。

三、股东之姓名、住所。

四、资本总额及各股东出资额。

五、盈余及亏损之分派比例或标准。

六、本公司、分公司及其所在地。

七、定有执行业务之股东者其姓名。

八、定有解散之事由者其事由。

九、公司为公告之方法。

十、订立章程之年月日。

公司负责人不备置前项章程于本公司或所备章程有不实之记载时，得各科一千元以下之罚锾。

第一百零九条　公司自章程订立后十五日内，应将下列各款事项向主管官署申请为设立之登记。

一、前条所列各款，其选有董事、监事人者其姓名。

二、缴足股款之证件。

三、以现金以外之财产抵缴股款者其姓名及其财产之种类、数量、价格或估价之标准。

主管官署对于前项之呈请应派员检查。

抵缴资本之财产如估价过高，主管官署得减少之。

公司负责人违反第一项声请登记之期限时，得各科五百元以下之罚锾，声请登记时有不实之陈述者，得各科一年以下有期徒刑、拘役或二千元以下之罚锾。

第一百十条　公司得以章程订定不问出资多寡每一股东有一表决权，或按出资多寡比例分配表决权。其有股东会组织者，准用股份有限公司股东会之规定。

政府或法人为公司股东时，准用第一百七十六条之规定。

第一百十一条　公司应在本公司置备股东名簿，记载下列各款事项：

一、各股东之出资额及其股单号数。

二、各股东之姓名或名称、住所。

三、缴纳股款之年月日。

公司负责人不备置前项股东名簿于本公司或所备名簿有不实之记载时，得各科一千元以下之罚锾。

第一百十二条　公司设立登记后应发给股单，载明下列各款事项：

一、公司之名称。

二、设立登记之年月日。

三、股东之姓名或名称及其出资额。

四、发给股单之年月日。

第一百五十九条第二项、第一百六十条、第一百六十一条之规定于前项股单准用之。

第一百十三条　公司未选有董事者，其股单由执行业务之股东签名盖章。

第一百十四条　公司不得减少其资本额，如需增资应经股东过半数之同意。但股东虽同意增资，仍无按原出资数比例出资之义务。

第一百十五条　公司章程订明专由股东中一人或数人执行业

务时，准用第三十八条至第五十三条之规定。

第一百十六条　公司股东选有董事执行业务者，准用股份有限公司董事之规定。

第一百十七条　公司不执行业务之股东，均得行使监察权，其监察权之行使准用第四十二条之规定。股东选有监察人者，准用股份有限公司监察人之规定。

第一百十八条　政府或法人为有限公司董事、监察人时，准用第一百八十五条及第二百零三条之规定。

第一百十九条　公司于设有经理人者，准用股份有限公司经理人之规定。

第一百二十条　公司选有董事、监察人者，每届营业年度应造具之表册依第二百二十六条、第二百二十九条之规定；其未选董事、监察人者，应由执行业务之股东依第二百二十六条之规定造具各项表册，分送各股东请其承认，送达后逾一个月未提出异议者视为承认。

第一百二十一条　公司执行业务之股东或董事、监察人非得其他全体股东之同意，不得以其出资之全部或一部转让与他人。

不执行业务之股东非得执行业务之股东过半数之同意，不得以其出资之全部或一部转让与他人。

第一百二十二条　公司分派每营业年度之盈余时应先提十分之一为公积金，但公积金已达资本总额时不在此限。

除前项公积金外，公司得以章程订定或股东全体之同意加提特别公积金。

公司负责人违反第一项之规定不提出公积金时，得各科五百元以下之罚锾。

第一百二十三条　公司之对外负债不得超过其资本额二倍。

公司负责人违反前项规定时，得各科一千元以下之罚金。

第一百二十四条　本法第一百五十四条、第二百三十一条至二百三十五条之规定于有限公司准用之。

第一百二十五条　公司之解散及清算，其有执行业务之股东者准用无限公司解散及清算之规定，其选有董事者，准用股份有限公司解散及清算之规定。

第六章　股份有限公司

第一节　设立

第一百二十六条　股份有限公司应有五人以上为发起人，其中须半数以上在国内有住所。

第一百二十七条　发起人应以全体之同意订立章程，载明下列各款事项，签名盖章。

一、公司之名称。

二、所营之事业。

三、股份之总额及每股金额。

四、本公司、分公司及其所在地。

五、公司为公告之方法。

六、董事及监察人之人数及任期。

七、订立章程之年月日。

第一百二十八条　下列各款事项非经载明，于章程者不生效力：

一、解散之事由。

二、股票超过票面金额之发行。

三、发起人所得受之特别利益及受益者之姓名。

前项发起人所得受之特别利益无定期或无确数者，股东会得修改或撤销之，但不得侵及发起人即得之利益。

第一百二十九条　发起人认足股份总数时应即按股缴足第一次股款，并选任董事及监察人。

前项选任方法以发起人表决权之过半数定之。

第一百三十条　董事、监察人于就任后应即将下列各款事项呈报主管官署。

一、实缴股款之数。

二、以现金外之财产抵作股款者，其姓名及其财产之种类、数量、价格与公司核给之股数。

三、应归公司负担之设立费用及发起人得受报酬之数额。

对于前项呈报主管官署得派员检查，如对第一款有不实情事时，公司负责人得各科一年以下有期徒刑、拘役或二千元以下之罚金。

第一百三十一条　主管官署查核发起人所得受之特别利益、报酬或设立费用，如有冒滥得裁减之。

抵作股款之财产，如估价过高者，主管官署得减少所给股数或责令补足。

第一百三十二条　发起人不认足股份者应募足股份总数。

前项股份招募时，得依第一百五十六条之规定发行优先股。

第一百三十三条　发起人招募股份时应先备具下列各款事项呈请主管官署备案，方得开始招股。

一、营业计划书。

二、发起人姓名、经历及认股数目。

三、招股章程。

四、募股期限。

前项发起人所认股份总数不得少于股本总额的十分之一，各发起人所认股数应于招股章程中载明。

第一百三十四条　招股章程应载明下列各款事项：

一、第一百二十七条及第一百二十八条所列各款事项。

二、各发起人所认之股数。

三、第一次应缴纳之股款。

四、股份总额募足之期限及逾期未募足时，得由认股人撤销所认股份之声明。

五、发行优先股者，其总额、每股金额、第一次应缴金额及第一百五十六条各款之规定。

第一百三十五条　发起人应备认股书，载明招股章程中所列各款事项，由认股人填写所认股数、金额及其住所，签名盖章。

以超过票面金额发行股票者，认股人应于认股书注明认缴之金额。

违反第一项之规定不备认股书或所备认股书有不实之记载时，发起人得各科一千元以下之罚金。

第一百三十六条　认股人有照所填认股书缴纳股款之义务。

第一百三十七条　股票之发行价格不得低于票面金额。

第一次缴纳之股款不得少于票面价格二分之一。

第一百三十八条　股份总额募足时发起人应即向各认股人催缴第一次股款。

以超过票面金额发行股票时，其溢额应与第一次股款同时缴纳。

第一百三十九条　认股人延欠第一次应缴之股款时，发起人应定一个月以上之期限，催告该认股人照缴，并声明逾期不缴失其权利。

发起人已为前项之催告，认股人不照缴者，即失其权利，所认股份另行募集。

前项情形如有损害，仍得向认股人请求赔偿。

第一百四十条　第一次股款缴足后发起人应于二个月内召集创立会。

第一百四十一条　创立会之程序及决议，准用第一百七十三条至一百七十八条、第一百八十条第一项、第三项及第一百八十一条之规定。

第一百四十二条　发起人应将关于设立之一切事项报告创立

会。

发起人对前项报告有不实情事时，得各科一千元以下之罚金。

第一百四十三条　创立会应选任董事及监察人。

第一百四十四条　董事及监察人应调查下列各款事项，报告于创立会。

一、股份总数已否认足。

二、各认股人第一次股款已否缴足。

三、发起人所得受之报酬或特别利益、财产抵作股款核给之股数及公司负担之设立费用是否确当。

董事及监察人如有由发起人中选出者，创立会得另选检查人为前项之调查报告。

发起人有妨碍调查之行为者或董事、监察人或检查人报告不实者，得各科一千元以下之罚金。

第一百四十五条　发起人所得受之报酬或特别利益、公司所负担之设立费用，如有冒滥，创立会得裁减之。

抵作股款之财产如估价过高者，创立会得减少所给股数或责令补足。

第一百四十六条　未认之股份及已认而未缴第一次股款者，应由发起人连带认缴，其已认而经撤销者亦同。

第一百四十七条　因前二条情形公司受有损害者，得向发起人请求赔偿。

第一百四十八条　公司呈准招股后因故停止招募时，其筹备用费由发起人连带负责。

第一百四十九条　创立会得修改章程或为公司不设立之决议。

第二百四十六条第二项之规定于前项修改章程准用之，第二百六十四条之规定于前项公司不设立之决议准用之。

第一百五十条　股份总数募足后逾三个月而第一次股款尚未缴足或已缴纳而发起人不于二个月内召集创立会者，认股人得撤销其所认之股。

第一百五十一条　股份全由发起人认足者，应于第一百三十五条所定呈报后，股份非全由发起人认足者应于创立会完结后十五日内，由董事将下列各款事项向主管官署声请登记。

一、第一百二十七条各款所列事项。

二、各股已缴之金额。

三、发行优先股者其总额、每股金额及各股已缴金额。

四、董事及监察人之姓名、住所。

五、定有解散事由者其事由。

公司负责人违反前项声请登记之期限时，得各科五百元以下之罚锾，声请登记时有不实之陈述者，得各科一年以下有期徒刑、拘役或二千元以下之罚锾。

第一百五十二条　公司经设立登记后，认股人不得将股份撤销。

第一百五十三条　股东对于公司之责任，以缴清其股份之金额为限。

在公司资本有亏损时，股东不得以其对于公司之债权抵缴其已认未缴之股款。

第一百五十四条　公司负责人对于公司在设立登记前所负债务，即在登记后亦负连带责任。

第二节　股份

第一百五十五条　股份有限公司之资本应分为股份，每股金额应归一律。

前项股份之一部得为优先股。

第一百五十六条　公司发行优先股时，应就下列各款于章程中订定之。

一、优先股分派股利之顺序、定额或定律。

二、优先股分派公司剩余财产之顺序、定额或定率。

三、优先股东行使表决权之顺序或限制。

四、优先股权利、义务之其他必要事项。

第一百五十七条　股份为数人共有者，其共有人应推定一人行使股东之权利。

股份共有人对于公司负连带缴纳股款之义务。

第一百五十八条　公司非经设立登记后，不得发行股票。

违反前项规定发行股票者其股票无效，但持票人得对于发行股票人请求损害赔偿，前项发行股票人得科五百元以下之罚锾。

第一百五十九条　股票应编号，载明下列各款事项，由董事三人以上签名盖章。

一、公司之名称。

二、设立登记之年月日。

三、股数及每股金额。

四、股款分期缴纳者，其每次分缴之金额。

五、优先股票应标明优先股字样。

六、股票发行之年月日。

记名股票须用股东本名，其为同一人所有者应记载同一姓名，其用别号者应并表明其本名。股票为政府或法人所有者，应记载政府或法人之名称，不得另立户名或仅载代表人姓名。

第一百六十条　公司之股份非于设立登记后不得转让，发起人之股份非在公司设立登记一年后不得转让。

第一百六十一条　记名股票之转让，非将受让人之姓名、住所记载于公司股东名簿，并将受让人之姓名记载于股票，不得以其转让对抗公司及第三人，但股东常会开会前一个月内或股东临时会开会前十五日内不得转让之。

第一百六十二条　公司得发行无记名股票，但其股数不得超过股份总数二分之一。

第一百六十三条　公司不得自将股份收买或收为抵押，但于股东清算或受破产之宣告时，得按照市价收为抵偿。其清算破产前结欠之债款，惟须于六个月内将此项股份售出。

公司负责人违反前项规定收买或收为抵押，或抬高价格抵偿逾期债款，或抑低价格出售时，得各科一年以下有期徒刑、拘役或二千元以下之罚锾。

第一百六十四条　公司非依减少资本之规定不得销除其股份。

公司负责人违反前项规定销除股份时，得各科一千元以下罚锾。

第一百六十五条　公司每届收取股款，应于一个月前向各股东分别催告。

股款届期不缴者，公司得再定一个月以上之期限分别催告及公告，并声明逾期不缴者，丧失其股东之权利。

公司已为前项之催告及公告股东仍不照缴者，即丧失其股东之权利。

公司负责人违反本条催告及公告期限之规定，得各科五百元以下之罚锾。

第一百六十六条　股东缴款迟延者应加算利息，如章程定有违约金者，公司得请求违约金。

第一百六十七条　股东丧失其权利而其股份为受让者，公司得定一个月以上之期限，催告各转让人缴纳其应缴之股款。

转让人受前项催告最先缴纳股款者取得其股份，逾期不缴者公司得拍卖其股份，拍卖所得之金额不敷应缴之股款时，公司仍得依次向原股东及转让人请求补偿。

第一百六十八条　前条所定转让人之责任，自其转让之事项登记股东名簿后经过一年而消灭。

第一百六十九条　股款非缴足后，公司不得因股东之请求，发给无记名股票。

股票为无记名式者，其股东得随时请求改为记名式。

公司负责人违反第一项规定发给无记名股票时，得各科一千元以下之罚锾。

第一百七十条　股东名簿应编号，记载下列各款事项：

一、各股东之姓名或名称、住所。

二、各股东之股数及其股票号数。

三、各股份已缴之股款及其缴纳之年月日。

四、发给股票之年月日。

五、发行无记名股票者应记载其股数、号数及发行之年月日。

六、发行优先股者并应注明优先字样。

公司负责人不备置前项股东名簿，于本公司或所备股东名簿有不实之记载时，得各科一千元以下之罚锾。

第三节　股东会

第一百七十一条　股东会分下列二种：

一、股东常会，每年最少召集一次。

二、股东临时会，于必要时召集之。

第一百七十二条　股东会由董事召集。

第一百七十三条　股东会之决议除本法另有规定外，应有代表股份过半数之股东出席，以出席股东表决权过半数之同意行之。

出席人不满前项定额时，得以出席人表决权过半数之同意为假决议，并将假决议通知各股东，其发有无记名股票者并应将假决议公告，于一个月内再行召集股东会，其决议以出席股东表决权之过半数之同意行之。

第一百七十四条　公司各股东每股有一表决权，但一股东而有十一股以上者，公司得以章程限制其表决权。

第一百七十五条　股东得委托代理人出席股东会，但应出具委托书。

前项代理人不限于公司之股东。

第一百七十六条　政府或法人为股东时，其代表人不限于一人。但其表决权之行使，仍以其所持有之股份综合计算。

第一百七十七条　股东对于会议之事项有自身利害关系致有害于公司利益之虞时，不得加入表决，亦不得代理他股东行使表决权。

第一百七十八条　无记名股票之股东非于股东会开会前五日将其股票交存公司，不得出席。

第一百七十九条　有股份总数二十分之一以上之股东，得以书面记明提议事项及其理由，请求股东召集临时会。

前项请求提出后十五日内董事不为召集之通知时，股东得呈经地方主管官署许可自行召集。

第一百八十条　股东常会之召集应于一个月前通知各股东，对于持有无记名股票者应于四十日前公告之。

临时股东会之召集应于十五日前通知各股东，对于持有无记名股票者应于二十日前公告之。

通知及公告中应载明召集事由，但股东应得之通知以在国内有住所者为限。

公司负责人违反第一项或前项通知期限或公告期限之规定时，得各科五百元以下之罚锾。

第一百八十一条　股东会之议决事项应作成决议录，由主席签名盖章。

决议录并应记明会议之时日及场所、主席之姓名及决议之方法。

决议录应与出席股东之签名簿及代表出席委托书一并保存。

公司负责人违反前项规定不保存决议录与股东出席名簿及代表出席委托书或有不实之记载时，得各科一千元以下之罚锾。

第一百八十二条　股东会得查核董事造具之表册、监察人之报告,并决议分派盈余及股利。

因为前项查核股东会得选任检查人。

对于前二项检查有妨碍之行为者,得各科一千元以下之罚锾。

第一百八十三条　股东会之召集或决议违反法令或章程时,股东得自决议之日起一个月内声请法院,宣告其决议为无效。

第四节　董事

第一百八十四条　公司设置董事至少三人,由股东会就股东中选任之,其中须半数以上在国内有住所。

第一百八十五条　政府或法人为公司股东时,其所得,指定为董事之人数应按所认股额比例分配,以公司章程定之。

前项董事得依其本身职务关系随时改派。

第一百八十六条　董事在任期中将其所有股份全数转让时当然解任。

第一百八十七条　董事之报酬未经章程订明者,应由股东会议定。

第一百八十八条　董事任期不得逾三年,但得连选连任。

第一百八十九条　董事得随时以股东会之决议将其解任。但定有任期者,如无正当理由而于任满前将其解任时,董事得向公司请求赔偿因此所受之损失。

第一百九十条　董事缺额达总数三分之一时,应即召集股东临时会补选之。

董事缺额未及补选而有必要时,得以原选次多数之被选人代行职务。

第一百九十一条　董事之执行业务除章程另有订定外,以其过半数之同意行之,关于经理人之选任及解任亦同。

第一百九十二条　董事在职权上须集体行动时得组织董事会。

董事会之组织及开会决议方法以章程定之。

第一百九十三条　公司得依章程由董事互推一人为董事长，一人或数人为常务董事，代表公司。

董事长或常务董事均须在国内有住所。

董事长须有中华民国国籍，公司不设董事长者其代表公司之董事至少应有一人有中华民国国籍。

第四十八条、第五十一条及第五十二条之规定于前项董事长、常务董事或代表公司之董事准用之。

第一百九十四条　董事应将章程及历届股东会决议录、资产负债表、损益表备置于本公司及分公司，并将股东名簿及公司债存根备置于本公司。

前项章程及簿册股东及公司之债权人得随时请求查阅。

公司负责人违反第一项规定不备置章程、簿册等，或所备章程、簿册有不实之记载时，或违反前项规定无正当理由而拒绝查阅者，得各科一千元以下之罚锾。

第一百九十五条　公司亏折资本达总额三分之一时，董事应即召集股东会报告。

公司资产显有不足抵偿其所负债务时，董事应即声请宣告破产。

董事违反第一项或前项规定时，得各科一千元以下之罚金。

第一百九十六条　董事之执行业务应依照法令、章程及股东会之决议。

董事违反前项规定致公司受有损害时，对于公司负赔偿之责，但曾经表示异议之董事有记录或书面声明可证者免其责任。

第一百九十七条　股东会决议对于董事提起诉讼时，公司应自决议之日起一个月内提起之。

第一百九十八条　有股份总数十分之一以上之股东，得为公司对董事提起诉讼。

前项情形法院因监察人之声请，得命起诉之股东提供相当之担保。

如因败诉致公司受损害时，起诉之股东对于公司负赔偿之责。

第一百九十九条　公司与董事间诉讼，除法律另有规定外，由监察人代表公司，股东会亦得另选代表公司为诉讼之人。

第五节　监察人

第二百条　公司监察人由股东会就股东中选任之，监察人中至少须有一人在国内有住所。

第二百零一条　监察人之报酬未经章程订明者应由股东会议定。

第二百零二条　监察人任期一年，但得连选连任。

第二百零三条　第一百八十五条、第一百八十六条及第一百八十九条之规定于监察人准用之。

第二百零四条　监察人得随时调查公司财务状况，查核簿册文件，并请求董事报告公司业务情形。

违反前项规定，妨碍监察人检查行为者，得各科一千元以下之罚金。

第二百零五条　监察人对于董事所造送于股东会之各种表册应核对簿据，调查实况，报告意见于股东会。

监察人违反前项规定而为不实之报告时，得各科一千元以下之罚金。

第一百零六条　监察人对于前二条所定事务得代表公司委托律师、会计师办理之，其费用由公司负担。

第二百零七条　监察人认为有必要时得召集股东会。

第二百零八条　监察人各得单独行使监察权。

第二百零九条　监察人不得兼任公司董事及经理人。

第二百十条　董事为自己或他人与本公司有交涉时，由监察人为公司之代表。

第二百十一条　监察人因不尽监察职务致公司受有损害者，对于公司负赔偿责任。

第二百十二条　股东会决议对于监察人提起诉讼时，公司应自决议之日起一个月内提起之。

前项起诉之代表股东会得于董事外另行选派。

第二百十三条　有股份总数十分之一以上之股东，得为公司对监察人提起诉讼。

前项情形法院因董事之声请，得命起诉之股东提供相当之担保。

如因败诉致公司受损害时，起诉之股东对于公司负赔偿之责。

第六节　经理人

第二百十四条　公司得依章程规定设置总经理或经理。

第二百十五条　总经理或经理之选任及解任，由董事过半数之同意定之。

第二百十六条　总经理或经理之报酬，由董事过半数之同意定之。

第二百十七条　总经理或经理之职权除章程规定外，并得依契约之订定。

第二百十八条　总经理或经理不得兼任他公司同等之职务，亦不得自营或为他人经营同类之业务。

第二百十九条　总经理或经理不得变更董事之决议或逾越其规定之权限。

第二百二十条　总经理或经理因违反法令、章程或董事决议致公司受损害时，对于公司负赔偿之责。

第二百二十一条　总经理或经理应签名于第二百二十六条所规定各项表册并负其责任。

第二百二十二条　公司依章程之规定得设副总经理或副经理一人或数人，以辅佐总经理或经理。

第二百二十三条　第二百十五条至第二百二十一条之规定于副总经理或副经理准用之。

第二百二十四条　公司不得以其所加于经理人职权之限制对抗善意第三人。

第二百二十五条　公司于选任经理人后十五日内应将下列各款事项呈报主管官署。

一、经理人之姓名、住所。

二、经理人是否股东或董事。

三、经理人就职之年月日。

第七节　会计

第二百二十六条　每营业年度终董事应造具下列各项表册，于股东常会开会前三十日交监察人查核。

一、营业报告书。

二、资产负债表。

三、财产目录。

四、损益表。

五、盈余分派之议案。

前项表册监察人得请求董事交付查核。

公司负责人对第一项所列表册有不实之记载时，得各科一千元以下之罚金。

第二百二十七条　董事所造具之各项表册与监察人之报告书，应于股东常会前十日备置于本公司，股东得随时查阅。

前项股东得偕同其所委托之律师或会计师查阅。

第二百二十八条　董事应将其所造具之各项表册提出于股东会请求承认，经股东会承认后董事应将资产负债表、损益表及盈余分派之决议分发各股东。

前项表册及决议公司债权人得要求给予或抄录。

第二百二十九条　各项表册经股东会决议承认后，视为公司已解除董事及监察人之责任。但董事或监察人有不正当行为者，不在此限。

第二百三十条　公司分派每一营业年度之盈余时应先提出十分之一为公积金，但公积金已达资本总额时，不在此限。

除前项公积金外，公司得以章程订定或股东会议决另提特别公积金。

超过票面金额发行股票所得之溢价，应全部作为公积金。

公司负责人违反第一项规定不提出公积金时，得各科一千元以下之罚金。

第二百三十一条　公司非弥补损失及依前条规定提出公积金后，不得分派股利。

公司无盈余时不得分派股利，但公积金已超过资本总额时，或于有盈余年度所提存之公积金有超过该盈余十分之二数额者，公司为维持股票之价格得以其超过部分派充股利，公司负责人违反前项规定分派股利时得各科一年以下有期徒刑、拘役或二千元以下之罚金。

第二百三十二条　违反前条规定分派股利时，公司之债权人得请求退还。

第二百三十三条　公司依其业务之性质，自设计登记后如需二年以上之准备始能开始营业者，经主管官署之许可，得以章程订明于开始营业前分派股利与股东。

第二百三十四条　股利之分派，除章程订定外，以各股东已缴股款之比例为准。

第二百三十五条　有股份总数二十分之一以上之股东得声请法院选派检查员，检查公司业务、账目及财产情形。

法院对于检查员报告认为必要时，得命监察人召集股东会。

对于检查员之检查有妨碍行为者或监察人不遵法院命令召集股东会者，得各科一千元以下之罚金。

第八节　公司债

第二百三十六条　公司经董事决议后得募集公司债，但须将募集公司债之原因及事实报告股东会。

第二百三十七条　公司债之总额不得逾公司现有全部资产减去全部负债后之净额。

第二百三十八条　募集公司债时董事应将下列各款事项呈报地方主管官署核转中央主管官署核准后，并公告之。

一、公司之名称。

二、公司债之总额及债券每张之金额。

三、公司债之利率。

四、公司债偿还方法及期限。

五、前已募集公司债者其未偿还之数额。

六、公司债发行之价格或其最低价格。

七、公司股本总额及已缴股款之总额。

八、公司现存全部资产减去全部负债后之净额。

九、呈请核准之主管官署与年月日及证明律师、会计师之姓名。

十、如有担保发行者其名称。

第二百三十九条　董事应备公司债应募书，载明前条各款事项，由应募人填写所认数额及其住所，签名盖章。

第二百四十条　公司债募足时董事应向各应募人请求缴足其所认数额，董事自收足公司债款后应于十五日内呈报主管官署。

第二百四十一条　公司债之债券应编号，载明发行之年月日及第二百三十八条第一项第一款至第四款之事项，由董事三人以上签名盖章。

公司负责人于公司债券内为不实之记载时，得各科一千元以下之罚金。

第二百四十二条　公司债存根簿应将所有债券依次编号，并载明下列各款事项：

一、公司债权人之姓名及住所。

二、第二百三十八条第一项第二款至第四款之事项。

三、公司债发行之年月日。

四、各债券持有人取得债券之年月日。

五、如有担保发行者其名称。

公司负责人于公司债存根簿内为不实之记载时，得各科一千元以下之罚金。

第二百四十三条　公司募集公司债款后不用于所规定事项者，公司负债人得各科一年以下有期徒刑、拘役或二千元以下之罚金，如公司因此受有损害时，对于公司并负赔偿责任。

第二百四十四条　以记名式之公司债转让时，非将受让人之姓名、住所记载于公司债存根簿，并将其姓名记载于债券，不得以其转让对抗公司及第三人。

第二百四十五条　债券为无记名式者，债权人得随时请求改为记名式。

第九节　变更章程

第二百四十六条　公司非经股东会决议不得变更章程。

前项股东会之决议应有代表股份总数三分之二以上之股东出席，以出席股东表决权过半数之同意行之。

第二百四十七条　公司非收足股款后不得增加资本。

第二百四十八条　公司增加资本时得发行优先股。

第二百四十九条　公司发行之优先股得以盈余或添募新股所得之股款收回之，但不得损害优先股东按照章程应有之权利。

第二百五十条　公司已发行优先股者，其章程之变更如有损害优先股东之权利时，除应经股东会依照第二百四十六条第二项规定之决议外，更应经优先股东会议之决议。

优先股东会准用关于股东会之规定。

第二百五十一条　公司添募新股时，应先尽旧股东按照原有股份之比例分认，分认不足时，得由他股东分认或另行募集。

第二百五十二条　公司增加资本时有以现金外之财产抵作股款者，其人与其财产之种类、价格及公司核给之股数，应于决议增加资本时同时决议之。

第二百五十三条　公司添募新股时董事应备置认股书，载明下列各款事项，由认股人填写所认股数、金额及其住所，签名盖章。

一、第一百二十七条第一款至第六款、第一百二十八条及第一百三十条第二款之事项。

二、增加资本决议之年月日。

三、增加资本之总额及每股金额。

四、第一次缴纳之股款。

五、发行优先股时其总额、每股金额、第一次应缴之股款及第一百五十六条各款事项。

六、同时发行数种优先股时，其种类及每种优先股之总额、每股金额、第一次应缴之款及第一百五十六条各款事项。

同时发行数种优先股者，认股人应于认股书填明其所认股份之种类及其数额。

第二百五十四条　公司增加资本，于第一次股款收足后董事应即召集股东会，报告关于募集新股之事项。

第二百五十五条　监察人应检查下列各款事项报告于股东会。

一、所募新股已否认足。

二、各新股第一次应缴之股款已否缴足。

三、以现金外之财产抵作股款者所核给股份之数是否确当。

为前项之调查及报告，股东会得另选检查人。

对于检查人之调查或检查人之检查有妨碍行为者，或监察人调查后或检查人检查后对于股东会为不实之报告者，得各科一千元以下之罚金。

第二百五十六条　公司增加资本后股东会应即改选董事、监察人。

第二百五十七条　第二百五十四条之股东会完结后，董事应于十五日内将下列各款事项向地方主管官署转呈中央主管官署声请登记。

一、增加资本之总额。

二、决议增加资本之年月日。

三、各新股已缴之股款。

四、发行优先股者其优先股之种类、各种优先股之总额及每种每股之金额及其已缴之金额。

未经登记前不得发行新股票或为新股份之转让。

公司负责人违反第一项登记期限之规定者，或违反前项规定未经登记而发行新股票时，得各科五百元以下之罚锾。

增资登记时有不实之呈报者，得科一年以下有期徒刑、拘役或二千元以下之罚金。

第二百五十八条　公司添募新股发行之新股票应编号载明股数及下列各款事项，由董事三人以上签名盖章。

一、公司之名称。

二、增加资本登记之年月日。

三、增加股份总数及每股金额。

四、发行优先股者，优先股种类及各种优先股总额及每股金额。

五、增加股份之股款分期缴纳者，其每次分缴之金额及已缴之金额。

公司负责人对前项新股票为不实之记载时，得各科一千元以下之罚金。

第二百五十九条　第一百三十六条至第一百三十九条及第一

百五十五条至第一百五十八条之规定，于添募新股准用之。

第二百六十条　因减少资本换给新股票时，公司应于减资登记后定六个月以上之期限，通告各股东换取，并声明逾期不换者，丧失其股东权利。

股东于前项期限内不换取者即丧失其股东之权利，公司得将其股份拍卖，以卖得之金额给还该股东。

公司负责人违反本条通告期限之规定时得各科五百元以下之罚锾。

第二百六十一条　因减少资本而合并股份时其不适于合并之股份之处理准用前条第二项之规定。

第二百六十二条　第六十七条及第六十八条之规定，于减少资本准用之。

第十节　解散

第二百六十三条　股份有限公司因下列各款事由而解散。

一、章程所定解散事由发生。

二、公司所营事业已成就或不能成就。

三、股东会之决议。

四、有记名之股票之股东不满五人。

五、与他公司合并。

六、破产。

七、解散之命令。

第二百六十四条　股东会对于公司解散或合并之决议应有代表股份总数四分之三以上之股东出席，以出席股东表决权过半数之同意行之。

第二百六十五条　公司解散时，除破产外董事应即通知各股东，并应公告之。

第二百六十六条　因合并而解散之公司准用第六十七条至第七十一条之规定。

第十一节　清算

第二百六十七条　公司之解散除合并及破产外以董事为清算人，但章程另有订定或股东会另选清算人时不在此限。

不能依前项之规定定清算人时，法院得因利害关系人之声请选派清算人。

第二百六十八条　清算人除由法院选派者外得由股东会决议解任。

法院因监察人或有股份总数三分之一以上股东之声请，将清算人解任。

第二百六十九条　清算人于执行清算事务之范围内，除本节有规定外，其权利、义务与董事同。

第二百七十条　清算人之报酬非由法院选派者由股东会议定，其由法院选派者由法院决定。

清算费用及清算人之报酬由公司现存财产中优先给付。

第二百七十一条　清算人就任后应即检查公司财产情形，造具资产负债表及财产目录，提交股东会请求承认。

违反前项规定有妨碍检查行为者或清算人造具表册有不实之记载者，得各科一千元以下之罚金。

第二百七十二条　清偿债务后剩余之财产应按各股东所缴股款之数额比例分派，但公司发行优先股而章程中另有订定者不在此限。

第二百七十三条　清算完结时清算人应于十五日内造具清算期内收支表、损益表，连同各项簿册，提交股东会请求承认。

股东会得另选检查人检查前项簿册是否确当，簿册经股东会承认后视为公司已解除清算人之责任，但清算人有不正当行为者不在此限。

违反第一项规定对于检查人有妨碍行为者，得科一千元以下之罚金。

第二百七十四条　公司之各项簿册及文件应自清算完结登记后保存十年，其保存人由清算人及其他利害关系人声请法院指定之。

第二百七十五条　清算完结后如有可以分派之财产，法院因利害关系人之声请得选派清算人重行分派。

第二百七十六条　第七十六条、第七十九条至第八十三条及第八十六条之规定于股份有限公司之清算准用之。

第七章　股份两合公司

第二百七十七条　股份两合公司之股东至少应有一人负无限责任。

第二百七十八条　股份两合公司于下列各款事项准用两合公司之规定。

一、无限责任股东对内之责任。

二、无限责任股东对外之责任。

三、无限责任股东之退股。

其余事项除本章有规定外，准用关于股份有限公司之规定。

第二百七十九条　设立股份两合公司应由无限责任股东为发起人，订立章程，载明下列各款事项，签名盖章。

一、第一百二十七条第一款至第五款之事项。

二、无限责任股东之姓名、住所。

三、无限责任股东股款有现金以外之出资其财产之种类、数量及价格或估价之标准。

公司负责人不备置前项公司章程于本公司或所备章程有不实之记载时，得各科一千元以下之罚金。

第二百八十条　无限责任股东应负募集股份之责。

第二百八十一条　认股书应记载下列各款事项：

一、第一百二十八条、第一百三十四条第一项第一、第三、第四、第五各款及第二百七十九条所载之事项。

二、无限责任股东认有有限股份者其股数。

公司负责人不备置前项认股书或所备之认股书有不实之记载时，得各科一千元以下之罚金。

第二百八十二条　创立会应于股东中选任监察人。

无限责任股东不得为监察人。

第二百八十三条　无限责任股东得于创立会及股东会陈述意见，其有有限股份者就其有限股份有表决权。

第二百八十四条　监察人应调查第一百四十四条第一项及第二百七十九条第三款所载事项，报告于创立会。

对于监察人之调查有妨碍行为者，或监察人对于股东会为不实之报告者，得各科一千元以下之罚金。

第二百八十五条　公司创立会完结后，应于十五日内将下列各款事项向主管官署声请登记。

一、第一百二十七条第一款至第五款及第七款、第一百五十一条第二款、第三款及第五款、第二百七十九条第二、第三各款所载事项。

二、定有代表公司之无限责任股东者，其姓名、住所。

三、监察人之姓名、住所。

公司负责人违反前项声请登记期限之规定时，得各科五百元以下之罚锾，声请登记有不实之陈述者，得各科一年以下有期徒刑、拘役或二千元以下之罚金。

第二百八十六条　代表公司之无限责任股东除第一百八十四条至第一百九十条及第一百九十二条、第一百九十三条系不适用外，准用关于股份有限公司董事之规定。

第二百八十七条　两合公司应经全体股东同意之事项，在股份两合公司除股东会决议外更应有无限责任股东之同意。

第二百八十八条　两合公司解散事由之规定于股份两合公司准用之。

第二百八十九条　公司之解散除因合并、破产及以命令解散外，应以无限责任股东之全体或其所选任之清算人与股东会所选任之清算人共同清算，但章程另有订定者不在此限。

无限责任股东选任清算人时，以过半数之同意定之，股东会所选任之清算人应与无限责任股东或其所选任之清算人人数相等。

第二百九十条　清算人除依第二百七十一条及第二百七十三条之规定将各项簿册提交股东会请求承认外，并应请求无限责任股东全体之承认。

第八章　外国公司

第二百九十一条　外国公司之名称，除标名其种类外，并应标明其国籍。

第二百九十二条　外国公司非在其本国设立登记者，不得声请认许，非经认许给予认许证者，不得在中国境内营业或设立分公司。

第二百九十三条　外国公司有下列情事之一者不予认许：

一、其目的或业务违反中华民国法律、公共秩序或善良风俗者。

二、其设分公司之地区限制外国人居住或其业务限制外国人经营者。

三、专为逃避其本国法律者，或利用第三国法律取得法律地位、向中国请求认许企图享受第三国人民权利者。

四、第二百九十四条所列各款事项有虚伪情事者。

外国公司所属之国家对于中国公司不予认许者不予认许。

第二百九十四条　外国公司声请认许时应报明下列各款事项：

一、公司之名称、种类及其国籍。

二、公司所营之事业及在中国境内所营之事业。

三、股本总额及种类、每股金额及已缴金额。

四、本公司所在地及中国境内设立分公司所在地。

五、在本国设立登记之年月日。

六、董事及其他公司负责人之姓名、国籍、住所。

七、在中国境内指定之诉讼及非诉讼代理人之姓名、国籍、住所。

第二百九十五条　外国公司应于认许后将章程及无限责任股东之名册备置于中国境内之分公司。

公司负责人违反前项规定，不备置章程及无限责任股东之名册于中国境内之分公司，或所备章程及无限责任股东之名册有不实之记载时，得各科一千元以下之罚金。

第二百九十六条　外国公司经认许后在中国境内设立分公司者，应于设立后十五日内呈由所在地主管官署转呈中央主管官署声请登记。

公司负责人违反前项声请登记期限之规定时，得各科五百元以下之罚锾。

第二百九十七条　外国公司经认许后其法律上之权利、义务及主管官署之管辖除法律另有规定外与中国公司同。

第二百九十八条　外国公司经认许后得依法购置因其业务所需用之地产，但须先呈请地方主管官署转呈中央主管官署核准，并得依其本国法律准许中国公司享受同样权利为条件。

第二百九十九条　本法第十五条、第十六条、第十八条至第二十七条、第三十条及第三十一条于外国公司准用之。

第三百条　外国公司经认许后无意在中国境内继续营业者，应缴销原认许证件，向主管官署声请撤回认许，但声请撤回以前所负之责任或义务，须履行完毕。

第三百零一条　有下列情事之一者主管官署应撤销其认许。

一、声请认许时所报事项或所缴文件经查明有虚伪情事者。

二、其公司已解散者。

三、其公司已受破产之宣告者。

前项撤销认许不得影响债权人之权利及公司之义务。

第三百零二条　外国公司不得在中国境内募股募债，但其股东私人买卖股份债券不在此限。

第三百零三条　外国公司经认许后，主管官署于必要时，得查阅其有关营业之簿册文件。

第三百零四条　第二百九十四条第七款规定之代理人在更换或离境前，外国公司应指定代理人，呈请主管官署登记。

前项代理人之姓名、国籍、住址及其为公司收受诉讼或非诉讼事件通知之声明书，应于呈请登记时附具。

第三百零五条　外国公司因无意在中国境内经常营业，未经声明认许，偶派其代表人在中国境内为法律行为时，得报明下列各款事项，声请中央主管官署备案。

一、公司之名称、种类、国籍及其所在地。

二、公司股本总额及在本国设立登记之年月日。

三、公司所营之事业及其代表人在中国境内所为之法律行为。

四、在中国境内指定之诉讼及非诉讼代理人之姓名、国籍、住所。

前项声请备案文件应由其本国主管官署或其代表人法律行为所在地之领事官签名证明。

第九章　公司之登记及认许

第一节　通则

第三百零六条　公司之登记或认许应由负责人具呈请书连同本章所定应备之文件二份，向中央主管官署呈请或呈由地方主管官署转呈中央主管官署核办，由代理人呈请时应加具代理之委托书。

第三百零七条　主管官署对于公司登记之呈请认为有违反法令或不合法定程式者,应令其改正,非俟改正合法后不予登记。

第三百零八条　公司设立登记、分公司设立登记、外国公司认许及其分公司设立登记,应俟中央主管官署发给执照后,增资减资之登记应俟中央主管官署换发执照后方为确定。

第三百零九条　地方主管官署对于公司设立、解散、增资、减资、设立分公司及外国公司认许、撤销认许、变更代表人及分公司之设立及变更之登记,应于收文后十日内转呈中央主管官署核办,其他事项之登记每月汇报主管官署一次。

第三百十条　公司登记呈请人于登记后确知其登记事项有错误或遗漏时得呈请更正。

第三百十一条　凡请求证明登记事项,并无变更或别无某事项登记者,中央或地方主管官署得酌量情形核给证明书。

第三百十二条　登记簿或登记文件,负责人或利害关系人得声叙理由请求查阅或抄录。但主管官署认为必要时,得拒绝抄阅或限制其抄阅之范围。

第三百十三条　中央主管官署发给或换发登记执照后,应登载政府公报公布之。

前项规定于外国公司之认许准用之。

第三百十四条　公司对外文件应标明其登记执照之号数。

第二节　规费

第三百十五条　公司设立之登记应随文缴纳登记费,按其章程所定资本额每二千元一元计算,并缴执照费五百元。

第三百十六条　外国公司认许之登记应随文缴纳登记费一千元,并缴执照费五百元。

第三百十七条　公司因增加资本呈请登记者,其登记费按所增之数二千分之一缴纳,并缴执照费五百元。

第三百十八条　公司或外国公司设立分公司呈请登记者应随文缴纳执照费五百元。

第三百十九条　遗失公司执照呈请补发者，应缴补发执照费二百五十元。

第三百二十条　凡依法应领执照者，应按印花税率随文缴纳印花税费。

第三百二十一条　凡公司除设立与增资登记及外国公司认许登记以外之登记，每件应向主管官署缴纳登记费二百五十元。

第三百二十二条　查阅登记簿及登记文件每次应缴查阅费一百元，如须抄录者每千字应缴抄录费五十元。

第三百二十三条　依第三百十一条规定呈请核给证明书者每件应缴证书费一百元。

第三节　呈请程序

第三百二十四条　无限公司设立、解散及因合并而变更之登记，由全体股东呈请之，其他各项登记由代表公司之股东呈请之。

第三百二十五条　无限公司因设立呈请登记者应加具公司章程、营业概算书。

股东中有未成年者应附送法定代理人同意之证明书。

因合并而设立呈请登记者，应附送本法第六十七条第二项规定之通知及公告，或已依本法第六十八条规定清偿或提供担保之证明文件。

第三百二十六条　无限公司因解散呈请登记者应叙明解散事由，其由继承人呈请者应附送其身份之证明文件。

因合并而解散者准用前条第三项之规定。

第三百二十七条　无限公司呈请变更登记应叙明变更事项，其因合并而变更者，并准用第三百二十五条第三项之规定。

第三百二十八条　无限公司登记事项如有应得全体股东或某

股东之同意者，应附送其同意证明书。

第三百二十九条　第三百二十四条至第三百二十八条之规定于两合公司准用之，但在无限公司应由全体股东呈请之，登记两合公司由全体无限责任股东呈请之。

第三百三十条　有限公司设立、解散、增资及因合并而变更之登记，由全体执行业务之股东呈请之，其选有董事、监察人者由半数以上之董事及至少监察人一人呈请之，其他事项由代表公司之股东或董事呈请之。

第三百三十一条　有限公司因设立呈请登记应加具下列各项文件：

一、公司章程。

二、主管署依照第一百零九条第二项规定验资核准之批示。

三、营业概算书。

因合并而设立呈请登记者并应加具第三百二十五条第三项规定之文件。

第三百三十二条　有限公司因解散呈请登记者准用第三百三十八条之规定。

第三百三十三条　有限公司因增加资本呈请登记者应加具下列各项文件：

一、修正之章程。

二、有股东会之组织者其关于增加资本之决议录。

三、主管官署依照第一百零九条第二项验资核准之批示。

四、选有董事、监察人者增资后之董事、监察人名单。

第三百三十四条　有限公司因修改章程、另定执行业务之股东或改选董事、监察人呈请登记者加具修正章程或所选之董事、监察人名单。

第三百三十五条　第三百四十四条之规定于有限公司准用之。

第三百四十五条之规定于有限公司之合并准用之。

第三百三十六条　股份有限公司设立登记、解散、增资、减资、募集公司债及因合并而变更之登记，由半数以上之董事及至少监察人一人呈请之，其他登记事项由代表公司之董事呈请之。

第三百三十七条　股份有限公司因设立呈请登记应加具下列各项文件：

甲、发起人认足股份者：

一、公司章程。

二、股东名簿。

三、选任董事、监察人名单。

四、第一百三十条规定各件。

五、营业概算书。

乙、发起人未认足股份而另行招募足额者：

一、公司章程。

二、股东名簿。

三、第一百三十三条规定呈请备案之批示。

四、第一百四十四条规定之董事、监察人或检查人报告书及其附属文件。

五、创立会决议录。

六、营业概算书。

七、因合并而设立呈请登记者第三百二十五条第三项规定之文件。

第三百三十八条　股份有限公司因解散呈请登记者应叙明解散事由，其因股东会之决议而解散者，应加具关于解散之股东会决议录，因合并而解散者并准用第三百二十五条第三项之规定。

第三百三十九条　股份有限公司因增加资本呈请登记者，应加具下列各项文件。

一、修正之章程。

二、关于增加资本之股东会决议录。

三、增加资本后之股东名簿。

四、增加资本后之董事、监察人名单。

第三百四十条　股份有限公司因减少资本呈请登记者，应加具下列各项文件：

一、修正之章程。

二、关于减少资本之股东会决议。

三、减少资本后之股东名簿。

四、第三百二十五条第三项规定之文件。

第三百四十一条　股份有限公司因募集公司债呈请登记者，应加具下列各项文件：

一、关于募集公司债之董事决议录。

二、最近之资产负债表。

三、募集公司债业经呈准与合法公告之证明文件。

四、债款缴足之证明书。

第三百四十二条　股份有限公司因清偿公司债之全部或一部呈请登记者，应加具所还债数之证明书。

第三百四十三条　股份有限公司因改选董事、监察人呈请登记者，应加具选任之董事、监察人名单。

第三百四十四条　股份有限公司因其他登记事项变更登记者，应加具关于决议变更之股东会或董事会决议录。

第三百四十五条　股份有限公司因合并而变更呈请登记者，应加具第三百二十五条第三项所规定之文件。

第三百四十六条　股份两合公司之设立、解散、增资、减资及因合并而变更之登记由全体无限责任股东及半数以上监察人呈请之，其他事项之登记由代表公司之无限责任股东呈请之。

第三百四十七条　股份两合公司设立登记准用第三百二十五条及第三百三十七条第一、第二项之规定。

第三百四十八条　第三百三十九条至第三百四十五条各规定于股份两合公司准用之。

第三百四十九条　公司设立分公司，应于设立后十五日内，将下列各款事项向所在地地方主管官署转呈中央主管官署声请登记。

一、分公司名称。

二、分公司所在地。

三、分公司经理人姓名、籍贯、住所。

四、本公司登记执照所载事项及执照号数。

第三百五十条　分公司之迁移、撤销应于迁移或撤销后十五日内，向所在地主管官署转呈中央主管官署声请登记。

公司负责人违反前项声请登记期限之规定时，得各科五百元以下之罚锾。

第三百五十一条　分公司设立、变更或撤销之登记在无限公司、两合公司、股份两合公司由代表公司之股东呈请之，在有限公司由执行业务之股东或代表公司之董事呈请之，在股份有限公司由代表公司之董事呈请之。

第三百五十二条　公司经理人之任免、调动应于任免或调动后十五日内，向主管官署声请登记。

公司负责人违反前声请登记期限之规定时，得各科五百元以下之罚锾。

第三百五十三条　外国公司声请认许由其本公司执行业务之股东或董事或其在中国之代表人或经理人或上列人员之代理人为之。

前项呈请人应呈送证明其国籍之证件及本公司之授权证书或委托证书。

第三百五十四条　外国公司呈请认许时应加具下列各项文件：

一、公司章程及其在本国登记证件之副本或影本，其无章程或登记证件者，其本国主管官署证明其为公司之文件。

二、在其本国因特许而成立者，其本国主管官署特许文件之副本或影本。

三、依中国法令其营业须经特许者，其特许证件之副本或影本。

四、在中国营业之业务计划书。

五、股东会或董事会对于请求认许之决议录。

六、无限公司、两合公司、股份两合公司或其他类似公司之全体无限责任股东之姓名、国籍、住所及所认股份、已缴股款。

七、董事、公司其他负责人及在中国境内指定代理人之名单。

八、在中国境内指定代理人为公司收受诉讼或非诉讼事件通知之授权证书。

上列各件除第六款、第七款外均须附具中文译本。

第三百五十五条　外国公司设立分公司或其他事项声请登记时，由在中国境内指定之代表人或分公司经理或其代理人呈请之。

第三百五十三条第二项规定于前项呈请人准用之。

第三百五十六条　第三百四十九条规定于领有认许证之外国公司设立分公司呈请登记时准用之。

第三百五十七条　公司及外国公司登记事项如有变更时应于变更后十五日内向地方主管官署转呈中央主管官署声请为变更之登记。

第三百五十八条　公司解散后不向主管官署声请登记者或有第十六条情事时未经主管官署撤销其登记者，利害关系人得声请撤销其登记。

主管官署于前项声请时，应定三十日之期间催告公司负责人声明异议；若逾期不为声明或声明理由不充分者即撤销其登记。

前二项规定于外国公司之认许准用之。

第十章　附则

第三百五十九条　凡公司章程有与本法抵触者于本法施行后六个月内改正，呈由地方主管官署报请中央主管官署备案。

第三百六十条　凡依据特种股份有限公司条例组织之公司，应于本法施行后六个月内按照本法修正组织，呈报中央主管官署备案。

第三百六十一条　本法自公布日施行。

〔国民政府经济部档案〕

4. 国民政府公布标准法

（1946 年 9 月 24 日）

标准法　三十五年九月二十四日公布

第一条　本法所称标准，系依标准制定程序，所制定全国共同遵守之国家标准。

前项标准制定程序，由经济部定之。

第二条　本法之标准范围如左：

一、各种单位名称、定义、符号及常数。

二、各种品质及尺度标准。

三、各种试验法标准。

四、各种关系互换性能之标准。

五、各种安全标准。

六、其他应遵守之标准。

第三条　经济部设中央标准局，掌理全国各种标准事宜。

中央标准局组织条例另定之。

第四条　全国共同遵守之标准，应由中央标准局依照标准制定程序制定，呈请经济部核准公布。

第五条 凡适合标准之产品及方法，呈经中央标准局审查合格后，加㊣字标记，以资识别。

第六条 凡自行制造或输入输出之货物，及所使用试验方法，应合规定标准。其推行办法由经济部定之。

违反标准推行办法之罚则另定之。

第七条 中央标准局为推行度量衡各种标准制度，得呈准经济部制定各种单行规章。

第八条 凡以诈伪方法蒙请审查、或滥用标准之㊣字标记者，以诈欺论罪。

第九条 本法自公布日施行。

〔国民政府档案〕

5. 国民政府公布钨锑收购条例

（1946 年 10 月 24 日）

钨锑收购条例 三十五年十月二十四日公布

第一条 行政院为履行已订对外偿债易货契约，得在国内指定区域内收购钨锑。

第二条 前条所称钨，包括钨砂，锑包括锑砂、纯锑、生锑及锑养，混合在钨砂、锑砂内之铋钼，得并予收购之。

第三条 行政院收购钨锑，以资源委员会为主办机关。其收购区域，由资源委员会呈请行政院核定行之。

第四条 资源委员会办理收购钨锑事项，得专设机关或委托其他机关办理。

第五条 在核定之收购区域内，矿厂商采炼之钨锑，应全部报请资源委员会所设之经办机关收购之。

第六条 钨锑之收购价格，应由资源委员会随时按照国际市价评定公布,但同时应顾及国内生产成本暨矿厂商合法利润。

第七条　收购区域内之钨锑,在国内运输,须凭资源委员会之运输护照,出口时,凭资源委员会之出口许可证。

无前项照证运输钨锑者,资源委员会得予扣留,并得照收购价格减少百分之二十强制收购之。

第八条　本条例自公布日施行,并于已订对外偿债易货契约终结之日废止之。

〔国民政府档案〕

6. 国民政府公布修正度量衡器具营业条例
(1946年11月9日)

度量衡器具营业条例

十九年九月一日国府公布

三十二年十二月七日第一次修正

三十五年十一月九日第二次修正

第一条　以制造贩卖或修理度量衡器具为业者,应呈请地方主管机关核发许可执照,转报全国度量衡局备案。前项许可执照,由全国度量衡局刊发地方主管机关备用。

第二条　度量衡器具营业之许可,以十年为有效期,自发照之日起算。但期满得呈请续展十年,不收执照费。

第三条　以制造为业之呈请人,应依左列各款,缴纳执照费。

一、用原动力机械,平时雇用工人在三十人以上者,一万元。

二、用原动力机械,平时雇用工人不满三十人者,六千元。

三、用手工制造,平时雇用工人在三十人以上者,四千元。

四、用手工制造,平时雇用工人在十人以上者,二千元。

五、用手工制造,平时雇用工人不满十人者,一千元。

第四条　以贩卖或修理为业之呈请人,应依左列各款,缴纳执照费。

一、贩卖者四百元。

二、修理者二百元。

第五条　领有制造执照者，得兼营贩卖及修理业。

第六条　领有制造执照者，应备价承领标准器。

第七条　有左列各款情事之一者，不得为度量衡器具营业。

一、犯刑法第十四章规定各罪，而受刑罚之宣告，自执行终了或免除执行之日起，尚未经过一年者。

二、依度量衡法第十八条或本条例之规定，撤销执照或停止其营业后，尚未经过一年者。

第八条　领有许可执照者，如犯刑法第十四章规定各罪，而受刑罚之宣告时，应撤销其执照。

第九条　本条例自公布日施行。

〔国民政府经济部档案〕

7. 国民政府公布电业法

（1947年12月10日）

电业法　三十六年十二月十日公布

第一章　通则

第一条　本法所称电业，谓应一般需用，经营供给电能之事业。

第二条　本法所称电业权，谓经中央主管机关核准，在一定区域内之电业专营权。

第三条　本法所称营业区域，谓依前条规定取得电业权者供给电能之区域。

第四条　本法所称中央主管机关，为经济部；所称地方主管机关，在省为建设厅，在院辖市为主管局，在县为县政府，在省辖市为市政府。

第五条　本法所称电业设备，谓发电输电配电所应用之一切设备；所称主要发电设备，谓锅炉原动机发电机；所称中心发电所，谓中央主管机关规定之高效力发电所；所称电力网，谓统筹分配供给多数营业区域电业之输电线路。

第六条　电业经营分左列各种：

一、公营。国营、省营、市营、县营属之。

二、民营。

政府与人民合营之电业，官股多于民股者，视为公营；民股多于官股者，视为民营。

第七条　水力发电之容量在一万瓩以上者国营，但经中央主管机关特许者，不在此限。

第八条　电业经营之方式为左列各种：

一、全部或一部发电，供给其营业区域内一般需用，或转售与其他电业者。

二、全部向其他电业购电，转供其营业区域内一般需用，或转售与其他电业者。

三、经营电力网，在其核准之地区内，统一购售各电业剩余或需要之电能者。

四、经营中心发电所，将所发电能售与其他电业者。

第九条　电业之等级如左：

一、供电容量在五万瓩以上者，为一级。

二、供电容量在一万瓩以上不及五万瓩者，为二级。

三、供电容量在一千瓩以上不及一万瓩者，为三级。

四、供电容量在一百瓩以上不及一千瓩者，为四级。

前项供电容量，包括发电与购电。

第十条　前条所列各级电业，因供电容量变更，致超过或不及其本级之限度时，应呈请中央主管机关核定升级或降级。

第十一条　电业向主管机关声请或报告时，其程序依左列规定。

一、省辖市营县营或民营电业，呈由地方主管机关核转中央主管机关。

二、国营省营或院辖市营电业，呈由其事业所属机关核转中央主管机关，并将副本分送有关地方主管机关。

三、电业营业区域及于数个行政区域者，按其声请或报告事件之性质，其涉及全部营业区域者，向其营业区域主要部分所属行政区域之地方主管机关为之；其涉及某一行政区域者，向该行政区域之地方主管机关为之，同时均应将副本分送各有关地方主管机关。

前项声请或报告，于必要时，得送呈中央主管机关或上级地方主管机关。

第十二条　电业应置主任技术员，其资格由中央主管机关定之。

第十三条　电业与其他事业兼营者，其电业部分应有独立之会计。

电业会计科目及其固定资产之折旧率，由中央主管机关核定之。

第十四条　本法所称电业负责人，在公营电业，依其事业所属机关及其电业本身组织法规之规定；在民营电业，其为公司组织者，依公司法之规定；其合伙组织者，为执行业务之合伙人；其独资经营者，为资本主。

电业之经理人，主任技术员及以其他名义主管电业全部或一部事务之人，在执行其职务之范围内，均视为电业之负责人。

第十五条　电业负责人对于电业事务之处理，如有违反法令致他人受有损害时，对他人应与电业连带负赔偿之责。

第二章　电业权

第十六条　电业营业区域，以经中央主管机关核准加盖部印之营业区域图为准，不得自由伸缩。营业区域图，应悬挂于其营业所内。

第十七条　经营电业，应先备具计划图说，声请中央主管机关核准备案，施工前应报请核发工作许可证，施工完竣应报请派员查验，并备具书图声请登记，经查验合格，核发电业执照及营业区域图，给予电业权后，始得营业。

前项备案，经过六个月尚未进行施工之筹备者，除有正当理由呈请准予延展者外，得撤销之。

第十八条　前条规定之声请，其营业区域有两个以上者，应个别为之。

第十九条　在同一区域内有二个以上经营电业之声请时，应以声请在前者为优先，予以核准；其声请日期相同者，应以计划较善者为优先；计划相同者，限期令各声请人自行协议后，重行声请。协议不谐或不依限协议时，由主管机关召集各声请人抽签定之。

第二十条　省营、市营或县营之电业，其营业区域，除经中央主管机关特许外，不得超过该省、市、县之行政区域。

第二十一条　电业联络通电及电力网之输电线路，经中央主管机关核准后，得经过其他电业营业区域，但不得侵害其电业权。

第二十二条　电业不得供电于其营业区域以外。但有左列情形之一者，不在此限。

一、供电于另一电业，经中央主管机关核准时。

二、由中央主管机关特别指定供电与国防有关之主要工业或电车、电铁道事业时，但以其所在地电业之供电成本超过指定电业之供电成本甚巨者为限。

三、在营业区域以外尚无他电业可以供电之少数用户时，经地方或中央主管机关核准暂时供电者。

第二十三条　电业权之有效期间，一级及二级均为三十年，三级为二十五年，四级为二十年。期满一年前得向中央主管机关声请延展，每项以十年为限。不愿继续经营者，应于期满一年前报告中央主管机关。

第二十四条　在本法施行前已取得电业权者，视为已依本法取得电业权，其营业年限以原核定之年限为准。

第二十五条　电业变更营业区域时，应就已核准之营业区域图，加绘新界线，备具工程计划书及输电配电线路详图，叙明预定工程起讫日期，声请中央主管机关核准；其为扩充区域者，并注明该区域内有无其他电业。

前项核准，经过六个月无正当理由而尚未施工者，得撤销之。

第二十六条　电业在其核准之营业区域内，逾五年尚未设配电线路之地段，经中央或地方主管机关定期催告，仍不添设时，中央主管机关得缩减其营业区域。

第二十七条　电业执照所载主要事项有变更时，应于变更后十五日内，声请中央主管机关核准换发电业执照。

第二十八条　电业移转其电业权于他人时，应由各当事人连署，连同契约，于移转后十五日内，声请中央主管机关核准换发电业执照。

第二十九条　电业与他电业合并时，应由各当事人连署，连同契约及合并计划书，于合并后十五日内，声请中央主管机关核准，并缴销因合并而消灭之电业执照。

第三十条　电业非经中央主管机关核准，不得停业。

电业核准停业者，应于核准后十五日内，将其营业区域图及电业执照，呈缴中央主管机关注销。

第三十一条　电业依前条规定停业后，新电业权未核准前，所在地政府因维持公用，得就其电业设备，在原区域继续供电，但应酌给租金。

前项所在地政府维持供电,以一年为限。

第三十二条　电业有左列情形之一者,中央主管机关或地方主管机关报经中央主管机关核准,得撤销其电业权,并得由所在地政府或人民备价收买其电业设备,继续经营。

一、经营年限届满,不照第二十三条规定声请延展者。

二、非因不可抗力停电至三个月以上者。

三、非因特殊障碍,不能尽其营业区域内之供电义务者。

四、经中央或地方主管机关定期令饬改善,由中央主管机关定之。

第三章　工程

第三十四条　电业设备应力求标准化,其方式规范及装置之规则,由中央主管机关定之。

第三十五条　电压及周率标准,由中央主管机关定之。

第三十六条　用户电压与其规定数之公差,以左列为准。

一、电灯电压高低各百分之五。

二、电力及电热之电压高低各百分之十。

电灯电力电热合一线路时,依电灯电压之标准。

第三十七条　电业所用交流电周率之高低,各不得超过其标准周率百分之四。

第三十八条　电业应照规定之电压及周率标准,供应三相交流电。但其情形特殊,经中央主管机关之特许者,不在此限。

第三十九条　电业为预防继续供电发生故障,应有适当之备用供电量。

第四十条　电业应置各种必要之电表仪器,记载发电及购电之度数,电压周率及负荷之变动。

第四十一条　电业应装置保安设备于必要处所。

第四十二条　电业应每年至少检验机器及线路一次,每三年至少检验用户用电装置一次，并纪〔记〕载检验结果。

第四十三条　电业对于用户用电装置，应依中央主管机关所定，经检验合格时，方得接电。

第四十四条　检验用户屋内线路之绝缘电阻，除新装者不得低于中央主管机关所定外，其装用二年以上者，不得低于中央主管机关所定数五分之一。

第四十五条　用户电度表检验规则，由中央主管机关定之。

第四十六条　遇有线路附近发生火灾或其他非常灾害，电业应立派技术员工携带显明标志，施行防护，必要时并得停止一部或全部供电，或拆除危险线路。

第四十七条　电业职工及装修设备之电匠，应习练触电急救法。

第四十八条　凡触电或电业设备发生意外，致有死伤时，电业应即将事实经过报告所在地地方主管机关。

第四十九条　电业得自置电话信号及控制用线路设备，载波设备、电力网、中心发电所及一级二级电业，并得经交通部核准置无线电设备，但以用于调度供电保障安全为限。

第五十条　电业线路与电信线之交叉并行细则，由中央主管机关会同交通部定之。

第五十一条　电业因工程上之必要，得使用河川、沟渠、桥梁、堤防、道路，但以不妨碍其原有效用为限。

第五十二条　电业于必要时，得在他人房屋上之空间或无建筑物之土地上设置线路，但以不妨碍该房屋土地之使用及安全为限，并应事先通知其所有人或占有人。

第五十三条　电业对于妨碍线路之树木，得于通知所有人或占有人后砍伐之。

第五十四条　前三条所订各事项，应择其无损害或损害最少之处所及方法为之，如有损害，应按损害之程度予以补偿。

第五十五条　电业为避免特别危险或预防非常灾害，对于第五十一条至第五十三条所规定之事项，得先行处置，但应于三日内声报所在地政府，并通知所有人或占有人。

第五十六条　电业对于第五十二条至第五十五条所规定之事项，与所有人或占有人发生争议时，得请所在地政府处理之。

第四章　营业

第五十七条　电业在其营业区域内，对于请求供电者，非有正当理由，不得拒绝。

第五十八条　电业自筹备开始时起，应按其等级，于左列期间内开始供电。

一级二级电业　三年

三级四级电业　二年

因特别障碍，不能依前项规定开始供电者，应详叙理由，声请中央主管机关酌予延期。

第五十九条　电业拟订或修正营业规则或公家用户之电价，及各种收费率，应送经地方主管机关或其事业所属机关加具意见，转送中央主管机关核定后，在当地公告之。

在交通不便地方，其电价得于省或院辖市主管机关审核后，先予试行。但经中央主管机关核减时，应退还其溢收之部分。

第六十条　电业与用户或他电业订立五百瓩以上之购电售电契约，应于订约后十五日内，抄送中央及地方主管机关备查。

第六十一条　电业对于特种用户得另定收费办法，报请中央及地方主管机关备查。

第六十二条　电业向用户收取电费，应尽量装置电度表，以度数计算。

第六十三条　用户电度表，由电业置备，但得向用户酌收电表保证金，其金额不得超过其装置时之市价。

第六十四条　电业得向用户酌收电费保证金，其金额以该用户一个半月至二个月之应付电费为准。

第六十五条　电业向用户收取电费，得规定每月底度，但不得逾左列之限制。

一、电灯，用单相电度表者，一级二级电业每安培二度，三级电业每安培三度，四级电业每安培四度。用三相电度表照单相度电表三倍计算，不满三安培之电度表，得酌量提高底度。

二、电力，一级二级电业每装见马力二十五度，三级电业每装见马力三十五度，四级电业每装见马力四十五度。

三、电热，工业用者，准用电力之规定；家庭用者，准用电灯之规定。

电业收取电费，不规定底度者，得规定每月最低电费。

第六十六条　电业供给自来水、电车、电铁道等公用事业用电，其收费率应低于普通电价，但以不低于其供电成本为准。

第六十七条　电业供给公用路灯用电，其收费率应低于普通电价，但以不低于普通电灯价之半为准。

第六十八条　电业对于少数僻远用户之供电，须另设线路时，得酌收线路补助费，其费额标准应于营业规则内定之。

第六十九条　电业对于僻远用户之供电，得酌加电价，并提高底度，其电价标准，应于营业规则内定之。

第七十条　电业对于电力因数低于百分之八十之用户，得酌加电价，并得由用户负担装置电力因数表，其电价标准，应于营业规则内定之。

第七十一条　电业每日供电时间，依其等级，不得少于左列规定，并不得任意间断。

一、一级二级电业二十四小时。

二、三级电业十八小时。

三、四级电业全夜。

第七十二条　电业因不得已事故须全部或一部停电时，除临时发生障碍得于事后补行报告外，应报请地方主管机关核准，其逾十五日者，并应转报中央主管机关备案。

第七十三条　电业发觉有人窃电须实施检查时，应报请当地警察或地方自治机关会同办理。

第七十四条　电业因左列情形之一，得对用户停止供电。

一、用户有窃电行为者。

二、用户用电装置经检验不合规定，在指定期间未改善者。

三、用户拒绝前条之检查者。

四、用户欠缴电费，经限期催缴仍不交付者。

电业对于前项第一款之停电，于用户偿付窃电费款，并提供保证不再有窃电行为时，得恢复供电。

电业对于第一项第二款第三款之停电，于用户改善或接受检查后，对于第四款之停电，于用户缴清应偿电费后，应即恢复供电。

第七十五条　电业对于用户或非用户窃电电费之追偿，得按其所装置之用电设备，分别性质及其瓦特数或马力数，按电业之供电时间及电价，计算三个月以上一年以下之电费。

第七十六条　政府机关为防御灾害，要求紧急供电时，电业不得拒绝，其所需费用由该机关负担。

第七十七条　电器承装业非向所在市县地方主管机关登记，并向该区域内之电业订立契约，不得营业。

电器承装业之电匠，非经所在市县地方主管机关考验及格，给予凭证，不得工作。

前项登记及考验，地方主管机关得委托该区域内之电业办理之。

电器承装业登记规则及电匠考验规则，由地方主管机关拟订，送请中央主管机关备案。

第五章　监督

第七十八条　电业负责人应于就任或解任后十五日内，声报中央主管机关备案。

第七十九条　电业办理不善时，中央主管机关或地方主管机关得限期令其改善，逾期不改善者，中央主管机关得依职权或据地方主管机关呈请令更换其负责人；如仍不改善者，得撤销其电业权。

第八十条　电业设备，在其营业区域内，中央主管机关认为与政府工业政策不相配合时，准用前条之规定。

第八十一条　电业电价之核定，中央主管机关应参酌当地投资之通行利率，以电业每年所获纯利达其实收资本总额百分之十至百分之二十五为准；如该电业年终决算，其纯利超过资本额百分之二十五时，应以超过额之半数为扩充或改良设备之用，其余半数为减低次年度电价之用。

第八十二条　电业应按月将其业务状况编具简明月报，并应于每届营业年度终了后三个月内编具年报，分送中央及地方主管机关备查。

前项报告格式，由中央主管机关定之。

第八十三条　中央及地方主管机关对于电业报告，得令其补充说明，或派员检查。

第八十四条　中央或地方主管机关对于电业设备，得随时查验，其不合规定者，应限期修理或改换；如有发生危险之虞时，并得停止其工作及使用。

第八十五条　电业转让拆迁其主要发电设备时，应声请中央主管机关核准。

第八十六条　电业扩充或更换其主要发电设备，应备具工程计划书图，声请中央主管机关核发工作许可证。

第八十七条　电业增减资本或发行债券，除依其他法律规定外，应先声请中央主管机关核准。

第六章　小型电业

第八十八条　供电容量不及一百瓩之电业，为小型电业。

第八十九条　小型电业权之有效期间为十年，满期前一年得声请展期，每次以五年为限；不拟继续经营者，亦应于满期一年前报告。

第九十条　小型电业得不设置主任技术员。

第九十一条　小型电业拟定或修正营业规则，公众用户之电价及其各种收费率，应于省市主管机关核准后公告之，并转报中央主管机关备案。

第九十二条　小型电业之供电时间，每日至少为五小时。

第九十三条　小型电业收取电费所定之底度，每安培不得超过五度。

第九十四条　小型电业电压之变动，至高百分之五，至低百分之十五。

第九十五条　小型电业简明月报，每三个月编送一次。

第九十六条　小型电业负责人应于就任或解任后十五日内，报请地方主管机关备案。

第九十七条　小型电业得不适用第三十八条之规定。

第九十八条　本章所未规定者，准用其他各章之规定。

第七章　自用发电设备

第九十九条　工矿、厂商、机关、学校、医院，有左列情形之一者，得置发电设备，专供自用。

一、当地无电能供应，或供应不足，而预期在一年内无法增加供应者。

二、有废气及燃料副产物可以利用者。

三、生产需用之蒸汽可用以发电者。

四、电源供给绝对不能停止者。

五、购电成本超过自行发电成本，足以妨碍其业务发展者。

第一百条　自用发电设备之发电容量在一百瓩以上者，购置或扩充时，应声请中央主管机关核发工作许可证，不及一百瓩者，应报请地方主管机关核准，转报中央主管机关备案。

第一百零一条　自用发电设备设置之线路，应在其自有地区内设置之。但不妨害当地电业，并经中央主管机关核准者，不在此限。

第一百零二条　自用发电设备有余电时，当地电业得定购转供，其购售契约应报中央主管机关备案。

第一百零三条　自用发电设备设置后，应填具登记表，声请中央主管机关登记。

本法施行前已设立之自用发电设备，应于本法施行后六个月内补请登记。

第一项之登记表式，由中央主管机关定之。

第一百零四条　自用发电设备经声请登记后，由中央主管机关发给自用发电设备登记证。

第一百零五条　自用发电设备经登记后，每半年应造具关于发电事项之报告，其发电容量在一百瓩以上者，应分送中央及地方主管机关备查，其不及一百瓩者，应送地方主管机关备查，必要时中央主管机关派员检查其设备。

前项报告格式，由中央主管机关定之。

第一百零六条　自用发电设备变更其登记证内所列各主要事项，或同其本事业移转时，应声请变更登记。

第八章　罚则

第一百零七条　窃盗或毁坏电杆、电线、变压器或其他供电设备者，依刑法之规定从重处断。

第一百零八条　有左列行为之一者，处五年以下有期徒刑、拘役或五百元以下罚金。

一、未经电业允许供电，而在其供电线路上私接电线者。

二、绕越所装电度表或其他计电器，私接电线者。

三、损坏或改变电度表或其他计电器之构造，或用其他方法致电度表及其他计电器失效或不准确者。

四、在电价较低之线路上私接电价较高之用电器具者。

第一百零九条　电业有左列情形之一者，其负责人各科一年以下徒刑、拘役或三百元以下罚金。

一、于法令或核定之营业规则外，向用户索取任何费用者。

二、不依核定之电费或各种收费率或用电底度任意向用户增收费用者。

三、违反第三十四条、第三十六条、第四十一条至第四十四条、第四十六条或第八十四条关于工程安全之规定，在其供电区域足以发生灾害者。

第一百一十条　电业有左列情形之一者，其负责人各科三百元以下罚款。

一、违反第十六条第一项、第二十条至第二十二条及第二十五条第一项规定，擅自变更其营业区域，或供电于其营业区域以外者。

二、违反第十七条第一项规定，于未经核准前即施工或营业者。

三、违反第二十八条、第二十九条规定，不声请核准者。

四、违反第三十条第一项规定而停业者。

五、违反第五十五条规定怠于声报者。

六、违反第七十一条规定任意间断供电者。

七、违反第七十二条规定不报请核准而停电者。

第一百十一条　电业有左列情形之一者，其负责人各科二百元以下罚款。

一、不依第十二条规定设置主任技术员者。

二、不依第十三条规定设置独立之会计者。

三、不依第二十七条规定声请换发电业执照者。

四、不依第三十条第二项规定缴销电业执照者。

五、不依第四十条规定置备各种必要之电表仪器者。

六、不依第四十八条、第七十八条、第八十二条、第九十五条规定怠于声报者。

七、不依第六十条、第六十一条规定怠于抄送或报请备查者。

八、不依第八十五条至第八十七条规定声请核准者。

第一百十二条　自用发电设备人，有左列情形之一者，科三百元以下罚款。

一、违反第一百条规定不声请许可或核准者。

二、违反第一百零一条规定，设置路线者。

第一百十三条　自用发电设备人，有左列情形之一者，科二百元以下罚款。

一、不依第一百零三条或第一百零六条规定声请登记或变更登记者。

二、不依第一百零五条规定造送报告者。

第一百十四条　电器承装业违反第七十七条第一项规定者，科二百元以下罚款，并得勒令停止营业。

第一百十五条　电匠违反第七十七条第二项规定者，科一百元以下罚款，并得勒令停止工作。

第九章　附则

第一百十六条　本法施行前各电业订立之专营合约及营业规则，如与本法之规定不符，应于本法施行后六个月内修正之。

第一百十七条　本法自公布日施行。

〔国民政府档案〕

8. 资源委员会关于战后办理后方工业建设紧缩概况及今后建设方针签呈稿

(1945年　月　日)①

上　委员长
宋院长　签呈

谨签呈者:本会奉命办理重工业建设,于抗战期间为适应战时环境,供应军民需要,在后方各省所建工矿事业虽已粗具规模,惟自战事胜利以后,战时经济阶段随而终结,平时经济行将恢复,国际交通即可渐复常态,自由贸易势将重演,客观环境既多变易,建设方针自宜重加厘订。今后本会举办事业拟就规模宏大关系国家根本,或有裨财政收入者次第兴建,务期与国策经济兼筹并顾。至后方原有事业,一部分重要工矿固具永久定义,或以战后供需关系骤变,业务将濒停顿,或以规模较小,将来难望发展原则为准绳,而分别予以调整。乃自战事结束,社会心理骤变,故除少数事业以外,大部分厂矿之业务几濒停顿。是以不得不采紧急措置,以节开支而减亏损。兹谨将办理情形扼要具报如次:

(一)为适应战时需要之零星事业,设备既甚简陋,规模亦复狭小,战后已无存在之经济价值者,已饬分别结束。

此类事业属于机械者有江西机器厂、江西车船厂、甘肃机器厂;属于电工者有无线电昆明分厂、电工厂第二厂及第四厂兰州支厂、电瓷厂衡阳分厂(在贵阳)及华亭电瓷厂等;属于冶炼者有昆明电冶厂、江西炼铁厂,属于化工者有昆明化工厂、甘肃化工厂、江西硫酸厂、木柴干溜厂、巴县炼油厂、北碚焦油厂、犍为焦油厂、甘肃水泥公司以及重庆、内江、泸县、北泉、广汉、盘县、安顺、褒城、云南等酒精厂;属于煤矿者有四川矿业公司,属于金属矿者有滇中矿务

① 原稿无日期。

局、滇北矿务局等。

以上事业，其有地方政府资本参加者，如地方政府愿意单独经营，当即移让，现正由本会分别洽办，一俟商有成议，当再具报。

另有西宁、西昌两电厂亦拟结束，惟以电力事业为人民常所需，不宜一旦中断，故尚未结束，正洽请省府接办。

（二）目前业务已告停顿，而将来或尚有举办之需要者，已暂行停工保管，俟将来需要时再行恢复生产。此类事业有资渝、资蜀、云南、威远、电化等钢铁厂，宜宾机器厂、耐火材料厂、四川及咸阳两酒精厂、宜明煤矿公司暨川府铜铅总矿务局等。

（三）事业规模较大、设备亦尚完善者，或矿藏富蕴、开发有希望者，或其产品仍为后方所需业务当能维持者，则均当继续进行，而人员方面则力事紧缩以节开支。此类事业工业部分有中央机器厂、中央电工厂、中央无线电厂、中央电瓷厂、动力油料厂、遵义酒精厂、资中酒精厂。矿业部分有明良煤矿、贵州煤矿、甘肃煤矿、甘肃油矿、四川油矿、云南锡矿。电业方面有龙溪河、岷江、宜宾、泸县、□县、自矿都江、昆湖、贵阳、湘西、西京、汉中、兰州、天水等电厂。

以上结束停工单位，除酌留最少数人员从事保管外，技术员工尽量调往收复区接办事业及工作，普通员工类多土著，故已陆续遣散。至继续进行单位，其员工除保留生产所必需者外，余亦分别调用遣散。总计遣散员工共　　名，调往收复区工作员工共　　名，保管人员共　名，保留继续生产所必需之员工共　　名，所有遣散员工经比照行政院复员期间后方区民营工厂被裁工人处理办法之规定，发给遣散费，并设法遣送回籍。计共支遣散费约共　　元，结束费用约共　　元。现在结束工作尚未办理就绪，遣散人员及所支费用如仍有变动，当俟结束完竣以后，再行详陈。

查本会战时事业原多为适应后方需要而零星设置，因国际交通之阻梗，机器设备类多陈旧、一切工具无不因陋就简，勉求生产，以供应军需，并藉口训练员工，以备战后大规模建设之用。现在战事结束，收复区内有待本会接办事业种类既多，规模亦大，若再维持后方零星事业，财力人力均感不足，且自国际贸易复常以后，后方产品势难与欧美大规模生产事业之制品争雄市场，故不得不早事收缩，以免日后之累。除俟办理结束完竣以后，再行具呈详报外，谨先将结束紧缩原由以及办理概况奉陈，伏乞鉴核。谨呈

委员长蒋

行政院院长宋

职 翁○○

钱○○

本会今后建设方针

（一）本会今后建设每一事业，应先拟具整个计划及逐年建设进度，订定会部资本暨分年拨付办法，该项计划一经核定以后，除因币值变动或原计划有重大更革时，其资本组织不再修正而原计划除非万不得已，以不更改为原则。至机器设备折旧率应审情订定，俾有重置必要时，无需另筹财源。

（二）本会今后应办事业可归纳为两大类：

（1）有关立国基础之事业，规模宏大民资无力兴办者。

（2）足以自力更生，盈余有把握，可解还政府者。

（三）后方事业之处置原则如下：

（1）今后业务有望可以自足者，继续维持，惟仅能在□年度经费内再提资本，以后不再增资。

（2）为适应战时需要而设置之事业，战后无以自存者，概行结束。

机械

（一）中央机器厂——继续维持

（1）紧缩情形　已遣散职员48人、工人1203人，尚留职330人、工人367人，内以职员230人调至收复区工作，原定以30人调沪，200人调□北，现正洽增调40人至沪，余160人至□北，昆厂将来员工拟定为职员80人，工人300人。

（2）业务情形　近来业务缩滞，明年四月份起当可维持，今年营业额有六亿元。

（3）财务情形　明年一至三月，每月需四千万元，紧缩至最小限度时（员80人、工300人），每月所需开支约三千万元，年共三亿九千万元，营业收入可有一亿九千万元，当不敷二亿元。现有借款计工贷一亿四千二百万元，贴现储款七千万元，本会转贷流动金一亿七千万元，合共三亿八千二百万元，生产局贷款二亿四千六百万元，可以承制兵工器材损失抵偿（抵还后当可余一亿一千万元）。

成品约值八亿元，连同半成品及原料共值二十五亿元。

（4）整理办法

（甲）待调人员卅五年一至三月份薪津约六千万元（每月二千万元），由会垫付。

（乙）卅五年维数不敷二亿元及应还借款四亿元，共计六亿元，除以生产局收购成品类内拨充外，不敷之数列入明年度预算，惟此后不再增资。

（二）宜宾机器厂——结束

（1）限卅五年一月底结束完竣，届时将工人全部遣散，职员亦酌予遣散。

（2）下列费用由会垫付。

（甲）一月份薪津（职员95人，工人335人）九百万元。

（乙）一月底遣散费。

（丙）待调人员经费。

（丁）保管费用。

（三）甘肃机器厂

电工

（一）中央电工厂——维持

（1）紧缩情形　已遣散职员146人、工人1281人，尚留职员593人、工人1087人（昆分厂职员39人、工人190人，昆三厂职员46人，工人76人，其余厂处有职员508人、工人821人），内以职员394人、工人539人调往收复区工作，其余职员199人（总办事处在内）、工人548人（内昆明部分计员85人、工人266人）。

（2）业务情形　十月份营业收入约九千万元，明年一至三月份每月营业额约六千万元，以后各月或可维持。

（3）财务情形　保留后方人员每月薪饷约四千万元，其他开支五千余万元（财务费用除外），明年一至三月共需三亿八千万元，而三个月营业收入仅一亿八千万元，尚亏二亿元。

结欠银行借款当有三亿五千万元。

（4）整理办法

（甲）待调人员一至三月份薪津一亿七千万元，由会垫拨。

（乙）请生产局收购成品三亿五千万元，以还贷款。

（丙）明年度预算列二亿元，在一至三月内拨付，以后不再增资。

（丁）后方留用人员，应再设法调遣一部分至收复区，以减后方开支薪资维持。

（二）中央无线电厂——渝厂维持，昆厂结束

（1）紧缩情形　昆分厂已遣职员10人、工人193人，尚有职员102人、工人203人，拟再遣散50人，余调沪工作。

（2）业务情形　昆分厂近无大宗业务，渝厂近可得借贷八千万元。

（3）财务情形　昆分厂债务共一亿五千万元（连□□在内），尚需遣散费一千二百万元。

渝分厂维持三个月需款八千万元，负债除□□外，共二亿五千

万元(紧缩费八千五百万元在内)。

(4) 整理办法

(甲) 昆分厂遣散费一千二百万元由会垫付。

(乙) 请生产局收购成品五千万元。

(丙) 明年度预算列二亿元以后不再增资。

(丁) 债务应即偿付。

(三) 中央电瓷厂

(1) 紧缩情形　宜厂已遣职员 27 人、工人 205 人,尚留职员 67 人、工人 110 人,衡厂已遣职员 4 人、工人 56 人,尚留职员 18 人、工人 19 人。

(2) 业务情形　总厂每月营业款约一百万元左右,借贷约估二亿元,衡厂业务已停,正在陆续迁长沙,将来月可有营业五百万元。

(3) 财务情形　总厂每月开支需七百万元,宜厂将来难以维持,不如结束,设装配厂在沪,衡厂迁长沙,总厂人员亦可运往长沙,所需迁移费约一千万元、机器搬运费一千五百万元、房屋修理费一千万元,六个月后方能复工,六个月影响约六千万,债务尚有三千五百万元,共需一亿二千五百万元。

(4) 整理办法

(甲) 请生产局收购成品五千万元。

(乙) 明年度预算列八千万元,以后不再增资。

(丙) 债务应即悉数清理。

后方矿业调整办法

(一) 明良煤矿局——继续维持

(1) 业务　每月产量原可达四五千吨,自战事胜利后,市场滞顿,前经令饬减产每月以二千吨为度,近冬令已届,煤销较畅,将来滇越路筑成后,每月产销三千吨,足可维持。

(2) 财务　该局收购商股款二亿二千六百五十三万元, 均系银行贷借，连同旧欠工贷一亿七千万元暨紧缩维持费一亿五千万元，负债共有五亿四千余万元之多，每月负担□□达两千万元。

(3) 整理办法　本年度重工业预算内矿业部分余额项下可匀利一千余万元，明年度预算内再列拨该局五亿元，备偿债款，此后不再增资。

(二) 宣明煤矿公司——结束

(1) 结束办法前已核定，兹定卅五年一月十五日以前需结束完竣，交明良保管，以后所需费用均归明良负担。

(2) 前核定结束费一千五百万元，列入结束费预算。

(3) 生产局筑路贷款三千万元，至该局转作追加经费。

(4) 本年度追加预算三千四百万元，代还银行借款。

(三) 贵州煤矿公司——维持

(1) 紧缩维持办法前已核定维持，筑东煤矿月产一千二百吨至三千吨，林东、沙河两矿均予停办，将来以黔南煤矿并入。

(2) 银行借款五千万元，已由会函商有关行转作投资，以符股东大会决议。

(3) 本会前垫紧缩费一千六百五十万元，列入结束费预算，作为本会投资。

(4) 本会转贷该公司工贷一千万元，由该公司在营业收入内，分月提还。

(5) 本会对于该公司以后，不再增资。

(四) 甘肃煤矿局——维持

(1) 仍照前定紧缩办法，将永登煤矿暂停阿干镇煤矿维持。

(2) 该局债务计有工贷一千四百万元，本会转贷流动金一千万元，连同前提维持费三千五百万元，共五千九百万元。

(3) 由会在明年度预算内列提五千万元备偿债款，以后不再增资，余欠债款及一切费用应自筹维。

(五) 四川矿业公司——结束

结束工作大致已告完竣，仅待省府接收器材煤焦管理处运煤。

(六) 辰谿煤矿公司

已饬结束，惟尚需相当时日方可办竣，所有债务可由存煤及器材重价自了。

(七) 辰谿煤业办事处

已饬结束，惟尚需相当时日方可办竣，所有债务可由存煤及器材重价自了。

(八) 康黔铜铁筹备处　已饬结束，组织范围甚小，不久当可办竣。

(九) 滇中矿务局——结束

十二月中可结束完竣，存货器材足偿债务(工贷一千九百万)。

后方矿业未决定各单位

(一) 滇北矿务局今后方针是否仍有继续维持价值。

(二) 甘肃油矿局今后所需增资数值及明年列入预算数。

(三) 川康铜铝锌局保管经费。

(四) 四川油矿今后方针及明年度经费。

(五) 矿产测勘处明年度经费，又该处还都经费二千二百万元，是否由本年度收复区复工经费内列支。

化工

(一) 动力油料厂

(1) 紧缩情形　第三厂已结束，第四厂年底可结束，总厂(包括一厂)及第二厂照常开工，结束单位遣散职员45%、工人55%。

(2) 业务情形　产品大部售与后勤总司令部，近以海运尚未畅通，需油尚未大减，一旦该部停购，则业务将告停顿。

(3) 整理办法　继续开工，力行紧缩，以节开支，可调往上海厂人员陆续以滇调去，本会不再增资。

(二) 北碚焦油厂　已于十一月底结束，尚有矣调职员38人、工人23名(此项数字系根据该厂预算所列人数,然当日报告为少)。所需一至三月份薪津由会垫发,暂定为一千八百万元。如有结余,应即解会。

(三)巴县炼油厂　已结束,尚有矣调职员十人,一至三月薪津约需二百五十万元,由会垫付,结余解会。

(四)犍为焦油厂　已结束,尚有职员十人,工人五人待调,所需一至三月份薪津由会垫支二百六十万元,结余解会,速洽酒委会接管。

(五)昆明化工厂　已结束,尚有职员七十人、工人二十人待遣(据前,近接刘□方报告遣散(十一月底)职员十六人后仅余职员46人,工人已遣84人,尚余8人,与此次报告出入甚多),所需员工遣散费,除以前提存渝一千万元支用外,由会再拨四百万元,待调人员应赶速前往收复区工作。又出售器材类应速即解会。

(六)酒精厂

后方仅留资中、遵义两厂继续生产,并以简阳、辰溪两厂作为资中厂分厂,其余概行结束,所需费用由酒委会按照会定标准筹付。

资中、遵义两厂将来所需流动资金,由酒委会按两厂产量筹足二个月周转金作为本会加提资本,以后不再投资。

〔国民政府资源委员会档案〕

9. 战时生产局关于美籍顾问杰克逊对战后工业生产意见的签呈

(1945年8月28日)

上委员长签呈

谨呈者:顷接本局美籍顾问杰克逊君八月二十四日来函,以本月二十四日晋见钧座时所陈意见,奉谕另以书面补为说明等因,特将各项意见函告,请为转陈等语。该顾问原函意见另纸译呈。经查，其中要点在建设如何推进战后工业生产，并使本局与战时运输管理局于战后延长行使职权，俾使现已实行之各项工作及联系能以继续维持。职细察该顾问各项意见多中肯要。关于本局及战时运输管理局之存废问题，以此为机构之名称，及组织原意而论，自皆限于战时，且本局组织法，并有停战六个月后失效之规定，自难无限延长。惟今后沦陷区复员工作，头绪万端，势非短期以内可以竣事。各项有关生产及联系之工作，以及与美方人员之联络，似仍须有一适当机关，继本局之后，以行使各项有关职权。关于此项机构，经职筹虑所及，似可有下列两种方式：

一、将来经济建设头绪纷繁，为期集中统筹同一步骤起见，似可在行政院之下设一机构，综理各项有关经济建设事宜，而实际执行，则仍由各主管部会负责办理，以期各原有机构之职权仍能照常行使，在同一之方针及政策下相互配合，共谋工作之推进与外国商洽合作，亦可得有综合之枢纽。

二、目前工矿事业，国营民营各占重要部分，除国营事业统由资源委员会经办外，至于民营事业原由经济部前设立之工矿调整处负责督导协助尚有成效。自本局成立以后，各项有关工作，多由本局接办。工矿调整处遂即裁撤，惟今后本局一旦撤销，则主管民营事业之机构，将仍有恢复设立之必要。此项机构自将接办本局一部分工作，惟为办事系统起见，仍以直隶经济部为宜。

以上两项办法，究以何者较为适当，或另有其他妥善办法，理合检同杰克逊顾问意见书译文一份签请鉴核示遵。谨呈

委员长蒋

战时生产局局长翁

附呈杰克逊顾问意见书一份

杰克逊顾问意见书译文

际此太平洋战事已临最后结束之时，本人深感为中国之利益

计，实应及早成立一政府机构，以处理指导，并在资金上协助推行。日本投降后中国之工业增产计划，洛克君(按即继纳尔逊氏为我国民政府高等经济顾问之人)亦曾表示，在工业复兴时期政府主管机关，如能加以调整或改组，当于中国大有实益，本人认为以下各点实为目前之重要问题，宜及早注意并实行之。

一、调查日本投降后，中国工业方面现有之潜在力，为谋将来中国工业计划之健全发展起见，实有迅速获得此项资料之必要。

二、指定中国机关接收沦陷区内所属不明之中国工厂。

三、设立机构以获得工业界与政府间，对于增加及调整生产之密切合作，在抗战期内战时生产局已促成此项合作，此种业经获得之效果及生产之配合，应使之继续推进，当可大有裨益。

四、政府方面与工业界详加商讨后，应即决定政府所拟积极参加之各种工业种类。例如政府可决定将所有工业，除电力及铁路外，均划归民营范围。

五、决定政府对于各主要工业，需要复员或发展资金时所能协助之限度及方式。此外，因战事终结尚有若干特殊问题产生，即对川滇等省之工业生产，政府须即决定政策。

六、决定所需国外器材并设法采办。

七、决定各种工业中，何者应先予以器材及资金之协助，以促进其复员及发展。

八、决定国内及国外来华器材及人员运输之优先。

九、使中国之工业运输及救济等方案，与联合国善后救济总署之方案互相配合。

以上各项任务，战时生产局及战时运输管理局，本年内多已实行，但据本人所知，生产局之存在期限，依照其组织法之规定，不能超过战事结束后六个月，战运局之存在则或仅限于战时，因此，此两机构似无法律根据，以延长其工作于战后。又据本人所知，目前似尚无一高级机关接管此项有关配合指导及财务之工作。此种工作在由战时过渡至平时经济之时期，对于促进中国工业之进步似甚属切要。

中国在工业方面有若干问题，系属短期性质，亦可有若干为长期性质，因此政府方面主持解决或协助解决此种问题之机构可久可暂。但本人则相信此时最善办法，厥为设一暂时机构，直至将来能明白证明此项工作确于中国有益，并已根据此后数月之实际情况，产生一较长时期之计划时为止。

因此本人愿提供下列各点，盼能早加考虑。

（一）酌量修改战时生产局及战时运输管理局之组织法，使其获得在战后初期仍能行使职权之法律根据，此两机构之名称宜加更改，藉以显示其新任务。

（二）延长其存在期限至日本投降后十二至十八个月。

（三）此等机关为执行其新任务所需款项应予筹拨，在生产局方面，此时如能拨予国币五百亿元，当可供转借各事业，以应彼等需要之用。

（四）吸收大批中国事业领袖及技术专家，积极参加生产局及战运局工作，以促进工业界及政府间之共同考虑解决目前面对之若干工业及运输问题，如能由钧座协助获得此项人选，则于此两机关当大有裨助。

在能对立法方面作适当建议以前，自尚有若干详细工作须待完成，其中有一部分详细工作，下月宋院长及洛克先生来渝后当可完成，但根本方针及款项之决定并将此项决定公开宣布，正可先于此时办理，藉使该项重要政府职权之继续有效行使得获确认。

最后愿更进一言，即职能由钧座或其他适当机关确定若干生产及运输之目标早日实行。在生产方面，如能早日确定未来六个月之兵工煤、纺织、电力、液体燃料、钢铁以及其他最主要工业之制造目标，则可获良好结果，使在此各机关及各事业，对于中国之真实需要尚无确切认识之时，能以指导并激励各种经济方面之活动，并早日达到一种健全之经济生活，以促进中国各项资源及劳工充分利用。

此外，并请转陈钧座本人，在以往十一个月内，得参与中国战时生产局各种重要工作，实至感愉快及满意，并对于本局局长及各职员均表敬意及羡慕。

〔国民政府经济部档案〕

10. 行政院对于外商来华投资工业问题的声明

（1947年8月 日）

行政院张院长对于外商来华投资工业问题之声明

中国政府对于外人来华投资及技术合作问题，曾由前国防最高委员会在战后第一期经济建设原则中明文规定，并经颁布中国法律，如公司法、矿业法等，对于外国公司、中外合股公司以及参加股本取得矿权等，均有明文规定。正在商议中之中外商约，亦有相关之规定。中国政府兹为便利外商明了中国政府所持之政策起见，特再分项说明如下：

（一）关于外商可以直接投资之工业范围

本问题所称“直接投资”，解释作为外商以外人或外国法人等名义来华投资单独经营。于制造工业而言，各项工业除本说明第二节所指明应由国营者及中国法律规定应由中国人或中国法人经营者外，可由外商直接投资。例如大型动力机、工具机、汽车、机车、飞机及较大轮船等项之制造业尤所欢迎。

（二）关于中国政府规定之国营工业范围

中国政府保留完全国营之工业，依照第一期经济建设原则第二条乙项规定，政府独营事业种类不宜过多，包括兵工厂、铸币厂、主要铁路、大规模水力发电厂等。

复据矿业法第九、第十两条所定之各项矿产应归国营，但此类国营矿业依法仍可与人民或外人合资经营或租贷民营。

(三) 关于可以容许国营及民营，同时经营及官商合办之工业范围及所享受之待遇

关于此一问题，第一期经济建设原则第二条已有具体规定。兹摘录有关各项如此：

(子) 未经指定政府独营之事业，“除有法律限制者外”，均可由人民经营。

(丑) 凡民力有所不胜，或政府认为须特别重视之事业，如大规模石油矿、钢铁厂及航运事业等，政府仍得单独经营或与民资、外资合营。

(寅) 政府与民资、外资合办之事业应采公司制度，政府除依法行使行政监督权外，对于公司业务及人事之管理权，应以股东地位行使之。

(卯) 政府所经营之事业，除政府独营者外，无论单独经营或与民资、外资合办，其具有商业性质者均与同类民营事业之权利义务同一待遇。

中国政府对于外商与中国人民合资举办工业尤表欢迎，此外，对于分配及结购外汇原料分配贷款及输入许可限额等，依照现行外汇管理办法及三十五年颁布之“修正进出口贸易暂行办法”之规定，国营事业与民营事业一律办理，并不享受优越权利。

(四) 关于不准外国公司经营之工业范围

依照中国公司法第二百九十三条第一项第二款之规定，外国公司营业地区及营业种类可加以限制。

(五) 关于法令与税则

中国所定税法规定：外商在我国境内营业，其应课征之税额与本国人民同，自不致阻碍工业合理利润之获得。

(六) 关于投资所得利润可否汇回外国，及所需之物资及劳

务，必须自外国输入者，是否准予结购外汇

外商在华投资于工业所得利润，原则上可以汇回外国，在中国现在管理外汇期间，当然受有限制。惟政府现正订定办法，准许外商投资于工业，所得利润之适当部分汇回本国。至于业务所需之物资及劳务须自美输入者，在管理外汇期间，当依照“修正进出口贸易暂行办法”审查许可。

（七）关于地方政府颁布有关外商经营事业之法规问题

现行各项重要地方法规之颁布均经中央政府核准，自不致违背中国政府欢迎外资之政策，妨碍商人根据健全方针经营其业务。

〔国民政府全国经济委员会档案〕

11. 行政院关于施行各省省营企业整理办法的训令

（1947年10月23日）

行政院训令　三十六年十月二十三日（卅六）

六经字第四三三二三号

查各省省营企业整理办法业经制定，明令公布，应即通饬施行。除分行外，合行抄发该办法令仰遵照，并转饬所属遵照。此令。

计抄发各省省营企业整理办法一份

各省省营企业整理办法

第一条　各省省营企业之整理，除法令别有规定外，悉依本办法行之。

第二条　各省省政府应就现有省营企业之性质及其经营情形，并衡量各该省财政情况通盘筹划，拟具整理计划报请行政院备案，切实执行。

第三条　各省现有省营企业依整理计划，不必由省政府经营者，均得售与民营，即以售获价款悉数拨作充实省营企业资金之用，藉收财力集中运用之效。但省营企业如有他项股权者，应依其组织规定办理。

第四条　各省售与民营之企业，其出售方式应以发售股票为原则，并因应企业资金需要之情形订定分期出售办法。但规模狭小之企业仍得采用标售方式，俾臻简捷。

第五条　各省售与民营之企业具有下列情形之一者，应采用股票方式出售，并由政府保留适当数量之股权，俾参加其营业方针之决定。

甲、出售之企业，其性质攸关全省人民之福利者。

乙、出售之企业规模宏大，其现有资产之折价过巨，有待政府合资经营者。

第六条　各省省政府与中央有关机关合资经营之企业，得会商各该机关参照本办法及国营生产事业酌售民营办法办理之。

第七条　各省省营企业出售事宜，由各该省财政厅、建设厅会计处暨审计部该省审计处会同各该企业主管机关办理之。

第八条　各直辖市市营企业之整理，比照本办法之规定办理。

第九条　本办法自公布日施行。

〔国民政府全国经济委员会档案〕

12. 全国经济委员会三十次会议通过的经济改革方案实施办法（工业部分）（抄件）

（1948年1月15日）

摘抄经济改革方案实施办法　行政院卅七年四月十二日（卅七）文经字第17288号训令饬遵照参酌办理。原收文（37）机字第235号

工业（三十七年一月十五日全国经济委员会第三十次会议修正通过）

原方案(一)

工业应首先适应农村之需要,凡有关水利建设工程、化学肥料、农具及运输工具制造等工业,均应首先规划进行。

实施办法:

(1) 为配合农田水利建设计划,凡农田水利建设工程所需之建筑材料、灌溉机器及管道设备等,应由各种工业优先供应。

(2) 化学肥料,今后三年内应增加产量,仅足供全国需要之半数以上,六年内自给自足。对于化学肥料之应用,切实推广,将现有之浦口、台湾等厂加以扩充,并利用东北之锦西合成油料厂改造氮肥,且于广州、株州、隆昌等地设立肥料厂,目前不足之肥料,应利用油饼、骨粉等以补充之。

(3) 为配合农产区之生产,应设立若干农具制造厂均匀分布于全国,并鼓励民营。

(4) 农村运输,除铁路、公路等交通干线外,必须辅以小规模之河渠及道路。凡农产品较为密集之处,应有河渠船只之设备。在煤电供应便利之处,应提倡小铁路或电车之建设,以利运输。较为偏僻之地,则利用人力或兽力胶轮车及驮运。凡此类小火车、船只、胶轮车等工具,均应发动民营工厂订定标准,设计制造供应,专为运粮用之船车尤应注意。

原方案(二)

发展工业之初步应注重:1. 发展燃料及动力。2. 开发各种矿产。3. 生产铜铁水泥等建设器材。4. 设立机械制造工厂,以奠定工业之基础。

实施办法:

(1) (Ⅰ)固体燃料除国营者外,鼓励人民自行开采煤矿。东北、华北、台湾三区应积极加强生产与运输设备,以供应其他各区需要。华中、华南、西南等区煤产过少,应积极开发新源。长江中下游煤田之开发尤应注重,务嗣达到规定之分年、分区生产进度

(附表一)。

(Ⅱ)液体燃料分石油产品及酒精两种。玉门油矿应予增产,使在一年内达到足供西北需要之量,锦西、台湾各厂现用输入原油提炼汽油、柴油,亦应增产,使于一年内锦西厂至足供东北、华北之需要,台湾厂主足供东南、华南、华中之需要,甘肃区应增凿新井,并添置提炼设备。凡汽油柴油不足之数,应以糖业之副产酒精配合使用,西南各省缺乏汽油,供应之地尤应充分利用酒精。

(Ⅲ)气体燃料方面应特别注意发展四川等处之天然气。

(Ⅳ)各地发电设备应积极予以增加,目前缺乏电力,而最近之将来,为配合工业发展有极大需要者,如京沪、平津、唐山、武汉、大冶、长沙、株州、西安、都江、重庆、长寿、青岛、沈阳等地,应首先充实,务期于年内建到预定之发电量(附表二)。

关于水力发电之补充,应首先改善小丰满工程,其他已进行建设之水力发电工程(附表三)应依次完成。凡缺乏煤产地区,如云南、福建,其易于发展之小型水力,尤应尽量开发,鼓励民营。

(2)(Ⅰ)分区测勘矿产并择要钻探,同时培植测勘人才,积极开采,以期符合各种重要矿产之分年生产进度(附表四)。

(Ⅱ)除国内需要外,应注重可以外销之矿产品及作币制基金之资金,属赣粤湘钨矿、滇桂锡矿、湖南锑矿、海南岛金矿,均应予以增产,鼓励民营,并调整政府收购办法。

(Ⅲ)关于铜、铅、锌、铝、镁等矿之已有基础者,如滇川及台湾之铜矿、湖南之铝矿、锌矿、川滇康之锌矿、东北之镁矿、山东之铝矿等应予促进生产,台湾之炼铝制铝事业亦应予推进。

(Ⅳ)对于钢铁事业有关之铁矿、锰矿、铝矿、镁土、弗石等矿产品,应督促增产,并予以必要之管理,其他基本工业原料之矿产品如硫铁矿等,亦应逐步加紧生产。

(Ⅴ)凡放射性之矿产,应全部由政府经营,并严格管制其销运。

(3)（Ⅰ）钢铁生产应于既定计划以东北之鞍山、本溪、抚顺，华北之石景山、天津唐山、西南之重庆，东南之台湾为中心，切实生产与增产，华中、华南之钢铁事业应分别以大冶、马鞍山及广州为中心，予以扩充，并现有各民营厂应协助增产，其停顿各厂应协助复工。今后三年内，务使产量足供全国需要之半数以上，凡铁路修建、船舶修造、公共工程建筑、一般机械制造应尽量采用国产钢铁器材，以省外汇，其所需资金之周转、原料之供应、成品之运输，应特予便利。

（Ⅱ）台湾、华北、辽宁、上海等处水泥厂，均应督促增产，除土木工程建筑工程尽量提倡外，并注意水泥外销。

(4) 机械及电机制造，应于各重要工业区域，就需要机器种类设立工厂及整理现有之机械及电机工厂，分工合作制造农工矿电及交通各业所需之机械，以求配合并订定标准，大量制造，务期达到互换以及分工之效。

(5) 凡国不能生产而确属必需之工业原料及器材，应自国外输入存储，以利工业发展。

原方案(三)

民生工业应从衣、食、住、行、印刷五大类入手，宜先就已有之基础尽先发展纺织工业、粮食工业及与五类工业有关之机械及化学工业。

实施办法：

1. 棉纺织业，现有纱锭及织机应予充分利用，完成四百五十万锭产量。各产棉区域，如苏、皖、陕、鲁、冀、豫、鄂及东北等处，应选择适当地点增设新厂，以在五年内增加三百万锭，十年内增至一千二百五十万锭为目标。原棉增产，由主管机关依照丝棉业改进推广办法办理，务期达到规定产量。产品着重外销，以争取国外市场。毛纺织业，应于西北等主要产区及主要销地，增设机纺织厂，制作较粗之呢绒，以供国内需要，并可制成地毯，以换取澳洲羊毛为制作较细绒品之原料。我国现有毛纺织机约十一万锭，应于五年内增加十万锭，第二个五年内增加二十万锭，并积极改良羊种。

麻纺织业分为麻布、麻袋两种。麻布以苎麻为原料，过去仅有手工制造，而无机器设备，应拟川、湘、赣、鄂及台湾等主要产区设立机器纺织厂，第一个五年内增至四万枚，第二个五年内增至十二万锭。麻袋以黄麻为原料，过去多在印度输入，目前我国有麻袋纺织机六千四百余锭，第一个五年内应增一万锭，第二个五年内增二万锭，并由主管机关推广植麻，以利生产麻布，尤应注意外销，绢纺织业系利用生丝下脚制成绢丝、绢绸，一向运销国外，现有绢纺机仅二万六千余锭，应于十年内增十万锭，且绢纺机锭可以纺麻，原料不足时，绢纺机锭即可纺麻之用。

技术方面，由主管机关指导改进，订定产品标准，提高效能，并鼓励国内纺织机器制造工厂，从事制造最新式之机器与配件，统筹供应。关于纺织品之原料供应及成品销售，应由主管机关统算作合理之配合。

2. 机制面粉工业，应予扩充改良设备，增进效率及产量；榨油工业，应予改良制法，提高品质，以利外销；川粤制糖工业，迅为恢复增产，台湾产糖应特别注意输出，以换取外汇；食品防腐各罐头、冷藏、干制、腌蜜等业，应予次第设立工厂，以利供应；与食品加工有关之化学工业，如大豆、桐油等，制造胶体及可塑体业应筹设工厂自行制造。

3. 盐业工业，制炼方法应予改进，俾成本减轻，产量增加，品质提高，以期输出盐副产品。及酸碱等基本工业，应予扩充，以达工业基础。

4. 造纸工业，就浙江、台湾、华北、东北及四川各机器造纸工厂，予以奖励及协助，尽量增产，以减少输入纸张，藉节省外汇。在化学纸张浆供应不足时，机械木浆厂应予提倡，一般用纸亟应标准化。至造纸用铜丝布及毛毯等之制造,并应由政府予以倡导。

5. 印刷工业技术应予改进。举凡印刷装订等作业力求机械化,油墨、颜料、铅字以及其他化学原料力求自制。供应大量复印之工业尤应特予提倡。

6. 建筑工业,所需原料,除水泥、钢铁等外,关于木材之采伐、运输、施工、保存以及标准建筑材料之大量制造,应由主管机关按照保林造林法规,协助民间分区组织公司,用近代化机械方法大量制造,以利供应并减轻成本。

7. 短途交通之建设,地方政府应尽量办理,或支持民间经营,以利民行。

原方案(四)

关于国营民营事业之范围,依照第一期经济建设原则及工业建设纲领实施原则,分类分区扼要规定督促实施。

实施办法:

由经济部及资源委员会根据本方案于三个月内拟定国营民营事业范围。

原方案(五)

工业建设区域,应由中央根据国家经济条件、交通概况及资源分配情形,作全国整个之计划。

实施办法:

建设区域之划分,战时虽几经研究,仍应参照各地农业、工业、矿业、交通、自然环境、风俗习惯及社会情形,并参考已往各机关研究结果,由各有关部会于三个月内详细研讨后,再行决定。

原方案(六)

政府对于小工业(尤其手工业)及其合作组织应予扶助及改良,并使人民充分利用余暇从事工业生产,以适应国内外之需要。

实施办法:

小工业及手工业之扶助改良,应分别地方情形,切实办理、原料供应、成品销售，均应尽量采用合作组织统筹推动，使其易于发展。并奖励创立特种艺品外销组织，〔办〕理瓷器、漆器、雕刻、刺绣、花边、地毯、夏布、草席、帽便等之收购、外销事宜，由驻各国商务官为之宣传报导。技术方面政府应订立标准，改善品质，并予以贷款等之便利，以增加生产。

原方案(七)

为发展国际贸易增进输出，应增加出口矿产品、工业品及加工农产品之生产。

实施办法：

所有输出品应在工业立场着重加工，尽量以成品输出代替半成品及原□□□□，注重钨、锑、锡、汞、锰、钼、钒、磷灰石、镁石、弗石等项工业品；注重纺织品、水泥、精盐、生铁、电料等项手工艺品；注重前节所列各种外销品类；农产品注重丝、茶、猪鬃、肠衣、蛋品、桐油、大豆、食糖、樟脑、药材等项。

原方案(八)

工业产品之制造应力求标准化。

实施办法：

依照标准法等业经公布之各项标准，予以加强推行，并督饬厂商切实遵照。至于应行订定之各项标准，应由中央标准局从速制订积极推行。

原方案(九)

政府应组设及倡导各工矿建设事业投资公司之设立，以长期资金投资于工矿事业，并利用华侨资金及存放国外之外汇资产投资于此项组织，以向国外购入机器及原料。

实施办法：

1. 由政府组设工矿交通投资公司，指定专款或公有资产作为官股投资加募商股，发行股票流通市场，此项公司得分设子公司。该子公司一俟业务根基稳固后，即渐次增加商股，减少该母公司股份，以吸收游资。

2. 已著成绩之工矿交通事业及正当投资公司，政府应予扶持，并准其投资于政府所办基础稳固之公司或工厂。凡以华侨资金及外汇资产作为投资者，得视实际情形予以优先股权之优待或特殊经销权、利润等，以资鼓励，或加订劝导办法，以促进所需国外机器及原料之输入。

原方案(十)

工矿事业之公司，应准其将股票在市场流通，并得准其发行债券，使市面游资能充分加入正当生产事业。

实施办法：

1. 政府应责成主管机关制定工矿事业公司发行股票及发行债券之详细办法，为保障公司债之推行。凡发行公司债之公司，其还本付息应由政府予以督导，并为减除承销公司债之债权户有因物价波动而影响债券价值之顾虑，政府可准将所发行之公司债，按当地物价指数计算，还本付息。

2. 证券交易所，应工矿交通事业之股票及公司债上市。

原方案(十一)

银行对工矿事业之贷款，应监督其确实用之于生产抵押品，并应接受厂房机器等固定资产，不限于原料及成品。

实施办法：

各厂所需贷款，除普通工贷外，应兼以采购定贷方式行之。抵押品范围依现行规定酌予放宽，至贷款有无需要之审核，以及贷款运用之监督，由四联总处一个月内拟定办法。

原方案(十二)

工矿事业之固定资产，应准其于必要时重估价值，调整资本。

实施办法：

工矿运输事业，重估固定资产价值，调整资本办法及补充估算方法，业经颁布施行，并限于三十六年度办理完竣。惟原办法之各种规定，未能切合工矿事业之实际情形，对于早年成立之旧有工厂尤难适用，应将固定资产之现值计算方法予以修正为：

$$\text{现值} = 〔\text{调整原价} = \text{下调整原价} - \text{调整废弃值}〕\times \frac{\text{使用年龄}}{\text{总年龄}}$$

$$\text{此中调整原价} = \text{购入原价} \times \frac{\text{该项物资现值之价格指数}}{\text{该项物资之当时之价格指数}}$$

$$\text{调整废弃价} = \text{购入时之废弃值} \times \frac{\text{现时价值指数}}{\text{当时价格指数}}$$

总年龄 = 可能有效运用之年数，过此年限，该项设备之价值即为废弃值。

原方案（十三）

为促进工业之发展，政府应明定办法奖励外人投资及技术合作。

实施办法：

1. 关于奖励外人投资，应由主管机关切实拟定投〔资〕范围以及施行细则，并厘订汇款办法，保障其合理经营权益，藉收吸引投资之效。

2. 关于国际投资合作外人发明专利权，在我国专利法之规定内，应依条约予以保障。其适合我国需要之各种新颖工业技术方法，尤应特予奖励，并聘用外籍工业技术专家，参加工作。

原方案（十四）

工资应力求合理，以谋生产秩序之安定，使劳资合力，以增加生产。

实施办法：

工资付给办法，应由主管机关会同有关机关参酌各地工人生活、工作效率、工厂生产能力、产品销售情形，分别厘定之。

附件：

煤矿分年分区生产进度表(包括民营国营各矿) (附表一)

区	别	民国三十七年(公吨)	民国三十八年(公吨)	民国三十九年(公吨)
华中区	包括江苏、安徽、江西、浙江、湖北、湖南六省	5,000,000	6,000,000	7,000,000
华南区	包括福建、广东、台湾三省	2,000,000	2,200,000	2,500,000
西南区	包括四川、云南、贵州、广西、西康三省	2,500,000	2,800,000	3,000,000
华北区	包括山西、河北、山东、河南、察哈尔、绥远、热河七省	10,000,000	11,000,000	12,000,000
西北区	包括陕西、甘肃、宁夏、青海、新疆五省	1,500,000	2,000,000	2,500,000
东北区	包括东北九省	4,000,000	6,000,000	8,000,000
		25,000,000	30,000,000	35,000,000

电力分区计划进度表 (附表二)

区域	省或市名	厂址或厂名	现有装置容量(KW)	预定可达发电量(KW)				
				民36年	民37年	民38年	民39年	民40年
华中	上海市	上海	227,400		232,400		285,400	
	南京市	首都电厂	3,000		36,000		63,000	
	江苏	戚墅堰	17,500	19,500				
		淮阴			1,000			
	安徽	马鞍山				10,000		
		安庆	1,040	1,520	2,320			
	江西	九江	900		1,000			
		南昌	3,200		3,680			
	湖北	汉口	18,250				38,250	
		鄂南电力公司	7,693		10,198	15,198	25,198	52,198
	湖南	湖南电气公司	2,000	3,000	7,500	16,500		45,000

续上表

区　域	省或市名	厂址或厂名	现有装置容量(KW)	预定可达发电量(KW)				
				民 36 年	民 37 年	民 38 年	民 39 年	民 40 年
华　南	广　东	广　州	54,000	3,000			108,500	
		汕　头			1,000			
		海　南	5,000					
	福　建	福　州	5,000		5,000			
	台　湾	台　湾	284,950		308,450	319,950		392,100
	四　川	重　庆	11,000				21,000	41,000
		宜　宾	6,000			11,000		
		犍　为	2,000				7,000	
		长　寿	2,340		3,840	5,340	15,340	
		泸　县	2,000					
		灌　县	2,000		2,000	4,000		
		万　县	1,316		1,676	2,030		
	贵　州	贵　阳	2,400		3,040	4,540		
	云　南	昆　明	6,000					
	广　西	桂　林	500	1,000				
		柳　州	2,500					
华　北	河　南	郑　州			1,000			
		开　封			1,000			
	山　东	青　岛	35,000			40.000	60,000	
		博　山	17,400					
	河　北	冀　北	139,400			144,400	169,400	
		石家庄	2,215					
西　北	西京市	西　京	2,315		3,275	2,974	8,275	
		兰　州	774		1,274	2,974		352,500
东　北	东北九省		284,400			277,500		

已进行建设之水力发电工程表 （附表三）

地　点	河流名称	电量(KW)	附近城市	附　注
上清渊硐	龙溪河	10,000	长寿　重庆	40%土木完成□发电设备
狮子滩	龙溪河	15,000	长寿　重庆	
回龙塞	龙溪河	6,000	长寿　重庆	
下清渊硐	龙溪河	33,000	长寿　重庆	
紫坪铺	岷　江	35,000	成　都	
有树坑	滃　江	80,000	广　州	第一期40,000第二期40,000
古　田	古石溪	25,000	福　州	
修　文	修文河	1,500	贵　阳	土木工程已定发电设备已定
富　民	螳螂川	60,000	昆　明	
淳　安	新安江	200,000	上　海	
东　坪	资　水	90,000	长沙衡阳	
朱刺麻峡	黄河上游	150,000	兰　州	

重要矿品分年生产推进表 （包括国营民营各矿） （附表四）

矿品名称	民国三十七年	民国三十八年	民国三十九年
锡	7,000吨	9,000吨	10,000吨
汞	80吨	100吨	120吨
钨	10,000吨	11,000吨	12,000吨
锑	8,000吨	10,000吨	12,000吨
金	100,000市两	200,000市两	400,000市两
铜	1,000吨	2,000吨	3,000吨
铅	1,500吨	2,000吨	2,500吨
锌	800吨	1,000吨	1,200吨

续上表

矿品名称	民国三十七年	民国三十八年	民国三十九年
锰	50,000吨	100,000吨	150,000吨
铅	6,000吨	10,000吨	20,000吨
镁石	5,000吨	100,000吨	150,000吨
明矾	100,000吨	150,000吨	200,000吨
铁矿	2,000,000吨	3,000,000吨	4,000,000吨
磷石	50,000吨	100,000吨	150,000吨
氟石	2,000吨	3,000吨	4,000吨

〔国民政府经济部档案〕

二、工矿业调查统计

〔1〕工　业

1. 经济部统计处关于全国电气事业统计报告

（1946年12月　日）

按"电气事业条例"之规定，凡应一般之需用，供给电光电力电热之营业者，均称为电气事业。其经中央主管机关核准登记给照经营此业者，称为电气事业人。所有登记厂家依法于开业后，应受地方主管机关之监督。兹就截至本年底止全国电气事业之概况分述如次：

一、全国注册电气事业人之变动　抗战军兴，内迁工厂林立，用电激增，后方电气事业亦遂应运而兴。迨抗战胜利，有后方电厂变动甚大，综计在97家电厂中，情况不明者，竟达59家之多，虽经迭次调查，迄无正式结果，故暂作停工论，本年复工之电厂，计有79家。其中在抗战胜利后复工者有之，在敌伪时期照常发电，而于国府还都后始有报表到部者亦有之，惟大部集中于沿海各省，尤以江浙二省为最多，共占38家。至本年新设之电厂，则仅3家。综计全国尚存之电厂，除东北九省、冀热察绥及台湾等省外，共有120家，其中在江浙二省者最多，在川闽粤沪等省者较次。

二、实缴资本数　截至三十五〔年〕底止，全国注册电气事业实缴资本数为1,216,451,054元（其中停工未经撤销注册之厂家仍未剔除），内公营737,766,837元，约占总额61％，公民合营者150,488,136元，民营者228,923,623元，各占总数12％及19％，余为中外合办及外商经营。查前项资本一部系战前币值，一部系最近币值，一部则系根据发电容量加以估计者，在此币值日趋跌落之际，实无比较分析之意义。

三、发电容量及发电度数　全国注册电气事业现存厂家之发电总容量为445934瓩，较去年之54162瓩，增加8倍以上。其中以上海154600瓩，约占总容量347％为最多，其次山东54900瓩、江苏51420瓩，各占总数22.3％及11.5％，此外，广东35886瓩，四川29303瓩，浙江湖北二省则皆在23000瓩以上。若就电气事业之企业性质言，则属于公营者128173瓩，占总容量28.7％，民营115887瓩，约占总数26％，公民合营者计有52274瓩，其余149600瓩则为外商所经营，约占总容量三分之一，发电度数总计1389935318度，属公营者221597796度，民营者225607094度，各占总度数16％，外商经营者则有813725883度，竟占总数60％左右。就地域之分配言，约与发电容量相似，不另赘述。

以上所述，仅就业已核准注册之电气事业而言。至东北九省、冀热察绥及台湾各省，因接收情形特殊，尚在办理注册中。估计所述各省之电厂约有50余家，发电容量在83万瓩以上，几为注册各厂之一倍。故连同东北九省，冀热察绥、台湾在内，综计全国电气事业约有170余家，发电容量当在170余万瓩以上。

附表

全国注明电气事业人变动

民国三十五年　　单位:家

省市别	上年数						本年新增数						本年复工数						本年停工数						本年数					
	共计	公营	公民合营	民营	中外合营	外商经营	共计	公营	公民合营	民营	中外合营	外商经营	共计	公营	公民合营	民营	中外合营	外商经营	共计	公营	公民合营	民营	中外合营	外商经营	共计	公营	公民合营	民营	中外合营	外商经营
总计	37	30	0				3						79	15	9	52	1	2	59	13	5	41	/	/	120	32	12	73	1	2
江苏	/	/	/	/	/	/	/	/	/	/	/	/	20	1	1	18	/	/	/	/	/	/	/	/	20	1	1	18	/	/
浙江	2	1	/	1	/	/	/	/	/	/	/	/	18	2	/	16	/	/	/	/	/	/	/	/	20	3	/	17	/	/
安徽	2	1	/	1	/	/	/	/	/	/	/	/	4	1	/	3	/	/	2	1	/	1	/	/	4	1	/	3	/	/
江西	/	/	/	/	/	/	/	/	/	/	/	/	2	1	/	1	/	/	/	/	/	/	/	/	2	1	/	1	/	/
湖北	/	/	/	/	/	/	/	/	/	/	/	/	4	2	/	2	/	/	/	/	/	/	/	/	4	2	/	2	/	/
湖南	2	2	/	/	/	/	/	/	/	/	/	/	2	/	/	2	/	/	/	/	/	/	/	/	4	2	/	2	/	/
四川	32	9	4	19	/	/	1	/	/	1	/	/	/	/	/	/	/	/	19	3	2	14	/	/	14	6	2	6	/	/
西康	3	1	/	2	/	/	/	/	/	/	/	/	/	/	/	/	/	/	2	1	/	1	/	/	1	/	/	1	/	/
山东	/	/	/	/	/	/	/	/	/	/	/	/	3	3	/	/	/	/	/	/	/	/	/	/	3	3	/	/	/	/
山西	/	/	/	/	/	/	/	/	/	/	/	/	2	/	/	2	/	/	/	/	/	/	/	/	2	/	/	2	/	/
河南	/	/	/	/	/	/	/	/	/	/	/	/	2	1	/	1	/	/	/	/	/	/	/	/	2	1	/	1	/	/
陕西	3	3	/	/	/	/	/	/	/	/	/	/	/	/	/	/	/	/	/	/	/		/	/	3	3	/	/	/	/
甘肃	3	2	/	1	/	/	/	/	/	/	/	/	/	/	/	/	/	/	/	/	/	1	/	/	2	2	/	/	/	/

续上表

省市别	上年数						本年新增数						本年复工数						本年停工数						本年数					
	共计	公营	公民合营	民营	中外合营	外商经营	共计	公营	公民合营	民营	中外合营	外商经营	共计	公营	公民合营	民营	中外合营	外商经营	共计	公营	公民合营	民营	中外合营	外商经营	共计	公营	公民合营	民营	中外合营	外商经营
青海	1	1	/	/	/	/	/	/	/	/	/	/	/	/	/	/	/	/	/	/	/	/	/	/	1	1	/	/	/	/
福建	32	6	1	25	/	/	1	/	/	1	/	/	7	/	7	/	/	/	25	8	/	17	/	/	15	/	8	7	/	/
广东	3	/	/	3	/	/	1	/	/	1	/	/	6	2	/	4	/	/	/	/	/	/	/	/	10	2	/	8	/	/
广西	1	/	/	1	/	/	/	/	/	/	/	/	2	2	/	/	/	/	/	/	/	/	/	/	3	2	/	1	/	/
云南	5	1	2	2	/	/	/	/	/	/	/	/	/	/	/	/	/	/	3	/	2	1	/	/	2	1	/	1	/	/
贵州	2	1	/	1	/	/	/	/	/	/	/	/	/	/	/	/	/	/	1	/	/	1	/	/	3	2	/	1	/	/
宁夏	2	1	/	1	/	/	/	/	/	/	/	/	/	/	/	/	/	/	1	/	1	/	/	/	/	/	/	/	/	/
新疆	5	/	/	5	/	/	/	/	/	/	/	/	/	/	/	/	/	/	5	/	/	5	/	/	/	/	/	/	/	/
南京	/	/	/	/	/	/	/	/	/	/	/	/	1	/	1	/	/	/	/	/	/	/	/	/	1	/	1	/	/	/
上海	/	/	/	/	/	/	/	/	/	/	/	/	6	/	/	3	1	2	/	/	/	/	/	/	6	/	/	3	1	/

资料来源:经济部电业司。

说　　明:1. 本年复工数系战前领有执照战后整理复工继续营业者。

2. 本年停工数系情况不明且迭经查询迄无答复之电厂。

3. 台湾东北九省及冀察绥区之电气事业尚在办理注册中,未予列入。

〔国民政府经济部档案〕

2. 经济部关于中国棉纺织业设备产量统计表

（1947年　月　日）

表1. 我国纺织业之设备现状

（三十六年）

地点		棉纺纱机			棉纺织机			毛纺呢绒机锭		毛纺毕叽机锭		绢纺纺锭织机	
		现有锭数		总计	现有锭数		总计						
		已开	未开		已开	未开		现有锭数	总计	现有锭数	总计	现有锭数	总计
华东区	上海市	2,010,335	171,749	2,182,084	19,512	9,428	28,940	25,580	25,580	56,070	56.070		
	江苏	422,180	235,332	657,512	4,525	2,614	7,139	720	720	2,000	20,000	20,700	20,700
	浙江	35,952	3,656	39,608	240	59	299					5,684	5,684
	安徽	16,000	4,000										
华北区	河北	419,172	6,548	425,720	9,284	316	9,600						
	山东	26,192		26,192									
	青岛市	356,876		356,876	7,314	161	7,480						
	山西	63,824		63,824	702		702						
	河南	18,496	768	19,164	42		42						
	北平							4,800	4,800				
	天津							10,040	10,040	5,720	5,720		

续上表

地点		棉纺纱机			棉纺织机			毛纺呢绒机锭		毛纺毕叽机锭		绢纺纺锭织机	
		现有锭数		总计	现有锭数		总计						
		已开	未开		已开	未开		现有锭数	总计	现有锭数	总计	现有锭数	总计
华中区	湖北	106,000	54,800	160,800	1,450	500	1,950						
	湖南	20,000		20,000	120		120						
	江西	12,000	5,000	17,000	200		200						
西北区	陕西	73,036	20,621	93,657	1,096	559	1,655						
	兰州							700	700				
东北区	辽宁	112,789	116,559	229,348	1,948	2,919	4,867						
西南区	四川	128,680	48,400	177,080	608	924	1,532	2,600	2,600	3,200	3,200		
	云南	23,008		23,008	120	20	140						
华南区	广东	5,000	15,000	20,000	68	13	81						
	台湾	4,900	2,687	7,587									
总计		3,854,400	685,120	4,539,520	47,229	17,513	64,742	44,440	44,440	66,990	66,990	26,384	26,384

资料来源：中国棉纺织工厂同业公会联合会统计。

表 2. 我国纺织工业之地域分布

（民国卅六年）

地　区	纺　锭	百分比	织　机	百分比
总　计	4,471,432	100.0	66,606	100.0
上　海	2,158,624	48.3	25,918	38.9
江　苏	598,784	13.3	7,218	10.8
河　北	452,548	10.1	10,660	16.0
山　东	387,132	8.7	8,066	12.1
东　北	396,080	8.9	8,692	13.0
四　川	157,740	3.5	1,620	2.4
其他各省	320,524	7.2	4,432	6.7

资料来源：中国棉纺织工厂同业公会联合会统计。

表 3. 历年我国棉纱纱锭统计

民国元年至民国三十六年

年　份	合　计	华　商	日　商	英　商
元　年	885,127	580,341	304,768	
二　年	964,032	593,191	370,841	
三　年	1,023,895	651,984	371,911	
四　年	1,090,206	700,014	390,192	
五　年	1,121,251	721,105	400,146	
六　年	1,222,233	740,091	482,142	
七　年	1,248,591	765,095	483,500	

续上表

年 份	合 计	华 商	日 商	英 商
八 年	1,468,000	885,000	333,000	246,000
九 年	2,843,000	1,775,000	812,000	256,000
十 年	3,232,000	2,124,000	846,000	262,000
十一年	3,550,000	2,221,000	1,071,000	258,000
十二年	3,550,000	2,221,000	1,071,000	258,000
十三年	3,645,000	2,176,000	1,219,000	250,000
十四年	3,604,000	2,066,000	1,332,000	205,000
十五年	3,604,000	2,066,000	1,332,000	205,000
十六年	3,675,000	2,099,000	1,370,000	205,000
十七年	3,850,000	2,182,000	1,515,000	153,000
十八年	4,261,000	2,386,000	1,651,000	164,000
十九年	4,498,000	2,439,000	1,821,000	228,000
二十年	4,904,000	2,730,000	2,003,000	171,000
廿一年	4,493,000	2,522,000	1,738,000	233,000
廿二年	4,640,000	2,643,000	1,813,000	184,000
廿三年	4,777,000	2,719,000	1,873,000	185,000
廿四年	4,952,000	2,824,000	1,940,000	188,000
廿五年	5,103,000	2,746,000	2,135,000	221,336
廿六年	5,013,238	2,694,816	2,097,086	221,336

续上表

年份	合计	华商	日商	英商
廿七年	3,137,224	263,000	2,874,224	
廿八年	3,117,000	租界 220,000	2,597,000	
		后方 330,000		
卅五年	4,093,611			
		国营 1,874,425		
卅六年	4,471,432	省营 20,000		
		民营 2,525,819		

三十四年系后方西南西北各省统计，计有四川　枚　陕西　枚　云南　枚
广西　枚

资料来源：《纺织工业》。

表 4. 历年我国棉纺织机台数统计

（民国十二年至卅六年）

年份	合计	华商	日商	英商
十二	19,222	12,459	3,969	2,794
十三	21,477	12,689	5,925	2,863
十四	30,024	20,171	7,505	2,348
十五	30,024	20,171	7,505	2,348
十六	29,788	13,459	13,891	2,348
十七	29,579	16,783	10,896	1,900
十八	29,328	15,995	11,467	1,906
十九	29,272	16,005	11,367	1,900

续上表

年 份	合 计	华 商	日 商	英 商
二 十	42,596	20,599	19,306	2,691
廿 一	42,739	21,559	18,289	2,891
廿 二	42,834	20,926	19,017	2,891
廿 三	47,059	22,067	21,101	2,891
廿 四	51,004	24,361	22,622	4,021
廿 五	58,439	25,503	28,915	4,021
廿 六	56,557	24,629	27,907	4,021
卅 五	54,028	33,380(国营)		
		20,648(民营)		
卅 六	68,777	38,443(国营)		
		30,334(民营)		

廿七年至卅四年资料均付缺如。

资料来源:《纺织工业》。

表 5. 历年全国棉纱生产量统计(包)

年 份	产 量	历年产量与廿六年之比较
八	348,409	17.1
九	406,307	19.9
十	568,661	27.9
十一	916,213	44.9
十三	1,473,768	72.3
十四	1,641,241	80.5
十六	2,129,840	104.4

续上表

年份	产量	历年产量与廿六年之比较
十七	2,202,966	108.0
十九	2,356,433	115.6
二十	2,380,671	116.7
廿一	2,283,898	112.0
廿二	2,332,684	114.4
廿三	2,272,834	111.5
廿四	2,288,357	112.2
廿五	2,025,489	99.3
廿六	2,039,216	100.0
卅六	1,945,665	95.4

材料来源:根据中纺公司统计。

表6. 各国纺织业设备比较

一九四六年

国别	纱锭（万枚）	毛纱锭（万枚）	布机（万台）	毛织机（万台）
中国	440	13.2	6.6	0.9
美国	2,400	355.0	45.9	4.76
英国	3,470		49.3	
法国	500		93.0	
苏联	1,040		25.0	0.25
印度	1,000	7.0	20.2	0.20
荷兰	120		5.1	

续上表

国　别	纱　锭（万枚）	毛纱锭（万枚）	布　机（万台）	毛织机（万台）
加拿大	190	11.4	2.4	0.27
墨西哥	100		3.4	0.91
巴　西	300		9.7	
阿根廷	30	10.7	0.6	0.30
瑞　士	130		2.1	
日　本	250		17.7	
意大利	500	126.0	13.0	1.90
澳大利亚	20	38.6		0.48

资料来源:国际农业学院统计。

〔国民政府经济部档案〕

3. 中国棉纺织工厂同业公会联合会编中国纺织厂一览表

（1947 年 9 月　日）

中国纺织厂一览表初稿

前华商纱厂联合会历年编印中国纱厂一览表，阅者称便。本会继续前猷，着手调查各厂现状，已历数月，因交通困难，厂数增益，分寄表格，未获如期寄还者，仍不在少数，以致编制统计，不能竣事。兹当本会二届会员大会在沪集会，特就已有资料，提前印制初稿，一面分赠出席代表，藉供检讨会务时之参考，一面亦可就代表诸君，如有错误遗漏之处，敬乞即时赐予指谬，以便改正后早日正式付印，谅亦为诸君子所乐予观成者也。

三十六年九月　编者谨启

各省现有锭机简明表

省别	厂数	纱锭		线锭		布机	
		已开	未开	已开	未开	已开	未开
四川	19	128,680	48,400			608	924
陕西	7	73,036	20,621		1,152	1,096	559
云南	3	23,008				120	20
江苏	143	2,399,055	407,081	236,042	124,709	24,037	12,040
浙江	9	35,952	3,656	376		240	59
安徽	1	16,000	4,000				
河北	11	419,172	6,548	24,168	36,548	9,284	316
湖北	7	106,000	54,800			1,450	500
山东	11	383,068		42,064		7,314	161
山西	5	63,824		882		702	
河南	2	18,496	768	1,600	400	41	1
湖南	2	20,000				120	
江西	2	12,000	5,000			200	
台湾	1	4,900	2,687			68	13
东北	5	112,789	116,559		11,420	1,948	2,919
英商	2	33,460					
总计	230	3,849,440	670,120	305,132	174,229	47,228	17,512

厂名	厂址	资本(千元)	纱锭		线锭		布机		生产量(全年)		
			已开	未开	已开	未开	已开	未开	纱(件)	线(件)	布(匹)
豫丰纱厂重庆分厂	四川重庆土湾		30,000					250	18,720		
豫丰纱厂合川支厂	四川合川东津沱		20,000	10,000			20		12,600		9,600
裕华纱厂	重庆窍角沱		25,000	16,000				504	14,400		
裕华蓉厂	成都外东			2,000				50			
申新渝厂	重庆猫背沱		10,080				40	40	6,200		24,000
申新蓉厂	成都外东		1,200	2,000			30		720		12,000
联勤部重庆被服总厂纺织厂	重庆土湾		10,000	10,000			280		7,200		144,000
大华广厂	四川广元		11,000	5,000					6,600		
大中华实业公司纱厂	重庆窍角沱		844				28		420		12,000
民康纱厂	重庆猫背沱		192						96		
大明纺织染厂	四川北涪			3,000			180	80			84,000
沙市纱厂	四川巴县李家沱		11,200						9,600		
维昌纱厂	重庆猫儿石		小 672	小 400			30		300		8,400
中国纺织企业公司渝江纱厂	重庆石门坎		3,000						1,880		
宝星纺织染厂	成都外东		小 648	小 400					192		
新民纱厂	重庆沙坪坝		小 336						120		
富华纱厂	重庆大佛段		小 336						96		

续上表

厂名	厂址	资本(千元)	纱锭		线锭		布机		生产量(全年)		
			已开	未开	已开	未开	已开	未开	纱(件)	线(件)	布(匹)
万新纱厂	四川万县		小 336						120		
湖南第三纺织厂	四川长寿	300,000	5,000						4,000		
长安大华纺织厂	陕西西安中正门外	15,000	24,065	9,292		1,152	470	350	16,808		276,800
申新第四纺织公司宝鸡分厂	陕西宝鸡县十里铺	1,000,000	23,000	3,000			280	180	15,328		137,228
陕西咸阳纺织工厂	咸阳北关外	12,000	10,511	661			151	4	6,368		80,064
雍兴实业股份有限公司蔡家坡纺织厂	蔡家坡车站		12,240	4,560					7,976		
泰华毛棉纺织厂	宝鸡十里铺	27,000	1,120	1,008			25	25	300		2,824
雍兴实业股份有限公司业精纺织厂	宝鸡虢镇		2,100	2,100			170		1,520		25,176
民康毛棉厂	宝鸡十里铺										
太华纺织厂	昆明岗头村	500,000	小 336				20	20	120		10,000
云南省经济委员会纺织厂	昆明南城外玉皇阁		5,200				100		7,340		35,000
裕滇纺织股份有限公司	昆明玉皇阁	400,000	17,640						18,376		
中国纺织建设公司上海第一纺织厂	上海长寿路 62 号		55,454	18,146	16,800	2,400	1,688	328	32,488	7,004	1,078,984

续上表

厂名	厂址	资本(千元)	纱锭		线锭		布机		生产量(全年)		
			已开	未开	已开	未开	已开	未开	纱(件)	线(件)	布(匹)
中国纺织建设公司上海第二纺织厂	上海西苏州路15号		40,965	5,435	21,600	1,400			13,520	6,776	
中国纺织建设公司上海第三纺织厂	上海西苏州路14号		30,769	21,199	20,384	400	674	217	10,324	6,521	511,980
中国纺织建设公司上海第四纺织厂	上海淮安路640号		24,482	1,726			853	42	16,648		526,872
中国纺织建设公司上海第五纺织厂	上海梵皇渡200号		35,552	9,412	6,000	400	817	175	22,352	5,964	490,388
中国纺织建设公司上海第六纺织厂	上海长寿路98号		57,564	7,188		4,000	888	132	30,316		432,884
中国纺织建设公司上海第七纺织厂	上海长寿路76-80号		53,955	30,445	31,860	6,540			17,320	12,568	
中国纺织建设公司上海第八纺织厂	上海吴淞蕴藻浜		37,165	2,035	13,320		546	154	16,820	6,048	346,276
中国纺织建设公司上海第十纺织厂	上海杨树浦路2086号		37,566	4,434		3,600	1,228	280	19,204		542,748
中国纺织建设公司上海第十一纺织厂	上海西苏州路19号		15,500	4,500		4,200		150	9,500		
中国纺织建设公司上海第十二纺织厂	上海腾越路195号		73,184	27,476	20,400	9,240	950	1,784	37,304	8,376	524,448

续上表

厂名	厂址	资本（千元）	纱锭		线锭		布机		生产量(全年)		
			已开	未开	已开	未开	已开	未开	纱(件)	线(件)	布(匹)
中国纺织建设公司上海第十四纺织厂	上海杨树浦路1970号		24,781	11,267		15,200	945	287	11,048		296,804
中国纺织建设公司上海第十五纺织厂	上海兰州路585号		37,727	4,601	8,800				20,096	3,716	
中国纺织建设公司上海第十六纺织厂	上海兰州路739号		37,399	4,809	3,520		762	88	16,600	1,548	382,872
中国纺织建设公司上海第十七纺织厂	上海杨树浦路2866号		53,661	44,231	5,280	22,192	1,750	970	31,896	2,140	186,728
中国纺织建设公司上海第十八纺织厂	上海公平路750号		4,145	2,063		640			2,920		
中国纺织建设公司上海第十九纺织厂	上海平凉路2767号		47,441	21,087	11,880		378	1,287	26,708	4,896	270,768
申新纺织第一厂	上海长宁路1860号	9,000,000	47,836				525	525	29,456		198,720
申新纺织第二厂	上海宜昌路52号	150,000	58,170	2,458					28,692		
申新纺织第五厂	上海长扬路1316号	150,000	35,796	1,260					20,080		
申新纺织第六厂	上海沙间路29号	12,000,000	62,528	2,512			400	228	26,052		188,912
申新纺织第七厂	上海杨树浦路468号	6,000,000	30,000	15,836		8,400	185	110	16,588		93,216
申新纺织第九厂	上海澳门路14号	25,000,000	130,380		14,278		765	52	55,348	1,268	259,824

续上表

厂名	厂址	资本（千元）	纱锭		线锭		布机		生产量(全年)		
			已开	未开	已开	未开	已开	未开	纱(件)	线(件)	布(匹)
恒丰纺织股份有限公司	上海杨树浦路许昌路1-6号	800,000	26,904				400		12,204		181,000
诚孚公司管理新裕纺织公司第一厂	上海西苏州路37号	300,000	32,224	864					17,384		
诚孚公司管理新裕纺织公司第二厂	上海长寿路8号	300,000	33,000	21,600			264	490	18,812		119,896
中纺纱厂股份有限公司第一厂	上海延平路171号	297,000	21,400						14,652		
中纺纱厂股份有限公司第二厂	上海西光复路94号		21,760			5,664	440	200	13,980		121,480
庆丰公司保丰纺织漂染整理厂	上海延平路123号	270,000	16,640		768		412		6,204	196	168,488
上海鸿章纺织染厂股份有限公司	上海淮安路381号	200,000	28,372		8,000	1,600	370	224	10,096	2,924	252,120
新生机器纺纱公司	上海归化路748号	500,000	21,576			3,200			12,348		
勤丰纺织厂	上海永年路162号	25,000	4,928	1,056					2,418		
安达纺织股份有限公司	上海南京西路1486号	500,000	30,000					480	14,864		
华阳纺织染厂	上海小沙渡路1457号	500,000	12,000				366		8,564		143,200

续上表

厂　　名	厂　址	资　本（千元）	纱　锭		线　锭		布　机		生产量（全年）		
			已　开	未　开	已　开	未　开	已　开	未　开	纱（件）	线（件）	布（匹）
合丰纱厂	上海康定路 1007 号	100,000	4,600				150	10	2,768		64,144
昌兴纺织印染股份有限公司	上海长寿路 11 号	200,000	14,760		1,492		280		4,528	688	126,936
荣丰纺织厂股份有限公司第一厂	上海中正西路 74 号	100,000	19,700	684		1,197	244	176	11,968		127,760
荣丰纺织厂股份有限公司第二厂	上海长扬路 1382 号		10.485	315			296	312	6,016		110,952
永安纺织公司第一厂	上海杨树浦西湖路 140 号	1.200,000	37,232	6,928		4,000	1,050	242	4,052		658,600
永安纺织公司第二、四厂	上海吴淞蕴藻浜	1.200,000	67,000	18,000	17,000				18,448	6,400	
永安纺织公司第三厂	上海淮安路 491 号	1,200,000	49,360	1,536			240		18,540		141,600
永安纺织公司第五厂	上海兰州路 545 号	1,200,000	19,200	13,056					9,088		
恒通纱厂	上海南布机厂街 68 号	1,200,000	15,004	3,220		1,200			7,492		
纬昌纺织股份有限公司	上海江苏路西诸安浜路 66 号	160,000	2,184						1,460		
恒昌纱厂	上海浦东杨思镇上南路 3228 号	20,000	1,040						728		
和新纱厂	上海平凉路 823 号	100,000	5,200	800					3,612		

续上表

厂名	厂址	资本(千元)	纱锭		线锭		布机		生产量(全年)		
			已开	未开	已开	未开	已开	未开	纱(件)	线(件)	布(匹)
大中纺织第一厂	上海极司非尔路康家桥82号	300,000	1,792		1,600				1,136	1,132	
大中纺织第二厂	上海霍必兰路544号	300,000	8,388		1,604				6,340	1,144	
信和纱厂股份有限公司	上海莫干山路60号	450,000	36,000	4,000	2,000		250		8,840	860	57,944
兆丰纱厂	上海黄阳路133号	1,000,000	7,200	2,800					3,036		
崇信纺织股份有限公司	上海闸北西光复路38号	25,000	34,000		880	440	30		13,264	600	12,000
中华第一纺织厂	上海齐齐哈尔路300号	800,000	11,200						5,020		
启新纱厂	上海长宁路1940号	6,000,000	30,400						4,232		
鸿丰纺织股份有限公司	上海浦东杨家渡及隆茂栈内	7,500,000	21,656	13,344					7,240		
统益纺织股份有限公司	上海莫干山路9号	600,000	61,904	1,280	11,268	6,700	282	20	22,424	4,180	141,596
德丰纺织股份有限公司	上海康定路1120号	100,000	13,580		1,260	1,260	104	28	7,812	700	29,860
鼎鑫纱厂	上海闸北西光复路36号	1,800	20,000						11,304		
广勤纺织股份有限公司	上海新会路396号肇新工厂	450,000	15,200				116		8,844		27,436

续上表

厂　名	厂　址	资　本 (千元)	纱　锭		线　锭		布　机		生产量(全年)		
			已　开	未　开	已　开	未　开	已　开	未　开	纱(件)	线(件)	布(匹)
大丰纺织股份有限公司	上海闸北潘家湾167号	5,000,000	5,000	9,400					3,040		
大同纱厂股份有限公司	上海安远路720号	600,000	11,136	800		800	198	42	6,040		114,400
仁德纺织厂	上海临青路590号	1,000	17,088				476		12,000		214,000
恒大新记纺织股份有限公司	上海浦东杨思桥镇南街261号	1,097	21,600						18,000		
公永纺织厂	上海小沙渡路857号	600,000	14,256		2,800				10,800	1,900	
国信纺织染厂	上海星加坡路451弄115号	14,000	1,916				150	74	1,200		44,500
新中纺织厂	上海海格路750号	28,000	1,186				40	321	750		16,000
中新纺织股份有限公司	上海康脑脱路1099号	450,000	6,048						3,600		
三明纺织厂	上海浦东高行镇602-8号	40,000	1,932						1,492		
通益花纱工场	上海颛桥镇东市	100,000	小512						628		
大新纱厂	上海浦东横沔镇	75,000	1,912						1,520		
同新实业社	上海浦东横沔镇	24,000	小768						936		
永利纱厂有限公司	上海南翔北市梢赵家衖	100,000	2,244						1,440		

续上表

厂名	厂址	资本（千元）	纱锭		线锭		布机		生产量(全年)		
			已开	未开	已开	未开	已开	未开	纱(件)	线(件)	布(匹)
川沙纺织厂	上海川沙东门外	50,000	2,792						2,440		
永福纱厂	上海宝山罗店镇西市	100,000	2,368						1,612		
顺福纱厂	上海南翔镇	54,000	2,000						1,172		
惠民农村工业社	川沙北门外大街	480,000	1,844						1,172		
振新纺织股份有限公司	无锡西门外太保墩	500,000	19,200	600			252		9,412		138,176
庆丰纺织漂染整理厂	无锡周三浜	270,000	47,504	8,016	3,648	376	336	417	28,936	1,440	252,428
大昌纺织股份有限公司	常熟水北门外李家桥	240,000	小1,664						1,164		
复生纺织厂	常熟大东门外	128,000	2,192				60		1,188		21,600
承源纱厂	常熟教场湾	80,000	2,224						1,400		
常安工业社股份有限公司	常熟小东门外陈家市	500,000	小1,600						1,068		
永丰纺织工业社	常熟项桥镇	136,500	2,000						1,296		
泰山纺织厂	常熟南门外四丈湾117号		3,740						2,780		
琴通纱厂	常熟西门外山塘街14号	60,000	1,488						900		
丽新纺织印染整理股份有限公司	无锡惠商桥丽新路	270,000	30,000	10,800	8,000	4,800	400	400	6,608	2,096	93,520

续上表

厂　名	厂　址	资本（千元）	纱锭		线锭		布机		生产量（全年）		
			已开	未开	已开	未开	已开	未开	纱（件）	线（件）	布（匹）
民生工业社	无锡西门外龙船浜	300,000	2,200						1,364		
无锡益民纺织股份有限公司	无锡南门外塔塘街11号	150,000	小4,000	小1,200					2,484		
大福纺织股份有限公司	无锡周山浜梨花庄龙舌尖	150,000	2,240						1,544		
新毅纺织印染厂	四厂分设南京无锡苏常	100,000	10,000	4,000	1.600		511		6,420	400	279,280
公泰纺织染厂股份有限公司	无锡南门外跨塘桥	400,000	3,856						2,800		
天同纺织股份有限公司	无锡南门外窑庄浜	1,000,000	5,876						3,872		
丹阳纱厂	丹阳县		5,000								
利泰纺织公司	太仓县沙溪镇	2,000,000	17,800	8,808					10,572		
永泰纱厂	太仓县沙溪镇	90,000	1,560						1,028		
申新纺织第三厂	无锡西门外太堡墩	1,400,000	48,000	2,000		4,400	410	190	30,972		204,816
长丰纱厂	太仓县直塘镇	300,000	小1,584						976		
同仁纺织厂有限公司	太仓县沙溪镇吉家桥	60,000	1,584						1,156		
福澄实业公司管理江阴利用纱厂	江阴北门外	800,000	17,392						10,204		
华康纺织股份有限公司	江阴西门外小桃园	1,400,000	5,948						2,564		

续上表

厂名	厂址	资本(千元)	纱锭		线锭		布机		生产量(全年)		
			已开	未开	已开	未开	已开	未开	纱(件)	线(件)	布(匹)
苏纶纺织印染公司	苏州盘门裕棠镇	3,000,000	25,600			3,600	600	440	20,340		453,520
泰利实验工场	盘门外大马路14号	1,000,000	5,184						3,980		
大成纺织染股份有限公司	一厂武进南门外 二三厂大东门外	750,000	27,600	4,500		4,800	645	111	20,572		479,000
民丰纱厂股份有限公司	常州小南门外尉史路	60,000	26,200	2,296			198	82	12,008		168,400
大生第三纺织公司	海门常乐镇	4,200	34,400	3,500			186	408	21,248		44,136
大生第一纺织公司一厂	南通唐家闸	6,300	64,994	11,034		2,000	478	437	48,056		269,048
兴农纺织厂	南通唐闸正心巷	50,000	小688						592		
富安纺织公司	崇明南堡镇	700,000	12,800	2,304					8,736		
岱丰纺织整染公司	嘉定西门外	120,000	12,000						804		214,520
大通纺织公司	崇明南堡镇	900,000	21,420				414		14,876		
通成棉毛纺织股份有限公司	武进戚墅堰西丁堰镇	600		5,740				52			
裕纶纺织厂	靖江南门外团河沿	24,000	1,688						500		
华泰纺织厂股份有限公司	泰县南门外	100,000	1,176						620		
翔丰纺织厂	上海南翔西大街108号	20,000	1,072						800		

续上表

厂名	厂址	资本(千元)	纱锭		线锭		布机		生产量(全年)		
			已开	未开	已开	未开	已开	未开	纱(件)	线(件)	布(匹)
海麟纺制工场	嘉定娄塘镇小东街	100	5,440						3,600		
新大工业社	上海闵行吴泾镇	30,000	1,440	560					1,300		
懋新纺织厂	南汇大团镇南市	1,000	2,304						1,440		
泰丰纱厂股份有限公司	常熟陈家市 81 号	30,000	1,600						1,200		
大业勤记纱厂	苏州胥门外洋桥河沿 15 号	10,000	512						240		
华丰纺织股份有限公司	上海南翔东新街 95 号	20,000	1,160						720		
永嘉纱厂	嘉定南门回春桥东	60,000	2,000						1,500		
联华纺织厂	无锡东门外亭子桥	60,000	1,152						600		
家庭纺织工业社	常熟小东门外陈家市	3,000	2,000						1,440		
新华纺织工场	江阴华墅	600	1,920						1,334		
安泰纺织工业社	太仓县沙溪镇印东街	3,000	2,160						1,500		
振兴纺织厂	无锡吴桥盛岸浜	40,000	1,560						840		
华申纱厂	上海浦东奉贤新桥	50	384						300		
福民工业社	江阴杨库	60,000	800						500		
景星纺织厂	常熟赵湖园	24,000	1,200						780		
利达实业公司	无锡惠农桥新市场 14 号	12,000	1,040						720		

续上表

厂名	厂址	资本（千元）	纱锭		线锭		布机		生产量（全年）		
			已开	未开	已开	未开	已开	未开	纱（件）	线（件）	布（匹）
广业裕民股份有限公司	南京水西门外大街109号	25	384						320		
源康纺织染厂	苏州胥门外，无锡惠农桥	25,000	3,528				35	75	1,560		12,000
虞山纺织股份有限公司	常熟大东门外鸭潭头	30,000	2,000						1,200		
常熟琴丰工业社	小东门外教场湾60号	60,000	2,000						1,200		
锦新纺织社	无锡东门外亭子桥	10,000	780						480		
嘉新家庭纺织社	嘉定西门外虬桥	16,000	2,488	520					1,850		
泰昌工业社	常熟支塘钟	28,000	800						600		
泰新工业社	常熟小东门外五老峰	30,000	800						576		
无生工业社	常熟南门外四丈湾	50,000	2,400						1,800		
宝丰工业社	宝山顾家镇	24,000	600						600		
茂新纱厂	南汇周浦镇网船浜	400,000	1,196						960		
裕大纺织厂	无锡杨舍福前镇	60,000	1,024						960		
太丰棉毛纺织厂	太仓西郊镇	80,000	2,232						2,040		
中华纺织工业社股份有限公司	江阴东门外河北街168号	100,000	1,572						1,080		

续上表

厂名	厂址	资本（千元）	纱锭		线锭		布机		生产量(全年)		
			已开	未开	已开	未开	已开	未开	纱(件)	线(件)	布(匹)
中国纺织企业公司杭江纱厂	浙江杭州武林路75号	50,000	5,040						3,100		
长安纺织厂	杭州马坡巷52号	100,000	小3,760						2,000		
杭州第一纱厂	杭州拱宸桥	200,000	14,000	2,568	376		240	59	7,632	145	82,140
久丰纺织厂	浙江镇海白家浦	40,000	2,896						1,882		
宁波和丰纺织股份有限公司	宁波江东冰厂路	1,000,000	6,000						4,600		
万新纺织印染厂	江东箕漕街	2,000,000	5,112	384					4,380		
裕生纺织印染厂	宁波灵桥路89号	36,000	小384						300		
立新纱厂有限公司	镇海东河塘25号	360,000	小1,280	小1,024					850		
利生纺织厂股份有限公司	宁波廨院巷23号	200,000	小384	小384					336		
裕中纱厂	芜湖陶沟1号	3,000,000	16,000	4,000					8,812		
中国纺织建设公司天津第一纺织厂	天津大直沽		96,352		10,800	7,632	2,004		34,952	2,020	916,384
中国纺织建设公司天津第二纺织厂	天津小刘庄		62,348			9,984	2,013		36,932		1,107,272
中国纺织建设公司天津第三纺织厂	天津郑家庄		48,820		4,200	720	993		20,204	2,304	494,008

续上表

厂名	厂址	资本（千元）	纱锭		线锭		布机		生产量(全年)		
			已开	未开	已开	未开	已开	未开	纱(件)	线(件)	布(匹)
中国纺织建设公司天津第四纺织厂	天津陈塘庄		29,948		440	4,960	700		12,332	668	256,684
中国纺织建设公司天津第五纺织厂	天津郑家庄		20,640			4,000	700		9,432		258,468
中国纺织建设公司天津第六纺织厂	天津南开庆余路		21,040			2,300	700		8,040		224,820
中国纺织建设公司天津第七纺织厂	天津河北于庄		50,080			5,720	1,530		24,680		689,756
恒源纺织股份有限公司	天津河北西窑洼	400,000	24,936	5,780			144	316	5,580		26,356
唐山华新纺织股份有限公司	天津唐山市陡河东岸	5,000	31,104		8,000		500		5,508	788	115,416
诚孚管理北洋商业第一纺织有限公司	天津海河挂甲寺	200,000	26,688						6,344		
达生制线厂	天津第十区二六九号	100,000	7,216	768	728	1,232			1,332	584	
汉口第一纺织股份有限公司	武昌武胜门外曾家巷	6,000	88,000				1,200		60,000		
震寰纺织公司	武昌上新河	1,756	18,000				250		12,000		
申新第四纺织公司汉口厂	汉口硚口宗关	1,000,000									

续上表

厂名	厂址	资本(千元)	纱锭		线锭		布机		生产量(全年)		
			已开	未开	已开	未开	已开	未开	纱(件)	线(件)	布(匹)
裕华纺织公司	武昌新河洲	12,000		50,000				500			
沙市纺织公司沙市厂	沙市宝塔河	100,000		4,800							
宝星兴业公司武汉纺织厂	武昌徐家棚杨家路	60,000									
豫丰纺织公司汉口厂											
中国纺织建设公司青岛第一纺织厂	青岛四方武林路1号		40,860		6,900		1,200		16,368		494,884
中国纺织建设公司青岛第二纺织厂	四方嘉禾路1号		49,252		8,280		608		21,656		254,008
中国纺织建设公司青岛第三纺织厂	四方夹隆路141号		35,200		9,700		716	161	17,372		259,804
中国纺织建设公司青岛第四纺织厂	四沧路6号		38,780		6,000		640		15,356		281,888
中国纺织建设公司青岛第五纺织厂	青岛水清沟		36,424		3,960		800		14,328		310,316
中国纺织建设公司青岛第六纺织厂	沧口大马路196号		50,184						27,868		867,272
中国纺织建设公司青岛第八纺织厂	沧口大马路		32,720		2,184		1,700		13,444		270,926

续上表

厂名	厂址	资本(千元)	纱锭		线锭		布机		生产量(全年)		
			已开	未开	已开	未开	已开	未开	纱(件)	线(件)	布(匹)
中国纺织建设公司青岛第九纺织厂	沧口沔阳路1号		38,248		5,040		650		16,348		288,280
成大纺织股份有限公司	山东济南城北林家桥		28,016				760				
成通纺织股份有限公司	济南北商埠新河畔		18,000								
仁丰纺织染有限公司	济南北商埠		15,384								
晋华纺织公司	山西榆次北关		39,344		752						
大益成纺织公司	山西新绛县三林镇		10,080		130		250				
雍裕纺织公司	山西新绛县南关		8,400								
晋生染织工厂	山西太原晋生路		6,000				252				
益晋祁县织染厂	山西祁县北关						200				
卫辉华新纺织股份有限公司	河南汲县北关		11,904	768	1,600	400	41	1	4,704	644	11,672
钜兴廷记纱厂	河南武涉县木栾店		6,592								
湖南第一纺织厂	湖南安江		15,000				120				
湖南第二纺织厂			5,000								
江西新牲纺织染厂	江西吉安梅林渡		2,000				200		1,632		16,800

续上表

厂名	厂址	资本(千元)	纱锭		线锭		布机		生产量(全年)		
			已开	未开	已开	未开	已开	未开	纱(件)	线(件)	布(匹)
兴中纺织股份有限公司	江西九江官牌夹		10,000	5,000					6,680		
台湾纺织有限公司乌日厂	台中县屯区乌日乡民生街1号		4,900	2,687			68	13	1,400		5,068
复州纺织厂	瓦房店			10,740				183			
辽阳纺织厂	辽阳市		35,854	42,906		3,480	614	431	14,092		131,264
安东纺织厂	安东市		4,800	28,600				79			
锦州纺织厂	锦州市		36,004	14,716		4,620	600	1,230	10,416		149,912
营口纺织厂	营口市		36,131	19,597		3,320	734	996	10,840		224,316
英商怡和纱厂	上海杨树浦		3,200								
英商纶昌纺织染厂	上海浦东		30,260								
全国统计			3,849,440	670,120	305,132	174,229	47,228	17,512	1,847,024	98,641	21,026,583

〔国民政府经济部档案〕

4. 主计部关于1947年度工厂概况及工业品产量统计①

（1948年6月　日）

工　　业	
登记之现存工厂	截至三十六年十二月底止
厂　　数	15,048
资本额(国币千元)	975,896,460
职　员　数	141,320
工　人　数	859,485
动力设备部数	57,656
马　力　数	4,129,015
工具机部数	—

调查之工厂②（调查地区包括南京、上海、北平、天津、青岛、重庆、沈阳、西安、汉口、广州、台湾、兰州、汕头、福州、昆明、贵阳、长沙、衡阳、南昌、九江等二十省市，但尚有部分资料未送到）

一、工厂概况	三十六年
厂　　数	14,078
饮食品制造业	1,379
纺　织　业	3,773
服用品制造业	1,783
木材制造业	156
造纸印刷业	1,669
化学工业	1,553
土石品制造业	152
冶　炼　业	494
五　金　业	682

① 选自主计部1948年6月编的《中华民国统计年鉴》。

② 经济部于民国三十六年举办全国经济事业调查，本表所载工厂概况及主要工业品产量系该项调查之结果。

续上表

一、工厂概况	三十六年
机　械　业	1,505
电工器材制造业	303
交通用具制造业	269
杂项工业	360
资　本　额	
职　员　数	89,251
工　人　数	682,399
动力设备部数	83,440
马　力　数	827,277
千伏安数	162,211
工具机部数	24,598
主要作业机部数	146,656
二、重要工业品产量	三十六年度月产量
动力机(马力)	2,244
工具机(部)	2,390
作业机(部)	12,365
发电机(千伏安)	3,153
电动机(马力)	12,292
变压器(千伏安)	23,707
电讯机(部)	2,468
酒精(加仑)	2,588,093
碱(吨)	514
水泥(吨)	52,026
硫酸(吨)	887
盐酸(吨)	776
硝酸(吨)	5,046
漂白粉(吨)	243

续上表

二、重要工业品产量	三十六年度月产量
机制纸(吨)	15,888
面粉(袋)	2,318,832
棉纱(件)	141,957

〔国民政府主计部档案〕

5. 主计部关于工厂经营概况统计①

(1948年6月　日)

第一节　工厂经营

一、工厂沿革

我国新式工业发轫于逊清末叶。新式工厂成立最早者,首推铁工业,民国前四十七年江南制造局创办,天津机器制造厂亦随而设立,嗣后渐及于交通便捷、条件优越之区,而以上海一隅为最多。其他各业亦大致类是。冶炼工业发轫于民国前三十余年,李鸿章试办磁州煤铁矿,未有成就,迄民国前二十一年,始成立汉阳铁厂。至本溪湖公司、龙烟公司等,则成立于民国初年。水泥业方面,有民国前三十六年设立之启新洋灰公司与广东士敏土厂,上海华商水泥公司、龙潭中国水泥公司等则先后设立于民国前数年及民国十年间。造纸业方面,以上海伦章造纸厂最早,设立于民国二十年左右,龙章、天章东厂等继起,渐及于济南、太原、天津、苏州暨浙、川、湘、鄂等地,此后赣、闽、粤等地亦相继建厂焉。酸碱之制造,以渤海化学工业公司为最早,成立于民国十五年,至十八年复有上海天原电化厂之继设。橡胶业则发轫于广州,在民国七年即有广东兄弟橡胶厂之创设。搪瓷业以美人于上海创设于广大为

① 选自主计部1948年6月编的《中华民国统计年鉴》。

首，后与国人合办而更名为铸丰搪瓷工厂，终由国人经营，后协丰、兆丰、中华等亦踵相继起，嗣后虽各厂竞设，但华丰规模独具。碾米业以上海洪盛米号为首，创设于民国前四十五年，惜不久停歇，至民国前十八年始有源昌米厂之设立，而后杭州、汉口、无锡、广州等地乃相继创设，渐普及于产米区之农村。面粉业以民国前十六年德人在上海设立之增裕面粉公司为首创，嗣后国人经营之阜丰面粉公司于民国前十四年方告成立，渐及于南通、无锡、海州、汉口、芜湖、成都、太原、天津、济南，以迄于全国各大都市。榨油业原有油坊，惟方法陈旧，至民国前三十六年始有上海新式之德天油厂，嗣后汉口、汉阳、宁波、无锡、青岛、广州以及其他各地乃相继设立。烟卷业以民国前十年上海创设之英美烟公司为最早，民国前六年设立之营口复记公司、北平大象公司、天津北洋公司、上海三星公司及德隆烟厂次之，翌年又成立南洋烟草公司，此后全国各大商埠亦随而踵设。此外制蛋制茶业，则于民国前数年始分别成立新式工厂。是为我国新式工业发轫之经过情形。

二、工厂登记

甲、抗战以前之工厂登记　国民政府建都南京后，鉴于工商事业日趋发达，于民国十八年设置工商部，掌管全国工商行政事宜，越一年，扩大职权兼理农矿，改称实业部，对于推行全国工厂登记不遗余力。计自民国二十一年五月起至二十六年底止，登记工厂凡3,935家，资本377,857,742元，职员43,824人，工人457,123人。其中以纺织及饮食品业为最多，各占百分之22及百分之23。次为化学业，占百分之14。冶炼、机器及五金等三业均少，共计不及百分之14。至地区之分布尤见偏倚，即上海一隅，工厂独占百分之31以上，次为浙、苏、鲁、鄂、闽、青岛等省市，自百分之20递减至百分之3.76不等。

乙、抗战后迄二十九年之工厂登记　民国二十六年七月对日抗战展开，沿海沿江一带相继不守，工厂登记于沦陷各区，以政令莫达，因告阙如，或以地邻战区，时急势危，无暇办理，登记厂数乃告大减。而后方各省市，反以政府之扶掖及社会之需求，工厂设立登记数则大增。截至二十九年止，登记工厂之总数为4,451家，较之截至二十六年增加516家。惟各业之发展，除机器工业外，与抗战前所占之比例无何轩轾，计饮食品业占百分之29.65，化学业占百分之15.50，纺织业占百分之13.76，机器业占百分之11.43，余俱系百分之2以下，无足称述。

兹将民国二十一年至二十九年之登记工厂依业别列如下表。

登记之工厂

民国二十一年五月至二十九年

业别	厂家		资本		职员		工人	
	家数	百分数	元数	百分数	人数	百分数	人数	百分数
总计	4,451	100.00	410,280,948	100.00	47,446	100.00	480,996	100.00
冶炼工业	67	1.51	3,353,050	0.82	425	0.90	5,390	1.12
机器工业	399	8.96	6,442,726	1.57	1,685	3.55	12,730	2.65
金属品工业	157	3.53	5,277,360	1.29	1,140	2.40	8,165	1.70
电器工业	70	1.57	3,336,350	0.81	635	1.34	4,890	1.02
军械工业	4	0.09	425,400	0.10	42	0.09	386	0.08
化学工业	623	14.00	55,416,182	13.51	7,355	15.50	66,844	13.90
土石品工业	135	3.03	23,744,848	5.79	1,376	2.90	14,475	3.01
纺织工业	954	21.43	144,356,790	35.18	15,321	32.29	266,425	55.39
服饰品工业	322	7.23	5,581,205	1.36	3,252	6.85	22,860	4.75
饮食品工业	1,073	24.11	50,285,147	12.25	8,563	18.05	24,508	5.09
烟草工业	37	0.83	17,508,000	4.27	862	1.82	14,062	2.92
文化工业	207	4.65	21,756,140	5.30	1,775	3.74	11,880	2.47
艺术工业	12	0.27	207,400	0.05	130	0.27	834	0.17
交通用具制造业	51	1.15	6,028,108	1.46	786	1.66	8,142	1.69
木材处理工业	74	1.66	937,595	0.23	330	0.70	3,225	0.67
树艺草器工业	19	0.43	310,864	0.08	118	0.25	1,495	0.31
土木制造工业	3	0.07	4,500	0.01	9	0.02	76	0.02

续上表

业别	厂	家	资	本	职	员	工	人
	家数	百分数	元数	百分数	人数	百分数	人数	百分数
水电煤气工业	139	3.12	61,575,043	15.01	2,559	5.39	5,570	1.16
杂项工业	105	2.36	3,734,240	0.91	1,083	2.28	9,039	1.88

材料来源:经济部统计处根据经济部工业司登记之材料编制。

丙、三十年以后之工厂重登记

子、现存登记之工厂及其资本　民国二十六年抗日战事发生,战区日渐扩大,陷区亦渐增多。自由区究有工厂若干,无有确数,即原经登记之工厂,其变迁若何,亦难详知。政府乃于民国三十年三月二十五日公布工厂登记规则,凡国内之工厂除军用者外,其实收资本在10,000元以上,或平时雇用工人在30名以上,或用机器动力出品者,均应呈请登记,其业经登记者,亦应于本规则公布后重行声请登记,以期明了现况。截至三十六年六月止,登记中之现存工厂数计11,877家,资本额222,606,263,000元。各业所占比数,在厂数方面,以饮食品、纺织、化学及机器各业为多,分别占总数百分之27.94、百分之20.32、百分之19.16及百分之12.83,而以冶炼业为最少,仅占百分之1.48。在资本方面,纺织业占总数百分之37.17,化学业占百分之18.10,饮食品业占百分之17.75,以冶炼业为最少,仅占百分之1.34。可知我国纺织业比较发达,而机器业似尚在萌芽时期。至资本数额,以币值时有变动,登记之时期既殊,未可据为定论。兹将登记之工厂及其资本依业别列如下表。

登记厂数之地域分布,以沪、渝、川等地为最多,各占总数百分之13.49、百分之12.55及百分之10.25。在资本方面,上海独占总数百分之44.40,次为江苏占百分之16.15,再次为广州占百分之5.44,余多在百分之1左右。上海为全国经济中心,资本当较雄厚,且其大多数工厂俱在年内登记,资本之货币数字较大,致形成资本之集中趋势(见下表省市别)。

登记之工厂及资本

一、业别

截至民国三十六年六月底止

业别	共计		公营		公民合营		民营		外商经营	
	厂数	资本数(千元)	厂数	资本数(千元)	厂数	资本数(千元)	厂数	资本数(千元)	厂数	资本数(千元)
总计	11,877	222,606,263	454	7,385,979	7	597,804	11,401	210,020,990	15	4,601,490
冶炼工业	176	2,955,270	55	599,620	—	—	121	2,355,650	—	—
机器工业	1,524	12,578,281	42	838,188	—	—	1,481	11,733,393	1	6,700
五金工业	613	6,620,743	8	20,950	—	—	605	6,599,793	—	—
电器工业	175	3,488,475	16	251,300	—	—	159	3,237,175	—	—
化学工业	2,276	40,203,848	166	1,545,987	1	500,000	2,103	38,079,761	6	78,100
纺织工业	2,413	82,648,393	115	1,074,724	3	5,704	2,295	81,567,965	—	—
服饰品工业	675	21,281,476	4	520	1	60	670	21,280,896	—	—
饮食品工业	3,319	4,437,821	22	2,852,900	2	92,040	3,289	36,443,631	6	49,250
印刷文具工业	356	8,434,482	17	163,130	—	—	338	3,871,352	1	4,400,000
杂项工业	350	4,957,474	9	38,660	—	—	340	4,851,374	1	67,440

材料来源:经济部统计处根据经济部工业司登记之材料编制。

登记之工厂及资本(续)

二、省市别

截至民国三十六年六月底止

省市别	共计		公营		公民合营		民营		外商经营	
	厂数	资本数(千元)	厂数	资本数(千元)	厂数	资本数(千元)	厂数	资本数(千元)	厂数	资本数(千元)
总计	11,877	222,606,263	454	7,383,979	7	597,804	11,401	210,020,990	15	4,601,490
江苏	600	35,952,650	1	2,028,220	—	—	599	33,924,430	—	—
浙江	340	6,004,786	44	22,555	—	—	296	5,982,231	—	—
安徽	128	2,341,622	21	12,883	2	464	105	2,328,275	—	—
江西	182	2,940,570	48	37,020	—	—	134	2,903,550	—	—
湖北	70	2,995,880	16	1,272,460	—	—	54	1,723,420	—	—
湖南	384	4,406,284	22	117,700	1	5,000	361	4,283,584	—	—
四川	1,217	4,026,236	59	640,940	—	—	1,158	3,385,296	—	—
西康	11	26,680	9	18,600	—	—	2	8,080	—	—
河北	110	682,710	2	…	—	—	108	682,710	—	—
山东	81	620,220	6	147,200	—	—	75	473,020	—	—
山西	52	570,470	14	380	—	—	38	570,090	—	—

续上表

省市别	共计		公营		公民合营		民营		外商经营	
	厂数	资本数(千元)	厂数	资本数(千元)	厂数	资本数(千元)	厂数	资本数(千元)	厂数	资本数(千元)
河南	58	1,189,420	—	—	—	—	58	1,189,420	—	—
陕西	370	885,560	40	125,090	1	300	332	760,170	—	—
甘肃	207	526,683	22	110,460	—	—	185	416,223	—	—
福建	107	337,800	14	19,320	—	—	93	318,480	—	—
台湾	202	2,655,760	—	—	—	—	232	2,655,760	—	—
广东	266	5,757,046	8	55,017	—	—	258	5,702,029	—	—
广西	14	167,521	2	17,000	—	—	12	150,521	—	—
云南	239	1,721,350	26	286,970	—	—	213	1,434,380	—	—
贵州	249	941,550	28	69,350	—	—	221	872,200	—	—
辽宁	486	6,164,064	—	—	—	—	486	6,164,064	—	—
安东	56	325,440	—	—	1	10,680	55	314,760	—	—
辽北	372	2,927,532	8	18,000	—	—	364	2,909,532	—	—
吉林	680	1,667,556	5	44,400	—	—	675	1,623,156	—	—
热河	66	94,450	—	—	—	—	66	94,450	—	—

续上表

省市别	共计		公营		公民合营		民营		外商经营	
	厂数	资本数(千元)	厂数	资本数(千元)	厂数	资本数(千元)	厂数	资本数(千元)	厂数	资本数(千元)
察哈尔	7	63,300	—	—	—	—	7	63,300	—	—
绥远	19	192,240	—	—	—	—	19	192,240	—	—
宁夏	3	130	1	110	—	—	2	20	—	—
南京	50	2,140,500	4	160,000	—	—	46	1,980,500	—	—
上海	602	98,855,640	—	—	1	500,000	1,589	93,768,850	12	4,586,790
北平	1	100,000	—	—	—	—	1	100,000	—	—
天津	644	10,762,110	1	500,000	—	—	641	10,249,410	2	12,700
青岛	920	4,444,770	—	—	—	—	919	4,442,770	1	2,000
重庆	1,491	3,438,435	51	755,784	—	—	1,440	2,682,651	—	—
沈阳	418	3,280,608	—	—	—	—	418	3,280,608	—	—
汉口	34	1,090,200	1	200,000	—	—	33	890,200	—	—
广州	103	12,118,490	1	726,520	1	81,360	101	11,310,610	—	—
西安	5	190,000	—	—	—	—	5	190,000	—	—

材料来源:经济部统计处根据工业司登记之材料编制。

丑、现存登记工厂之职员与工人　登记工厂之职员与工人，截至三十六年六月止，计职员107,098人，工人598,542人。职员以纺织、饮食品及化学三业为最多，各占总数百分之26.11、百分之23.75及百分之22.28，机器、冶炼及五金三业各占百分之8、百分之3.9及百分之3.38。工人比数约同，以纺织、化学、饮食品三业各占百分之37.00、百分之19.27及百分之12.89为最多，以印刷文具、杂项及电器三业为最少，机器、冶炼、服饰及五金各业，分别占百分之7.66、百分之6.48、百分之5.25及百分之2.70（见下表）。

登记工厂之职员及工人

截至民国三十六年六月底止

业别	共计		公营		公民合营		民营		外商经营	
	职员数	工人数	职员数	工人数	职员数	工人数	职员数	工人数	职员数	工人数
总计	107,098	598,542	12,987	96,474	55	149	93,930	501,192	126	727
冶炼工业	4,201	40,223	2,358	28,579	—	—	1,843	11,644	—	—
机器工业	8,560	47,530	1,803	10,062	—	—	6,754	37,438	3	30
五金工业	3,620	16,744	533	3,343	—	—	3,087	13,401	—	—
电器工业	1,915	9,081	808	3,899	—	—	1,107	5,182	—	—
化学工业	23,860	119,635	3,913	18,091	10	34	19,872	101,308	65	202
纺织工业	27,963	229,653	2,494	27,417	19	68	25,450	202,168	—	—
服饰品工业	6,256	32,609	49	608	5	20	6,202	31,981	—	—
饮食品工业	25,438	79,996	539	2,792	21	27	24,842	76,859	34	318
印刷文具工业	2,627	11,778	233	922	—	—	2,365	10,684	23	172
杂项工业	2,666	11,293	257	761	—	—	2,408	10,527	1	5

材料来源：经济部统计处根据工业司登记之材料编制。

寅、现存登记工厂之动力设备　动力设备，所以减省人工，亦即代替人力，动力设备之程度，可表现节省人力之多少。我国现存登记工厂之动力，共为333,880.40马力及2,107,753.86千伏安。其中千伏安单位，可按一个千伏安相当于1.67马力折算，则2,107,753.86千伏安可折成3,519,948.75马力，合计共为3,853,829.35马力。如以一个马力相当于八个人工计算，应可省30,830,634.80人工。此3,853,829.35马力在各业之分配，以纺织业为最多，占总数百分之92.47，次为化学业占百分之2.91，再次为饮食品业，占百分之2.13，余均不及百分之1。至各种动力机器，在能力方面，则以发电机为最多，蒸汽机、柴油机及煤气机依次递减，水轮机则最少（见下表）。

登记工厂之动力设备

截至民国三十六年六月底止

业别	共计			蒸汽机		柴油机		煤气机	
	部	马力	千伏安	部	马力	部	马力	部	马力
总计	30,146	333,880.40	2,107,753.86	537	41,260.00	703	21,647.35	392	9,883.00
冶炼工业	427	16,038.20	6,937.50	55	8,590.50	20	1,224.00	15	164.00
机器工业	3,817	26,510.10	1,796.06	29	1,059.50	137	2,119.85	113	1,575.50
五金工业	1,016	7,981.15	354.00	11	489.00	27	289.00	11	149.50
电器工业	819	7,012.00	530.00	6	156.00	15	260.50	12	397.00
化学工业	3,864	73,149.40	23,458.80	167	7,742.00	75	2,245.50	77	1,784.50
纺织工业	12,449	103,878.05	2,071,785.00	110	12,522.00	216	7,628.00	43	1,642.00
服饰品工业	1,680	7,751.50	—	2	50.00	12	459.00	3	36.00
饮食品工业	4,628	77,363.75	2,786.50	142	9,553.00	185	5,251.00	87	2,999.00
印刷文具工业	803	3,546.25	97.00	—	—	6	68.50	10	283.50
杂项工业	643	10,650.00	9.00	15	1,098.00	10	2,102.00	21	852.00

续上表

业别	水轮机		其他动力机		发电机		电动机	
	部	马力	部	马力	部	千伏安	部	马力
总计	99	1,392.00	1,126	19,912.75	493	2,107,753.86	26,796	239,785.30
冶炼工业	36	516.00	25	427.00	47	6,937.50	229	5,116.70
机器工业	3	26.00	246	2,641.00	84	1,796.06	3,205	19,088.25
五金工业	3	25.00	67	677.75	19	354.00	878	6,350.90
电器工业	—	—	18	555.50	20	530.00	748	5,643.00
化学工业	35	393.00	157	5,068.50	141	23,458.80	3,212	55,915.90
纺织工业	15	222.00	332	3,481.00	152	2,071,785.00	11,581	78,383.05
服饰品工业	1	15.00	41	370.50	—	—	1,621	6,821.00
饮食品工业	6	195.00	178	5,809.00	26	2,786.50	4,004	53,556.75
印刷文具工业	—	—	11	111.00	3	97.00	773	3,083.25
杂项工业	—	—	51	771.50	1	9.00	545	5,826.50

材料来源:经济部统计处根据工业司登记之材料编制。

卯、现存登记工厂之工具机设备　工具机通称工作母机,亦称辅助机,用以辅助作业机或动力机,俾能继续工作,以达成生产之目的。盖作业机或动力机每易发生障故,须藉工具机予以修理。惟在机器工业中,其意义迥然不同,盖其工具机即为作业机。我国登记工厂之工具机,截至三十六年六月底止共有18,583部,其中机器工业之工具机独占总数百分之69.70,次为五金业占百分之13.66,又次为电器业占百分之7.97,余为冶炼业占百分之2.52,化学业占百分之2.25,杂项占百分之1.51,至其他各业均不及百分之一(见下表)。

登记工厂之工具机

截至民国三十六年六月底止

业别	共计	车床	刨床	铣床	钻床	锯床	磨床	搪床	镟床	冲床	钳床	压床	平削床	其他
总计	18,583	7,054	1,511	1,275	3,252	134	324	586	2,034	535	207	165	25	1,481
冶炼工业	468	405	15	4	28	2	1	—	—	—	—	—	—	13
机器工业	12,952	5,161	1,073	995	2,400	51	216	117	1,738	30	196	4	25	946
五金工业	2,538	627	183	153	379	65	75	273	211	193	9	158	—	212
电器工业	1,481	471	112	75	243	5	16	156	50	206	—	—	—	147
化学工业	419	142	43	28	77	1	3	34	2	40	—	—	—	49
纺织工业	159	85	16	12	28	—	1	—	10	—	—	—	—	7
服饰品工业	50	13	4	—	15	—	—	1	1	16	—	—	—	—
饮食品工业	138	62	14	2	34	—	2	1	4	—	2	—	—	17
印刷文具工业	97	16	23	—	19	—	6	—	—	26	—	—	—	7
杂项工业	281	72	28	6	29	10	4	4	18	24	—	3	—	83

材料来源:经济部统计处根据工业司登记之材料编制。

辰、现存登记工厂之主要作业机设备　工业产品之制成,大多经由若干种类之作业机。工业愈进步,其分工则愈细,作业机之种类亦愈多,使逐一枚举,非仅不胜繁琐,抑且失所控御,且同一产品之各种作业机,其配合有其一定之比率,爰将各业主要作业机列如下表。

登记工厂之主要作业机

截至民国三十六年六月底止

名称	单位	数量
冶炼工业		
炼钢炉	座	36
	公吨	81

续上表

名　　称	单　位	数　量
炼铁炉	座	153
电解槽	座	160
机器工业		
炼铁炉	座	16
制钉机	部	34
五金工业		
制钉机	部	447
螺丝机	部	27
制针机	部	160
铁丝机	部	11
制罐机	部	12
毛巾机	部	45
电器工业		
螺丝机	部	11
干电油制造机	部	20
电线机	部	282
化学工业		
反射炉	座	32
电线机	部	26
炭酸塔	座	9
碱化炉	座	9
排梗机	部	2,237

续上表

名　　称	单　　位	数　　量
排板机	部	111
排列机	部	8,989
制皮革机	部	12
制粉机	部	33
水泥窑	座	46
制泥机	部	219
制砖机	部	54
制瓦机	部	41
制瓶机	部	111
制碗机	部	105
制皂机	部	64
制药机	部	148
造纸机	部	77
制酸炉	座	3
制碱炉	座	2
电解槽	座	982
缝纫机	部	60
纺织工业		
纺纱机	部	2,944
	锭	823,124
小型纺纱机	组	168
麻纺机	部	85

续上表

名　　　称	单　　位	数　　量
铁织机	部	19,698
缫丝机	部	7,072
铁木织机	部	18,206
木织机	部	10,440
织绸机	部	3,376
提花机	部	905
毛织机	部	253
毛巾机	部	481
织袜机	部	8,162
针织机	部	2,252
织毯机	部	479
纱带机	部	19
制骆驼绒机	部	87
钢丝织绒机	部	55
漂染机	部	431
缝纫机	部	168
服饰品工业		
缝纫机	部	4,997
针织机	部	1,300
织袜机	部	7,756
罗纹机	部	595
辫带机	部	110

续上表

名　　称	单　　位	数　　量
鞋带机	部	285
丝边机	部	18
手套机	部	34
制帽机	部	92
制鞋机	部	18
制扣机	部	186
毛巾机	部	1,140
织毯机	部	471
饮食品工业		
制粉机	部	416
砻壳机	部	305
碾米机	部	1,242
压榨机	部	1,526
制糖机	部	68
汽水机	部	15
糖果机	部	70
制罐机	部	15
印刷文具工业		
印刷机	部	1,247
石印机	部	64
橡皮印机	部	52
铸字机	部	130

续上表

名称	单位	数量
杂项工业		
制粉机	部	14
印刷机	部	23
制绳机	部	75
制煤球机	部	50

材料来源:经济部统计处根据工业司登记之材料编制。

三、工厂迁建

我国工厂,战前多集中于沿海沿江一带。自抗战军兴,若干工厂内移,计自二十七年至二十九年之内迁工厂共为448家,已复工者亦达308家,内迁机料近71,000吨,内迁技工亦在12,164名以上,大率为抗战建国及民生必需之工业。时方军事倥偬,局势逆转,交通工具尚不足以供应军需,各该厂矿独能抢先内迁,殊属难能可贵。惟内迁复工工厂,虽大部已遵章登记,亦尚有未及办理者,故实际内迁工厂数必较表列为多。

内迁工厂

民国二十七年至二十九年

业别	内迁工厂(家)			内迁机料(吨)			内迁技工(人)			内迁复工工厂(家)		
	截至二十七年	截至二十八年	截至二十九年	截至二十七年	截至二十八年	截至二十九年	截至二十七年	截至二十八年	截至二十九年	截至二十七年	截至二十八年	截至二十九年
总计	304	418	448	51,182.5	70,037.3	70,991.2	1,793	11,413	12,164	81	274	308
钢铁工业	1	1	1	1,151.9	1,151.9	1,151.9	313	360	360	1	1	1
机械工业	121	168	181	6,162.4	13,255.0	13,554.4	797	5,588	5,968	47	135	155
电器工业	17	28	29	3,051.5	5,299.8	5,299.8	161	684	744	4	12	11(1)

续上表

业别	内迁工厂（家）			内迁机料（吨）			内迁技工（人）			内迁复工工厂（家）		
	截至二十七年	截至二十八年	截至二十九年	截至二十七年	截至二十八年	截至二十九年	截至二十七年	截至二十八年	截至二十九年	截至二十七年	截至二十八年	截至二十九年
化学工业	41	54	56	6,506.0	8,093.4	8,356.7	126	1,376	1,408	7	29	36
纺织工业	71	92	97	26,150.4	30,822.0	30,823.2	135	1,603	1,688	3	53	58
饮食品工业	15	22	22	1,723.9	3,212.7	3,212.7	12	549	580	3	10	11
文化工业	22	31	37	1,220.3	1,374.3	1,665.6	184	606	635	11	22	24
杂项工业	9	14	17	383.3	560.0	658.7	50	270	404	4	10	10
矿业	7	8	8	4,832.8	6,268.2	6,268.2	15	377	377	1	2	2

材料来源：经济部统计处根据前工矿调整处报告之材料编制。

说　　明：(1) 电器工业截至二十九年之复工厂数小于上年底数字系改业之故。

三十三年春夏之交，日寇竭全力以冀打通粤汉铁路，凶焰所指，并及桂黔，时湘桂等地工厂至伙，政府为保持工业，争取最后胜利，又积极奖助各该地工厂内迁。计迁移工厂达 82 家，贷款总额 3,902,776 元以上，运出机料 7,635.55 公吨，合前协助迁移之工厂共 530 家，迁移机料约达 7,900 吨。为数虽不多，但在局势危急之情形下，有此成绩，亦足见政府重视工业之一斑（见表 1 及表 2）。

表 1　湘桂民营工厂迁移贷款

民国三十三年五月至九月　　　　单位：国币元

地域及业别	厂数	核定贷款额	实际贷出额	估实际贷出总额百分数
		地　域　别		
总　计	82	3,902,776	3,478,758	100.0
衡　阳	29	1,158,256	1,150,046	29.7

续上表

地域及业别	厂数	核定贷款额	实际贷出额	估实际贷出总额百分数
祁阳	7	1,196,920	972,032	30.7
桂林	38	1,169,400	990,480	30.0
柳州	6	278,100	278,100	7.1
其他	2	100,100	88,100	2.5
	业别			
总计	82	3,902,776	3,478,758	100.0
冶炼	3	55,140	48,132	1.4
机械	55	2,131,404	1,841,658	54.6
电气	2	578,920	578,176	14.8
化学	13	236,092	217,852	6.1
纺织	6	887,720	779,440	22.8
饮食品	1	4,500	4,500	0.1
教育用品	2	9,000	9,000	0.2

材料来源:经济部统计处根据前工矿调整处报告之材料编制。

表2 湘桂民营工厂迁移材料

民国三十三年五月至九月　　　　单位:公吨

地域及业别	厂数	核定吨位	运出吨位	运出吨位占核定吨位百分数
	地域别			
总计	82	6,007.44	7,635.55	127
衡阳	29	1,575.44	2,801.75	178
祁阳	7	1,755.00	1,366.90	78

续上表

地域及业别	厂数	核定吨位	运出吨位	运出吨位占核定吨位百分数
桂林	38	1,949.00	2,727.90	140
柳州	6	618.00	639.00	103
其他	2	110.00	100.00	91
		业	别	
总计	82	6,007.44	7,635.55	127
冶炼	3	80.00	60.00	75
机械	55	3,456.00	3,440.60	99
电气	2	765.00	911.40	119
化学	13	351.44	814.75	232
纺织	6	1,330.00	2,339.30	176
饮食品	1	10.00	23.50	220
教育用品	2	15.00	47.00	313

材料来源:经济部统计处根据前工矿调整处报告之材料编制。

〔国民政府主计部档案〕

6. 主计部关于工业产品统计①

(1948年6月　日)

第一节〔略〕

第二节　工业产品

我国新式工厂之创建,远在数十年前,而政府予以管理监督,

① 选自主计部1948年6月编的《中华民国统计年鉴》。

实始自民国二十一年。其初各种产品之数量,因各厂家多未有详尽之纪录,更无向政府报告之习惯,致乏完整正确之数字。民国二十六年抗战军兴,政府积极奖励工厂内迁,于经济部下特设工矿调整处予以协助,各厂报告生产数字,乃渐具规模。惟若干未获政府协助之厂家,仍不报告产量,致全国产量数字,终不能获得全璧。至资源委员会经营之各国营工厂,其生产数量均有详尽之纪录,兹将全国重要工业品产量列表如下。

重要工业品产量[1]

民国二十七年至三十五年

产品	单位	二十七年	二十八年	二十九年	三十年	三十一年	三十二年	三十三年	三十四年	三十五年
动力机	马力	610	870	2,507	3,758	4,476	7,302	8,210	2,866	4,765
工具机	部	332	639	1,024	1,221	1,147	1,752	1,350	775	1,052
作业机	部	842	1,512	3,775	2,575	2,632	2,110	3,327	1,421	2,286
发电机	千伏安	299	439	6,308	5,503	5,780	4,790	4,926	2,028	4,200
电动机	马力	600	9,594	3,102	11,600	10,511	11,451	6,277	6,683	4,178
变压器	千伏安	4,390	6,509	6,124	10,792	15,383	12,484	11,185	10,496	12,092
电讯机	具	710	1,142	2,259	2,697	2,149	2,021	1,781	1,433	1,385
电话机	具	…	3,500	1,650	3,169	1,266	3,801	5,461	…	…
交换机	门	…	…	2,770	1,110	6,500	3,990	4,570	…	…
铜铁电线	公吨	…	40	191	571	455	365	266	…	…
电灯泡	千只	69	493	699	628	948	1,436	1,686	969	3,166
电子管	只	600	5,960	36,990	3,683	17,060	28,865	11,390	…	…
干电池	千只	102	212	395	851	436	718	811	…	…
蓄电池	只	…	50	183	458	784	923	859	…	…
瓷碍子	千件	…	361	1,248	1,739	1,396	1,745	2,099	…	…
滑润油	加仑	…	8,528	39,924	51,085	35,358	5,847	9,754	…	…
酒精	千加仑	304	812	4,590	5,408	7,885	7,714	7,346	16,222	12,379
碱	公吨	520	940	1,486	2,079	2,263	3,251	6,101	3,342	61,177
水泥	公吨	21,498	48,794	50,479	25,429	39,843	35,088	40,644	42,230	292,497

续上表

产　品	单位	二十七年	二十八年	二十九年	三十年	三十一年	三十二年	三十三年	三十四年	三十五年
耐火材料	公吨	…	968	3,826	3,361	5,394	3,942	3,799	…	…
硫　酸	公吨	170	124	428	543	689	624	768	257	7,205
盐　酸	公吨	99	72	151	130	300	368	416	337	3,002
硝　酸	公吨	3	2	16	12	17	15	9	5	2,274
漂白粉	公吨	…	…	147	521	660	609	797	…	19,279
火　柴	千箱	12	12	14	19	26	24	33	…	…
肥　皂	千箱	82	99	280	401	320	363	225	…	…
机制纸	吨	492	526	660	4,200	4,250	3,580	3,669	3,900	62,361
面　粉	千袋	1,513	1,926	3,239	4,510	4,880	4,130	2,881	2,056	77,191
机　纱	件	24,515	27,451	29,518	111,500	114,100	116,681	145,000	69,200	1,543,400

材料来源：经济部统计处根据前工矿调整处、行政院战时生产局及资源委员会报告之材料编制。

说　　明：(1) 二十七年至三十四年之产量未包括收复区在内，三十五年产量之民营部分系经济部工业司估计之修正数字。又动力机、工具机、作业机、发电机、电动机、变压器、电灯泡、酒精、碱、酸、机纱等产品之历年数字，均系根据最新之资料加以修正，与过去所发表之数字略有出入。

上表中所示，仅有工业产品二十九种，我国工业虽远逊工业先进国家，但产品种类不止此数，可无疑义。表列数字，包括国营与民营，前者系资源委员会之数字，后者系前工矿调整处及前战时生产局之纪录，至三十五年之民营产量，则系经济部根据各有关资料而加以估计者。惟国营工业初不限于资源委员会所主管，而民营工厂亦难免有遗漏之处，故若干产品之产量估计，易失之过低，亦属意料中事。

各年度产量，以时期不同，所包括之地区亦大有差异。自二十七年至三十四年九月自由区逐渐缩小，而各种工业品生产量反与年俱增者，系因海口遭敌寇封禁，外货输入极为艰难，民族工业于无外货竞争情形下获新生之良机，兼之由于政府对于工业之奖励扶掖，工业界之努力生产等所致。抗战胜利后，工业生产仍局限于后方，若干工厂，或以复员迁徙，或因物价一度陡跌而歇业停产，致若干产品三十四年度之产量反较以前减少。至收复区之工业品产量，因无参考数字可资稽查，尚付厥如。三十五年复员工作粗告完成，接收之敌伪生产机构亦大致管理就绪，故碱、水泥、三酸、漂粉、机制纸、面粉、机纱等项之产量，由于地区扩大与生产单位加多而激增。

〔国民政府主计部档案〕

7. 主计部关于1946年与1947年电气事业统计

(1948年6月 日)①

电气事业	三十五年	三十六年
厂 数	120	291
发电容量(瓩)	1,281,179	1,287,620
发电度数(千度)	3,621,654	4,066,256

〔国民政府主计部档案〕

8. 主计部关于电气事业统计②

(1948年6月 日)

第一、二节〔略〕

① 选自主计部1948年6月编的《中华民国统计年鉴》。
② 选自主计部1948年6月编的《中华民国统计年鉴》。

第三节 电气事业

一、电气事业之沿革　我国电气事业之发轫〔轫〕，约在逊清末叶，迄今已垂四十余年，初时营业范围仅限于照明之电灯，故通称电灯公司。民国六年以后，大多称为电气公司。逮民国二十年，则又改称为电力公司，顾名思义，亦足见我国电力已为各种工业动力之源泉，不仅限于照明之一途。

民国十七年以前，内乱频仍，政府对电气事业不遑注视，听民自谋，未见进展。民国十八年中央始设专管机关，实行督导，订立工程法规以资遵循，复延揽专才以图改进，经十年之努力，至民国二十六年乃有显著之进步。不幸中日战起，方兴之电气事业随以摧残殆尽。嗣以政府西迁，虽仍极力经营，力图发展，终以交通阻梗，运送机器艰难，不能恢复向日之兴盛。及至国土重光，电气事业在数字上固已激增，而八年离乱破坏之余，仍有待于电业界之努力。

二、电气事业之演进　电气事业之数字纪录，始于民国二十一年建设委员会之成立。依据数字，我国电气事业可分为三个段落，以民国二十一年至二十五年为一段落，二十六年至三十四年为一段落，三十五年以后为一段落，而以抗战为其转折点。兹分别说明如次：

甲、民国二十一年至二十五年——抗战以前　本阶段内之厂家数字，变动甚小，惟公营者因政府之积极建设逐年增加，民营者则因相互合并而逐年减少。厂数虽未见增加，然由于各单位扩充设备之结果，就发电容量言，民国二十五年较二十一年增加百分之31.80，发电度数亦增加百分之44.30，在此五年中，发电容量与发电度数均逐年增加，足见我国电气事业实有进展。其中民营数字与年俱增，公营者则乃时有增减，此由于政府为辅导民营事业之发展，于发电设备有所转让所致。

乙、民国二十六年至三十四年——抗战时期　本阶段内，以中日战起，重要都市多相继沦陷，致厂家数由二十五年之460家一落而为二十六年之85家，骤减五分之四以上。嗣后虽力谋增设，终以战局演变，时有伸缩，迄三十四年底已有97家。至发电容量，民国二十六年之数字仅当二十五年之百分之8，发电度数则为百分之3，损失之重，于此可见。嗣经艰苦经营，越八年而有三十四年之73,577瓩，虽仅当二十五年百分之11.7，较之二十六年则增加百分之46.3，而发电度数且增加百分之225.7。就企业性质言，发电容量以公营事业之增加为最速，三十四年底之数字，已为二十五年百分之84强，而民营之电气事业仅及二十五年百分之8。发电度数亦然，民营数量约当二十五年百分之8弱，而公营数量则超过二十五年百分之15，如与二十六年相较，发电度数均较发电容量所增之比率为大。

丙、民国三十五年至现在——抗战胜利后　本阶段内之厂家，由三十四年之97家增至三十五年之120家，更跃至三十六年六月之288家，虽仅当二十五年百分之62.61，但较之三十四年则增加百分之296.91。其原因系收复区之东北与台湾计入，及复员以后各地之积极设厂所致，此可于公营电厂较之三十四年增加百分之263.17，民营电厂增加百分之200证之。至于发电容量，三十六年上半年数字均以二倍作为全年计算，较之三十四年增加百分之1,860.55，发电度数增加百分之2,378.31，后者增加特多之原因，系由于充分运用其容量以期勉敷用途。若与二十五年比较，目前发电容量增加百分之18.06，发电度数竟增加百分之1,700.61。但因工业之发展与用途之扩大，此种增加仍不足以餍人民之需求。至就企业之性质言，则目下公营之发电容量较二十五年增加33.39倍，而民营者反不及二十五年百分之56.44；公营之发电度数增加53.37倍，而民营者反不及二十五年百分之83.37，可知民营者尚待努力，始可恢复旧观，而国营之突飞猛进，实由于政府之努力建设与接收敌伪电气事业之故（见下表）。

注册电气事业及其发电容量与发电度数[1]

民国二十一年至三十六年六月

年别	厂	数		发电容量（瓩）			发电度数[2]（千度）		
	共计	公营[5]	民营[5]	共计	公营[5]	民营[5]	共计	公营[5]	民营[5]
二十一年	463	19	444	478,705	54,780	423,925	1,195,059	110,325	1,084,734
二十二年	458	21	437	496,140	55,820	440,320	1,411,816	120,571	1,291,243
二十三年	460	28	432	542,399	38,040	504,359	1,541,375	78,567	1,462,801
二十四年	456	32	424	584,914	18,180	566,734	1,568,737	39,269	1,529,461
二十五年	460	35	425	631,165	28,352	602,813	1,724,305	61,239	1,663,066
二十六年	85	12	73	50,826	62	50,764	59,922	1,533	58,381
二十七年	63	17	46	35,505	2,340	33,165	73,622	4,056	69,566
二十八年	71	24	47	40,376	8,970	31,406	91,494	9,609	81,885
二十九年	75	29	46	40,722	10,536	30,186	111,931	11,117	100,814
三十年	67	24	43	44,313	10,988	33,325	127,302	17,517	109,785
三十一年	66	26	40	49,826	12,657	37,169	136,850	24,618	112,232
三十二年	87	41	46	64,131	17,424	46,707	146,437	35,208	111,229
三十三年	94	36	58	69,917	21,170	48,747	154,220	52,115	102,106
三十四年[3]	97	38	59	73,577	23,821	49,756	196,695	70,568	126,127
三十五年[4]	120	45	75	1,281,179	947,864	333,315	3,624,654	2,146,352	1,478,302
三十六年上半年[4]	228	110	118	1,376,300	1,060,189	316,111	2,329,014	1,635,750	693,264

材料来源：经济部统计处根据电业司之材料编制。

说　明：(1) 历年数字均根据最新资料加以修正，与以前所发表之数字略有出入。其中有一厂无发电容量及度数资料。

(2) 系发电机发出度数减去附属机器所用度数。

(3) 三十四年以前各年份系自由区之登记电厂数，不包括收复区在内。

(4) 三十五与三十六两年包括东北及台湾在内。

(5) 公营包括国营、省营、县营、公民合营、中外合营，民营包括外人经营在内。

三、全国待注册之电气事业　前段系就业经注册及注册中之电气事业，略加说明，而尚待注册之电厂分布于各地区者为数亦复不少，虽其发电量难以尽悉，而其造福于各城市、乡镇乃至各工业当非浅鲜。截至三十六年六月止，我国待注册之电厂约有245家，发电容量29,565.5瓩。发电容量，计江苏占百分之35.57、广东百分之18.32、河北百分之16.49、浙江百分之7.62、山东百分之6.74、湖南百分之4.85、福建百分之1.96、安徽百分之1.87、江西百分之1.83、湖北百分之1.42，其余各省市均不及百分之1。就企业性质分，发电容量以民营为最多，计占总数百分之78.94，依次为外人经营占百分之15.22，公民合营占百分之4.59，及公营占百分之1.25（见下表）。

全国待注册之电厂及其发电容量(1)

民国三十六年上半年　　容量单位：瓩

地域别	共计		公营		公民合营		民营		外商经营	
	厂数	发电容量	厂数	发电容量	厂数	发电容量	厂数	发电容量	厂数	发电容量
总计	245	29,565.5	15	370.0	8	1,355.5	220	23,340.0	2	4,500.0
江苏	49	10,518.0	—	—	—	—	49	10,518.0	—	—
浙江	54	2,253.0	3	58.0	—	—	51	2,195.0	—	—
安徽	18	553.0	2	—	1	14.5	15	538.5	—	—
江西	6	541.0	1	40.0	—	—	5	501.0	—	—
湖北	7	368.0	1	92.0	—	—	6	276.0	—	—
湖南	16	1,434.0	1	…	1	1,000.0	14	434.0	—	—
四川	13	210.5	1	…	1	30.0	11	180.5	—	—
西康	1	87.0	—	—	—	—	1	87.0	—	—
河北	11	4,875.0	—	—	—	—	10	375.0	1	4,500.0
山东	13	1,993.0	1	80.0	—	—	12	1,913.0	—	—
山西	4	271.0	—	—	—	—	4	271.0	—	—
河南	4	84.0	—	—	1	…	3	84.0	—	—

续上表

地域别	共计		公营		公民合营		民营		外商经营	
	厂数	发电容量	厂数	发电容量	厂数	发电容量	厂数	发电容量	厂数	发电容量
福建	19	579.0	3	100.0	2	81.0	14	398.0	—	—
广东	20	5,418.0	—	—	1	…	18	5,418.0	1	…
广西	4	266.0	1	…	1	230.0	2	36.0	—	—
云南	1	115.0	—	—	—	—	1	115.0	—	—
贵州	3	…	1	…	—	—	2	…	—	—
绥远	2	…	—	—	—	—	2	…	—	—

材料来源:经济部统计处根据电业司之材料编制。

说　　明:(1) 其中有五十一个电厂之发电容量因无资料未能列入。

发电度数各地所占之百分比,依次为江苏占百分之44.08、河北占百分之20.59、广东占百分之13.68、浙江占百分之5.01、湖南占百分之3.77、山东占百分之3.01、安徽占百分之2.41、江西占百分之1.97、四川占百分之1.15,余均不及百分之1。就企业性质分,则以民营所占之比率为最多,计占百分之76.99,其次为外商经营占百分之10.00,公民合营者占百分之3.31,而公营者尚不及百分之1。其分配比例,大致与发电容量同(见下表)。

全国待注册之电厂及其发电度数(1)

民国三十六年上半年　　　　度数单位:千度

地域别	共计		公营		公民合营		民营		外商经营	
	厂数	发电度数	厂数	发电度数	厂数	发电度数	厂数	发电度数	厂数	发电度数
总计	245	35,699	15	248	8	1,180	220	27,486	2	6,780
江苏	49	15,734	—	—	—	—	49	15,734	—	—
浙江	54	1,788	3	46	—	—	51	1,742	—	—
安徽	18	861	2	—	1	23	15	838	—	—

续上表

地域别	共计		公营		公民合营		民营		外商经营	
	厂数	发电度数	厂数	发电度数	厂数	发电度数	厂数	发电度数	厂数	发电度数
江西	6	704	1	52	—	—	5	652	—	—
湖北	7	187	1	47	—	—	6	140	—	—
湖南	16	1,345	1	…	1	938	14	407	—	—
四川	13	412	1	…	1	59	11	353	—	—
西康	1	285	—	—	—	—	1	285	—	—
河北	11	7,350	—	—	—	—	10	565	1	6,785
山东	13	1,076	1	43	—	—	12	1,033	—	—
山西	4	325	—	—	—	—	4	325	—	—
河南	4	75	—	—	1	…	3	75	—	—
福建	19	348	3	60	2	49	14	239	—	—
广东	20	4,882	—	—	1	…	18	4,882	1	…
广西	4	128	1	…	1	111	2	17	—	—
云南	1	199	—	—	—	—	1	199	—	—
贵州	3	…	1	…	—	—	2	…	—	—
绥远	2	…	—	—	—	—	2	…	—	—

材料来源：经济部统计处根据电业司之材料编制。

说　明：(1) 其中有五十一个电厂之发电度数因无资料未能列入。

综上以观，合计全国现有电厂共473家，发电容量1,405,865.5瓩，三十六年一至六月共发电2,364,710,000度，较之二十六年固不可同日而语，即较之二十五年，厂数方面亦增加17家，发电容量增加774,700瓩，即增加百分之122.74，发电度数则增加百分之174.28，足见我国战后电气事业之进展。

〔国民政府主计部档案〕

9. 主计部关于1946年与1947年度量衡统计

(1948年6月 日)①

度 量 衡		
	三十五年	三十六年②
营业登记数	751	681
检定合格数	778,003	664,541
检查合格数	612,861	148,797

〔国民政府主计部档案〕

10. 主计部关于度量衡概况统计③

(1948年6月 日)

第一至三节〔略〕

第四节 度量衡

一、度量衡政制沿革谚云:“南秤北斗”,盖谓南方秤大,北方斗大,所以喻我国度量衡制度之未能划一也。考诸史册,除虞书所记“同转度量衡”一语外,鲜有度量衡行政之记载。汉唐以来,亦从未有切实划一之规定。夫度所以知长短,量所以明大小,衡所以权轻重,不有划一之标准制度,则人民之疑怀莫释,商贾之信用不立,何以辨欺诈而杜纷争,是度量衡制度之推行,诚属刻不容缓。

国民政府建都南京后,于十七年七月即明令公布“中华民国权度标准方案”,规定以万国公制(即米突制)为中华民国权度之标准制,并与标准制订有最简单之比率,而与民间习俗相近之市用制相

① 选自主计部1948年6月编的《中华民国统计年鉴》。

② 各省市尚未报齐,容后增补。

③ 选自主计部1948年6月编的《中华民国统计年鉴》。

辅而行，以减少人民习惯上所遭遇之困难。长度以公尺为标准尺，一标准尺之三分之一为一市尺；容量以公升为标准升，一标准升为一市升；重量以公斤为标准斤，一标准斤之二分之一为一市斤。十八年二月复根据“权度标准方案”制定“度量衡法”，明令公布于十九年一月一日起施行。该法详列标准制与市用制之名称及定位法，标准制与市用制之关系及原器、副原器、标准器之采用、制造与保管、度量衡器具之制造暨检定与检查等机构，亦均有详细之规定。其要点：(一) 凡有关度量衡之事项，除私人买卖交易得暂行市用制外，余均用标准制。(二) 划一度量衡应由工商部设立全国度量衡局(即今之经济部中央标准局)掌理之，各省及各特别市设度量衡检定所，各县及各市设度量衡检定分所处理之。(三) 度量衡副原器及标准器应由工商部全国度量衡局设立度量衡制造所制造之。同年四月明令公布“度量衡法施行细则”(后经两次修正)及“公用度量衡器具颁发规则”。十九年二月公布“度量衡临时调查规程”，二十一年十一月公布“废除度量衡旧制器具办法”。十九年九月公布“度量衡器具营业条例”，二十年一月公布“度量衡器具营业条例施行细则”，均经两次修正。二十六年二月明令公布“度量衡器具输入取缔暂行规则”，同年八月公布“度量衡器具输出管理暂行规则”，十八年四月公布“度量衡检定规则”及“度量衡器具检查执行规则”，后经三次修正。二十一年九月复公布“度量衡器具盖印规则”，亦经两次修正。于是度量衡制度之法规大备，掌理度量衡划一之机构亦告确立。

二、中央及地方之度量衡检定机构　根据度量衡法之规定，工商部于民国十八年设立全国度量衡局，是年秋工商部改组为实业部，二十七年实业部又改组为经济部，全国度量衡局亦先后改隶，迨至三十六年春该局改组为中央标准局，仍隶属于经济部。中央标准局为制造副原器及标准器，设立度量衡制造所，并于各重要地点设立制造厂，以应各地之需要。为执行度量衡新制之实际业务，各省及各院辖市均设置度量衡检定所、各县及各省辖市设置度量衡检定分所，核发各该地区制造、贩卖及修理度量衡器具厂店之许可执照，与检定及检查各类度量衡之器具。迄三十六年六月底，已设立之省市级检定机构为 33 所，县市级机构 1,028 所，其分布情形见下表。

全国现有度量衡检定机构

截至三十六年六月底止

省市别	共计		省市级检定机构			县市级检定机构	
	省市级	县市级	省检定所	市检定所	建设厅兼办	县市检定分所	县政府兼办
总计	33	1,028	16	7	10	75	953
江苏	1	44	1	—	—	—	44
浙江	1	40	—	—	1	—	40
安徽	1	—	1	—	—	—	—
江西	1	77	1	—	—	—	77
湖北	1	53	—	—	1	—	53
湖南	1	66	1	—	—	—	66
四川	1	143	1	—	—	—	143
西康	1	17	1	—	—	—	17
河北	1	14	—	—	1	—	14
山东	1	36	1	—	—	—	36
山西	1	23	1	—	—	—	23
河南	1	36	—	—	1	—	36
陕西	1	59	—	—	1	—	59
甘肃	1	25	1	—	—	—	25
青海	1	4	1	—	—	—	4

续上表

省市别	共计		省市级检定机构			县市级检定机构	
	省市级	县市级	省检定所	市检定所	建设厅兼办	县市检定分所	县政府兼办
福建	1	60	—	—	1	—	60
台湾	1	—	1	—	—	—	—
广东	1	52	1	—	—	52	—
广西	1	85	1	—	—	—	85
云南	1	88	—	—	1	—	88
贵州	1	47	1	—	—	—	47
辽宁	1	23	1	—	—	23	—
辽北	1	—	—	—	1	—	—
绥远	1	24	—	—	1	—	24
宁夏	1	12	1	—	—	—	12
察哈尔	1	—	—	—	1	—	—
南京	1	—	—	1	—	—	—
上海	1	—	—	1	—	—	—
北平	1	—	—	1	—	—	—
天津	1	—	—	1	—	—	—
青岛	1	—	—	1	—	—	—
汉口	1	—	—	1	—	—	—
重庆	1	—	—	1	—	—	—

材料来源:经济部统计处根据中央标准局造送之材料编制。

三、度量衡营业登记　依度量衡法之规定,凡以制造、贩卖或修理度量衡器具为业之厂店,均须呈请地方主管机关核发许可证,转报中央标准局备案。经许可登记并领得制造执照之厂店,方可向地方主管机关价领标准器，制造度量衡器具，其制成品仍须检定合格附有印证者，始可贩卖使用。此项行使于市场之度量衡器具，应随时受中央标准局或地方度量衡检定所或分所之检查，其与原标准不符需加修理者，得由修理厂店修理之。但制造、贩卖及修理三类之厂店，每难截然划分，以领有制造执照者得兼营贩卖及修理业，领有贩卖执照者亦得兼营修理业。自民国二十六年至三十六年六月底止，登记之制造厂店为 2,635 家、贩卖厂店为 70 家、修理厂店为 226 家，共计 2,934 家。兹将历年之登记情形列如下表。

度量衡器具营业登记[1]

民国二十六年至三十六年六月　　　单位：家

年别	共计	制造厂店	贩卖厂店	修理厂店
总计	2,934	2,638	70	226
二十六年	658	508	14	136
二十七年	193	180	1	12
二十八年	121	102	2	17
二十九年	103	82	5	16
三十年	133	129	2	2
三十一年	161	152	3	6
三十二年[2]	213	197	1	15
三十三年	102	90	—	12
三十四年[3]	64	59	—	5
三十五年	751	710	39	2
三十六年一至六月	435	429	3	3

材料来源：经济部统计处根据中央标准局造送之材料编制。

说　明：(1) 系修正数字，与以前所发表之数字略有出入。

(2) 三十二年度福建、云南、陕西三省之数字缺。

(3) 三十四年度数字系截至该年九月底止。

四、度量衡检定　依度量衡检定规则，凡国内制造之各种度量衡器具或国外输入之各种度量衡器具于制成或进口后，均须备具申请书连同度量衡器具送请中央标准局或地方度量衡检定所或分所检定，经检定合格者，由原检定局所凿盖同字与其他图印或给予证书方可贩卖使用。其未受检定而于市场贩卖使用者，处以罚金。兹将十年来各检定机械检定合格之度量衡器具列如下表。

度量衡检定(1)

民国二十七年至三十六年六月　　　　单位：件

年　别	经检定合格之度器	经检定合格之量器	经检定合格之衡器
总　计	812,142	641,214	2,268,624
二十七年	31,649	43,743	210,276
二十八年	89,717	47,725	214,112
二十九年	134,071	100,704	220,506
三十年(2)	36,592	60,929	208,513
三十一年	69,398	113,265	258,681
三十二年(3)	49,509	74,331	276,899
三十三年	100,397	42,788	161,442
三十四年	42,004	15,866	66,275
三十五年(4)	204,170	104,035	469,798
三十六年一至六月	54,635	37,828	182,122

材料来源：经济部统计处根据中央标准局造送之材料编制。

说　明：(1) 系修正数字，与以前所发表数字略有出入。

(2) 三十年度川、湘、闽三省之检定数系就各该地区检定机关所送之工作月报检定栏计算而得。

(3) 三十二年度闽、陕二省之数字缺。

(4) 台湾及南京市之检定工作系自三十五年十二月开始办理。

由上表中知经检定合格之衡器为最多，计2,268,624件；度器次之，为812,142件；量器最少，计461,214件。盖因社会对度量衡器具需要之多寡有异。

五、度量衡检查 凡经检定合格之度量衡器具，均可于市上使用。惟使用过久，各该器具与原规定标准容有参差，故中央标准局或地方度量衡检定所或分所应会同地方商业团体及警察主管机关定期或随时予以检查，经检查发现与原检定不符者，应将原检定图印或证书取消。除不堪修理者即行销毁外，均令限期修理送请复查，经复查合格者，援用检定合格之办法，如仍不合格，应即销毁之。其有拒绝检查者，处以罚金。自胜利复员，即积极推行度量衡检查工作，一年半来，经检查合格之度器164,555件，量器145,602件，衡器437,047件（见下表）。

度量衡检查[1]

民国三十五年至三十六年六月 单位：件

年别	经检查合格之度器	经检查合格之量器	经检查合格之衡器
总计	164,555	145,602	437,047
三十五年	107,824	85,110	419,927
三十六年一至六月	56,731	60,492	17,120

材料来源：经济部统计处根据中央标准局造送之材料编制。

说　　明：(1) 系修正数字，与以前所发表之数字略有出入。

〔国民政府主计部档案〕

〔2〕矿　业

1. 主计部关于全国矿藏量统计①

（1948年6月　日）

矿藏

我国各种重要矿之储量，除少数特种金属外，大致尚称丰富，尤以钨、锑之藏量居世界首位。次如锡、汞等矿，虽较逊色，但亦足自给。其他特种金属如铬、镍等，亦有发现，惟少经济价值。兹将全国各重要矿藏情形分述如下：

一、煤储量：全国煤储量总计约265,731百万公吨，占世界煤储量百分之4.25，居世界第四位，且烟煤甚多，品质亦佳，可供炼焦之用。煤储量之分布，以山西省为最多，占全国总储量百分之47.84，次为陕西省，占百分之27.08，两省共计199,077百万公吨，占全国总储量百分之74.92。再次为新疆省，占百分之12.03。而以浙江省为最少，仅占万分之四（见下表）。

全国煤之储量

单位：百万公吨

省别	可能储量			占总储量百分数
	共计	甲(1)	乙(2)	
总计	265,731	262,941	2,790	100.00
江苏	217	207	10	0.08
浙江	100	26	74	0.04
安徽	360	330	30	0.14

① 选自经济部统计处1948年6月编的《中华民国统计年鉴》。

续上表

省别	可能储量			占总储量百分数
	共计	甲[1]	乙[2]	
江西	700	596	104	0.26
湖北	354	289	65	0.13
湖南	1,293	1,270	23	0.49
四川	3,833	3,183	650	1.44
西康	531	531		0.20
河北	3,065	2,995	70	1.15
山东	1,639	1,639	—	0.62
山西	127,127	127,127	—	47.84
河南	7,764	7,764	—	2.92
陕西	71,950	71,950	—	27.08
甘肃	1,056	756	300	0.40
青海	824	274	550	0.31
福建	153	116	37	0.06
台湾	420	420	—	0.16
广东	333	229	104	0.13
广西	1,157	1,096	61	0.43
云南	2,310	2,255	55	0.87
贵州	2,518	2,408	110	0.95
辽宁[3]	1,836	1,806	30	0.69
吉林[3]	1,143	826	317	0.43
黑龙江[3]	1,017	950	57	0.38

续上表

省别	可能储量			占总储量百分数
	共计	甲[1]	乙[2]	
热河	614	577	37	0.23
察哈尔	504	488	16	0.19
绥远	476	421	55	0.18
宁夏	457	422	35	0.17
新疆	31,930	31,980	—	12.03

材料来源:经济部统计处根据中央地质调查所之材料编制。

说　明:(1) 系根据地质报告所估计之数字。

(2) 系根据地质报告不足而略加估计者。

(3)辽宁包括现在之辽宁、辽北、安东三省,吉林包括现在之吉林、松江、合江三省,黑龙江包括现在之黑龙江、兴安、嫩江三省。

二、铁储量:全国铁储量总计约2,150,519千公吨。其主要矿产物有褐铁矿、赤铁矿及磁铁矿等,间亦有少量之菱铁矿。其矿藏之分布,几遍及全国各省,以原辽宁省为最多,计有1,390,050千公吨,占全国总储量百分之64.38。次为湖北省,约143,174千公吨,占总储量百分之6.63,仅及辽宁十分之一强,其他各省储量甚少(见下表)。

全国铁矿之储量

单位:千公吨

省别	储量			占总储量百分数
	共计	证实及可能储量[1]	约计储量[2]	
总计	2,150,519	1,984,619	165,900	100.00
江苏	5,700	5,400	300	0.26

续上表

省别	储量			占总储量百分数
	共计	证实及可能储量(1)	约计储量(2)	
浙江	3,224	2,224	1,000	0.15
安徽	19,204	19,204	—	0.89
江西	15,466	15,466	—	0.72
湖北	143,174	143,174	—	6.63
湖南	31,753	29,753	2,000	1.47
四川	22,023	22,023	—	1.02
西康	39,909	36,309	3,600	1.84
河北	42,179	42,179	—	1.95
山东	15,340	14,340	1,000	0.71
山西	22,240	19,240	3,000	1.03
河南	17,897	2,897	15,000	0.83
陕西	10,847	4,847	6,000	0.52
甘肃	2,496	2,196	300	0.12
青海	5,000	—	5,000	0.23
福建	92,562	74,562	18,000	4.29
台湾	8	8	—	—
广东	52,155	7,155	45,000	2.41
广西	2,067	567	1,500	0.09
云南	12,156	7,156	5,000	0.56
贵州	40,553	32,553	8,000	1.88
辽宁(3)	1,390,050	1,385,050	5,000	64.38
吉林(3)	15,700	10,700	5,000	0.73
黑龙江(3)	500	—	500	0.02
热河	11,340	11,340	—	0.53

续上表

省　别	储　量			占总储量百分数
	共　计	证实及可能储量(1)	约计储量(2)	
察哈尔	89,686	87,686	2,000	4.15
绥　远	5,700	700	5,000	0.26
宁　夏	7,579	5,079	2,500	0.35
新　疆	34,011	2,811	31,200	1.98

材料来源:经济部统计处根据中央地质调查所之材料编制。

说　明:(1)系根据较详尽之调查估计而得。

(2)系依地质及矿床之情形,作最小限度之估计。

(3)辽宁包括现在之辽宁、辽北、安东三省,吉林包括现在之吉林、松江、合江三省,黑龙江包括现在之黑龙江、兴安、嫩江三省。

铁之储量虽颇可观,而其含铁成分则贫富不一,含铁成分在百分之40以上者仅有682,730千公吨,约占总储量百分之31.70;其在百分之40以下者为1,283,889千公吨,约占总储量百分之59.70;其余所含成分不详者约183,900千公吨,占总储量百分之8.60。各省中以辽宁、湖北、察哈尔及福建四省含铁成分较高(见下表)。

各省贫富铁矿储量比较

单位:千公吨

省　别	共　计	富矿储量(含铁40%以上)	贫矿储量(含铁40%以下)	成分不详之铁矿储量
总　计	2,150,519	682,730	1,283,889	183,900
百分数	100.00	31.70	59.70	8.60
江　苏	5,700	5,400	—	300
浙　江	3,224	200	—	3,024

续上表

省别	共计	富矿储量（含铁 40%以上）	贫矿储量（含铁 40%以下）	成分不详之铁矿储量
安徽	19,204	19,204	—	—
江西	15,466	7,260	6,300	1,906
湖北	143,174	123,999	15,175	4,000
湖南	31,753	12,735	17,018	2,000
四川	22,023	7,614	13,709	700
西康	39,909	34,849	320	4,740
河北	42,179	1,850	40,179	150
山东	15,340	13,700	—	1,640
山西	22,240	14,800	7,200	240
河南	17,897	2,897	—	15,000
陕西	10,847	8,870	1,977	—
甘肃	2,496	1,523	500	473
青海	5,000	—	—	5,000
福建	92,562	74,562	—	18,000
台湾	8	—	—	8
广东	52,155	7,155	—	45,000
广西	2,067	267	—	1,800
云南	12,156	7,156	—	5,000
贵州	40,553	28,953	—	11,600
辽宁(1)	1,390,050	206,350	1,178,700	5,000
吉林(1)	15,700	10,700	—	5,000
黑龙江(1)	500	—	—	500
热河	11,340	—	—	11,340
察哈尔	89,686	87,686	—	2,000

续上表

省　　别	共　　计	富矿储量（含铁40%以上）	贫矿储量（含铁40%以下）	成分不详之铁矿储量
绥　　远	5,700	5,000	—	700
宁　　夏	7,579	—	—	7,579
新　　疆	34,011	—	2,811	31,200

材料来源：经济部统计处依据中央地质调查所之材料编制。

说　　明：(1) 辽宁包括现在之辽宁、辽北、安东三省，吉林包括现在之吉林、松江、合江三省，黑龙江包括现在之黑龙江、兴安、嫩江三省。

三、石油及油页岩储量：中国油矿除石油外，油页岩亦可提油，惟含油成分较低。兹分别概述如下：

（甲）石油：本矿储量尚无精确估计，仅就概略之地质报告及少数油田钻探之纪录，作粗泛之估计，约为206,000,000公吨。其储量之富，首推新疆，其次为甘肃，又次为陕西。新疆储量占全国总储量百分之58.24（见下表），惟除乌苏县油田已正式用机器开采外，余均沿用土法，产量不多。甘肃之储量虽不及新疆，然产量则较新疆为多。至陕西油藏，则偏于该省北部，分布延长、永平、肤施一带，惜未能大量开采。

全国石油之储量

单位：公吨

省　　别	储　　量	百分数
总　　计	206,000,000	100.00
四　　川	1,000,000	0.49
陕　　西	20,000,000	9.71
甘　　肃	60,000,000	29.13

续上表

省　　别	储　　量	百 分 数
青　　海	5,000,000	2.43
新　　疆	120,000,000	58.24

材料来源:经济部统计处根据中央地质调查所之材料编制。

（乙）油页岩:本矿储藏分布甚广,为〔产〕量亦丰。其最著者为辽宁之抚顺,因该区油页岩成层较厚,平均在120公尺左右,采矿甚便,成本亦低。次为陕西北部之安定县麒麟沟、瓦窑堡、蟠龙镇等处,至四川、云南、广西、湖南、黑龙江等省亦有油页岩发现,尚在继续详细调查中。兹将各地已知储量列如下表。

全国油页岩之储量

单位:百万公吨

省　　别	页岩储量	平均含油率%	油储量
总　　计	11,892		521
陕　　西	4,907	3.7	119
甘　　肃	83	5.10	4
广　　东	825	8.04	65
辽　　宁(1)	5,477	5.50	301
吉　　林(1)	600	5.00	30
黑龙江(1)及其他省份	—	—	2

材料来源:经济部统计处根据中央地质调查所之材料编制。

说　明:(1) 辽宁包括现在之辽宁、辽北、安东三省,吉林包括现在之吉林、松江、合江三省,黑龙江包括现在之黑龙江、兴安、嫩江三省。

四、钨、锑、锰储量:钨、锑二矿储量极丰,居世界首位,且矿质之优,亦为世所罕见。至于锰矿则稍逊。兹分别略述于后:

（甲）钨矿：主要矿区位于江西、广东、湖南三省之毗连部分，而以江西之储量特丰，其著者如虔南大吉山、龙南胜美山、大庾西华山、安远盘古山等是。次为广东，再次为湖南。其他如广西、云南、新疆、河北、辽宁等省均有储藏。惟全国钨矿之已经详测者，仅江西南部，广东之始兴、英德等县，新疆之温泉以及湖南之汝城、资兴、酃县等地，其余地区尚待详查，故钨矿之估计亦难精确。兹将已调查之各地储量列如下表。

全国钨矿之储量

单位：公吨

省别	储量	百分数
总计	2,035,300	100.00
江西	1,647,500	80.95
湖南	51,100	2.51
广东	328,100	16.12
新疆	8,600	0.42

材料来源：经济部统计处根据中央地质调查所之材料编制。

（乙）锑矿：本矿储量大部集中于湖南，最著者首推新化之锡矿山，其储量约九十余万公吨。次为沅陵之乌溪，约十余万公吨。此外如贵州江口之梵净山、广西之东兰、万冈、田阳、田东、云南之平彝、开远，广东之曲江、乳源等地，均有锑矿之蕴藏，其数量虽不及湖南，但亦颇为重要。兹将各地储量列如下表。

全国锑矿之储量

单位：公吨

省别	储量	百分数
总计	3,802,870	100.00
湖南	1,995,500	52.47

续上表

省别	储量	百分数
广东	1,183,000	31.11
广西	66,560	1.75
云南	48,000	1.26
贵州	509,810	13.41

材料来源:经济部统计处根据中央地质调查所之材料编制。

丙、锰矿:本矿储量以江西、广西为首,广东、湖南次之。江西之乐平、广西之宣武、广东之钦县、湖南之湘潭,均为重要蕴藏地。至福建之厦门、甘肃之皋兰,其储量虽较少,但矿质颇为优良。兹将各地储量列如下表。

全国锰矿之储量[1](约计)

单位:公吨

省别	储量	矿石含锰率%
总计	29,688,720	
江西	3,758,600	38.00—52.00
湖南	1,550,120	15.00—58.00
甘肃	800,000	41.74
福建	931,000	34.00—43.00
台湾	300,000	35.00
广东	18,661,000	20.00—45.00
广西	3,638,000	41.00—50.00
辽宁[2]	50,000	40.00

材料来源:经济部统计处根据中央地质调查所之材料编制。

说　明:(1)本表数字系经勘测计算者,其储量微小或未经详测之各地区均未列入。

(2)包括现在之辽宁、辽北、安东三省。

五、铜、铅、锌储量：我国铜、铅、锌储量均甚贫瘠。纯铜之储量仅及世界总储量百分之1.5弱，铅、锌之储量亦甚零星，各省储量以台湾、云南较多。兹分述如次：

（甲）铜矿：纯铜储量，据估计约为1,394,370公吨，其储藏量首推台湾，次为云南，再次为西康，其他则不足称道。至矿石之含铜成分则以湖北为最高，次为辽宁，而以台湾为最少（见下表）。

全国铜矿之储量

单位：公吨

省别	纯铜储量[1]			矿砂含铜率%
	共计	可能数	约计数	
总计	1,394,370	1,087,370	307,000	
湖北	18,000	18,000	—	4.60—20.00
四川	27,500	27,500	—	2.00
西康	260,800	260,800	—	0.27—27.00
山西	4,000	—	4,000	1.00—3.00
陕西	3,780	3,780	—	10.00
台湾	427,000	427,000	—	0.60—5.00
云南	270,490	170,490	100,000	1.50—20.00
贵州	178,000	175,000	3,000	2.50—10.00
辽宁[2]	4,800	4,800	—	10.00—14.00
其他	200,000	—	200,000	

材料来源：经济部统计处根据中央地质调查所之材料编制。

说　明：（1）可能数系业经详测依据地质报告所估计，约计数系未经详测但具有经济价值而约予估计者。

（2）包括现在之辽宁、辽北、安东三省。

（乙）铅、锌矿：铅与锌常相伴而产出，我国铅、锌矿藏虽多，但极零星，遍布全国各省，其储量尚无适当之估计，大抵以湖南常宁之水口山为最著，次为西康会理之天宝山及云南会泽之矿山厂，他如辽宁锦西之杨字枝子、新疆乌恰及和硕、安东省安东县之北井子，均有丰富之铅、锌矿藏。

六、其他金属矿：除上述各种金属矿藏外，我国尚有锡、汞、铋、镁、铝、砒、铀、银等矿藏，虽不如前述诸矿之丰富与普遍，但亦有其特殊价值，因分述于次：

（甲）锡矿：本矿主要之矿区为云南个旧之脉锡矿，次为广西之贺县、钟山、恭城、河池、全县等地砂锡矿。江西之各产钨处如大庾、崇义等县亦有锡石。此外湖南之江华、临武，广东之电白、揭阳、东莞等地亦有锡矿之蕴藏，惟因调查不详，无法计算。兹将各地已知储量列如下表：

全国锡矿之储量

单位：公吨

省别	储量	百分数
总计	652,000	100.00
江西	240,000	36.81
广西	52,000	7.98
云南	360,000	55.21

材料来源：经济部统计处根据中央地质调查所之材料编制。

（乙）汞矿：汞与钨、锑、锡同称特种金属，为我国输出矿产品之一种。其储量大部集中于贵州，次为湖南、四川、云南、广西等省，并散见于湖北、西康、甘肃等地。如贵州之铜仁、玉屏、丹寨、省溪、三都，湖南之晃县、沅陵、凤凰，四川之酉阳、秀山，云南之保山、兰坪、云龙、丽江、永平、开远、建水、文山、邱北、泸西及广西之恭城等地均有汞之储藏。惟全国储量若干，并无翔实之估计，仅酉阳、秀山、晃县、铜仁、省溪、三都、丹寨、恭城、保山、兰坪等十县有一约计数为 1,800 公吨。

(丙) 铋矿:铋、钨伴生,与铅、锌同。故江西、广东、湖南、广西等产钨省份,均有铋矿存在。江西铋矿之储量约 6,900 公吨,分布于上饶之张天坞、安远之盘古山、于都之斜岭庵等处。广西约 1,900公吨,分布于宾阳之昆仑乡附近。其他各区,目前尚无法估计。

(丁) 铝及明矾矿:铝为轻金属之一种,铝之主要矿石为铝矾土、铝粘土及铝页岩,明矾亦可用以制铝。铝矾土以山东之淄川、博山,云南之安宁、昆明等地之储量最多,次为贵州之贵筑、修文等地。铝粘土储量,以辽宁之复县、山东烟台为主。铝页岩储量,则以河北之滦县、临榆等地为主(见下表)。

区域	矿别	储量[1]
总计		142,267,000
山东博淄一带	铝矾土	68,000,000
贵州贵筑修文一带	铝矾土	44,616,000
云南安宁昆明一带	铝矾土	…
河北滦县临榆一带	铝页岩	…
山东烟台	铝粘土及铝页岩	1,651,000
辽宁复县	铝粘土	28,000,000
辽宁本溪金县等	铝粘土及铝页岩	…

材料来源:经济部统计处根据中央地质调查所之材料编制。

说　明:(1) 系业经详测加以估计而得,其未经详测者均未列入。

明矾之蕴藏地亦多,如浙江、安徽、福建、四川、甘肃、新疆等省均有,以浙江之平阳、安徽之庐江较为重要。

全国明矾之储量(1)

单位:公吨

区　域	矾石储量	含明矾百分数	明矾石储量	含明矾百分数	明矾储量
总　计	643,882,000		276,548,000		198,991,000
浙江平阳	552,752,000	30—60	236,543,000	74	175,042,000
安徽庐江	47,610,000	26—38	13,893,000	33.3	4,626,000
安徽无为三公山	43,520,000	60	26,112,000	74.4	19,323,000

材料来源:经济部统计处根据中央地质调查所之材料编制。

说　明:(1) 本表数字系业经详测加以估计而得,其未经详测者均未列入。

(戊) 镁矿:镁之主要矿石为菱苦土及白云石。我国白云石之储藏地甚广,于古变质岩及各纪之石灰岩中时有发现,惟其储量尚无法估计。菱苦土之储藏地,以辽宁之海城、盖平二县为主,其矿脉露头延达 35 公里,次为山东之掖县及宁夏阿拉善霍硕特旗之定远营,全国总储量约 13,300 百万公吨。兹将其储量列如下表。

全国菱苦土储量

单位:百万公吨

区　域	储　量	含镁百分数
总　计	13,300	
山东掖县	4,500	38.53
辽宁海城盖平	5,000	42.98
宁夏阿拉善霍硕特旗之定远营	3,800	38.53

材料来源:经济部统计处根据中央地质调查所之材料编制。

(己) 砒、铀矿:砒之主要矿石为毒砂、雌黄与雄黄。毒砂矿分布于湖南之常宁、郴县、桂阳及临武等地。雄黄矿则分布于湖南之石门、大庸、慈利等县,云南之凤仪石磺厂亦有雄黄、雌黄之矿藏,其他如贵州、广西、广东、四川等省，均有砒之各种矿砂发现，惟含量不丰。至砒矿之储藏量尚无详确之估计数字。

铀矿尚待继续勘探，迄无详确之蕴藏量估计，现仅知广西钟山红花区之黄羌坪藏有含磷酸铀矿、脂状铝铀矿及沥青铀矿等三种。

（庚）金、银矿：金矿分砂金、脉金两种，砂金储藏分布甚广，其主要区域为黑龙江、吉林、新疆等省，次为四川、西康、甘肃等省；脉金蕴藏则以湖南之桃源、沅陵、会同、平江、汉寿、靖县等县为最著，其他如山东、西康、热河、河北、新疆等省均有，惟尚无可靠之估计数字。

银矿大多为含银方铅矿，故铅、锌矿藏区常伴有银之蕴藏。其主要区域亦为湖南，他如西康、云南等省，亦间有少量之储量。

七、非金属矿：上述各种矿藏，除石油、油页岩矿外，均为金属矿。兹就非金属矿之重要者择述如下：

（甲）硫矿：我国天然硫虽有矿藏，但储量不甚丰富，且矿区偏于西康、黑龙江、热河等省，交通不便，开采亦难，致目前硫磺之生产，大部分系自硫化矿中提炼，其中以黄铁矿为主。业经勘探之黄铁矿储量约 17,169,000 公吨，分布于浙江、安徽、江西、湖北、湖南、四川、西康、河北、山东、山西、河南、陕西、甘肃等省，其中以四川储量为最多，计 5,098,700 公吨，河南、西康次之。

（乙）磷矿：本矿储量以云南、江苏较多，计云南全省约有 45,126,000公吨，以昆明储量最丰，约为 37,000,000 公吨，含磷成分在百分之 34 至百分之 36 之间。江苏约有储量 2,280,000 公吨，此外广东之西沙群岛，其鸟粪亦可用以制磷。

（丙）笔铅矿：笔铅又名石墨，吾国矿藏甚多，其主要者为绥远之归绥、兴和，陕西之鄜县、鄠县，湖南之桂阳、郴县、临武、安仁，福建之邵武、屏南、安溪、永定、永春、龙溪，河北之房山、平山，江苏之丹徒、句容，河南之桐柏、确山、商城，山西之天镇，山东之莱阳等地，惟尚无精确之估计。

〔国民政府主计部档案〕

2. 主计部关于矿业权统计①

(1948年6月　日)

第一节〔略〕

第二节　矿业权

矿业为采矿及其附属事业之综合名称，故采矿权及探矿权均为矿业权。依矿业权所登记之土地区域，称为矿区。矿区面积多以公亩计算，其不能以公亩计算之矿区，如河床之砂金矿，则以公尺代之。我国矿业权之取得，依法分国营矿业权及民营矿业权，民营矿业权复分探矿权与采矿权。兹分别述之于下：

一、国营矿业权：凡属国防所需或特种重要之矿产，有由政府经营之必要者，专划为国营矿区，是为国营矿业权。如铁矿、石油矿以及适于炼焦或炼油之丰富煤矿等。次如钨、锰、铅、锑、铀、铣、铁、磷、铜、锡、汞、铋、锌、硫磺、明矾、苦土石等矿，以及其他有价值之各种矿业，而认为有保存或调节供求之必要者，亦得指定矿区，由政府设立国营矿业权。国营矿业权既经设定，其经营或办理初不必全由政府直接为之，亦得出租民营，其年限率以二十年为一期，惟目前事实上出租民营者为数甚少，大部由资源委员会直接经营之。

我国国营矿业权之设定，系自民国十九年矿业法公布日起，截至三十六年六月止，现存之国营矿业权计有253区，面积35,850,631.37公亩。中以钨矿为最多，占总数百分之33.59；铁矿次之，占百分之23.71；煤矿又次之，占百分之23.22(见下表)。

---

① 选自主计部1948年6月编的《中华民国统计年鉴》。

现存之国营矿业权

民国十九年至三十六年六月底　　面积单位:公亩

省市别	共计		煤矿		铁矿		钨矿		钨夹锡		锡矿		锑矿		铜矿	
	区数	面积	区数	面积	区数	面积	区数	面积	区数	面积	区数	面积	区数	面积	区数	面积
总计	253	35,850,631.37	59	12,843,516.17	60	1,193,767.07	85	1,100,060.72	1	177,502.13	1	1,921.01	2	8,274.75	9	7,270,682.99
江苏	2	24,804.80	—	—	2	24,804.80	—	—	—	—	—	—	—	—	—	—
浙江	1	329.00	—	—	1	329.00	—	—	—	—	—	—	—	—	—	—
安徽	8	79,706.64	—	—	7	77,653.89	—	—	—	—	—	—	1	2,052.75	—	—
江西	30	805,081.31	3	419,891.12	2	53,435.68	24	328,778.79	—	—	—	—	—	—	1	2,975.72
湖北	5	4,798,063.29	—	—	3	44,360.67	—	—	—	—	—	—	—	—	2	4,753,702.62
湖南	39	3,422,792.31	16	2,872,066.73	2	7,760.07	17	312,218.00	1	177,502.13	1	1,921.01	1	6,222.00	—	—
四川	29	16,677,340.57	6	1,963,911.15	18	651,704.37	—	—	—	—	—	—	—	—	1	2,458,136.65
西康	6	66,711.17	1	40,014.79	4	25,214.39	—	—	—	—	—	—	—	—	—	—
河北	4	531,166.56	4	531,166.56	—	—	—	—	—	—	—	—	—	—	—	—
山东	1	8,225.30	1	8,225.30	—	—	—	—	—	—	—	—	—	—	—	—

续上表

省市别	共计		煤矿		铁矿		钨矿		钨夹锡		锡矿		锑矿		铜矿	
	区数	面积	区数	面积	区数	面积	区数	面积	区数	面积	区数	面积	区数	面积	区数	面积
河南	6	620,009.46	6	620,009.46	—	—	—	—	—	—	—	—	—	—	—	—
陕西	3	107,854.80	—	—	—	—	—	—	—	—	—	—	—	—	—	—
甘肃	13	1,076,777.65	4	223,463.35	3	55,464.61	—	—	—	—	—	—	—	—	—	—
福建	2	3,487.00	—	—	2	3,487.00	—	—	—	—	—	—	—	—	—	—
广东	45	476,534.18	—	—	1	6,177.54	43	451,699.58	—	—	—	—	—	—	—	—
广西	1	13,464.04	—	—	1	13,464.04	—	—	—	—	—	—	—	—	—	—
云南	39	4,312,006.23	9	3,703,341.97	10	113,444.94	1	7,364.35	—	—	—	—	—	—	5	55,868.00
贵州	16	2,591,585.61	9	2,461,425.74	2	12,056.40	—	—	—	—	—	—	—	—	—	—
热河	1	99,742.00	—	—	1	99,742.00	—	—	—	—	—	—	—	—	—	—
新疆	1	130,281.78	—	—	—	—	—	—	—	—	—	—	—	—	—	—
宁夏	1	4,667.67	—	—	1	4,667.67	—	—	—	—	—	—	—	—	—	—

现存之国营矿业权(续)

民国十九年至三十六年六月底　　　　面积单位:公亩

省市别	铝矿		锌矿		锰矿		汞矿		磷矿		硫磺		石油		石油夹煤气	
	区数	面积	区数	面积	区数	面积	区数	面积	区数	面积	区数	面积	区数	面积	区数	面积
总计	15	520.695.81	1	1,481.99	1	14.062.48	2	49,104.20	2	11,330.32	1	18,657.06	10	1,003,964.21	4	11,635,610.46
江苏	—	—	—	—	—	—	—	—	—	—	—	—	—	—	—	—
浙江	—	—	—	—	—	—	—	—	—	—	—	—	—	—	—	—
安徽	—	—	—	—	—	—	—	—	—	—	—	—	—	—	—	—
江西	—	—	—	—	—	—	—	—	—	—	—	—	—	—	—	—
湖北	—	—	—	—	—	—	—	—	—	—	—	—	—	—	—	—
湖南	—	—	—	—	—	—	1	45,102.37	—	—	—	—	—	—	—	—
四川	—	—	—	—	—	—	—	—	—	—	—	—	1	98,259.72	3	11,505,328.68
西康	—	—	1	1,481.99	—	—	—	—	—	—	—	—	—	—	—	—
河北	—	—	—	—	—	—	—	—	—	—	—	—	—	—	—	—
山东	—	—	—	—	—	—	—	—	—	—	—	—	—	—	—	—

续上表

省市别	铝矿		锌矿		锰矿		汞矿		磷矿		硫磺		石油		石油夹煤气	
	区数	面积	区数	面积	区数	面积	区数	面积	区数	面积	区数	面积	区数	面积	区数	面积
河南	—	—	—	—	—	—	—	—	—	—	—	—	—	—	—	—
陕西	—	—	—	—	—	—	—	—	—	—	—	—	3	107,854.80	—	—
甘肃	—	—	—	—	—	—	—	—	—	—	—	—	6	797,849.69	—	—
福建	—	—	—	—	—	—	—	—	—	—	—	—	—	—	—	—
广东	—	—	—	—	—	—	—	—	—	—	1	18,657.06	—	—	—	—
广西	—	—	—	—	—	—	—	—	—	—	—	—	—	—	—	—
云南	12	420,656.65	—	—	—	—	—	—	2	11,330.32	—	—	—	—	—	—
贵州	3	100,039.16	—	—	1	14,062.48	1	4,001.83	—	—	—	—	—	—	—	—
热河	—	—	—	—	—	—	—	—	—	—	—	—	—	—	—	—
新疆	—	—	—	—	—	—	—	—	—	—	—	—	—	—	1	130,281.78
宁夏	—	—	—	—	—	—	—	—	—	—	—	—	—	—	—	—

材料来源：经济部统计处根据矿业司之材料编制。

二、民营矿业权：民营矿业权，按性质分有探矿权及采矿权，当探矿权期间届满后，可优先取得该区之采矿权。按面积分又有大矿业权及小矿业权，煤之矿区地面水平面积不及15公顷者，称小矿业权，逾此即为大矿业权，而以500公顷为限。其他各矿则以矿区地面之水平面积不及2公顷或河床长度不及1公里者为小矿业权，逾此即为大矿业权，而以350公顷或5公里为限。小矿业权仅限于采矿权，凡在交通不便或矿业未发达之区域，其矿产品为该地域所需要者，得由该管官署呈请设定较小之矿业权。

我国民营矿业权之设定，系自民国元年起，截至三十六年六月止，经核准设定之现存民营采矿权计有6,000区，43,558,306.06公亩及142,257.50公尺。中以煤矿为最多，占总数百分之63.44；金矿次之，占百分之7.60；锡矿再次之，占百分之5.25（见下表）。

现存之民营采矿权

截至民国三十六年六月底止　　面积单位：公亩

省市别	共计		煤矿		铁矿		钨矿	
	区数	面积	区数	面积	区数	面积	区数	面积
总计	6,000	142,257.50公尺 43,558,306.06	3,806	30,688,529.72	242	392,456.78	136	829,871.58
江苏	51	480,483.03	34	432,206.88	1	6,572.85	—	—
浙江	141	252,991.78	19	174,544.07	1	172.05	—	—
安徽	143	3,959.00公尺 1,108,362.33	115	1,016,137.60	16	51,682.37	—	—
江西	102	1,157,502.14	93	1,120,074.49	6	35,376.78	—	—
湖北	55	380,985.99	43	334,555.00	6	39,062.42	—	—
湖南	1,151	9,768,759.82	487	3,763,712.85	31	10,504.96	69	457,956.43

续上表

省市别	共计		煤矿		铁矿		钨矿	
	区数	面积	区数	面积	区数	面积	区数	面积
四川	1,970	23,481.50公尺 7,911,154.20	1,643	7,080,658.46	123	22,507.64	—	—
西康	6	18,532.00公尺 19,524.13	2	13,088.70	—	—	—	—
河北	276	14,049.00公尺 6,188,872.66	154	5,432,767.47	3	71,455.64	—	—
山东	267	950.00公尺 3,133,713.94	189	2,753,301.04	—	—	—	—
山西	221	1,076,806.63	198	1,027,981.88	—	—	—	—
河南	167	1,948,941.05	164	1,902,825.20	—	—	—	—
陕西	131	1,344,753.02	109	1,310,900.06	10	1,653.20	—	—
甘肃	80	477,234.59	66	450,151.45	9	5,425.12	—	—
青海	2	3,814.00公尺	—	—	—	—	—	—
福建	14	12,332.62	1	1,422.07	1	189.57	—	—
广东	297	72,204.00公尺 1,416,464.98	55	347,138.38	2	5,819.17	34	131,648.07
广西	312	5,268.00公尺 2,205,666.31	31	371,586.50	1	48.84	33	240,267.08
云南	273	1,731,791.23	158	871,771.89	17	8,234.74	—	—
贵州	170	1,466,167.67	105	988,661.79	12	2,101.51	—	—
热河	51	831,188.40	35	805,348.89	—	—	—	—
察哈尔	77	341,236.07	71	190,448.00	3	131,649.92	—	—
绥远	18	236,319.27	16	235,931.32	—	—	—	—
宁夏	18	20,430.64	12	17,383.50	—	—	—	—
重庆市	7	46,623.56	6	45,932.23	—	—	—	—

现存之民营采矿权(续)

截至民国三十六年六月底止　　面积单位:公亩

省市别	大理石		珪酸琢磨类		磁土		长石		岩盐	
	区数	面积	区数	面积	区数	面积	区数	面积	区数	面积
总计	9	19,697.14	1	99.33	70	104,450.74	2	10,743.01	1	24,479.96
江苏	—	—	—	—	10	8,686.66	—	—	—	—
浙江	—	—	—	—	6	978.65	—	—	—	—
安徽	—	—	—	—	—	—	—	—	—	—
江西	—	—	—	—	—	—	—	—	—	—
湖北	—	—	—	—	—	—	—	—	—	—
湖南	—	—	—	—	3	13,033.00	1	10,220.00	—	—
四川	4	2,358.36	—	—	13	45,381.68	1	523.01	—	—
西康	—	—	—	—	—	—	—	—	—	—
河北	1	32.00	—	—	4	3,524.05	—	—	—	—
山东	2	16,276.36	—	—	8	17,957.99	—	—	—	—
山西	—	—	—	—	1	2,167.65	—	—	—	—
河南	—	—	—	—	—	—	—	—	—	—
陕西	—	—	—	—	—	—	—	—	—	—
甘肃	—	—	—	—	—	—	—	—	—	—
青海	—	—	—	—	—	—	—	—	—	—
福建	1	940.02	—	—	—	—	—	—	—	—
广东	—	—	—	—	10	7,133.93	—	—	—	—
广西	—	—	—	—	—	—	—	—	—	—
云南	1	90.40	1	99.33	12	2,089.02	—	—	—	—
贵州	—	—	—	—	3	3,498.11	—	—	1	24,479.96
热河	—	—	—	—	—	—	—	—	—	—
察哈尔	—	—	—	—	—	—	—	—	—	—
绥远	—	—	—	—	—	—	—	—	—	—
宁夏	—	—	—	—	—	—	—	—	—	—
重庆市	—	—	—	—	—	—	—	—	—	—

材料来源:经济部统计处根据矿业司之材料编制。

〔国民政府主计部档案〕

3. 主计部关于全国矿产品统计①

(1948年6月　日)

第一、二节〔略〕

第三节　矿产品

目前我国之矿业,藏量富饶,开采特盛者,首推煤矿,且煤为一切动力之主要源泉,因特予提出。兹分煤及一般矿产品之产量略述于后。

一、煤产量:抗战以前,我国煤之产量,在华中区域之重要矿场,仅有江苏之华东煤矿、浙江之长兴煤矿、安徽之淮南煤矿、江西之萍乡煤矿、湖南之祁零煤矿等,故大部煤产量均在华北诸省。抗战期间,为应战时需求,后方各省煤产量大为增加。其中尤以四川为最,如北碚矿区、威远矿区、犍为矿区等,均有长足之发展。抗战胜利后,华北各矿经先后接收整理,又渐具规模,虽在共匪不断之破坏下,仍为全国重要之产煤区。

东北原为我国重要产煤区,民国二十年,其煤产量占全国产量百分之33.80。惜抗战胜利后,尚未能全面接收,其经整理复工之矿场,亦屡遭共匪袭击,陷于半停顿状态。

根据三十五年度各省之产量统计,以河北省为最多,占总数百分之25.61,依次为四川与辽宁二省各占百分之9.91,热河省占百分之8.26,河南、台湾二省各占百分之5.51,山西省占百分之5.29,辽北省占百分之4.86,安徽省占百分之3.86,陕西省占百分之3.58,山东省占百分之2.96,湖南省占百分之2.75,江苏省占百分之2.48,贵州省占百分之1.65,甘肃省占百分之1.58,新疆省占百分之1.10,余俱不及百分之一。三十六年上半年仍以河北省为最多,占总数百分之28.63,其余各省所占比率与上年无甚出入。自民国二十六年至三十四年,除二十六年以河南产煤最多外,

---

① 选自主计部1948年6月编的《中华民国统计年鉴》。

全国煤产量(1)

民国二十六年至三十六年上半年

单位:公吨

省市别	二十六年	二十七年	二十八年	二十九年	三十年	三十一年	三十二年	三十三年	三十四年	三十五年	三十六年上半年
总　计	6,599,070	4,700,000	5,500,000	5,700,000	6,000,000	6.313,697	6,617,000	5,502,000	5,238,000	18,158,000	9,674,000
江　苏	—	—	—	—	—	—	—	—	30,000	450,000	280,000
浙　江	200,000	—	—	—	—	2,000	2,000	2,000	5,000	10,000	50,000
安　徽	1,000,000	80,000	20,000	20,000	20,000	20,000	20,000	20,000	100,000	700,000	400,000
江　西	398,417	400,000	300,000	200,000	220,000	200,000	160,000	120,000	100,000	140,000	80,000
湖　北	607,000	340,000	100,000	20,000	20,000	37,000	40,000	40,000	50,000	150,000	140,000
湖　南	928,467	940,000	970,000	1,016,373	1,100,000	1,102,000	1,150,000	550,000	150,000	500,000	314,000
四　川	880,000	1,400,000	2,350,000	2,790,000	2,800,000	2,805,000	2,900,000	2,700,000	2,300,000	1,800,000	874,000
西　康	20,000	20,000	30,000	32,000	30,000	30,000	30,000	30,000	30,000	30,000	15,000
河　北	—	—	—	—	—	—	—	—	680,000	4,650,000	2,770,000
山　东	—	—	—	—	—	—	—	—	—	537,000	150,000
山　西	—	—	—	—	—	—	—	—	151,000	960,000	300,000
河　南	1,504,186	400,000	400,000	430,000	460,000	698,900	700,000	300,000	50,000	1,000,000	470,000
陕　西	211,000	240,000	320,000	419,900	500,000	505,946	600,000	650,000	600,000	650,000	270,000

续上表

省市别	二十六年	二十七年	二十八年	二十九年	三十年	三十一年	三十二年	三十三年	三十四年	三十五年	三十六年上半年
甘肃	100,000	90,000	90,000	98,245	100,000	100,000	100,000	110,000	200,000	286,000	120,000
青海	—	—	—	—	—	—	—	—	—	50,000	25,000
福建	50,000	45,000	30,000	30,000	30,000	30,000	30,000	30,000	30,000	30,000	15,000
台湾	—	—	—	—	—	—	—	—	—	1,000,000	55,000
广东	375,000	380,000	300,000	50,000	50,000	70,000	100,000	100,000	10,000	40,000	30,000
广西	100,000	100,000	150,000	50,000	50,000	93,000	150,000	200,000	10,000	60,000	66,000
云南	130,000	150,000	220,000	252,808	300,000	242,451	250,000	260,000	250,000	180,000	100,000
贵州	80,000	100,000	200,000	270,674	300,000	303,000	310,000	250,000	192,000	300,000	100,000
辽宁	—	—	—	—	—	—	—	—	—	1,800,000	1,590,000
辽北	—	—	—	—	—	—	—	—	—	882,000	350,000
热河	—	—	—	—	—	—	—	—	—	1,500,000	800,000
察哈尔	—	—	—	—	—	—	—	—	—	30,000	90,000
绥远	—	—	—	—	—	—	—	—	—	73,000	40,000
宁夏	15,000	15,000	20,000	20,000	20,000	74,400	75,000	140,000	100,000	150,000	80,000
新疆	—	—	—	—	—	—	—	—	200,000	200,000	100,000

材料来源:经济部统计处根据矿业司之材料编制。

说　　明:(1) 系经济部矿业司依据实际情形而作之妥慎估计。

其余各年俱以四川产量为最多(见上表)。

我国煤矿产量,素以民营为多,民国二十六年国营煤矿产量不过20,000公吨,嗣后虽屡有增加,较之民营产量仍远少。民国三十五年因接收华北及江南一带之敌伪矿场,由资源委员会经营,故国营产量突增二倍有奇,全年产量为二百余万公吨。至三十六年上半年,产量已达三百余万公吨,较之三十五年复大量增加。抗战胜利后,民营煤产量亦有显著增加,且产量仍远较国营产量为高。即三十六年上半年亦高出国营产量一倍有余(见下表)。

国营民营煤产量

民国二十六年至三十六年上半年　　单位:公吨

年份	共计		国营		民营	
	产量	百分数	产量	百分数	产量	百分数
百分比平均数	—	100.00	—	11.09	—	88.91
二十六年	6,599,070	100.00	20,000	0.30	6,579,070	99.70
二十七年	4,700,000	100.00	504,000	10.72	4,196,000	89.28
二十八年	5,500,000	100.00	192,000	3.49	5,308,000	96.51
二十九年	5,700,000	100.00	306,000	5.37	5,394,000	94.63
三十年	6,000,000	100.00	517,000	8.62	5,483,000	91.38
三十一年	6,313,697	100.00	746,000	11.82	5,567,697	88.18
三十二年	6,617,000	100.00	758,000	11.45	5,859,000	88.55
三十三年	5,502,000	100.00	753,000	13.69	4,749,000	86.31
三十四年	5,238,000	100.00	625,000	11.93	4,613,000	88.07
三十五年	18,158,000	100.00	2,197,000	12.10	15,961,000	87.90
三十六年上半年	9,674,000	100.00	3,145,000	32.51	6,529,000	67.49

材料来源:经济部统计处根据矿业司及资源委员会之材料编制。

二、一般矿产品之产量:除煤以外,其他各种重要矿产品之历年产量列如表(一)。

表(一) 重要矿产品产量

民国二十七年至三十六年上半年

矿别	单位	二十七年	二十八年	二十九年	三十年	三十一年	三十二年	三十三年	三十四年	三十五年	三十六年上半年
生铁	公吨	52,900	62,730	45,000	63,637	96,000	70,000	40,134	48,495	31,000	14,000
钢	公吨	900	1,200	1,500	2,011	3,000	6,800	13,361	18,234	15,700	10,000
汽油	千加仑	—	4	73	209	1,896	3,219	4,048	4,305	5,058	2,689
煤油	加仑	—	—	—	113,040	500,000	558,704	2,160,647	1,654,697	2,325,000	1,363,000
柴油	加仑	—	—	—	—	46,000	50,789	155,374	216,322	326,000	451,000
天然气	立方公尺	—	—	—	26,672	232,824	266,988	272,502	237,316	35,361,000	28,925,000
金	市两	31,465	314,917	267,149	84,145	10,000	80,000	100,000	100,000	150,000	80,000
钨砂	公吨	12,556	11,509	9,542	12,392	11,897	8,973	3,225	—	2,260	2,328
锑	公吨	9,464	11,988	8,471	7,991	3,510	429	204	—	426	788
纯锡	公吨	—	2,501	17,416	16,589	14,003	10,800	5,102	2,704	1,963	1,700
汞	公吨	—	—	124	95	148	108	121	63	31	—
铜	公吨	580	582	1,415	779	693	613	898	623	947	568
净铅	公吨	1,680	288	1,800	1,266	1,134	1,200	646	567	400	200
净锌	公吨	600	122	250	214	396	500	331	328	100	60
硝	公吨	327	1,877	2,110	4,515	2,939	3,000	1,733	1,500	1,000	—
硫磺	公吨	1,698	1,785	2,400	3,447	2,211	2,500	2,265	2,000	1,500	…

材料来源：经济部统计处根据矿业司及资源委员会之材料编制。

钨、锑、锡、汞均为特种金属，均由政府统筹经营，人民不得私自购运。私人经营之产量，亦须由政府统一收购，故无民营可言。

战前我国出产汽油极少，且均系用土法炼制。至民国二十八年资源委员会始设厂经营，为我国有新式汽油生产法之嚆矢。其主要油田，为甘肃玉门油矿。天然气之出产情形与汽油相同，惟产地则以四川为主。

我国钢铁生产，迄民国二十八年几全系民营，民国二十九年资源委员会始设冶炼工厂，至民国三十一年，钢之国营产量已超过民营，铁之产量亦渐与民营产量接近。

表(二) 钢铁产量之国营民营比较

民国二十七年至三十六年上半年　　单位:公吨

年别	钢产量		铁产量	
	国营	民营	国营	民营
二十七年	—	900	—	52,900
二十八年	—	1,200	—	62,730
二十九年	—	1,500	2,494	42,506
三十年	116	1,895	4,437	59,200
三十一年	1,506	1,494	13,468	82,532
三十二年	4,646	2,154	20,853	49,147
三十三年	7,603	5,758	12,523	27,611
三十四年	10,206	8,028	22,556	25,939
三十五年	7,536	8,164	1,326	29,674
三十六年上半年	5,657	4,343	8,994	5,006

材料来源:经济部统计处根据矿业司及资源委员会之材料编制。

三十五年度国营钢铁产量显著下降，三十六年上半年民营产量亦跟踪下落，推其萎缩之原因，主要者约有二端：(1) 共匪扰乱地区之冶炼工厂常遭破坏，损失惨重。(2) 在川、滇、黔等省之冶炼工厂，因品质欠佳，运销困难，业务不能展开，陷于半停顿之状态。

〔国民政府主计部档案〕

〔3〕工人工资生活费及劳资争议案件

1. 主计部关于劳工福利工资及生活费调查统计①

(1948 年 6 月　日)

第一至三节〔略〕

第四节　劳工

国民政府奠都南京后，曾先后颁行工会法、工厂法、团体协约法、劳资争议处理法、工厂检查法、职业介绍法及最低工资法，以期完成劳工政策之体系。其目标在确保社会安全，以适应国防民生之需要。其实施步骤则为发展劳工组织，提高劳工地位、改善劳工生活、促进劳资合作、调节劳力供求、增进劳动效能以及加强国际劳工组织之合作联系等，社会部为实施是项劳工政策，专设劳动局、工矿检查处及社会保险局以掌理劳力供求之调节及技术员工之调查登记等事项。

一、劳工调查

举办劳工调查，为解决劳工问题之基本工作。社会部成立后，曾于民国三十年选定重庆、成都、自贡、内江、乐山、万县、西安、贵阳、桂林、衡阳、新化、吉安、浮梁等十三处举办工人家计调查，以为选定物品权数编制工人生活费指数之依据。抗战胜利后，为明了全

---

① 摘自主计部 1948 年 6 月编的《中华民国统计年鉴》。

国各地产业工人实情，复于三十六年三月举办南京、上海、北平、天津、青岛、重庆、沈阳、汉口、广州、西安、兰州、成都、昆明、台北等十四工商业重要城市产业工人（包括技术人员）调查，此后每三月并由劳动局劳动调查登记站就地查报异动，俾能经常明了各地劳工实况。除工人生活费调查另详劳工生活段外，关于京、沪等十四城市产业工人调查，因限于人力与财力，系采通讯调查方法，调查范围不以工厂法上所称之工厂为限，举凡有动力设备或所用技术人员及产业工人在十人以上之工厂均在调查之列。调查结果，京、沪等十四城市产业员工共有 1,008,556 人，其中技术人员 47,507 人，工人 961,049 人。就二者人数比例言，技术人员占全数百分之 4.7，工人约占全数百分之 95.3。就地域言，以上海 328,801 人为最多，约占全数百分之 32.6；天津之 172,802 人次之，约占全数百分之 17.1；沈阳之 145,033 人再次之，约占全数百分之 14.4；以西安为最少，不及全数百分之 1。惟成都在调查时正值洪水成灾，工厂多被迫停工，因此调查所得员工仅 7,902 人，不及全数百分之 1，在平时当不止此数。〔表略〕

此次调查仅三十三业，就工人之业别言，以纺织业之 322,638 人占全数百分之 33.6 为最多，饮食品制造业之 144,021 人占全数百分之 15 次之，服用品制造业 107,347 人占全数百分之 11.2 再次之，其余均不足百分之 10。就性别言，男工占全数百分之 61，女工占全数百分之 39。若就各业之性别言，工作需用较大体力者如冶炼业、建筑业、家具制造业、木材制造业、交通用具制造业、动力工业，燃料工业等，女性极少，最多者不过百分之 10，最少者则仅及百分之 0.1；工作不必用较大体力而需精致技能者如饰物制造业、印刷制版制钉业、文具仪器制造业、美术工业等，女性亦不多，各约占百分之 5 至 15；至纺织业、饮食品制造业、医药品制造业、服用品制造业及化学工业等，女性则较多，约占百分之 37 至 62（见下表）。

重要城市产业工人职业分配与性别比例

民国三十六年八月底

业别	人数			百分比			性别比例	
	共计	男	女	共计	男	女	男	女
总计	961,049	589,555	371,494	100.0	100.0	100.0	61.3	38.7
木材制造业	2,836	2,749	87	0.3	0.5	0.1	96.9	3.1
家具制造业	8,841	8,840	1	0.9	1.4	0.0	100.0	0.0
冶炼工业	2,876	2,806	70	0.3	0.5	0.1	97.6	2.4
金属品制造业	37,185	34,067	3,118	3.9	5.8	0.9	91.6	8.4
机械制造业	24,551	24,202	349	2.6	4.1	0.1	98.6	1.4
交通用具制造业	54,768	54,728	40	5.7	9.3	0.1	99.9	0.1
国防用具制造业	…	…	…	…	…	…	…	…
土石玻璃制造业	23,823	21,866	1,957	2.5	3.7	0.5	91.8	8.2
建筑工程业	984	979	5	0.1	0.2	0.0	99.5	0.5
动力工业	21,677	21,486	191	2.2	3.6	0.1	99.1	0.9
化学工业	31,527	21,056	10,471	3.3	3.6	2.8	66.8	33.2
纺织工业	322,638	135,250	187,388	33.6	22.9	50.4	41.9	58.1
服用品制造业	107,347	55,752	51,595	11.2	9.5	13.4	51.9	48.1
皮革毛骨及橡皮制造业	90,908	64,679	26,229	9.4	10.9	7.1	71.1	28.9
饮食品制造业	144,021	63,807	80,214	15.0	10.8	21.6	44.3	55.7
造纸工业	5,637	3,883	1,754	0.6	0.7	0.5	68.9	31.1
印刷制版装订业	48,952	47,082	1,870	5.1	8.0	0.5	96.2	3.8
饰物制造业	2,010	1,976	34	0.2	0.3	0.0	98.3	1.7
文具仪器制造业	1,476	1,293	183	0.2	0.2	0.1	87.6	12.4
美术工业	343	309	34	0.1	0.1	0.0	90.1	9.9
燃料工业	2,816	2,813	3	0.3	0.5	0.0	99.9	0.1
医药品制造业	4,581	2,301	2,280	0.4	0.4	0.6	50.2	49.8
电气制造业	17,778	14,265	3,513	1.8	2.4	1.0	80.2	19.8
其他工业	3,474	3,366	108	0.3	0.6	0.1	96.9	3.1

材料来源：社会部统计处根据调查之材料编制。

各业之技术人员数，以纺织工业15,137人占全数百分之31.9为最多，饮食品制造业之4,813人占全数百分之10.2次之，其余均不及百分之10，文具仪器制造及美术等业人数较少。就一般性别言，男性占全数百分之95，女性占百分之5(见下表)。

重要城市产业技术人员职业分配与性别比例

民国三十六年八月底

业别	人数			百分比			性别比例	
	共计	男	女	共计	男	女	男	女
总计	47,507	45,049	2,458	100.0	100.0	100.0	94.8	5.2
木材制造业	243	243	—	0.5	0.5	—	100.0	0.0
家具制造业	137	137	—	0.3	0.3	—	100.0	0.0
冶炼工业	346	346	—	0.7	0.7	—	100.0	0.0
金属品制造业	4,102	3,886	216	8.6	8.6	8.8	94.7	5.3
机械制造业	1,936	1,934	2	4.1	4.3	0.1	99.9	0.1
交通用具制造业	2,214	2,172	42	4.7	4.8	1.7	98.1	1.9
国防用具制造业	…	…	…	…	…	…	…	…
土石玻璃制造业	1,348	1,331	17	2.8	3.0	0.7	98.7	1.3
建筑工程业	90	90	—	0.2	0.2	—	100.0	0.0
动力工业	2,517	2,513	4	5.3	5.6	0.2	99.8	0.2
化学工业	2,528	2,490	38	5.4	5.5	1.5	98.5	1.5
纺织工业	15,137	13,835	1,302	31.9	30.7	52.9	91.4	8.6
服用品制造业	2,658	2,579	79	5.6	5.7	3.2	97.0	3.0
皮革毛骨及橡皮制造业	3,997	3,872	125	8.4	8.6	5.1	96.9	3.1
饮食品制造业	4,813	4,475	338	10.2	9.9	13.8	93.0	7.0
造纸工业	271	271	—	0.6	0.6	—	100.0	0.0
印刷制版装订业	1,518	1,499	19	3.2	3.3	0.8	98.7	1.2
饰物制造业	256	256	—	0.5	0.6	—	100.0	0.0
文具仪器制造业	118	118	—	0.2	0.3	—	100.0	0.0
美术工业	90	87	3	0.2	0.2	0.1	96.7	3.3
燃料工业	340	340	—	0.7	0.8	—	100.0	0.0

续上表

业别	人数			百分比			性别比例	
	共计	男	女	共计	男	女	男	女
医药制造业	833	654	179	1.7	1.5	7.3	78.5	21.5
电气制造业	1,720	1,626	94	3.6	3.6	3.8	94.5	5.5
其他工业	295	295	—	0.6	0.7	—	100.0	0.0

材料来源:社会部统计处根据调查之材料编制。

二、劳工福利

政府为保障工人生活,倡导工人福利,曾于三十二年一月公布职工福利金条例一种,规定公私营之工厂、矿场或其他企业组织及工会均应依法提拨职工福利金,办理职工福利事业。规定在工厂、矿场及其他企业组织于创立时就其资本总额提拨百分之1至百分之5,每月比照职员及工人薪津总额提拨百分之2至百分之5,每月于各个职员工人薪津内各扣百分之0.5,营业年度结算有盈余时就盈余项下提拨百分之5至百分之10,及下脚变价时提拨百分之20至40为职工福利金;在工会则规定无一定雇主之工人应由所属工会就其会费收入总额提拨百分之30为福利金,必要时得呈请主管官署酌予补助。此外条例中对于福利事业之奖助、福利金之保管、动用及保障,亦均分别予以规定。嗣于同年七月及十月先后公布职工福利金条例施行细则、职工福利委员会组织规程及职工福利社设立办法,以补充原条例之未尽事项。自此以后,我国劳工福利因经费来源确定,并明订有工人福利机构组织办法,经四年来之积极推动,截止三十六年六月底止,已设置报经社会部备案之全国劳工福利机构总数为717单位,其中职工福利社214、职工福利委员会213、工人福利社180、工会福利委员会75、工人福利委员会15。就设置之厂矿机关团体言,由厂矿设置者401,由工会设置者243,由社团设置者5,由机关设置者68。就地域言,以四川之91为最多,陕西之82次之,福建之58再次之,其在国外之南非者1及印度者2(见下表)。

全国劳工福利机构

民国三十六年六月底

地域别	共计						厂矿设置			工会设置			
	共计	职工福利社	职工福利委员会	工人福利社	工会福利委员会	工人福利委员会	共计	职工福利社	职工福利委员会	共计	工人福利社		
											小计	总工会举办	产业工会举办
总计	717	214	213	180	95	15	401	201	200	243	148	83	16
江苏	10	1	8	—	1	—	9	1	8	1	—	—	—
浙江	23	—	3	11	9	—	3	—	3	20	11	6	—
安徽	20	—	—	13	7	—	—	—	—	20	13	11	—
江西	61	27	14	17	3	—	41	27	14	20	17	17	—
湖北	8	3	2	2	—	1	5	3	2	1	1	1	—
湖南	9	2	4	2	1	—	6	2	4	2	1	1	—
四川	91	25	27	24	3	12	49	24	25	24	21	18	—
西康	1	1	—	—	—	—	1	1	—	—	—	—	—
河北	20	10	10	—	—	—	20	10	10	—	—	—	—
山西	55	34	7	7	7	—	39	33	6	14	7	2	4
河南	29	6	2	12	9	—	8	6	2	21	12	7	2
陕西	82	32	28	13	8	1	58	30	28	21	13	3	7
甘肃	41	10	9	20	2	—	17	9	8	6	4	4	—

续上表

地域别	共计						厂矿设置			工会设置			
	共计	职工福利社	职工福利委员会	工人福利社	工会福利委员会	工人福利委员会	共计	职工福利社	职工福利委员会	共计	工人福利社		
											小计	总工会举办	产业工会举办
青海	3	—	—	2	1	—	—	—	—	3	2	2	—
福建	58	24	17	10	7	—	32	18	14	17	10	4	1
广东	17	3	4	4	6	—	5	3	2	10	4	1	—
广西	18	2	7	4	5	—	9	2	7	9	4	2	—
云南	27	12	13	1	1	—	23	12	11	2	1	1	—
贵州	15	2	6	5	2	—	7	1	6	5	3	3	—
宁夏	4	—	—	4	—	—	—	—	—	—	—	—	—
南京	5	1	1	1	2	—	1	1	—	2	—	—	—
上海	33	3	9	10	10	1	12	3	9	20	10	—	—
北平	5	1	—	2	2	—	1	1	—	4	2	—	1
天津	13	1	12	—	—	—	13	1	12	—	—	—	—
青岛	16	—	12	2	2	—	12	—	12	4	2	—	—
重庆	50	14	18	11	7	—	30	13	17	14	7	—	1
国外	3	—	—	3	—	—	—	—	—	3	3	—	—

全国劳工福利机构(续)

民国三十六年六月底

地域别	工会设置(续)							社团设置	机关设置				
	工人福利社		工会福利委员会										
	职业工会举办	特种工会举办	小计	总工会举办	产业工会举办	职业工会举办	特种工会举办	工人福利社	共计	职工福利社	职工福利委员会	工人福利社	工人福利委员会
总计	32	17	95	42	16	28	9	5	68	13	13	27	15
江苏	—	—	1	—	1	—	—	—	—	—	—	—	—
浙江	4	1	9	6	—	3	—	—	—	—	—	—	—
安徽	2	—	7	7	—	—	—	—	—	—	—	—	—
江西	—	—	3	3	—	—	—	—	—	—	—	—	—
湖北	—	—	—	—	—	—	—	—	2	—	—	1	1
湖南	—	—	1	1	—	—	—	—	1	—	—	1	—
四川	2	1	3	1	—	2	—	2	16	1	2	1	12
西康	—	—	—	—	—	—	—	—	—	—	—	—	—
河北	—	—	—	—	—	—	—	—	—	—	—	—	—
山西	—	1	7	2	4	—	1	—	2	1	1	—	—
河南	3	—	9	8	1	—	—	—	—	—	—	—	—
陕西	3	—	8	1	6	1	—	—	3	2	—	—	1
甘肃	—	—	2	2	—	—	—	—	18	1	1	16	—

续上表

地域别	工会设置(续)							社团设置	机关设置				
	工人福利社		工会福利委员会										
	职业工会举办	特种工会举办	小计	总工会举办	产业工会举办	职业工会举办	特种工会举办	工人福利社	共计	职工福利社	职工福利委员会	工人福利社	工人福利委员会
青海	—	—	1	1	—	—	—	—	—	—	—	—	—
福建	4	1	7	4	—	2	1	—	9	6	3	—	—
广东	1	2	6	1	—	3	2	—	2	—	2	—	—
广西	1	1	5	2	—	2	1	—	—	—	—	—	—
云南	—	—	1	1	—	—	—	—	2	—	2	—	—
贵州	—	—	2	2	—	—	—	—	3	1	—	2	—
宁夏	—	—	—	—	—	—	—	—	4	—	—	4	—
南京	—	—	2	—	2	—	—	—	2	—	1	1	—
上海	9	1	10	—	—	10	—	—	1	—	—	—	1
北平	—	1	2	—	1	—	1	—	—	—	—	—	—
天津	—	—	—	—	—	—	—	—	—	—	—	—	—
青岛	—	2	2	—	1	—	1	—	—	—	—	—	—
重庆	3	3	7	—	—	5	2	3	3	1	1	1	—
国外	—	3	—	—	—	—	—	—	—	—	—	—	—

材料来源:社会部统计处根据社会福利司之材料编制。

兹复将历年劳工福利机构数及其设施单位数列如下表，藉以观察其进展之情形。

全国劳工福利机构及其设施之发展

民国三十三年至三十六年六月底

类别	三十三年底	三十四年底	三十五年底	三十六年六月底
厂矿数	558	973	1,082	1,354
职工人数	…	343,656	393,057	548,588
办理福利事业之职工人数	3,213	6,309	7,411	10,368
福利设施单位数	2,813	5,585	7,598	10,890
职工福利委员会数	79	110	161	213
职工福利社数	56	99	157	214
工会福利委员会数	—	14	52	95
工人福利社数	33	106	139	180

材料来源：社会部统计处根据社会福利司之材料编制。

三、劳工工资与生活费

工资之给付标准，视工作性质、工人性别与年龄及工作时间与空间之差异而有高低之不同。故欲研究工资问题，必须将各种散漫之工资数字综合而平均之，编成工资指数，方易显示其一般之趋势。

工资指数包括工资率指数、工人实际收入指数及真实工资指数三种。工资率即工资给付之标准，例如在工厂中做工一日给资若干，或人力车夫拉车一里给资若干，此一日或一里之工资即为工资率。实际收入为工人于其所得固定工资外另加其他津贴、奖金、加工、升工、伙食等收入或减除扣薪、罚款及工具租金(如车租)等损失之实得总额。在平时工人于其所得工资外,其他收入为数颇微,根据工资率指数即足以探讨工资问题之概况。但在战时及战后,工人于其工资外所得津贴反占其收入之重要部分,故工人实际收入指数遂较工资率指数为重要。工资率及实际收入均以货币计算,故称货币工资。货币工资之购买力每因物价之变动而有变化,根据货币工资不能比较异时异地工作生活之享受。真实工资则将货币工资折成购买力以便观察。其法为以工人生活费指数除工人实际收入指数,再乘一百而得。当此指数大于一百,即表示工人之实际生活享受较基期为高;如小于一百,则较基期为低。

工人生活费为劳工本人及其家属维持生活所费之费用。生活费之高低受两种因素之支配,即生活程度与物价。故欲明了工人生活费变动情形,必须研究劳工之生活程度与物价之变动情形。前者须举办家计调查,根据调查结果分析,即可测知劳工消费物品之种类、数量及质料,然后乃可获悉劳工生活程度。后者则须根据物价资料编制生活费指数,以观察物价之变动情形。生活费之变动虽由生活程度与物价二者所形成,但生活程度之变动究较物价之变动为弱,故通常假定生活程度为不变,由生活费指数之变动,即可查知劳工生活费全部变动之趋势。工人日常生活所需物品多系零星购买,故生活费指数之编制均以零售物价为依据。

我国劳工工资向甚微薄,生活亦极困苦。根据战前上海市社会局所举办之家计调查结果,上海工人平均每人每年工资收入仅 222,05 元,以此维持一家生活,其生活水准之低,可以想见。上海为全国工业最发达之都市,工人生活程度尚居全国首位,其他各地工人之生活状况当更不及此。抗战发生后,物价逐渐上涨,工人生活费指数及实际收入指数均呈上升之势,惟有先后缓急之差。兹将历年工人生活费指数、实际收入指数及真实工资指数列为表1及表2,以供探讨我国劳工之生活状况。

表1. 战时重庆工人生活费指数及工资指数

民国二十六年至三十四年

基期:二十六年上半年

公式:加权综合式

时期	职业工人				产业工人			
	生活费指数	平均每月实际收入(元)	实际收入指数	真实工资指数	生活费指数	平均每月实际收入(元)	实际收入指数	真实工资指数
二十六年	102	20	103.5	101.5(1)	101	24	102.9	101.9(1)
二十七年	115	32	167.4	145.6(1)	116	41	179.8	155.0(1)
二十八年	172	60	315.0	183.1(1)	192	52	225.9	117.7(1)
二十九年	499	138	718.2	143.9	550	100	437.0	79.5
三十年	1,792	317	1,650.8	92.1	1,840	233	1,017.6	55.3
三十一年	3,749	594	3,076.8	82.1	4,135	436	2,082.4	50.4
三十二年	10,474	1,492	7,776.6	74.2	11,498	1,064	4,822.6	41.9
三十三年	36,932	5,500	28,671.0	77.6	39,094	3,854	16,808.0	43.0
三十四年	126,910	26,128	136,212.0	107.3(1)	143,806	14,018	53,025.0	36.9

材料来源:社会部统计处根据调查之材料编制。

说　明:(1)系修正数字。

抗战初期,一般物价尚称平稳,工人生活费指数在二十六、二十七、二十八三年涨势甚微。二十八年上半年重庆产业工人及职业工人生活费指数均不及200。二十八年下半年,物价涨势渐剧。二十九年以后,工人生活费指数及实际收入指数均见大涨,惟生活费

表 2. 战后各重要城市工人生活费指数及工资指数

民国三十五年至三十六年十二月

基期:民国二十六年上半年

公式:加权综合式

（一）生活费指数

城市	三十五年	三十六年												
		全年	一月	二月	三月	四月	五月	六月	七月	八月	九月	十月	十一月	十二月
南京	464,769	2,758,571	816,518	1,092,305	1,158,251	1,292,118	2,039,968	2,380,891	2,664,660	2,648,368	3,151,417	4,496,113	5,032,061	6,330,180
上海	…	3,818,672	834,235	1,295,876	1,392,205	1,594,111	2,590,801	3,053,665	3,380,400	3,803,097	4,673,599	6,694,565	7,276,543	9,234,961
北平	421,839	3,874,208	812,444	1,148,543	1,269,686	1,493,848	2,726,787	3,249,064	3,888,693	3,859,797	4,526,737	5,925,457	7,067,300	10,522,135
天津	382,788	3,510,070	670,398	1,027,760	1,174,934	1,521,494	2,787,740	3,395,102	3,470,208	3,405,730	3,750,247	4,999,469	5,943,182	9,974,581
青岛	530,378	4,586,615	970,577	1,232,692	1,644,738	1,827,664	2,782,255	8,488,978	3,788,433	4,180,099	5,078,502	7,885,929	9,154,505	13,005,004
重庆	258,612	1,577,908	427,712	540,057	542,325	593,368	703,510	964,512	1,423,380	1,543,837	1,918,224	2,718,180	3,189,884	4,369,909
汉口	…	3,061,534	708,072	955,457	1,087,886	1,182,463	1,552,118	1,791,806	2,111,170	2,567,552	3,313,338	5,708,528	6,534,093	9,225,923
广州	389,891	2,830,862	526,430	990,202	902,860	1,049,133	1,436,504	1,878,253	2,586,360	3,879,453	3,647,333	4,672,702	5,787,862	7,113,253
成都	242,934	1,987,629	439,911	627,113	683,223	718,371	886,370	1,395,485	1,819,624	2,082,362	2,443,726	3,305,274	3,986,398	5,463,691
西安	385,545	3,928,009	1,071,993	1,529,362	1,453,422	1,550,583	2,495,563	2,482,393	2,831,871	3,046,496	3,318,356	6,220,777	9,087,651	12,047,637
兰州	225,246	2,128,421	545,008	751,692	763,157	804,649	844,449	1,004,559	1,594,726	2,158,715	2,482,957	3,450,549	4,694,507	6,446,089
昆明	708,081	2,946,289	772,161	1,137,729	1,129,842	1,280,186	1,844,824	1,952,991	2,768,379	2,717,839	3,294,636	4,679,303	6,077,721	7,699,862
贵阳	255,523	1,318,863	409,831	626,334	536,431	590,146	662,615	932,439	1,095,947	1,181,524	1,273,001	2,241,915	2,967,556	3,308,617
杭州	447,255	2,964,711	838,059	1,150,416	1,288,795	1,467,100	2,140,941	2,515,735	2,794,188	3,056,287	3,406,544	4,888,200	5,196,078	6,734,187
镇江	…	4,728,092	1,306,277	1,739,942	1,896,829	2,295,577	3,653,390	4,433,664	4,833,570	4,370,826	5,215,859	7,823,920	8,496,736	10,670,516

（二）实际收入指数

城市	三十五年	三十六年												
		全年	一月	二月	三月	四月	五月	六月	七月	八月	九月	十月	十一月	十二月
	产业工人													
南京	…	3,128,436	928,742	1,134,729	1,272,448	1,410,320	2,013,611	2,576,859	3,561,838	3,460,504	3,645,256	4,199,341	6,002,902	7,334,682
上海	831,839	4,984,473	1,319,199	1,693,753	1,692,631	1,878,957	3,868,693	4,169,261	4,803,332	5,180,907	5,813,580	8,570,252	9,555,098	11,268,017
天津	…	5,330,600	1,082,952	1,523,544	1,797,171	2,211,276	3,735,274	5,098,123	5,401,610	5,390,454	5,710,156	7,022,223	9,072,110	15,923,032
青岛	284,717	2,632,384	636,485	748,235	1,050,130	1,137,475	1,857,712	2,047,301	2,433,750	2,538,866	2,927,201	3,976,790	5,375,393	6,859,275
重庆	275,336	1,812,030	538,005	627,312	672,867	688,902	1,099,741	1,489,602	2,096,921	2,205,476	2,611,875	2,910,536	3,481,829	3,321,295
汉口	…	2,676,206	747,825	947,690	1,013,970	1,418,799	1,541,352	1,612,190	1,993,201	2,212,206	3,687,837	4,610,117	5,765,466	6,563,816
广州	…	…	338,820	342,675	482,070	632,662	1,333,921	1,256,074	1,482,767	1,721,426	2,200,791	2,504,751	4,032,603	…
	职业工人													
南京	687,018	3,801,150	1,293,959	1,484,493	1,628,894	1,821,339	2,056,632	2,474,913	2,830,370	3,180,517	3,935,911	6,356,073	8,811,486	9,733,210
上海	847,173	4,343,380	1,329,695	1,703,649	1,865,561	2,062,852	2,629,596	3,469,042	4,386,058	4,849,254	5,488,284	6,533,664	8,002,977	9,799,931
北平	…	3,456,908	1,044,063	1,107,658	1,117,210	1,146,977	1,288,360	1,383,113	1,530,348	2,319,188	4,302,735	6,441,560	8,854,987	10,946,697
天津	…	5,060,981	1,762,193	1,896,520	2,468,122	3,139,679	4,251,544	4,694,029	5,472,945	5,884,660	5,891,524	6,962,664	4,662,926	10,644,965
青岛	413,086	2,842,331	896,149	1,111,299	1,226,283	1,249,966	1,519,360	1,965,930	2,329,386	2,764,401	3,219,306	4,376,424	5,811,887	7,637,583
重庆	361,694	1,176,899	527,263	537,182	545,971	572,736	708,692	770,005	965,394	1,105,376	1,248,440	1,617,326	2,135,972	3,388,428
汉口	…	3,109,107	1,074,314	1,344,115	1,603,830	1,731,027	2,055,226	2,405,305	3,015,004	2,772,225	3,369,524	4,653,184	5,827,747	7,457,786
广州	…	2,231,400	385,108	667,073	717,136	850,730	1,020,734	1,387,739	1,678,958	2,470,262	2,994,232	3,401,554	4,763,256	6,440,013
成都	399,581	2,163,473	646,140	697,988	758,895	822,141	1,280,614	1,620,887	1,725,559	2,020,604	2,224,929	3,374,960	4,616,438	6,172,515

（三）真实工资指数

城市	三十五年	三十六年												
		全年	一月	二月	三月	四月	五月	六月	七月	八月	九月	十月	十一月	十二月
产业工人														
南京	…	113.4	113.7	103.9	109.9	109.1	98.7	108.2	133.7	130.7	115.7	93.4	119.3	115.9
上海	151.5	133.2	158.1	130.7	121.6	117.9	149.3	136.5	142.1	136.2	124.4	128.0	131.3	122.0
天津	…	151.9	161.5	148.2	153.0	145.3	134.0	150.2	155.7	158.3	152.3	140.5	152.6	159.6
青岛	49.4	57.4	65.6	60.7	63.8	62.1	66.8	58.7	64.2	60.7	57.6	50.4	58.7	52.7
重庆	103.4	114.8	125.8	116.2	124.1	116.1	156.3	154.4	147.3	142.9	136.2	107.1	109.2	76.0
汉口	…	87.4	105.6	99.2	93.2	120.0	99.3	90.0	94.4	86.2	111.3	80.8	88.2	71.1
广州	…	…	64.4	34.6	53.4	60.3	92.9	66.9	57.3	50.9	60.3	53.6	69.7	…
职业工人														
南京	140.7	137.8	158.5	135.9	140.6	141.0	100.8	103.9	106.4	120.1	124.9	141.4	175.1	153.8
上海	205.1	113.7	159.4	131.5	134.0	129.4	101.5	113.6	129.7	127.5	117.3	97.6	110.0	106.1
北平	…	89.2	128.5	96.4	88.0	76.8	47.2	42.6	39.4	60.1	95.1	108.7	125.3	104.0
天津	…	144.2	262.9	184.5	210.1	206.4	152.5	138.3	157.7	172.8	157.1	139.3	128.9	106.7
青岛	74.5	62.0	92.4	90.2	74.6	68.4	54.6	56.4	61.5	66.1	63.4	55.5	63.5	58.7
重庆	160.8	87.0	139.6	112.1	116.8	111.4	118.6	93.6	77.4	84.2	74.3	68.8	79.3	91.9
汉口	…	101.6	151.7	140.7	147.4	146.4	132.4	134.2	142.8	108.0	101.7	81.5	89.2	80.8
广州	…	78.8	73.2	67.4	79.4	81.1	71.1	73.9	64.9	73.1	82.1	72.8	82.3	90.5
成都	163.0	108.8	146.9	111.3	111.1	114.4	144.5	116.2	94.8	97.0	91.0	102.1	115.8	113.0

材料来源：社会部统计处根据调查暨各地社会机关报告之材料编制。

指数涨势较急,实际收入指数涨势则较缓,且工人生活费指数上涨往往在先,实际收入指数上涨则常在后。自二十六年至三十四年期间,产业工人生活费指数常较职业工人生活费指数为高,而实际收入指数则产业工人较职业工人为低,故产业工人真实工资指数亦较职业工人为低。真实工资指数在二十八年以前均大于一百,二十九年后逐渐减少,均降至一百以下,此显示抗战初期工人生活较战前为佳,以后则渐趋低劣。

抗战胜利后,物价继续上涨,收复地区物价涨势尤速。各地工人生活费指数以青岛为最高,三十六年十二月较基期涨十三万倍强;西安次之,为十二万倍强;镇江、北平、天津、上海、汉口、昆明、广州、杭州、兰州、南京、成都、重庆等依次较低;而以贵阳为最低,仅上涨三万三千余倍。至于实际收入指数则以天津为最高,上海次之,南京、青岛、汉口、广州又次之,重庆最低。青岛、广州、汉口诸地因生活费指数高于实际收入指数,真实工资指数均不及一百,亦即工人生活较战前降低;而南京、上海、天津、重庆实际收入指数上涨因超过生活费指数,故其真实工资指数均超过一百,即生活状况反较战前改善。如上海三十六年十二月产业工人实际收入指数较基期上涨十一万二千余倍,生活费指数则为九万二千余倍,故真实工资指数为122.0;天津三十六年十二月产业工人实际收入指数较基期上涨十五万九千倍强,生活费指数则为九万九千余倍,故其真实工资指数为159.6;重庆三十六年十一月产业工人实际收入指数较基期涨三万五千倍,生活费指数则为三万二千倍弱,故其真实工资指数为159.6;重庆三十六年十一月产业工人实际收入指数较基期涨三万五千倍,生活费指数则为三万二千倍弱,故真实工资指数为109.2。

〔国民政府主计部档案〕

2. 主计部关于劳资争议案件及处理数调查统计①

（1948年6月　日）

一至三〔略〕

四、劳资争议之处理

抗战期间，后方厂矿劳资双方均能忍苦耐劳，通力合作，集中力量，加强生产，以争取最后胜利，故争议双方事件发生较少。即偶有发生，一经调处，即可解决，罢工歇业更为法律所不许。胜利以后，后方工厂因纷纷复员，收复地区工厂、矿场或因有待接收、或因接收后未能即时复工，或因匪患，或因物价上涨，工人生活困难，致工潮迭起，影响社会安全。兹就胜利以来各地报核之劳资争议案件列如下表。

战后劳资争〔议〕案件数

民国三十四年八月至三十六年六月

争议原因	三十四年八至十二月	三十五年	三十六年一至六月
总计	441	1,169	1,340
增加工资改善待遇	48	544	704
增发或发给遣散费	95	84	—
发给奖金恤金养老金红利	8	41	—
补发余欠工资	3	14	—
要求救济	2	21	—
发出被政府封存之物资	8	5	—
补发欠米或配给物	5	—	—

① 选自主计部1948年6月编的《中华民国统计年鉴》。

续上表

争议原因	三十四年八至十二月	三十五年	三十六年一至六月
要求复工	86	127	—
解雇纠纷	141	176	537
劳动协约	—	—	47
工作时间	—	—	8
厂规或工作制度	—	—	15
反对资方处置	7	28	—
其他	12	113	29
不明	26	16	—

材料来源:社会部统计处根据劳动局及组训司之材料编制。

由上表可知战后劳资争议案件逐见增加,足征劳工问题渐趋严重。就争议原因言,无论要求增加工资改善待遇,或解雇纠纷均属经济性质,但就争议原因之演变情形言,在三十四年度441件中,以解雇纠纷之141件为最多,要求增发或发给遣散费之95件次之,要求复工之86件再次之,要求增加工资改善待遇之48件再次之,此乃由于后方工厂复员,工人被裁者众多,故有遣散费问题。同时收复区工厂经接收后,或以资金短少,或以地方秩序不安,未能及时复工,因而有复工要求之争议。至三十五年度1,169件中,以要求增加工资及改善待遇之544件为最多,解雇纠纷之176件次之,要求复工之127件再次之,其他一般争议案件如人力车或民船租金之纠纷及工人不服从指导等共113件再次之,而要求增发或发给遣散费者仍有84件,虽其重心已由解雇纠纷移至要求增加工资及改善待遇之争执,但解雇纠纷仍有增无已,而要求复工纠纷亦由84增为127件。在三十六年上半年之1,340件中,以要求增加工资及改善待遇之704件为最多,解雇纠纷之537件次之,劳动协约之 47 件再次之。察其趋势,要求增加工资及改善待遇者由三十五年度之 544 件增为 704 件,解雇纠纷由三十五年度之 176 件增为 537 件。故今日之劳资争议,可说仅有工资、待遇及解雇三大问题。

至于历年劳资争议案件处理之方式及其结果,兹分别列如表 1 及表 2。

表 1. 劳资争议调处方式

民国三十四年八月至三十六年六月

调处方式	三十四年八至十二月	三十五年	三十六年一至六月
总计	441	1,169	552(1)
双方协议	9	95	38
双方自行处理	14	15	—
调解委员会调解	3	126	111
仲裁委员会调解	1	38	65
社会行政机关调处	358	718	255
有关机关团体调处	39	156	69
不明	17	21	14

材料来源:社会部统计处根据劳动局及组训司之材料编制。

说　明:(1) 上海市劳资争议案件资料因无处理方式,故未列入。

就调处方式言,各年劳资争议案件,均以由社会行政机关调处者为最多,由有关机关团体调处者次之,由调解委员会调解者再次之(见表 1)。就调处结果言,以劳方要求而资方全部接受者为最多,部分接受者次之,可见政府与资方均能维护劳工之权益(见表 2)。

表2. 劳资争议调处结果

民国三十四年八月至三十六年六月

调处结果	三十四年八至十二月	三十五年	三十六年一至六月
总计	441	1,169	1,033(1)
劳方要求全部接受者	213	783	261
劳方要求部分接受者	24	121	439
劳方要求未经接受者	29	2	58
资方要求全部接受者	37	61	19
资方要求部分接受者	25	124	102
资方要求未经接受者	6	14	18
结果不明者	18	13	23
尚未解决者	89	51	113

材料来源:社会部统计处根据劳动局及组训司之材料编制。

说　明:(1) 上海市劳资争议案件数未列入。

〔国民政府主计部档案〕

三、经济部的施政报告

1. 经济部关于战后生产事业情况的报告

（1946年3月　日）

第一节　工矿生产之推进

民国卅三年度之后方工业，由于一般经济环境之艰困，颇呈供求失调生产萎缩之状态。卅四年承其凋敝之余，本难望有显著开展，嗣以军事方面策定对敌反攻，物资需用浩繁，本部资源委员会各厂矿所出成品，类关军需国防，为使积极增产，以配合反攻需要起见，会同战时生产局加强督导，努力以赴。是以三十四年一至七月间各项事业，均能维持正常生产，且有若干成品，超出上年同期产量。其中尤以电力、钢铁、酒精、动力机、工具机五项为最著。迨八月间日寇投降，情势改观，各厂矿以军需减少，销路维艰，复以配合敌伪产业接收工作，事业重心已向收复各区推移，原有生产计划，不得不酌予变更，我各项产量，悉有自行减退之趋势。兹将各业生产情形，撮陈如次，并分别一至七月，八至十二月两期，将各期生产数字列表比较于后：

（一）电力　卅三年底电力容量共为二二，七三三瓩，本期中仍见增加，如昆湖电厂之二，○○○瓩，与贵阳西宁及天水电厂之各一○○瓩，均完成供电，此外又增加巴县之一，○○○瓩，西京电厂经整理后更见进步，可日夜供电。岷江电厂之清水溪灌溉工程输电设备，亦已完成，以广利用。

（二）煤矿　资源委员会所有主要煤田，大多分布于川、滇、黔、湘各省，本年除四川各矿继续生产外，湘省如祁零，湘南各矿，继水患火灾后，又遭湘战摧残，自卅三年沦陷，即行停产。滇之明良煤矿，本可月产六七千吨，嗣以需要有定，矿场存煤丰积，乃强加限产，供应该区需要。贵州方面除筑东照常生产外，曾为准备湘桂铁路延伸至贵阳起见，扩充贵州煤矿公司，设立林东工程处，而祁零煤矿撤退员工，则在都匀成立黔南煤矿筹备处，以期救济黔桂煤荒。上年一至七月各矿共产煤达三七三，○○○吨。秋季以后，经筹妥各项条件，正可大量增产，而敌人投降，需要锐退，致五个月内仅产二，○○○吨。

（三）石油　甘肃油矿截至卅四年八月止，共有钻井六十一口，其中正在产油者十三口，原油生产能力颇高，惟汽油产量，仍受运输限制，各机关提油能力亦弱，矿上存油甚丰，盛器有限，不能充分发挥。品质方面，则有显著进步，辛烷值已提高至二十五度，行车效率，远较酒精为高，而价格则低于酒精。卅四年一至七月产汽油二〇，一四三，〇〇〇加仑，当预计百分之九十一。此外新疆乌苏油矿，初虽接办，继以器材及地方情形之变化，不能生产。

（四）外销矿产　钨、锑、锡、汞等矿品，俱系盟邦作战必需物资，我国供应盟邦用以偿付债款，或易取物资，办理已历有年。本年赣湘粤桂等省产区，受战事影响，生产停顿，仅湘黔锑品产收七四公吨，滇锡产收一，六七九公吨，对外交货，凡全系抢运出险之旧存矿品，辗转运至西南之渝、沪、宜、筑、昆、沾及西北之猩猩峡等地，交由空运出口，待抗战胜利，空运渐次停顿，本部为维持交货信用计，已饬由资源委员会将钨砂一千三百余吨，集中重庆，改由长江运沪出口。值此产区沦陷，运输艰难之一年中，综计运交盟邦矿品，仍达七，七一一公吨，其中计交美锡品二，三五一公吨，锑品一，五六九公吨，交苏钨砂三，二二六公吨，锡品五三七公吨，汞二〇公吨，铋砂八公吨。估计价款，约共值美金九四五万余元，内除交美锡品二，三五一公吨，所得价款，约计美金二七〇万余元，按照与美方所订合约，用以易购黄金，运回我国，作为收购滇锡之用外，其余价款，美金六七五万余元，则均系作为偿债易货之用。抗战胜利以后，赣湘粤桂等产区，已派遣得力人员，拨发复员经费，从事恢复生产。此外，一年前金城江一带未及抢运而掩藏之矿品，共六，四四四公吨，未为敌人发觉，已经收集五，六一八公吨，滇缅交界随地散失者，亦已收集一，四一五公吨，截至卅四年底止，各地尚存各种矿品二〇，一九四公吨，内计钨砂三，八七八公吨，锑品一三，四八八公吨，锡品二，七四一公吨，汞品八七公吨，现正积极进行各产品附近口岸之交货事宜。

（五）冶炼　（1）钢铁——卅三年下半年钢铁销路艰微，资金积滞，生产能力未能十足发挥，自生产局成立局间配合，渐趋活跃。资源委员会并曾召集钢铁各厂会议，实现反攻增产，计一至七月生铁产量为一一，六四三吨，较上年同期增六七四吨，钢品六，三四七吨，较上年同期增三，六一〇吨。（2）铜与锌——电炼铜锌之品质，已臻上乘，电铜纯度，达九九.九五以上，电锌达九九.九七以上，本期仍维持此优越标准。惟产量则以限于资源与价格，未见起色，然尚维持上期纪录。

（六）机械　后方机械工业，年来亦随经济衰落而不振。资源委员会各机器厂，赖出品精良，业务仍呈开展，生产情形尚佳，主要产品，如动力机本年一至七月产量为一，一一四马力，工具机为一二四部，均较上年增产。技术方面尤多进步，而以中央机器厂之精密工具、工具机及大型动力机为首要，均能正常生产，并接受定货。

（七）电器　资源委员会从事电工器材制造者，主要为中央电工器材厂及中央无线电器材厂。电工厂在桂林设有分厂。无线电厂总厂则在桂林。卅三年冬敌寇犯桂，两厂陷落，若干产品之生产，遂蒙极大影响。主要产品如电动机、电话机、电子管及无线电机等多种，年初虽均分配昆渝各厂制造，但电子管以原有制造设备一部分毁于桂林，未能生产电话机及无线电收发机，则以军事方面无定货，亦未大量制造。其他如开关设备等，因国外原料供应不继，年余以来，赖租借法案迁入者，不及二吨，无法依照计划生产。胜利以后，行见国际通路可畅，舶来亦大量输入，将为必然事。以我战时因陋就简，各工厂效率及成本方面，在此动荡期内，仍难与外国相抗衡。故应暂使减产以为避免损失之计，然本年一至七月产量，超过上年同期者仍有电动机、交换机、电灯泡诸项。

（八）化工　(1) 动力酒精——卅三年产仅百余万加仑，本年为配合军事反攻及交通燃料之需要，经督饬资源委员会对此特加注意，并宽筹流通资金，充裕生产条件，俾各厂能正常工作。本年一至七月实际产量，达二百七十余万加仑，供应各方需求，不惟无缺，尚余约四十万加仑以上。七月以后，对复员运输，亦不无贡献，但因以前需要究少，乃不得不斟酌实情调节产量，免致资金冻滞，故不达预计数量，殆亦有计划之措施。(2) 代汽油之生产，一为植物油裂炼，一为煤蒸馏。目前裂炼系以桐油为原料，前由复兴公司统筹供应，时感不足，嗣虽开放自由购买，但官价飞涨，资金不敷周转，影响生产良多。煤蒸馏所产汽油，品质甚佳，惟设备不充，资金短绌，不能大量存储原料与燃料，因之产量无显著进步。(3) 水泥与耐火材料——水泥为甘肃水泥公司所产，只以厂址偏僻，运输不便，销路只能供应西北，致不能发挥生产能力，本年七个月产水泥八，七九八桶，较之上年同期略有增加。耐火材料除三数钢厂附带生产，供应自用外，尚设有重庆耐火材料厂，专业制造，本期产量共为二，二一八吨，超越计划数量。(4) 酸碱——碱之产量见增，酸之产量略减，其原因乃由于芒硝取给不便，接触剂供应多缺，江西硫酸厂又以战事停顿故也。

(九) 纺织　纺织工业于整理复兴期内，其敌营部分，经决定暂归国营，由本部纺织事业管理委员会组设中国纺织建设公司司其事，自本年一月十六日起，开始接收沪津青三地之敌资纺织染整及有关之机器厂，截至一月二十六日止，该公司已接办之工厂设备，有(1) 棉纺织厂十九单位，计纺锭八八四，九〇八枚(内可开动者五五二，九二四枚)，织机一七，一九〇台(内可开动者一一，一九五台)，线锭二四三，七六八枚(内可开动者一三五，六五四枚)。(2) 毛纺织厂六单位，计纱锭一〇，七八八枚，织机二八二台均可用。(3) 麻纺织厂三单位，计纺锭一二，七〇四枚，织机六五一台，线锭一二八枚，均可用。(4) 绢丝厂一单位，计纺锭一一，三七〇枚，织机三一三台，亦均可用。(5) 加工漂染厂八单位，计煮布锅二四只，丝光机八部，染缸二二四只，染机六部，印花机九部，轧花机一六部，迄二月十日止，接办各厂，除加工漂染厂八单位尚未复工外，其余悉已复工，综计所开纺锭织机数量，达棉纺锭三四一，三七五枚，织机六，七五五台，毛纺锭八，二六八枚，织机一二七台，麻纺锭二，二五六枚，织机三三台。绢纺锭一，五〇〇枚，每日生产能力，可达棉纱二七二件，棉布五，七〇〇尺，毛线二，八三〇磅，毛呢二，七二〇码，麻纱七，五〇〇磅，麻布五，七〇九码，又漂染五，五〇〇尺。

第二节　事业机构之调整

比年本部举办国营事业，虽已初具规模，然以语永远意义，则所距的鹄尚遥。际此战事胜利结束，经济局势急骤变化，后方工矿事业以（一）供需顿失均衡，业务大半停滞，而（二）收复区工作展开，现有人才资金，亟应移供接收事业之需要，加之（三）后方厂矿设备，大都因陋就简，设立即续事经营，殊恐不易立足。准此诸端，故对资源委员会原有事业，不得不妥谋调整，以期适应。爰经决定调整原则数项，迅为处理焉：

一、事业性质具有长久意义之各电力厂，矿藏丰富开发颇有希望之石油、煤、锡各矿，以及规模较大，设备较为完善之机器、电工等厂，均积极继续进行，但于机构人员，则力事紧缩，其可以合并经营者，则分别归并。

二、一部分酒精，动力油料及无线电器材等厂，其生产能力与成品品质，均有可观，目前业务，尚可维持者，均暂维现状并作逐步收缩准备，俾与将来业务消长，可以适应。

三、渝区一部分钢铁事业，及云南安密之钢铁厂，川康铜铅锌矿等，目前业务维持困难，而将来或仍有大规模举办之需要者，暂行停工保管，以免积滞资金，将来一旦需要，即可就原有设备基础，恢复生产。

四、为适应战时需要而设之事业，其任务业已完成，战后需要减少者，或设备较陋，规模较小，战后已无存在之经济价值者，已饬分别结束。其原系与地方政府合资经营之事业，则商由省府接管，俾可审酌地方需要，适当处理。至停工结束事业，有人民愿为承受经营者，则租让民营。

五、本会在湘桂各省所办之事业，遭敌寇破坏，设备器材大都损失，战事结束后，经按其破坏程度，及产品需要情形分别恢复生产，或酌为归并，及结束保管。

兹将该会所属各事调整情形分述如下：

(一) 继续经营者　计二十二单位

(甲) 维持原状者(1) 四川油矿勘探处,(2) 云南锡业公司,(3) 昆湖电厂,(4) 贵阳电厂,(5) 汉中电厂,(6) 兰州电厂,(7) 天水电厂,(8) 西京电厂,(9) 都江电厂。

(乙) 分别编并者(1) 万县电厂,(2) 龙溪河水力发电厂合并,(3) 泸县电厂,(4) 宜宾电厂,(5) 自流井电厂,与(6) 岷江电厂合并,(7) 昆明电冶厂,与(8) 中央电工器材厂合并。

(丙) 缩小组织者(1) 中央机器厂,(2) 明良煤矿局,(3) 甘肃油矿局。

(丁) 扩充范围者(1) 矿产测勘处,(2) 全国水力发电工程总处。

(二) 逐步收缩者　计十三单位

(甲) 暂维现状者(1) 甘肃化工材料厂,(2) 资中酒精厂,(3) 遵义酒精厂,(4) 黔南煤矿筹备处。

(乙) 局部结束者(1) 中央无线电器材厂(结束昆明分厂),(2) 中央电瓷制造厂(结束衡阳分厂),(3) 动力油料厂(结束第三、四两厂),(4) 贵州煤矿公司(结束林东沙河两矿场),(5) 湘西电厂(结束辰溪分厂),(6) 甘肃煤矿局(永登矿场停工保留)。

(丙) 改组分厂者(1) 纳溪酒精厂,(2) 咸阳酒精厂,(3) 简阳酒精厂,均改为资中酒精厂分厂。

(三) 暂行停工相机恢复者　计十二单位:

(甲) 原状保管者(1) 川康铜铅锌矿务局,(2) 滇北矿务局,(3) 宣明煤矿公司,(4) 云南钢铁厂,(5) 甘肃水泥公司。

(乙) 改组保管者(1) 宜宾机器厂,(2) 资炼钢铁厂,(3) 资蜀钢铁厂,(4) 电化冶炼厂,(5) 威远铁厂,(6) 重庆耐火材料厂,以上合并改组为四川钢铁厂,又(7) 泸县酒精厂,则作为资中酒精厂之准备厂。

(四) 移交省营或租让民营者　十三单位

（甲）移交省营者(1) 江西机器厂，(2) 江西车船厂，(3) 江西电工厂，(4) 江西炼铁厂，(5) 江西硫酸厂，(6) 云南酒精厂，(7) 四川酒精厂，(8) 四川煤矿公司(江北矿场结束)，(9) 西宁电厂，(10) 浙东电力厂均在商洽中。

（乙）租让民营者(1) 甘肃机器厂，(2) 昆明化工材料厂，(3) 西昌电厂均在商洽中。

（五）停工结束者　计十八单位

(1) 盘县酒精厂，(2) 重庆酒精厂，(3) 北泉酒精厂，(4) 安顺酒精厂，(5) 褒城酒精厂，(6) 广汉酒精厂，(7) 内江酒精厂(以上均交资中酒精厂利用)，(8) 北碚焦油厂，(9) 巴县炼油厂(以上交动力油料厂利用)，(10) 华亭电瓷厂，(11) 乐山木材干馏厂，(12) 裕滇磷肥厂，(13) 辰溪煤矿公司，(14) 辰溪煤业办事处，(15) 滇中矿务局，(16) 康黔钢铁事业筹备处，(17) 西康金矿局，(18) 湘黔金矿局。

（六）筹划复工者　计十一单位

（甲）恢复原状者(1) 平桂矿务局，(2) 柳州电厂，(3) 湖南电气公司，(4) 天河煤矿，(5) 祁煤零〔?〕矿，(6) 高炕煤矿，(7) 中湘煤矿。

（乙）改组复工者(1) 钨业管理处，(2) 锡业管理处，(3) 锑业管理处，(4) 湘南务局(仅湘永公司部分复工)。

第三节　新建设之事业规划

关于战后工业建设事宜，本部向即注意规划办理，除于卅二年间会同教育部召开工业建设计划会议，拟订计划初稿，咨送中央设计局统筹审订外，近二年间，本部复陆续派遣高级人员，组织驻美技术团，考察并接洽技术合作事宜，并将建设计划，与友邦人士研审，期切实际。上年已就原计划中之最基本而最切要者，编成“工业建设初步实施计划”。该计划估计最低限度资金需要为十一万万美元。洽要美国进口银行贷款，第一期用于工业部分者约三万万美元。另加拿大亦愿协助我国建设，允贷款五千万美元，此种款项之支配，及事业之范围，经顾虑收复区事业之配合，斟酌全国工业建设体系之重心，拟定下列之初步计划：

部门	内容摘要	资金分配百分率%
电力	增加发电能力 火力三七〇，〇〇〇瓩 水力　三四，〇〇〇瓩 分布上海、唐山、大冶、西安、湘潭、广州、长寿等地	一三.八〇
石油	西北油矿日产原油一万桶，四川油矿详勘上海炼油厂(精炼进口原油)	八.七二
煤	补充产运设备达到日产二万吨，分配大同、磁县、井陆、鄱乐、高坑、湘潭、粤北、豫西等地	四.一五
钢铁	在长江流域设立钢铁厂年产钢品四十五万吨	二二.〇〇
钨锑锡铝	增加年产钨四，八〇〇吨，增加年产锑六，〇〇〇吨，增加年产锡六，〇〇〇吨，每年产铝二〇，〇〇〇吨	六.九三
机械	工具机厂，内燃机及原动机厂造船及锅炉厂机车车辆厂	一六.二〇
电工器材	电机厂，有线电通讯器材厂，无线电通讯器材厂，电子管厂，电线电缆厂，电瓷及布电器材厂	一三.八〇
化学工业	造碱及无机化学用品厂，氮肥厂，有机化学用品厂，水泥厂	一二.一〇
其他	整理东北及台湾工业一部分经费	二.三〇

上表所列乃限于资金三万万美元之最低方案，若贷款能达原定计划，则不独电力与煤可加扩充，石油钢铁及非铁金属产量可增一倍以上，且汽车、磷肥、橡胶、酒精及造纸工业可以增建矣。

上述各项事业之推行，其与收复区现有事业无关者，分别着手筹备，其与收复区现有事业有关者，则以候接收完毕，通盘筹划。此项新事业，将为五年计划之先河，亦即工业建设之核心，当努力以赴，期其实现。

此外，三峡水力发电计划，亦为新建设拟议之一，其要端在利用长江三峡水力，发动电力自经美国萨凡奇博士作初步研究后，即积极推进。萨氏计划，可开发电力约一千万瓩，嗣复拟定初步实施目标为一百五十万瓩。该项计划，除发电外，与灌溉、保土、航运及防洪各问题，均有密切关系，因而成立三峡水力发电计划技术研究委员会，延聘全国水利、交通、农业机关参加，共同研讨，更与美国内政部垦务局签订初步合同，请美方代为设计，并由我国派员参加，此项人员将来即为计划实施之基本干部。又本年度资源委员会成立之全国水力发电工程处，除对全国各河流作一般之勘测、研究、设计及建筑等工作外，并负责推进三峡计划。

第四节　国际技术之合作

经济部所属之资源委员会，为直接办理国营事业之机构。因此收复区内所接收之敌伪工矿事业，根据行政院所定“收复区敌伪产业处理办法”之规定，凡与资源委员会所办国营事业性质相同者，即交该会接办。资源委员会为准备接办此项事业，并迅谋其恢复及发展，前经先后与美著名厂矿及顾问工程公司签妥技术合作合约，邀请派遣专家来华协助进行。兹已签约聘定者主要有下列各家：

（一）电力事业　有怀特顾问工程公司〔外文略〕所派遣之电力专家四人，已于十二月初到渝，旋即转往台湾视察，协助恢复该地之水力发电事业。

（二）钢铁事业　将有麦基顾问工程公司〔外文略〕所派之专家数人，不久到华，前往华北华中一带，协助整理收复区钢铁事业。

（三）石油事业　将有环球油料公司〔外文略〕之汽油精炼及人造汽油专家，及联合工程公司之打井采油专家数人，由爱格洛夫博士率同来华。

（四）化工事业　将由孟山多化学公司〔外文略〕，贝久父子公司〔外文略〕，及化学建造公司〔外文略〕，分别协助其所派之代表亦将于短期内来华。

（五）煤矿开采　已聘定毕亚士公司〔外文略〕派员来华协助恢复华北等地之煤矿。

（六）轻金属制造　已聘定雷诺金属公司〔外文略〕派遣代表来华，协助恢复或建设国内及台湾等地之铝镁冶炼事业。

（七）水泥事业　已聘定美国运输公司〔外文略〕派员来华，协助水泥厂之恢复工作。

………

资源委员会于接办收复区敌伪工矿事业之外，尚拟择若干重要工业，做有计划之新建设。此项新建设，设备务须新式，并尽量利用国外新技术，以求出品可与国外优良产品相颉颃。在此目标之下，资委会已先后与美国西屋电器公司及美国通用电缆公司订立合同合作，西屋电器公司在全球电器制造业中，极著声望，惟奇异电器公司可与抗衡，每年生产达美金八亿元以上，职工十一万五千人，在国外投资不多。仅以其技术经验，与各国制造厂家合作，曾先后订立技术协助合同卅六个。此次资委会与之商洽技术合作，于上年八月初即已协议完成。制造范围，包括汽轮机、凝汽器、发电机、电动机、变压器、开关设备、电表、仪器、电瓷、绝缘材料等，以后并可加制冷藏设备、电车设备、电梯、电炉、烧煤机等。此项新建设资本，由中国独立负担。西屋公司则担任新厂设计，在五年内，为我国新厂训练各级干部三百人，以后每年继续训练，在二十年内，将该公司内一切新发明，供给资源委员会新厂使用，并派遣专家来华协助。

美国通用电缆公司，系美国制造电线电缆最大之公司，每年生产量达美金二亿元。上年十二月与资委会签订合同，该公司供给最新制造用之机器，占股本六分之一，实开美国私人厂家与我国政府所属事业合资经营之先河。其技术供给及训练人员办法，与西屋公司合同相似。此后地下电缆及电讯缆均可在国内制造，出口标准与美国相同。

此外与美方之合作，尚有扬子江三峡开发计划，其详细情形，则已见前述。

〔国民政府经济部档案〕

2. 经济部关于一九四七年度重要行政措施检讨报告

(1948年2月　日)

经济部三十六年行政措施，系以"扶助民营事业，增进生产力量"，"促进国际贸易，充实外汇准备"为重点。此外，对于工商行政之健全，物资管理之改善，调查试验之推进，亦分别逐步施行，各获相当效绩，兹将一年来重要设施情形，检讨撮陈如后：

壹、扶助生产事业

本部对生产事业之扶助，以煤矿及纺织两者为中心，良以(1)煤矿与纺织在民营事业中历史最久基础最厚。(2)我国煤藏棉产俱丰，其发展之条件最为完备。(3)煤炭纱布均属民生必需之品，其目前需要尤为迫切。至对其他民营事业之导助，亦分门别类配合进行。在国内主要工商区域，均责由各工商辅导处或部属技术暨业务机构，分司其事。兹述其要端如下：

(一)召开生产会议　生产建设，首重设计，虽值动员戡乱期间，必先予立经建基础，自不得不斟酌物力人力财力，研订切实可行之具体方策，循序推进，以收实效。本年经就煤炭、纺布、纸张三项，分别召开生产会议，详密研讨。

(1)煤炭会议　本年八月间，约集华中区域及与京沪煤源有关之各矿代表，在京举行煤炭增产会议，经就各矿所需资金、外汇、器材、技术、运输、矿区治安及煤价、矿税诸问题，作广泛之研讨，并参酌华中区公用事业、水陆运输及工厂机关需要燃煤情形，拟订各矿分期增产限度，俾能逐达自给之目标。依此计划，华中区各重要煤矿生产能力，迄三十六年底止，每日可供达九千吨，即月产二十七万吨。其中淮南应日产三千五百吨，华东应日产二千吨，中与大中应日产七百吨，湖南各矿应日产一千八百吨，江西各矿应日产四百吨，其他六百吨，至三十七年六月止，上述各矿产量可再增至每日一万三千吨，即每月三十九万吨。

(2) 纺织工业生产会议　本年九月间在沪举行全国纺织工业生产会议，各区民营棉毛、丝、麻纺织业代表，均经应邀参加，重要决议，为纺织工业建设五年计划之制订，及与纺织生产有关之原料增产、器材补充、资金贷助、动力调剂、技术研究、工厂管理、纱布运输、税率调整诸问题。依上项纺织工业建设五年计划，我国现有棉纱锭四百五十万锭，第一个五年内可增加三百万锭，第二个五年内可增加五百万锭。达此目标，不仅可以自给，且有余纱，可供外销。此外毛纺锭第一年内可增加十万锭，麻纺可增六万锭，绢纺可增五万锭。

(3) 造纸增产谈话会　我国年产机制纸仅六六，〇九七吨，不足之数全赖国外输入，每年消耗于纸浆及纸张之外汇，约一千八百万美元之巨。本部鉴于纸荒之严重，爰于本年十、十一月间根据行政院顾问 Tsone 氏之报告，邀请各有关机关及造纸专家会谈，拟具筹设纸浆厂、铜丝布厂及毛毯厂意见，呈院核示，嗣复由全国经济委员会召开造纸增产谈话会，对纸浆及纸张具体增产计划，详密研订，期于当前纸荒问题，有所补救。

(二) 调剂工业资金

(1) 洽办生产贷款　生产贷款，向系由四联总处统筹办理，本部各工商辅导处亦经随时协助转洽，惟以各该处无参加事先审查及事后考核之权，致未能发挥辅导运用之实际效能。至由本部专案洽准之贷款，则有一煤矿贷款，依据煤炭增产会议决议，呈请行政院核定专款一千亿元，责由四联总处贷放各矿应用。三十七年初为救济开滦、淮南、华东三矿存煤滞运之困难，复经商准四联总处分别贷款一千六百亿元，五百亿元及三百亿元。二蚕丝贷款蚕丝事业极待复兴，曾由本部蚕丝协导委员会，会商中国农民银行，先后举办春茧贷款二千七百亿元，缫丝贷款九百四十亿元。

(2) 调整工商资本　战后物价波动愈演愈烈。本部为使生产事业资产价值符合现实情况，并便于吸收新股，以巩固事业基础起见，经会同财政部拟订工矿运输事业重估固定资产价值调整资本办法，呈奉前国防最高委员会决议核定，并于本年二月十五日公布施行。嗣复估值增资所需之物价指数，各年估价倍数最高额，固定资产范围，及估算方法等项，先后补订公布，以利遵循。综计自本年二月起至十一月底止，各地公司依该办法呈部请予重估固定资产价值调整资本者约达五百余家，其中以经营纺织、电力、粮食加工等业之公司为最多。

(3) 健全证券市场　活泼产业金融，吸收社会游资，有赖于证券市场之建立，上海证券交易所成立已逾一年，对工商资金之通融，尚收成效。本年自二月间经济紧急措施方案颁行以后，游资涌入证券市场，股市直线上升，当经订颁防止投机办法七项，并加征特别证据金，借以遏制派风。嗣后由部令饬提高本证据金，自七月起按交易额缴纳现金百分之五十，股市价格渐趋稳定。迄十一月间，复以该所所营股票，限于现货交易，尚无以充分发挥吸引游资之力量，奚经呈准试办递延交割，证券业务始渐见开展。天津为华北经济重镇，工商繁盛，游资充斥，为因势利导，使用于生产途径起见，亦经于十二月间核准设立证券交易所，现已正式开业。

(三) 补充工矿器材　器材原料之缺乏，亦当前工矿事业重大困难之所在，自应悉力协助以利增产。惟国内现有生产器材，大都由善后救济总署(现为善后事业委员会)物资供应局及中央信托局负责供应，而国外器材之进口，又须经输出入管理委员会之许可，本部各工商辅导处只能就可能范围内转为洽办。本年内曾拟先就上海、汉口、天津三处各附设工矿器材库一所，呈院核示，尚未奉准。兹仅将各该处一年来代各民营工厂转洽请购器材情形分述于下：

（1）钢铁材料　上海机器、翻砂、电工器材各业，均感生铁原料缺乏，经于本年四、五月间先后由华北钢铁公司、台湾机械公司及鞍山钢铁厂洽购生铁六千吨，并商准台湾机械公司，自七月起按月拨运生铁二百吨，以应需要。又制罐调味品、造漆等工业所需之马口铁，搪瓷工业所需之黑铁皮薄板，市场均告缺货，亦经转洽输出入管理委员会便利进口，并改善请配办法，以免为进口商所垄断。川省及武汉各厂矿，极需钢丝绳、铁皮及生铁，亦经分别转洽行总，中央信托局及重庆大渡口钢铁厂价让或供应。天津铜铁器材制造业所需铜料，宣化等地尚有余存，亦经核发许可证，以利购运。

（2）电工材料　天津电器业缺乏铁线、铜料，上海电器业缺乏电石，汉口电器业缺乏钨丝，经分别协助向东北采购或洽请输出入管理委员会核准输入各厂生产，尚赖以维持。

（3）化工原料　上海各化学工厂需要精制甘油、硃石硫酸盐烧碱，人造石膏、氯酸钾、重晶、白腊、赤磷等化工原料为数甚多，均经分别协助洽购供应，同时对于台湾碱业公司每次运沪之固碱盐酸，中国石油公司每次运沪之烟子、丁醇、丙酮、萘及松香水，以及输出入管理委员会每次限额输入之硫化元染料，依照各业实际需用情形，厘定比率，转洽配售，俾达物尽其用之目的。重庆各化工厂极需烧碱、石炭酸、二硝基氯化苯，经洽请兵工署价拨供应，并洽商各有关机关，利用长寿隆昌电力油气筹建烧碱工厂，以期增加产量。广州各工厂所需之硼砂，曹达水晶，智利硝，天津各工厂所需之烧碱、漂白粉，亦经分别转函输管会核准输入及洽商各制造厂家尽量配售以裕供应。沈阳橡胶制品畅销，而所需原料缺乏，经协助由沪采运，尚可勉敷急要用途。

（4）纺织原料　棉纺业所需棉花，除由前纺管会及纺调会洽请行总配供外，关于外棉进口，亦经随时洽商输管会给予便利，并将行总及限额进口纺织或收购成品办法，交于各纱厂使用。上海、天津各纺织厂所需之人造丝，已转洽中央信托局尽先拨配应用。毛纺织业所需之羊毛，亦经协助向外订购，以济需要。

（5）工业机器　烈山煤矿，南通天生港电厂，上海永安电器厂急待添装锅炉、发电机、变压器以利生产，又上海中和、天丰两纸厂，请求输入造纸机件，新华玻璃厂，请求输入砂轮器材，均已转函输出入管理委员会酌核办理。

（四）充裕燃料动力

（1）煤焦　京沪及华北燃煤之管理，由上海区及河北平津区二燃料管理委员会分别负责。上海方面，并经组设民营工厂用煤审核委员会，随时斟酌用途统筹分配供应。武汉用煤，原系由上海区燃料管理委员会暂为兼顾，以受运输影响，恒有来源不继之虞。嗣经汉口厂商辅导处会同粤汉铁路局及汉口市府奖助煤商赶运湘煤接济，并协助汉口既济水电公司购储烟煤五千吨，煤荒情形始渐解除。本年复经核准该组设烟煤调节机构，与各大煤矿洽定月运烟煤一万五千吨，并订购川煤每月五千吨，以应工厂需要。广川工商辅导处亦经洽商台湾石炭调整委员会月运烟煤八千吨，核配各工厂、电厂及广东省政府燃煤供销委员会组织成立。台煤运销业务则移由该会接办。重庆工商辅导处为疏畅燃煤运输，经洽请扬子江水利委员会修复綦江航道，俾东林召矿煤斤，得以源源运济渝市需要。至焦炭一项上海机器工业需要至切，经上海工商辅导处协助赴渝洽购，已陆续运沪供应。

（2）柴油　上海水泥公司全济酒精厂、民丰天丰厂、华星化工厂等，先后申请优先配给柴油，均经转函输出入管理委员会，柴油分配委员会，分别核定配售。

（3）电力　为充裕工业动力源泉，经协助各电厂改善发电设备，添购新机，如天津、宜昌、沙市各电厂及上海华商电气公司或借用各工厂剩余电机参加发电；如冀北电力公司首都电厂之借用中国石油公司及兵工署电机或鼓励各大工厂筹建自用电厂自行发电；如天津电石电解等工厂同时通饬各地方政府取缔，强用电流窃电及不生产用电，并由各工商辅导处分别参加各该市电力分配审核机构，以为工业用电增辟来源，各地供电情形已大见改善。至对各地电价之核定，向以动力电价低于光热电价为原则，以期减轻工厂成本负担，如三十五年十二月各地电灯每度最高价一千五百元，最低价五十元，电力每度最高价九百四十四元，最低价四十元，三十六年十二月电灯每度最高价三万元，最低价四百三十元，电力每度最高价二万三千五百元，最低价三百九十元，后者均较前者低廉甚多。

（五）价配赔偿物资　本部为协助民营事业承办日本赔偿物资，俾能合理取偿战损，迅速利用复工，曾订有“民营事业申请价配日本赔偿物资办法”呈准行政院颁布施行。查日本第一批先期拆迁之赔偿物资，我国已抽得工具机九千四百四十七部，其中分配民营者，约占总额四分之一，计二千三百六十二部，业经赔偿委员会分配竣事，并由本部参酌是项工具机种类数量，及国内工矿事业实际需要情形拟定优先配价程序以制造纺织机械，发展纺织工业为主，其为增产煤斤，及造纸电机各业，俾日本赔偿物资得以善为利用，有助于国内工业之建设。现该项业经陆续由日启运，本部除已在沪成立专管机构，办理接收，起卸存储保管事宜外，并已正式公告，暨通令各省市政府主管厅局各工商团体招致民营厂家申请价购。

（六）筹售国营事业　政府为表示扶植民营事业之决心，曾决定将现有国营事业选择若干单位，出售民营。其属于本部主管者，为中纺公司工厂百分之七十，中蚕公司股份百分之五十，中华烟草公司及中国纺织机制造公司之全部政府资本，经积极进行估价工作，其中中纺公司以资产庞大，各单位分布区域又颇广，估值技术为繁难，经聘请专家组织委员会办理其事，几经商讨核算，已初步大体决定，计该公司上海部分共有纱纺锭一百一十万九千七百五十三枚，毛绢麻纺锭八万二千三百三十六枚，织布机一万六千一百二十二台，毛绢麻织机二千零二台，照二十六年底价估计，总值七千七百四十八万二千三百八十九元六角四分，地产照市价估值二千余亿元。在此设备总值中，应出售之部分，计有纱纺锭七二五，一七六元，毛绢麻纺锭一四，四一〇元，织布机八，五六二元，毛绢麻织机一，二六八元，总计四三，一二四，三六四.八〇元，中华烟草公司及中国纺织机制造公司资产价值，经苏浙皖区敌伪产业清理局，依时值估计约各为一六五，九二五，五六七，〇一六元及一七〇，一八四，七八〇，九三二元。

（七）促进技工训练　本部为配合经济建设关于技工训练一事，系督饬技工训练处负责办理。三十六年谋增加训练技工人数，以为建国人才之储备，爰经拟具扩充技工训练实施办法，先后呈奉　主席令准照办，暨　行政院会议通过，已饬由技工训练处积极办理。兹就该处遵照上项办法规定推定情形，撮要略述如次：（一）分区初步以委托方式向各有关厂矿接洽设班施训。（二）通盘分配招训人数，向各有关主管代训机关洽商，责成各厂矿设班施训。（三）三十六年先后成立三十六个训练班，已招收一，九六三名在训，计分西南区五四二名，东南区六六九名，华中区三五二名，华北区四九二名，西北区五〇名，台湾区二一名。因各地厂矿多感萎缩，且东北区地方情形特殊，未能推进，故未达到预定之训练人数。此外又组设技工训练设计委员会厉行技工训练考成，编审技工教材二十三种，辅导各地失业技工就业。

（八）倡办国货展览　本部为促进国货产销，扶助民族工业发展，除咨请各省市政府积极恢复或筹设国货陈列馆，以利观摩及推行外，并于各重要地区督导各工商团体，举办国货展览会。其重要者有:(1) 杭州国货展览会——由中国生产促进总会杭州分会主办,于三十六年二月二十一日开幕至四月二十一日闭幕。征集沪杭甬等处产品陈列展览。(2) 首都国货展览会——系南京市商会主办,于三十六年四月二十日开幕至六月二十日闭幕。以筹备时间匆促,陈列产品较少。(3) 贵州全省物产展览会——由贵州省建设厅主办,于三十六年七月六日开幕至七月三十一日闭幕。分设工业、矿业、农林、交通、畜牧五馆,展览品征自各县。(4) 全国国货展览会——由中国生产促进总会,新生活运动促进总会,中华民国商会联合会及全国工业协会等四团体联合举办,于三十六年九月一日正式开幕至十月三十日闭幕。民营部分参加展览单位,计共十四省六市,出品为三万四千余件,国营事业机构参加单位为一百二十七个,出品七万一千余件,分设工商、农林、资源三馆。

贰、管制重要物资

(一) 一般日用品管理

关于管制物价,本部向系依据"非常时期农矿工商管理条例"及"非常时期取缔日用重要物品囤积居奇办法"及"取缔违反限价议价条例"办理。本年二月"经济紧急措施方案"颁布,本部经呈准行政院与有关各部会会同代电各省市政府,对"非常时期农矿工商管理条例"第一条各款所列企业及物品应予全部严格执行管理,依照"经济紧急措施方案"所列举之要点办理,并拟订"评议物价实施办法"呈准行政院核定施行。同时由院指定南京、上海、镇江、无锡、杭州、宁波、芜湖、安庆、广州、汕头、桂林、梧州、福州、厦门、南昌、九江、武汉、重庆、成都、康定、贵阳、昆明、长沙、西安、兰州、太原、开封、郑州、济南、青岛、天津、北平等三十二地为议价地区,饬由各省市政府将应予议价之物品予以公告,切实执行。嗣准江西、云南等省府咨请组织全省性有力之评议物价机构,均拟具全面议价提案,送请全国经济委员会商讨,未奉核定。此外并依照"非常时期取缔日用重要物品囤积居奇办法"第五条之规定,陆续指定应行取缔之物品及区域。其已指定之区无须取缔时，应予解禁或已解禁后须重予指定之区域，均经分电各省市政府查照办理。此外，为配合经济戡乱起见，严格执行取缔囤积居奇，经拟订“非常时期取缔日用重要物品囤积居奇办法实施注意事项”通行各省市政府参照订定实施细则，以期稳定物价而安民生。

（二）燃料管理

（1）统筹分配用途

关于燃料管理，由本部上海区燃料管理委员会及河北、平津燃料管理委员会负责。河北、平津燃管会仅主持分配供应，并不办理收购业务；上海区燃管会则以收购开滦、淮南、华东、台湾等矿所产之烟煤及馒头山、长城、焦作三矿产白煤为主要业务，其供应范围，除京沪两地及京沪路沿线之公用事业铁路、船舶，政府机关及工厂用煤外，并远及青岛、汉口、广州、福州、厦门各地，暨津浦、平汉、陇海诸铁路煤斤分配次第，系以铁路最为优先，公用事业、船舶、工厂、军用煤次之。

（2）促进产运

上海该会每月需煤约十六七万吨，其所属南京办事处月需煤约四五万吨。其中以开滦煤运济最多，最高到运额曾达每月十四五万吨，台湾煤原定每月运沪五万吨，然实际到运仅二万吨左右。本年六七月间，经呈奉行政院核准采购外煤十万吨，以充安全存煤。惟因外汇困难，仅由中央信托局代为购到二万七千余吨。此外，复依据“准许厂商自行购运烟煤办法”，鼓励厂商自行向管制矿区购运烟煤，每月运沪数量平均亦约二三万吨。八月并曾召集各矿举行煤炭增产会议，讨论加强煤斤生产事宜，截至十二月份止，开滦矿存煤达六十余万吨，淮南由月产六万吨增至十万吨，华东由月产三万吨增至六万吨，生产增加，煤源充裕，预计本年年底，上海方面可以储存煤斤二三十万吨。然以北宁路津榆段自去年十二月初，被匪分区破坏，开滦煤运全停，以致该会十二月份存储煤斤共仅九万七千余吨，对于前述安全存煤，径据该会呈请动用，以济急需。关于南京方面用煤，完全由淮南、华东两矿供应，每月由津浦路运达浦口者约五六万吨。此外，中兴煤矿及其附近以土法开采之土烟煤，产量亦多，亦经准许厂商自行购运，以资补充需要，同时为加强津浦煤运起见，并经与交通部洽商，饬由津浦路局增编煤运专车赶运淮南，华东矿存煤斤十六万吨，除供应京市外，并拨运一部分接济沪市。（附表一）

三十六年度上海区燃料管理委员会烟煤白煤收发数量表

月份　　煤类 数量（公吨）	烟煤		白煤	
	收量	发量	收量	发量
全年总计	1,675,122	1,688,700	86,819	70,234
一　月	130,041	127,103	12,275	7,195
二　月	70,321	131,252	15,489	2,452
三　月	136,091	126,944	599	7,832
四　月	130,177	134,492	14,402	642
五　月	139,049	138,144	4,784	4,065
六　月	142,338	136,620	12,006	10,946
七　月	166,213	122,247	372	5,608
八　月	159,532	125,096	525	8,358
九　月	185,153	145,931	5	2,736
十　月	111,485	148,863	11,814	5,454
十一月	202,814	190,868	4,832	6,030
十二月	101,905	161,246	11,726	8,916

附注：三十五年年底存烟煤 110,780 吨，白煤 11,834 吨。

(3) 稳定物价

关于煤价之核定,上海区燃管会收购价格,系参照各矿生产成本加运费及合法利润为核定之标准。至于配售价格,则系于收购价格之外再加必需之运杂各费,就中以配售工厂用煤价格为稍高,但仍低于市价百分之五十以上,对于公用事业用煤,则特别减低配售价格,以期减轻人民负担,发生间接平抑物价之效用。(附表一、二)

(三) 纱布管理

纱布管理机构,在本年内有三变,即纺管会、纺调会、纱管会三阶段。兹分述之。

(1) 纺管会时期

关于纱布之管理,原由本部纺织事业管理委员会主持,三十六年一月一日起,依据"稳定纱价办法"与"收购棉纱棉布细则"之规定,在上海中纺、申新、永安、新裕、荣丰、大同、信和、统益、鸿章、公永、新生、安达、广劝、华阳、保丰、鼎鑫、崇信、仁德、德丰、合丰、昌兴、恒通、恒丰、恒大等三十六厂开始收购,计每月控制民营纱厂棉纱可达一万件至二万件,实行限价以资平抑纱市价格。关于纱布之运输,为防止私运出口,对运往华南者,依照"纱布输往华南暂行管理办法"办理。嗣为适应华南各纺织厂需要,准予将限额再行放宽百分之五十,至于运往汉口、河北及东北等地之棉纱,则并未限定数量,仅由各同业公会依照"纱布转运给证简则"之规定核发运证以备参考。

(2) 纺调会时期

本年六月,纺管会奉令撤销,设立纺织事业调节委员会,将纱布限价改为议价,由本部授权该会参照棉纱成本及市面情形随时议定合理价格,分别通知所有苏浙皖各省及上海市厂商与中纺公司一同遵行,惟每次议价超过上次百分之五以上时,仍须事先呈部核准。其后该会复拟就"发展纺织事业调节纱布借需实施方案"由

附表一　三十六年度上海区燃料管理委员会 烟煤收购及配售价格表

价格＼月份		一月	二月	三月	四月	五月	六月	七月	八月	九月	十月	十一月	十二月
收购价格（元/吨）		119,700	141,000 *	240,000	240,000	240,000	460,000	540,000	560,000	740,000	920,000	1,260,000	1,730,000
配售价格	公用事业	85,000	105,000	105,000	105,000	105,000	172,800	540,000	540,000	740,000	880,000	1,160,000	1,510,000
	工厂	160,000	175,000	240,000	240,000	240,000	470,000	550,000	650,000	740,000	1,000,000	1,460,000	2,170,000

附注：* 上海收购价目运费变动于二月份内曾调整数次，计自二月一日起为141,000；十一日起为154,000；十七日起为230,000；二十一日起为210,000。

表列收购及配售烟煤价系指□□及台湾二矿煤□□□□□煤栈交货。

附表二　三十六年上海区燃管会南京办事处烟煤收购及配售价格表

月份		一月	二月	三月	四月	五月	六月	七月	八月	九月	十月	十一月	十二月
收购价（元/吨）	淮南煤	100,000	100,000	180,000	180,000	180,000	302,000	350,000	350,000	400,000	607,000	840,000	1,176,000
	华东煤	/	108,000	194,000	194,000	194,000	302,000	370,000	370,000	510,000	702,000	963,000	1,348,000
配售价（元/吨）	公用事业及军公轮舶	100,000	100,000	100,000	100,000	100,000	100,000	390,000	390,000	520,000	690,000	950,000	1,330,000
	工厂商轮公教机关	150,000	150,000	200,000	200,000	200,000	310,000	490,000	490,000	520,000	790,000	1,150,000	1,600,000

部提经九月二十三日行政院院会通过，其主要内容为（一）协助原棉增产统筹收购国棉，计划洽购外棉，以充裕棉花原料。（二）厘订三年增锭及分区设厂计划，提倡自制机锭，改进纺织技术及工厂管理，以增进纺织工业生产。（三）采用代纺代织办法，继续收购棉纱，以掌握纱布物资。（四）议定纱布合理价格，实行棉纱联合配销，推行布匹部分定量配售制，设置调节公站严厉取缔纱布囤积居奇，以求纱布配销之合理。（五）促进纱布外销，纺调会为执行此项方案，正拟于上海先行举办棉纱存货登记，并厘订"棉纱联合配销试行办法"付诸实施。

（3）纱管会时期

本年十二月经行政院院会决定，对花纱布改采"统购统销代纺代织"政策，实行全面管理。本会奉令将现有纱布调节机构，改组为管理机构，经饬纺调会办理结束，另行筹设"全国花纱布管理委员会"并厘定"全国花纱布管理办法"及"统购棉花"、"代纺棉纱"、"代织棉布"、"配销纱布"等四种实施细则。综述该会主要业务如下：（一）掌握棉花（包括国棉外棉）统筹收购，专以配给于具有三千锭以上之各代纺纱厂，及非代纺纱厂，作为纺纱之用。（二）掌握棉纱，统筹配销专以配给具有动力织机三十台以上之代织工厂，暨其他织造厂户，以及各地农村织户。（三）掌握棉布及棉织品，统筹配销，专以配销于各地布商，平价供应于一般人民，以平物价，对军需及公教员之需要，特别优先供应。（四）为争取外汇，换易外棉起见，可以全国纱布总生产量百分之二十拨运外销于南洋各埠及印度等地，该会已定于三十七年一月一日正式成立。

（四）实物配售

政府为改善公教人员生活，曾于三十六年二月颁行之"经济紧急措施方案"中规定有实施日用必须品配售一项，并经决定先就京沪两地试行。本部遵即加紧筹办，经会商各有关机关拟订"民生日用必须物品供应办法实施细则"，自本年三月起开始办理。其办法要点如下：

(1) 配售对象，依照规定为政府及所属各机关公务员工及公立学校教职员工，总数不得超过薪饷预算所列人数，并就京沪两地先行试办。

(2) 配售物品，以下列六种日用品为限：(一) 米或面粉，(二) 纱布，(三) 燃料，(四) 食盐，(五) 食糖，(六) 食油。除米由粮食部供应，糖由资源委员会供应，盐由财政部供应外，其中煤、布、油三种物品，系本部主管供应。

(3) 本部供应物品数量，(一) 布匹每半年配售一次，职员每人夏季漂白布五丈，卡其制服料一丈五尺；冬季蓝布五丈，棉质制服料一丈五尺，工友夏季漂白布一丈五尺，冬季蓝布一丈五尺。(二) 煤球，职员每人每月一百市斤，工友每人每月一百市斤。(三) 食油，职员每人每月二市斤，工友每人每月一市斤半。

(4) 配售价格，均按三十六年一月份当地平均零售价格核定，除京沪两地食油配售价每市斤均为一千八百元外，煤斤南京配售价每百市斤为八千五百元，上海一万一千元，京沪两地冬季漂白布及蓝布每市尺均为一千七百元，卡其制服料每市尺一千九百元，棉质制服料每市尺一千三百元。

(5) 配售业务，本部主管部分分别饬由上海区燃料管理委员会，中国植物油料厂及中国纺织建设公司，会同当地有关机关负责办理实施以来，颇著成效，总计京沪两地供应人数共约十二万七千人。

自三十六年九月份起，平津两市公教人员共约六万余人，奉行政院令依照京沪区成案，配售煤布两种。惟据平津两市府呈以煤球制造困难，请改为配售原煤，规定职员每人每月配煤二百市斤，工友每人每月一百市斤，配售价格悉照三十六年一月份当地平均市价计算，天津方面，每月约需煤两千吨，北平每月约需二千五百吨，九、十、十一、十二，四个月配售原煤共需补贴差价金约二百亿元。

已奉拨八十亿元至平津配售之冬季布匹，已奉拨周转金五十亿元，经饬由中国纺织公司洽领转饬天津分公司遵照筹拨供应。此外政府正拟计划扩大供应对象，对于各级民意机关及各级政府机关之公务员工，各部队官佐兵役，各学校教职员工，均于可能范围内，以配给或配售方法，尽先供应粮食、纱布、燃料、食油、盐、食糖等项生活必需品。此类物品，如有余额对于文化团体从业人员，各产业工人暨职业工人及一般平民，并得依照需要情形，与供应能力，酌量推行配售办法。

（五）军布供应

中国纺织建设公司，供应夏冬军服材料，开始于三十六年，供应范围，包括陆海空军，各种军服材料种类，计分布匹与棉纱两项，综计三十六年度内，自五月一日起至十二月三日止，陆续拨供军布二百一十万零六千九百九十五匹（2,106,995匹），总价国币八千七百三十九亿三千八百万七千五百元（873,938,007,500元），纱五千一百一十二件，总价八百一十二亿三千五百三十四万元（81,235,340,000元），两项合计共值国币九千五百五十一亿七千三百三十四万七千五百元（955,173,347,500元）。该项价款，依照核定拨款办法，应发拨三百之一现金，计三千一百八十三亿九千一百一十一万五千八百三十三元（318,391,115,833元）。但截至现时，国库实仅拨到二千五百亿（250,000,000,000元），尚结欠现金六百八十三亿九千一百一十一万五千八百三十三元（68,391,115,833元），其余价款六千三百六十七亿八千二百二十三万一千六百六十七元（636,782,231,667元），业以公司应缴国库盈余抵补完竣。关于本年度（即三十七年）之军服材料，曾奉核定供应夏服部分，计布一百四十三万匹，棉纱三千一百五十一件，自去年十二月十五日以后，已在陆续拨交并规定至迟在本年二月底左右设法拨清，估计约需价款二万亿余元。但国库原预计价款不过一万四千余亿元，除第一期已拨五千亿元外，余数分两期于一、二两月份内拨清，其不敷之价款，俟材料拨足后，再为清算。又本年中纺公司供应军用夏服材料核定不久，政府对于花纱布实施全面管制，订有“花纱布管理办法”，依照该办法，军用所需服装材料，应由花纱布管理委员会统筹供应。但本月夏服材料因拨交货物技术，业经商定，且已陆续拨交，中途不宜变更，故仍由中纺公司担任。将来冬服材料所需，拟即照上项管理办法，改由花纱布管理委员会统筹办理。

叁、管理重要企业

（一）国营事业管理

国营事业管理法之拟订，系秉承蒋主席三十四年十一月寝代电核定之确立战后我国之经济事业制度意见书内（二）“国营事业之管理制度”所规定各点，会同财政交通等部六机构商拟而成。原意见书，旨在使普通行政系统与国营事业系统严格划分，俾国营事业得依据企业原则灵活运用，对于财政、人事、物料等管理之制度，指示颇为具体，自三十五年六月起经多次会商，初稿复经数度修正，于三十六年二月六日始会同呈院。同年九月间，又奉院令发草案整理本，饬再研讨。经陈述意见再由全国经济委员会审查三次后，方由院会第三十次会议决议，呈请国府核转立法院审议，现尚在审议之中。对于本案处理之审慎，于此可见。兹将其内容分述如次：

一、确定国营事业之界限。

二、国营事业与民营事业有同等之权利与义务（原法第五条规定“除法律有特别规定者外”系指兵工事业证之以第十条之规定“其盈余应缴解国库”可以概见）。

三、国营事业之预算财务与人事，仍受主计，审计与铨叙机构之约束。

四、国营事业所需原料与器材，应尽先采用国产，其采购营造之各种程序，并受审计机构之审计。

五、国营事业之员工，应遵照公务员服务法，虽可依法组织工会，但不得怠工或罢工。

综上所述，政府订立本法，旨在使国营事业，在适度之约束下，灵活运用，而又不使与民营事业较为特殊。

（二）省营事业

战时各省为调节物资统制经济，纷纷设立机构，经营贸易及运输业务，亦有以建设生产为目的者，其经营方式极不一致，业务不免分歧。中央为统筹调整起见，爰于三十年间，由本部拟订非常时期省营贸易监理规则及省营工业矿业监理规则，先后呈奉行政院公布施行。

监理省营事业之目的，一为规范其业务，使不致流于与民争利之途；二为调整其组织，使之商业化。此种组织，在战时遍及于十三省。胜利以还，一部分以关于经济统制之目的业已消失，并经本部依据有关法令责令调整其现仍存续并经报部有案者，计有贵州企业公司，陕西省企业公司，安徽省企业公司，福建省企业公司，广东省企业公司，甘肃省贸易公司，江西省贸易公司及浙江省贸易公司等八家。

兹为配合当前需要，各省省营公司业务有重加调整必要。爰经参酌三十六年十月间院颁各省省营企业调整办法之规定，拟订办法数点如次：

（1）鼓励让渡民营　甘肃省贸易公司，业奉行政院迭令改组，将官股全部退出，其余江西、浙江两省之贸易公司，倘无省营必要，亦尽使转让民营，俾省方可转移资金于其他生产事业。

（2）调整业务范围　各省企业公司所营贸易部分业务，除为所属事业单位采购生产器材原料及推销制品外，其他物品之购销业务应尽可能收缩，俾可集中资力扩展生产。

（3）充实企业资金　各省省营公司资本多未募足，影响企业之发展至巨。此后应督饬切实确定资本总额，设法募足，并尽量容纳民股，俾企业能得健全发展。

(4) 健全公司组织　各省省营公司，因资本问题迄未完成登记者，尚有陕西省企业公司，安徽省企业公司、广东省企业公司、江西省贸易公司及浙江省贸易公司等五家，至福建省企业公司虽已登记，但自与福建省贸易公司等合并，改组后尚未履行变更登记，均应督促完成登记程序。

(三) 公司登记

民国三十五年四月十二日，国民政府命令公布现行之公司法。盖以民国十八年修正之公司法施行已历十余年，时境变迁已多，不能适用，且抗战胜利，建设开始，国人之集合大量资本从事生产事业，以及敌产之收回，均须有健全之公司组织，外人之投资生产事业，尤须有缜密之管理，庶不致有丧国权，此皆非有详密完备之公司法，不足以臻公司组织之健全，促事业之发达，而防杜一切弊害也。现行之公司法，本此需求，依据第一期经济建设原则，熔过去有关公司之法律条例规则办法等于一炉，推陈出新，共得十章凡三百六十一条，较之旧公司法修正之点甚多，尤以新增之有限公司及外国公司二章为旧法所无。

旧公司法分公司为四种：即无限公司、两合公司、股份有限公司及股份两合公司是也。现行之公司法，于此以外增加有限公司一种，并另立专章处理外国公司。有限公司之目的在便利各级政府以公法人资格与人民或外人合组公司，在作用上系继承民国二十九年三月间公布之“特种股份有限公司条例”，惟亦非完全脱胎于此条例。至外国公司则依据国际平等互惠之原则制定法规，以吸收外资助我建设，是以现行之公司法，在大体上颇能适合现时之国情，以及时代之需要，声请登记，为数之多，往所未见。此固建国在望，国人投资于工商企业之兴趣渐焉转浓，要亦为公司法便利商民有以致之。兹将三十六年公司登记情形分述于次：

(1) 设立登记

我国公司之登记，具有资料可稽者，始于民国十七年，自民国十七年至三十五年，总计设立者，凡六，八三二家，资本数共为国币一二二，六八三，三四四，七六二元，其中三十五年新公司法施行后，所设立及依照是年二月由部令公布之“收复区各种公司登记处理办法”，补办设立登记者，凡一，四九六家，资本数共为国币一一五，六六六，三六九，四〇〇元，实历年来公司设立登记数之最大者。三十六年战乱扩大，物价陡涨，商业利润独高，创立公司者，风涌一时，总计达二，八五五家，资本数为国币九二四，六〇八，一八三，〇〇〇元，尤为历年所未有。其中以股份有限公司为最多，有限公司次之。兹将各种公司及其分公司设立登记情形列表如下：

五种公司设立登记表

公司类别	民国十七　三十五年			民国三十六年			合　　计		
	公司家数	分公司数	资本总数(元)	公司家数	分公司数	资本总数(元)	公司家数	分公司数	资本总数(元)
无限公司	1,109	36	3,501,621,050	179	27	40,548,005,000	1,288	63	44,049,626,050
两合公司	104		323,738,440	18	1	3,988,100,000	122	1	4,311,838,440
有限公司	153		40,537,000,000	604	25	250,823,300,000	757	25	291,360,300,000
股份有限公司	5,442	729	78,216,150,872	1,752	534	628,948,778,000	7,194	1,263	707,164,928,872
股份两合公司	24	1	104,834,400	2	1	300,000,000	26	2	404,834,400
总　　计	6,832	766	122,683,344,762	2,555	588	924,608,183,000	9,387	1,354	1,047,291,527,762

以上各种公司，其经营业务，殊为广泛，迩以经济情况不稳，币值日跌，需长期投资始能获利之生产事业，经营者咸具戒心，往往裹足不前。而贸易买卖周转便利，获利亦巨，遂成为各种公司活动之中心。然在政府积极推动及扶植之下，从事工矿运输事业者，仍非少数，亦足以窥见年来各种公司活动之趋向也。

(2) 变更及解散登记

民国三十六年各种声请设立登记者，为数固多，其变动之繁，则亦昔所未有。其原因大概为胜利以后，上海成为全国经济中心，因之设在内地者，乃相率外迁，此其一。国际贸易促进各种公司竞相修订章程，扩大营业范围，此其二。币值低落，各公司纷纷增资以裕周转或更易组织，以求健全，此其三。益以因资金周转不灵或无意经营而停业。此变更解散之所以多也。兹将一年中各种公司声请变更登记及解散登记家数列表于后：

合计	股份两合公司	股份有限公司	有限公司	两合公司	无限公司	公司类别		
1,406	6	1,238	33	9	120	增加资本	变更事项	变更登记
51	/	47	1	/	3	迁移地址		
33	/	31	1	/	1	扩充业务		
34	/	29	/	/	5	改订名称		
26	/	18	3	/	5	其他		
1,550	6	1,363	38	9	134	合计		
19	/	/	/	1	18	改组为股份有限公司	解散事由	解散登记
4	/	/	/	/	4	改组为有限公司		
11	/	8	/	/	3	撤销登记		
1	/	1	/	/	/			
94	/	53	11	2	28	无意经营		
129	/	62	11	3	53	合计		

外国公司之认许，始于现行公司法施行以后。年余以来，声请认许者总计为四〇二家，其中以美英二国公司为多。至外国公司分公司之设立共为三二一家，其中于三十六年声请者占三〇六家焉。兹将外国公司认可情形表示如左：

公司国籍	三十五年度认许家数	三十六年度认许家数	合　计
英　国	三〇家	五五家	一八五家
美　国	一六家	三九家	一五五家
瑞　士	六家	一六家	二二家
法　国	/	一三家	一三家
荷　兰	一家	七家	八家
比利时	/	六家	六家
丹　麦	二家	三家	五家
瑞　典	/	二家	二家
加拿大	/	二家	二家
捷　克	/	一家	一家
澳大利亚	/	家	一家
古　巴	/	一家	一家
意大利	/	一家	一家
合　计	五五家	二四七家	四〇二家

（四）矿权设定

三十六年度，计由经济部设定民营采矿权二九一区，小矿权六〇区，共三五一区（见附表）较诸三十五年之二〇六区共增多一四五区。就矿质言之，以煤矿为最多，锡、金、锰等矿次之。就省别言之，以四川为最多，广西、湖南等省次之。此外，如苏、浙、皖、赣、鄂、滇、黔、粤、闽、陕、甘、宁、豫、冀、晋、鲁、察、辽、宁、辽北、台湾、南京等省市在三十六年，均有设权之矿区。至在三十六年度由经济部设定之国营矿业权，计有湖南湘潭县煤矿二区，江西萍乡县煤矿一区，热河阜新县煤矿一区，安徽当涂县硫磺矿一区。关于指定区域保留之矿，计有河北冀东各县钨矿，辽宁海城县铀夹长石矿、热河阜新县北部煤矿，辽宁义县煤矿，山西大同怀仁两县煤矿，广东雷州半岛铝矿，福建漳浦县铝矿，辽宁海城县苦土石矿及江苏无锡县锰矿。综计现有设权之民营矿区，计六，一三〇区，共面积四千三百万余公亩。又设权之国营矿区，计二五四区，共面积四千四百万余公亩。

关于东北九省收复区内矿业权之处理，复经由部根据收复区矿业权处理办法，订定处理东北九省矿业权实施要点六项，以利实施。

附表　三十六年度设定国营矿业权分省分类表

	湖南	江西	安徽	热河	总计
	区数	区数	区数	区数	区数
煤	2	1		1	4
硫磺			1		1
共计	2	1	1	1	5

三十六年度核准大小各矿矿权分省公类一览表

		江苏	浙江	安徽	江西	湖南	湖北	四川	云南	贵州	广东	广西	福建	陕西	甘肃	宁夏	河南	河北	山东	山西	察哈尔	辽宁	辽北	台湾	南京	总计
煤	区数	6	7	4	4	48	12	80	2	5	3	7	1	15	5	2	7	13	1	1	1	2	2	2		248
铁	区数					1		3			3	7			1											15
金	区数					6																				6
钨	区数										1	18														19
钨铋	区数										2	4														6
铅	区数								3		1															43
铝锌	区数	1																								1

续上表

		江苏	浙江	安徽	江西	湖南	湖北	四川	云南	贵州	广东	广西	福建	陕西	甘肃	宁夏	河南	河北	山东	山西	察哈尔	辽宁	辽北	台湾	南京	总计
锡	区数										5	25														30
锑	区数										1	2														3
钾	区数											1														1
锰	区数											20														20
笔铅	区数	1				2																				3
弗石	区数		2																							2
石膏	区数							1									1									2
磁土	区数							5																		5
重晶石	区数		3			1						1			1											6
苦土石	区数																								1	1
方解石	区数	1																								1
天然碱	区数								1																	1
硫磺夹煤	区数					1		1				1														3
火粘土	区数		1			1																				2
总计		8	14	4	4	60	12	90	6	5	13	79	1	15	7	2	8	13	1	1	1	2	2	2	1	351

（五）工厂登记

关于工厂登记规则，原拟加以修订，改为设立许可制度，惟因在目前生产萎缩，局势不宁之际，能否实施，有详加研究之必要，故仍在审慎考虑中。本部核准登记之工厂，自三十年四月起至三十五年底止，计七九九二家，本年内经督促各地工厂办理登记，共有九，二八五家，超逾历年登记厂数。其中以收复区占大部分，至各厂三十五年度厂务报告表，曾迭经函请各省市政府转饬慎送，并由部径行通知各工厂径送其已送到省约有三千家，未送者仍居多数。盖以工厂登记规则内未有强制或处罚之规定，各工厂视为无足重轻，遂未遵办。为补救起见，拟在修改工厂登记规则时，予以注意。

肆、推进调查研究

（一）经济调查

本部为明了国内经济实况，以为今后经济决策及施政之张本起见，特举办全国经济调查，于本年二月间设置全国经济调查委员会主其事。其调查对象，分为地方经济概况及经济事业个案调查两种。前者由本部商请各省市政府代为查报，后者则分别饬由沪、津、汉、穗、渝各工商辅导处，兰州工业试验所，青岛商品检验局，择定重庆工商业据点四十余处，负责调查，其无本部分支机构之地，如昆明、贵阳、西安、台湾、南京、福州等地，则分别委托各该省政府统计处或由部直接派员办理。现在全国各地之调查工作，已次第展开，积极进行。迄年底止，台湾、福州、厦门、南京、天津、汉口、上海各主要地区工厂、矿场、电厂，重要商业及进出口贸易之调查，均已办理竣事，并将调查表件送部在分别整理汇编中。

（二）地质调查

三十六年度中央地质调查所经派员分组前往桂、湘、赣等省调查钨、锡、铀、钍等矿产，并组织青、新边区及柴达木调查队调查各项资源。在青新公路园山一带，发现新油田，寻获含油砂岩，干油积存之沥青，油田地质构造甚佳，其经济价值极堪注意。又派员协助台湾省地质调查所，调查台湾省石油矿。此外，经该总所及西北与北平两分所派员调查其重要部分，有长江中下游之煤田，甘肃成县之重晶石矿，六盘山之储油构造，甘肃平凉、华亭、皋兰、洮沙、榆中之煤田，归绥附近之煤田，白云鄂博之铁矿与绥远省稀有矿物，东北之阜新，抚顺营城子，本溪、烟台各煤矿与鞍山铁矿、扬子峡区工程地质，广东海南岛及西南沙群岛之地质矿产及黄泛区与南京市之土壤。

（三）矿冶研究，三十六年度矿冶研究所，经派员分别调查长江中下游，鄂、赣、湘、苏、浙、皖六省重要煤矿研究，改进其工程设施与开采方法。经勘得湖北崇阳、咸宁、蒲圻三县境内下石炭纪煤田分布颇广，经济价值亦甚大，可能有一亿吨以上之储量。此外，并调查河北唐山、古冶耐火材料，察哈尔宣化下花园，张家口一带矿冶事业，热河承德双塔山铁矿，唐山秦皇岛一带与北平市门头沟一带煤矿产销情形，又研究辽宁锦西杨家杖子钼矿之浮选，热河滦平太庙钒铁矿之浮选，协助石景山钢铁厂修理炼铁炉及炼焦工作并设计煤矿爆炸气体指示器研究，煤矿井下局面通风法，整理编纂日人在华北矿产资料。

（四）工业试验，本部工业试验之机构，本年度内已遵照原计划，将中央工业试验所西北分所、北平分所及西南办事处，分别改组成立兰州工业试验所，北平工业试验所，重庆工业试验所，连同原有之中央工业试验所均直隶本部，并拟订本部工业试验所组织条例，完成立法程序，奉国民政府令公布施行。经督饬各所按照原计划，就各该地工业状况及工业原料生产情形，察酌实际需要，分别设立化学分析，酿造陶瓷、油脂、皮革、塑胶、纺织、染、纤维、木材、电工、电子、热工、机械、造纸、制糖、盐碱酸、纯化药品、动力等十八种试验室。其重要试验工作推进情形，中央工业试验所，在工业原料成品分析方面，对于骨粉、豆饼、代立德粉、云母、氟石、栗子、白糊精等标准化学分析草案之审订；在酿造试验方面，对于利用玉米等原料制造酵素，由大麦、高粱、绿豆分离乳酸菌及丙酮丁醇发酵之研究；“龙脑”粹化学品试验，糖精对淀粉还原，樟脑制造“龙脑”，以甲基苯制造糖精，以淀粉水解制造葡萄糖及茶精抽提之试验；在陶瓷试验方面，对于燧炉砖，木节土体性成坯性试验及成份分析；在油脂试验方面，对于豆饼干酪素之提取，大豆胶接剂与醋酸纤维之试验；……在皮革试验方面，对于植物鞣料之调查，重革样品之研究，酵素脎灰及软化剂之试制，薯莨之试验；在纤维试验方面，对于人造丝及造纸纤维之研究；在木材试验方面，对于木质资源之调查，木材构造，材性，木材腐败及菌害之研究；胶板之试验；在材料试验方面，对于国产各种钢铁材料及水泥物理性能之试验，混凝土性质之研究；在机械设计方面，对于切草机、离心水泵等，工业机械及油料试验仪、织物拉力试验机等，检验试验机械之设计及制图；在热工试验方面，对于工业用水处理，家用及工业用煤燃烧之研究；在电工及电子试验方面，对于各种电机电表之校验……高精确度成音周率扩大器之试制，万能试验工作台之装置，均获有相当之成果。又该所各实验工厂本年内制成油漆一，五〇〇加仑，军用鞋面革一六，八二〇万呎，鞋底革四八，九一八担，变压器一一〇具，各式电表一〇〇只，酱油三，九一〇，八一五担，味噌二，五〇〇担，种麹三，〇〇〇包，清凉饮料二，八七四箱，肥皂四，一四八箱。兰州工业试验所，试验工作有具体结果者，有以甜菜精制白糖，以土碱精制纯碱，以胡麻油试制各种油漆，检定及培养西北酿造用菌种制造药用葡萄糖研究西北电池原料，及西北牦牛皮制革等项大都系利用当地土产原料，从事试验或制造，以为今后开发西北经济之准备。此外，该所对宁夏中宁、绥远五原、甘肃武威、临洮等县制糖工业之导助，资源委员会所办甘肃化工机器一厂，卫生署所办西北制药厂之恢复，青新边区及柴达木工矿资源之调查，亦均经配合各有关机关积极推进，获收成效。重庆工业试验所试验工作有具体结果者，有钢铁矿石煤炭等工矿产品之分析，各种液体燃料之分馏试验，土法炼焦炉之改良，由蔗糖提制甘油及以草酸法制造尿素之试验，葡萄糖精制及脱色炭效能及更新之试验，压榨机及多效真空蒸发器之试验，利用构皮桑制造纸浆及利用牛粪漂白纤维之试验，杀虫剂、抗酸抗碱油漆之试制，与各种油类之裂化试验，润漂油之研究以及肥皂、油墨、油漆、皮革、纯化学品、道林纸等成品之制造。北平工业试验所试验工作有具体结果者，则有煤焦油整理加工之研究，煤炭热值之测定，煤液化问题之研究，土法炭窑副产品利用之研究，利用杂粮豆饼配制大众食品之研究，营养素之提炼，各种可塑体胶接剂接触剂之试验，利用各种国产原料制造纸浆、硝化纤维、醋酸及蚁酸纤维及提制燃料油、硬化油、润滑油、硫酸化油及脂肪酸之研究。此外，并协助各民营工厂解决工业技术上困难问题，以期促进华北工业之发展。

（五）工业标准　工业标准原系由全国度量衡局兼为办理，本年内经将该局改组为中央标准局，以期更为加强推进，其一年来工作情形，可分述如下：

（1）标准之编订审查与公布　关于草案之编订工作，共计完成一百三十四号，包括机械、农产、化工、电工、土木、矿冶各部门标准，先后印发各起草委员会委员及有关机关、团体、工厂审查，召开各级审查会议二十五次。已审定公布之标准，计有四十五种，共编总号十七号。属于机械部门者，有颈□、板手工具、圆锥等三十五种。属于化工部门者，为白腊等三种。属于农业部门者，为猪鬃、大黄、五倍子等六种。属于窑工业部门者，有水泥一种。机械部门各标准，系属于基本性质者。农业与化工部门之标准，主要为我国之外销产品，水泥则为各种大小建筑土木工程最重要之材料，故均予以提前审定公布，以应需要。至于纺织部门标准，以纺织为我国仅有之具备现代规模之工业，亦极应早日厘订。首先从组织健全之起草机械着手，经邀请中纺公司、纺调会、军需署、纺织业各同业公会、纺织学会及专家多人，先后开纺织标准起草委员会筹备会二次，此一酝酿，其中之组织乃得于去年底正式成立。

(2) 标准资料之征集与译述　标准之编订工作，必须以试验或经验所得之资料为依据。我国产业落后，是类资料甚感缺乏，必须求诸先进各国，为取得国外资料计，本局除加入国际标准协会，且在该会行政会中占常务理事一席外，并经常与各国标准机构密切联系，去年共收到国外标准六千七百四十七种，包括美、英、比、加、捷、丹、日、匈、法、荷、挪、新西兰、苏、澳、波、巴基斯坦、澳、芬、瑞典、瑞士、意、乌拉圭、南非、阿根廷等二十四个不同之国家，就收到之各种资料中，择其极需参考应用者，分别翻译，计共译英、美、瑞士、日本、苏联、加拿大等国资料十余万言。

(3) 标准之宣传与推行　我国对于标准之推行，按其性质分为强迫采用与自由采用二大类。在目前国内各界对于标准尚未有深切了解之际，已公布之各号标准，尚未有经政府规定为强迫采用者，故对于标准之推行工作，着重于宣导与介绍。如参加南京市工程师学会，中华农学会等，或展览与标准有关之图表资料，或赠送“标准”期刊，以广宣传。此外，并邀集各机关及本京各纸业与印刷商店，开推行纸张标准座谈会，借收推行之效。函询各机关各学校或有关厂商，对于采用“工业制图”“卜特兰水泥”等标准之情形与意见，借以观察标准推行效果并作为修正标准之参考。

(六) 工业专利　在本年内工业专利案件，仍依现行奖励工业技术条例及其施行细则暨奖励工业技术补充办法各规定办理。在本年内呈请专利案共一百七十一件，经核准专利者八十二件。呈请协助案共十五件，经核准协助实验者一件。关于专利法施行细则，呈奉行政院于三十六年八月间公布，并奉令定专利法，自三十八年一月一日起施行。至在商标局内增设高级技术及专门审查人员使兼办有关专利事务前，曾督饬该局积极办理，并由本部拟具商标局专利审查委员会组织规程呈奉行政院核定。又原计划设置专利样品陈列馆一节，因经费限制及专利样品未征集齐全，尚未能设置。

〔国民政府经济部档案〕

3. 工商部抄送1948年下半年施政报告呈

（1949年1月　日）

工商部呈　京秘38字第01160号

案奉钧院本年(卅八)八审字第六六七号子鱼代电饬就三十七年六月至十一月底翁前院长任内，本部施政成果限文到十日内编拟报告呈院，以凭汇办，等因。奉此。兹谨遵照原令指示三点，就本部主管施政情形编具"三十七年度下半期施政成果报告"一种，理合缮同原报告一式两份，备文赍呈，敬祈鉴核。谨呈

行政院

附呈本部三十七年度下半期施政成果报告二份

工商部部长刘维炽

中华民国三十八年一月　日

机密

工商部三十七年度下半年施政报告

目录〔略〕

工商部三十七年度下半年施政成果报告(行政部分)

(壹) 加强工商行政

(一) 加强工厂登记

一、工厂登记规则原拟加以修改，嗣因时局动荡，工厂设立、

停闭、变迁过多，暂未便加以修改，仍须原规则督促各未登记工厂办理登记，计自三十七年六月至十一月登记工厂2017家。

二、整理工厂登记材料，经将各登记工厂分类别、区域、笔划三种，抄录卡片，业已大部完成。

（二）整饬矿业设权　督饬各省市主管官署取缔私采之矿主，指导依法呈请设权。而台湾因光复未久，更需整理，特派矿业司王司长野日前往调查，并与台湾省政府方面订定解决办法。

（三）改善商业管理

一、加强各业管理　关于典当行业现行管理规则，已予修订，并经会同内政部公布。打捞业管理规则，亦经由部拟订修正方案，分函各有关部查核。银楼业许可规则，经订定修正草案，会同财政部等核定修订。牙业行纪管理办法，已着手征集材料。

二、筹拟保险业委托拍卖业及仓库业管理办法，已分别进行研议，并征集材料。

三、严密证券交易所监理　上海证券交易所上市股票陆续增至三十亿元，经纪人资本额增至五亿元，保证金增至二亿元；天津证券交易所三十七年二月开业，关于经纪人资本及保证金即责令按照上开数额规定。又遇有经纪人违法擅营场外交易，均经遵奉院令予以吊销执照处分，并一面移送法院究办。关于其余应行改进之监理事项，亦正着手推进。适该两交易所于八一九后奉令暂停营业，俟复业再予统筹办理。

（四）厉行公司登记

一、已通令各省市厅局切实取缔，并陆续据呈复遵办情形，滥用公司名义之商号，可望日趋减少。

二、关于公司登记案件，迭经令饬各厅局随到随核，随核随转，不得积压。至于公司呈请验资案件，经限令各厅局于十日内办理完竣，以便公司迅速声请登记。

三、洽商并接受各有关机关之委托，统一办理各项有关商业之登记，尚无机关委托办理。

（五）推进电业行政

一、核准电厂注册给照。自三十七年六月至十一月计核准八张，内创设者二家，增加容量为10,098瓩。核发工作许可证九张，增加容量为33,080瓩。核发自用发电设备登记证三十三张，增加容量76,358.5瓩。

二、取缔窃电，以节约不生产之用电，供工业之用。因受军事影响，未收显著效果。

三、严格审定电价。惟自八月十九日至十一月初，采严格管制，各电厂大多亏损。至十二月初，本部重新颁行电价计算公式一种，对厂方成本及用户负担咸能兼顾。

（六）调整企业资本

一、原拟重订调整增资办法，以金圆券发行，乃将各企业资本应就物价指数调整各点规定于营利事业资本额折算金圆变更登记办法，呈经院令核准公布施行。

二、营利事业资本额折算金圆变更登记办法，限各企业于三十八年二月十九日前为变更登记，各公司均逐渐采取金圆券为资本单位。关于以金圆券为资本之公司登记，业经分别设立与变更统行设置新登记簿，以便调查统计，而明其实况。

（七）健全工商团体

一、曾于十一月间在沪约集参加中国商会联合会之各省市代表，分别研讨具体方案，正拟订中。

二、各业分业标准业经厘订完竣，现正分与社会部及全国商联会研议中。

三、修订商会法、商业同业公会法、输出业同业公会法，立法原则业经厘订，并与社会部及有关各部一再开会商讨。

四、京沪两地迭经派员督导社会局及商会，切实注意，并透过工商团体加强同等管制，取缔不法经营。

五、京沪两地曾经再派员视导，并召开各种工商业会议，以收集思广益之效。

（贰）推进国际贸易

（一）推行对外贸易政策

一、对于我国出口物品主销国家，而参加关税贸易总协定者，均根据该项减让税率之规定，分别交涉减让，以利我国主要出口物品之输出。政府对于民营出口事业，则予以贷款协助，鼓励输出，并责成国营贸易机构大量收购外销物资外运。本部半年来对于纱布外销争取南洋市场，尤积极努力著有成绩。八一九新币制实施后，外汇汇率未变，出口事业深受影响，嗣改定办法实施贸易连锁制出口事业，已渐趋活跃。

二、本国工业发展情形，本部经常予以调查，并视实际情况，对于若干本国能生产货品随时限制输入，并修订提高关税税率，以资保护。对于国内不能供应之工业器材及必需物资，则减免关税税率，或放宽输入限额，以鼓励输入，促进建设。

（二）管理进口贸易

一、本年二至七月第五六季输入限额原为73,476,000美元，第七八季适以币制改革，并因一部工业器材原料，如油类、棉花、米麦、肥料等项，可由美援项下拨用，为撙节外汇并适应实际情况起见，经规定第七八季输入限额为41,816,000美元。如将美援各货金额（照五六季数字）加入计算，共较第五六季减少3,000,000美元。凡属供工厂直接应用原料规定由二厂直接输入，其余一般原料亦经规定工业与进口业分配比率，分别输入，以利生产。

二、为奖励外销工业品之生产及推广输出业，经订定输出品制造原料输入办法，及出口货物包装材料特许进口办法。施行以来，颇著成效。嗣为适应水泥工业之需要，特准将麻袋限额改购纸袋，并协助接洽贷款，输入纸袋，以利输出。

（三）扩大出口贸易

一、本部鉴于国际贸易情势之需要，已先与英澳及法国商洽易货协定，关于该项协定已拟就方案，对澳方已进行初步协商，对法国易货本部协助中信局办理，已由法方代表与该局成立初步草案，易贷总额为美金百万元，俟上述三国办有成效，再斟酌缓急，拟与印度、智利、阿根廷、近东各国分别洽议易货协定。

二、国内币值不稳，出口货成本甚高，无法输出。经指定中央信托局对于商人输出困难之外销特产，予收购运销。计实施收购者有桐油、冰蚕、花生仁、菜籽油等项，嗣以改订结汇办法，停止收购实施出口限价办法，藉收稳定市场之效。

三、本部对于输出物品产制技术之改进，均随时予协助指导，并由商品检验局制定各种外销物品标准，严格实施检验，非合规定标准，不准运输出品，以维国际市场信用。

（四）增强商务联系

一、本部依制定驻外商务官报告纲要之格式，均转行各驻外商务官，按月编送报告，本部斟酌需要情形，分发有关机关团体参考，以期密切联系。

二、增设驻英商务参事处，业经派刘鹏九为商务参事，吴尊爵为助理商务参事，前往伦敦成立。

三、为健全进出口事业，随行督导有关各团体酌予改进，并指导中国进出口贸易协会改组为中国国际贸易协会，以备工商界咨询。复责成协会编进出口行业名录，已于三十七年八月出版，分送国内外各工商团体参考。

（五）办理对日及中韩易货

一、自开放对日贸易，私商代表先后共派出七十八人，截至目前止，与日商订立合同约值美金四百余万元，现正加强督导各私商积极进行中。又私商代表名额，业经呈准放宽，代表推选管理办法及贸易范围方式亦经分别修订，一俟核定即可加速推进。

二、对韩贸易实施原则业经决定，本部遵照〔行〕政院决定原则，已会同输管会拟定中韩贸易名额会呈〔行〕政院核定，一俟核定，即予施行。

（叁）改善物资管理

（一）改善花纱布管理

本部全国花纱布管理委员会为达成“统购统销”与“代纺代织”之全面管制政策，仍继续实行上半年度收购国棉、配棉换纱、配纱换布、配售棉纱及管理纱布南迁、办理纱布外销等业务，惟以战乱频仍，交通阻滞，自本年九月该会奉令裁撤，当经饬令将各种业务分别停止，办理结束。该会遵令于本年十二月底结束完竣。

（二）改善燃料管理

关于燃料之管理，原由本部上海区燃管会及河北平津燃管会负责办理，供应分配尚有成绩可言。自本年九月奉令撤销，并奉令会同资源委员会组设烟煤调节委员会，于本年十一月成立，负责办理烟煤之分配及核价事宜，另由各矿自组联营运机构负责办理运输供应，直至本年年底因军事告紧，煤源奇缺，经呈准购运外煤，接济需要，尚能维持现状。

（三）继续管制物价

物价管制原系依据“非常时期农矿工商管理条例”、“非常时期取缔日用重要物品囤积居奇办法”、“取缔违反限价议价条例”及“评议物价实施办法”等法例办理，三十七年八月财政经济紧急处分令颁布后，复参照拟具“实施取缔日用重要物品囤积居奇办法补充要点”及“取缔违反限价议价条例实施办法”呈请行政院核准配合施行。惟以通货膨胀币值低落，物价仍不免因之而受影响。

工商部三十七年度下半年施政成果报告(事业部分)

(肆)扶助生产事业

(一)扩充企业投资

一、川嘉造纸公司,自迁台湾建造制粕厂后,工作进行极为顺利。嗣因鉴于邻近之中原造纸厂规模宏大,颇难与之竞争,乃计划添建造纸设备,即以自制纸浆造纸约需增资金圆券三十万元,本部应承半数为十五万元,以限于预算正在筹划之际,限价开放,百物飞涨,是项计划遂无法实现,其制粕设备可照预定计划在三十八年六月底完成。

二、原定计划对纺织、造纸、油脂三种工业为中心,计划列预算法币一千二百亿元,及预算核定折成为金圆券四万元,已感不敷应付,而修正金圆券发行办法公布后,所有计划无法推动,对上述三种工业应行增加资本者均暂告停顿矣。

(二)加强工商辅导

本部原设上海、天津、汉口、广州、重庆各工商辅导处,原拟加强辅导工作,惟因奉令裁撤,已于三十七年九月底完全结束完竣,对于各地工商辅导工作本部仍随时直接予以处理。

(三)调剂工矿器材

关于调剂工业器材,本部随时予以办理,在三十七年下半年之重要者有下列各项:

一、协助中华民国水泥工业同业公会向加拿大借款订购九百万至一千万只纸袋,已呈院核准,现正进行中。

二、协助中孚兴业化学制造公司等向兵工厂定购苦味酸一百吨。

三、邀集各有关机关商讨汽油掺用酒精,已拟具办法呈院核示。

(四)推行技术指导

一、罗致工矿各业专门人才,组织工业技术指导委员会,刻正在筹备中。

二、视察指导各地区工矿事业，因经费过少，未能积极推进，但对上海方面工矿事业，曾经派员实地视察与指导。

（五） 办理保息补助

在三十七年下半年度未有呈请者。

（六） 扩展技工训练

一、技工训练 各有关厂矿因时局动荡，大都不景气，对于委托招收技工，设班施训，均感财力不足，虽经严督，积极办理，并列为各该厂矿职工考成项目，仍未能达到预期成效。在三十七年下半年内各有关厂矿在训技工人数共计 2045 人。

二、师资训练班 曾饬由本部技工训练处着手筹备，惟因经费无着，尚未开办。

（伍）促进纺织建设

（一） 制造纺织机器棉纺锭 2 千万锭，棉纺织机 7 千台。

由本部设置纺织机器制造协导委员会协导办理，一面将制造棉纺机 20 万锭，棉织机 7 千台贷款计划书暨上项计划书实施办法呈请行政院核示，奉指令应俟新放款方针核定后，再行核办。

（二）筹设纺织工业改进所

该所已设立工作，尚待推动。

（三）促进纱布生产

经本部督导中纺公司各厂增加生产，自三十七年六月至十月五个月间，计生产棉纱 312,391 件、棉布 7,092,221 匹。又自八月至十月三个月间，计生产毛纱 873,425 磅、毛织品 577,058 码、麻线 3,559,124 磅、麻布 513,854 码、麻袋布 2,294,899 码、绢丝 128,779 磅、丝织品 524,246 码。

（四） 协导蚕丝生产收购秋蚕 50,000 担，外销丝 10,000 担。

督导蚕丝产销协导委员会，按照上项计划，草拟三十七年秋季贷款收购缫制运销实施办法，呈送行政院，并分函四联总处，且派员再三与四联总处及财政部主管洽商贷款收购办法，结果以币制改革，一切贷款停止，该项计划未予实施。至三十七年上半年春季贷款法币 2 亿 5 千余万元，业经收茧缫制，合于外销生丝，截至上年底，已由蚕丝产销协导委员会同中央信托局收得 4 千余关担生丝，运输欧美。

（五）推广纱布外销全年拟输出棉纱 300,000 件、棉布 40,000 匹。

纱布外销业务，由全国花纱布管理委员会纺织品外销委员会负责办理。该会之业务财务系由中央银行业务局兼办，按全国各国营民营纺织厂每年生产总数量百分之二十外销，以争取外汇，换购外棉，藉补国棉之不足。实施以来，颇著成效，自该会奉令随同花纱布管理委员会同时撤销后，其业务经奉院令饬由中央银行业务局接管。本部以纺织品外销系属本部主管，已另拟办法呈院核示中。

（陆）协助煤炭增产

建设并扩充各地煤矿产量。

为求华中华南煤产自给自足起见，积极督导开发粤北及湘南煤矿，增进台湾煤矿产量，扩大淮南华东等大煤矿生产计，在此期内，淮南煤矿产量已增至每月 12 万吨，华东煤矿每月产量已增至 6 万吨，台湾各煤矿每月产量已增至 15 万吨，其他全国各地煤矿产量，亦皆能正常生产，故在此期内全国各地尚未发生严重煤荒。

（柒）加强经济调查

一、举办经济调查

上项工作计划以三十七年度下半年度事业费概算，奉行政院核减为法币 51 亿元，仅及原概算二十分之一，与实际需要相差过巨。正在着手实施调查之时，复以各地工商辅导处奉令裁撤，对于调查之进行影响甚巨，乃与沪汉渝青穗津等地之著名大学洽商，于寒暑期内利用学生实施调查。适以时局关系，各校均纷纷停课，无从实施，待局势好转，拟就现有经费重行规划，从速实施调查。

二、推进地质调查

（一）继续查勘桂湘赣等省钨锡铀矿、绥远稀有金属矿，开始调查鄂西、赣北、粤北及浙赣路、粤汉路、平绥路沿线地质矿产，多已草成报告。（二）协助钻探湖北大冶、阳新、蒲圻等地煤矿，并由该所高技正振西前往决定钻探地点。（三）协助新疆技术辅导团调查新省矿产。（四）研究甘肃河西一带古生代地层与北平周口店猿人迹象。（五）开始调查鄂南鄂东赣北湘北等地土壤。（六）继续编制各省分幅地图。

三、加强矿冶研究

继续指导研究北平西山及湖北各县煤矿工程之改善，已著有工作报告。继续或开始进行台湾铜矿精选、福建漳浦铅矿冶炼、唐山火粘土利用等研究暨选炼煤膏之蒸馏。

四、改进工业试验

（一）中央兰州北平重庆各工业试验所，均按照既定计划推进工作，原定各所中心工作亦均各有成效，并由中央工业试验所于武汉、长沙、广州、昆明、台北五处筹设推广工作站，俾工业试验工作普遍积极发展。

（二）接办台湾省政府工业试验所一项，原拟接收，嗣因台湾省政府工业试验所规模甚大，需费甚多，如由中央接收开支过大，暂未接收，将原定该所之经费改为中央对该所之补助费。

五、扩展商品检验

（一）三十七年度下半年预算所列各商品检验局添购仪器药品费，前获核准，本部当即拨发各商品检验局择要购置充实，以应需要。至添用技术人员一项因限于经费员额未能有所增加，对于大宗出口商品，如生丝、茶叶、桐油、蛋类、豆类、皮类、猪鬃、肠衣等项均督饬依照原有出口检验标准，认真办理，并注意各项进出口商品之分析与研究，嗣将研究所得修正植物油类检验施行细则，以期提高检验商品标准，适合国际市场之需要。

（二）商品检验行政为法定之中央行政，系属全国性质，不宜省自为政。本部三十七年度下半年度预算所列设立台北商品检验局及高雄检验分处之经费已获核准，惜为数过少，不能独设机构，曾与台省府洽商，仍派该省农林处检验局局长朱刚夫为本部台局局长，业于十一月十六日开始筹备，拟将国际性进出口商品划归本部台局统一办理，所有各项技术及业务人员以台省农林处检验局现有人员派兼为原则。

（三）过去我国出口商品，常以不合国际市场之需要，以致出口商人遭受损失，并影响商品之外销。本部经于三十七年九月制定五倍子、大黄、白腊、麝香等国定标准，并将原有检验标准重行厘订为国定检验标准者，计有桐油、蓖麻油、亚麻油、猪鬃、棉花及生丝包装等商品，藉以外销，配合国际贸易之发展。

（四）依照商品检验法之规定，以后各商品检验局之检验工作仅限于输出入商品，惟由于商人重利，在国内市场销售之货物，常有掺伪掺杂情事，须经检验，始可标准化。尤其大宗出口商品，如桐油、猪鬃、棉花等亟应施行内销检验，以期配合出口贸易，经饬据各商品检验局拟具内销商品鉴定办法，现正汇订中，一俟呈准，即可责成各局兼办内销商品检验工作。

六、奖励工业发明

（一）已由本部商标局积极筹备实施专利法事宜。

（二）专利局应否设立，尚在研究中。

（三）已通饬各专利权人报告实施情形。

七、推行工业标准

（一）在三十七年六月至十一月内，中央标准局共编订各项国家标准草案五十三种。其中经审查通过呈部者三十六种，均由部呈院核准公布中。

（二）关于各省市度量衡机构依宪法改由中央接办一节，呈奉院令暂缓办理，经仍督导各省市原有度量衡机构积极推动度量衡划一工作。

（捌）办理实物配售

继续配售京沪平津区公教员工煤球食油布匹。

京沪平津四大都市之公教员工，仍照以往办法配售实物，计京沪区共计公教员工十三万四千人，平津区共计六万三千人，合计十九万七千人，依原定数量按期配售，计每月需煤 11,580 吨，食油 3,270 担（平津已不配食油），每季布匹白蓝布共 67,072 匹，黄黑卡其布共 15,072 匹。

〔国民政府工商部档案〕

4. 工商部抄送该部投资事业概况表致财政部代电

（1949 年 3 月 22 日）

工商部代电 卅八穗资字第一一二一号
中华民国卅八年三月廿二日

财政部公鉴：贵部三十八年三月三日穗财库六字第一七五号代电诵悉，联合国秘书处之财政状况调查表经已照式填列，相应抄同本部投资事业概况表一份后请查照汇办为荷。工商部穗资(38)寅。

印附送工商部投资事业概况表一份

部长刘维炽

工商部投资事业概况表

一、工　业　门

事业名称	营业种类	资本总额	本部投资百分比	本部投资额	约增倍数	创立时期	备　注
中国纺织建设股份有限公司	统筹办理全国纺织事业	一四五,〇五四,九七七.九六美元	70%	1,000,000,000B元		民国三十五年二月成立	国库另拨营运资金五十亿元
中国蚕丝公司	统筹办理全国蚕丝事业		100%	B		民国卅五年一月筹备成立	除接收敌伪资产尚未估价外,国库拨付营运资金五亿元
中华烟草公司	统筹办理全国烟草事业		100%	B			系接收敌伪资产,尚未估价
裕湘纺织厂股份有限公司	制造棉制品	七五,〇〇〇,〇〇〇元	100%	七,五〇〇,〇〇〇元	六十六倍附注一	民国卅三年六月后业局部开工	
中国毛纺织厂股份有限公司	制造毛纺织品	四,〇〇〇,〇〇〇元	11.26%	一,五〇〇,〇〇〇元	同上	民国二十九年一月成立	
西北毛纺织厂	制造毛纺织品	一〇〇,〇〇〇,〇〇〇元	3%	一四,〇〇〇,〇〇〇元	同上	民卅五年四月廿日成立	

续上表

事业名称	营业种类	资本总额	本部投资百分比	本部投资额	约增倍数	创立时期	备注
四川丝业公司	改良蚕种,缫制蚕丝	七七,〇〇〇,〇〇〇元	0.12%	九〇,〇〇〇元	同上	民卅五年五月成立	
经纬织机器制造股份有限公司	制造纺织机器	二〇〇,〇〇〇,〇〇〇元	20%	四〇,〇〇〇,〇〇〇元	六十六倍附注一		
中国植物油料厂公司	机榨植物油以桐油为主	二,〇〇〇,〇〇〇,〇〇〇元	16%	三二七,二〇〇,〇〇〇A元	一千零八十倍附注二		
中国油脂工业公司	机榨各种食用油	一〇,〇〇〇,〇〇〇元	80%	八〇〇,〇〇〇元	六十六倍附注一	民廿九年四月成立	
造纸厂	制造报纸、打字纸及牛皮纸	四五,〇〇〇,〇〇〇元	25%	二,五二〇,〇〇〇元	同上		
中国纸厂	制造木粕及各种纸张	一〇〇,〇〇〇,〇〇〇元	14%	一四,〇〇〇,〇〇〇元	同上		
中国纸业公司	制造纸张及造纸机器	一〇,〇〇〇,〇〇〇元	10%	一,〇〇〇,〇〇〇元	同上	民卅四年六月成立	

续上表

事业名称	营业种类	资本总额	本部投资百分比	本部投资额	约增倍数	创立时期	备注
中国汽车制造公司	制造桐油汽车配件	一,五〇〇,〇〇〇元	16.7%	二五〇,〇〇〇元 A	一千零八十倍附注二	民廿五年二月八日成立	
川嘉造纸厂股份有限公司	制造木粕	四,〇〇〇,〇〇〇元	50%	二,〇〇〇,〇〇〇元	六十六倍附注一	民廿八年四月成立	

二、矿 业 门

事业名称	营业种类	资本总额	本部投资百分比	本部投资额	约增倍数	创立时期	备注
华商大通煤矿公司				A 四五,七〇〇元	一千零八十倍附注二	民廿三年九月成立	现已并入淮南矿路公司
烈山煤矿公司	开采宿县烈山煤矿	一,五〇〇,〇〇〇元	24%	A 六〇〇,〇〇〇元	同上		
淮南矿路公司	开采怀远煤矿并经营运输	一〇,〇〇〇,〇〇〇元	5%	A 五〇〇,〇〇〇元	同上	民二十六年七月一日成立	
华安矿业公司	开采川巳盐区一带煤矿			四〇,〇〇〇,〇〇〇元	六十六倍附注一		因资本总额不详无法列其百分比

三、商　业　门

事业名称	营业种类	资本总额	本部投资百分比	本部投资额	约增倍数	创立时期	备　注
西北民生实业公司	经营国内外贸易办理农工矿及运输事业	五,〇〇〇,〇〇〇,〇〇〇元	12%	六〇〇,〇〇〇,〇〇〇元	六十六倍附注一		
贵州企业公司	经营各科实业	三〇,〇〇〇,〇〇〇元	3.25%	九七五,〇〇〇元	同上	民二十八年六月成立	
江西兴业公司	经营各科实业	三〇,〇〇〇,〇〇〇元	6.7%	二,〇〇〇,〇〇〇元	同上		
华侨企业公司	经营各科实业	一〇,〇〇〇,〇〇〇元	15%	一,五〇〇,〇〇〇元	同上		

四、金融事业门

事业名称	经营种类	资本总额	本部投资百分比	本部投资额	约增倍数	创立时期	备　注
中国国货银行	银行业务	五,〇〇〇,〇〇〇元	20%	A　一,〇〇〇,〇〇〇元	一千零八十倍附注二		
农商银行	银行业务	一二,〇〇〇,〇〇〇元	16.7%	A　五〇〇,〇〇〇元	同上		
中国农工银行	银行业务	一〇,〇〇〇,〇〇〇元	4%	四〇〇,〇〇〇元	同上	民廿年十二月四日成立	

五、公用事业门

事业名称	经营种类	资本总额	本部投资百分比	本部投资额	约增倍数	创立时期	备注
扬子电气公司	供应京锡常带电热电力	一〇,〇〇〇,〇〇〇元	30%	三,〇〇〇,〇〇〇元	一千零八十倍附注二	民二十六年七月一日成立	
成都自来水公司	供应成都用水	一〇〇,〇〇〇,〇〇〇元	10%	一〇,〇〇〇,〇〇〇元	六十六倍附注一		
渝西自来水公司	供应沙坪坝用水	一〇〇,〇〇〇,〇〇〇元	32%	三二,〇〇〇,〇〇〇元	同上	民卅四年十一月十六日成立	
李家沱给水公司	供应李家沱各处用水	一,八〇〇,〇〇〇元	28.5%	五一七,五〇〇元	六十六倍附注一		
江南铁路公司	京芜间运输事业	三,〇〇〇,〇〇〇元	11.7%	A 三五〇,〇〇〇元	一千零八十倍附注二		
重庆缆车公司	办理渝市上下坡运输	六〇,〇〇〇,〇〇〇元	35%	二一,〇〇〇,〇〇〇元	六十六倍附注一	民卅三年三月廿二日成立	

说明

一、本表中本部投资额栏内，凡有A字符号者，为战前投资，有B字符号者，为战后投资，如无符号者，为战时投资。

二、本表中资本总额及本部投资额两栏内数目字，除中国纺织建设有限公司资本总额，系依照民卅七年全国券发行准备移交办法以金圆券估值外，余均以国币折合计算。

三、本表中资本总额及本部投资额栏内，凡有B字符号者，多系战后接收之敌伪资产，尚未估价，因此多数未填写数目字，其约增倍数亦无法填写。

四、本表中资本资额及本部投资额栏内数目字，除战后投资者外，均系依据民国三十五年七月份之估计数字。

附注

一、战时投资假定可增六十六倍，其计算方法系根据民三十五年二月十五日前经济部财政部共颁之"工矿运输事业重估固定资产价值调整资本办法"附表所列，三十、三十一、三十二年"简化后估价数最高限"栏三年之平均数，缘战时投资逐年均有且更有以盈余转作投资者，一时颇难逐笔详查，姑假定以此三年之平均数计算。

二、战前投资假定可增一千零八十倍，其计算方法系根据前述办法附表二十六年以前"简化后估价倍数最高限"栏六折计算(照办法第三项所列公式计算为一千零九十倍数亦相近)，缘战前投资之各事业多有损失，估以增加倍数最高限之六折计算。

三、凡因战事影响暂不经营之投资事业概未列入。

〔国民政府经济部档案〕

（二）战后工矿业的“复员”与接收

一、“复员”计划与实施办法

1. 经济部编后方国营民营工矿业调整计划①

（1945 年 8 月　日）

壹、后方国营工矿业调整计划

甲、纲要

一、后方国营工矿业依据需要，分别扩充、整理、改组、合并或迁移。

乙、一般情形

抗战以来，厂矿内迁，后方工业始发其端。国营事业经历年艰辛缔造，虽略有成就，然以交通、器材、资金、技术种种困难，无不因陋就简。惟西南西北一带所有水力、石油、煤铁及其他金属矿产，各种重要资源蕴藏丰富，在工业建设中实居重要地位。为奠立分区发展之初基，及供应复员初期所需要之物资起见，后方国营工矿事业皆以择要扩充设备增加生产为原则。

丙、调整办法

一、事业类别

（一）矿冶工业

1. 煤

国营煤矿大部均由经济部资源委员会办理，现在国营者计有嘉阳煤矿等 15 单位（见附表），年产共约 70 余万吨。在复员时期，后方工业均须继续扩充，需煤仍多，而铁路、船舶运输等使用燃料，

① 节录《经济部工矿商业复员计划》。

亦必加增，故质量兼佳之煤矿，均将设法增产，其因受战争影响暂告停顿者，并应争取时间尽先复工，扩充开采，约计复员后第一年本区国营各矿，可增产至100万吨以上。兹将各矿调整办法分别列表于下：

后方国营工矿事业调整计划表

类别：燃料工业　　（一）煤

名称	地点	现有简况			调整办法	估计需要			备注
		资金（千元）	员工	产量		经费（千元）	员工	器材（吨）	
嘉阳煤矿公司	犍为	2,000	员 182 工2,563	100,000吨	扩充生产煤150,000吨	国币128 美金 60	员 230 工3,230	详总表	
威远煤矿公司	威远	4,000	员 108 工2,400	100,000吨	扩充生产煤150,000吨	国币128 美金 60	员 150 工3,070		
建川煤矿公司	巴县	12,000	员 88 工 941	50,000吨	扩充生产煤80,000吨	国币 77 美金 36	员 120 工1,340		
四川矿业公司	江北 广元	13,500	员 36 工 38	5,000吨	暂维现产量开放民营		员 36 工 38		
南桐煤矿	桐梓	35,000	员 160 工2,726	150,000吨	扩充生产煤180,000吨	国币 77 美金 36	员 190 工3,130		
贵州煤矿公司	贵阳	90,000	员 114 工 720	30,000吨		国币770 美金354	员 295 工4,400		
黔南煤矿	都匀		员 40 工 400	30,000吨	1. 合设黔丰煤矿公司，由资源委员会参加主办。 2. 开发荔波煤田。 3. 扩充生产煤330,000吨				
明良煤矿公司	宜良	22,400	员 176 工2,643	80,000吨	扩充生产煤130,000吨	国币978 美金460	员 240 工3,580		
宣明煤矿公司	宣威	6,000	员 41 工 164	10,000吨	扩充生产煤20,000吨	国币 26 美金 12	员 50 工 280		
滇西煤矿	祥云	1,500			恢复生产煤20,000吨	国币 51 美金 24	员 50 工 270		现在停顿中。

续上表

名称	地点	现有简况			调整办法	估计需要			备注
		资金（千元）	员工	产量		经费（千元）	员工	器材（吨）	
甘肃煤矿局	皋兰 永登	25,000	员 55 工 179	30,000吨	扩充生产煤50,000吨	国币 51 美金 24	员 70 工 450		
白水煤矿 蒲城煤矿 韩城煤矿	白水 蒲城 韩城				（一）设置陕丰煤矿局，由资源委员会独资经营。 （二）开采煤150,000吨	国币450 美金201	员 200 工2,000		
辰溪煤矿公司	辰溪	400	员 32 工 55	5,000吨	暂维现产量开放民营		员 32 工 55		

2. 石油及天然汽〔气〕

石油矿在西北方面，现由甘肃油矿局在玉门开采并兼办新疆之乌苏石油矿，二矿均须加强设备，添凿油井，提高精炼效率，以为战后大量发展之准备。在四川方面，现由四川油矿探勘处在巴县石油沟吸取天然汽〔气〕，以供短程汽车及轮渡之用。又隆昌圣灯山近亦筹备吸取利用，除加大生产外，并须扩展探勘工作。兹将扩充计划列表于下：

后方国营工矿事业调整计划表

类别：燃料工业　（二）液体燃料

名称	地点	现有简况			调整办法	估计需要			备注
		资金（千元）	员工	产量		经费（千元）	员工	器材	
甘肃油矿局（包括新疆油矿）	玉门 乌苏	831,745	员1,120 工1,520	汽油 4,000,000介 煤油 2,000,000介 柴油 1,000,000介	（一）加凿油井，补充设备； （二）扩充生产原油150,000吨	国币13,000 美金10,000	员1,170 工2,270	详总表	

续上表

名称	地点	现有简况			调整办法	估计需要			备注
		资金（千元）	员工	产量		经费（千元）	员工	器材	
四川油矿采勘处	巴县隆昌江油	25,233	员 65 工 170	天然气（立方公尺）240,000 天然油（介）30,000	（一）扩展钻井工程 （二）扩充生产天然气1,000,000立方公尺	国币 3,000 美金 2,000	员 110 工 470		
犍为焦油厂	犍为	325	员 74 技工 22	每日处理烟煤50吨	（一）迁设綦江，改为綦江焦油厂 （二）利用炼焦副产之煤胶蒸馏汽油	国币 3,000 美金 300	员 320 工1,060		
北碚焦油厂	北碚			84,000	裁撤设备，归并綦江焦油厂				

3. 钢铁

后方国营钢铁事业，几集中四川一省，其规模较大者为钢铁厂迁建委员会，其次则威远铁厂等7单位（附表），产品有翻砂、生铁、碱性生铁、钢锭及钢轨、钢条与铸钢机件等。在复员时，拟将川境各单位其业务相同者，合并组织为四川钢铁厂，以收集经营之效，并促供〔使〕生产之专业化，俾能分工合作。至云南钢铁厂，则予扩充建设。以上二厂在复员初期，皆以炼制交通及工业方面之钢铁材料为主。兹将复员时调整办法列表于下：

后方国营工矿事业调整计划表

类别：冶炼工业　（一）钢铁

名称	地点	现有简况			调整办法	估计需要			备注
		资金（千元）	员工	产量		经费（千元）	员工	器材	
资渝钢铁厂	重庆	2,240	职员 189 技工 257	生铁 3,000吨 钢 2,800吨	（一）并组四川钢铁厂		员 1,372 工 2,867		（1）钢铁厂迁建委员会迁綦江。

续上表

名称	地点	现有简况			调整办法	估计需要			备注
		资金(千元)	员工	产量		经费(千元)	员工	器材	
资蜀钢铁厂	重庆	80,000	职员 100 技工 200	生铁 3,000吨 铸钢 300吨	(二)暂维原有生产规模				(2)电化冶炼厂之铜锌部分,并入川康铜铅锌矿务局。
钢铁厂迁建委员会(包括綦江铁厂)	重庆	139,000	职员 765 技工2,240	生铁 9,000吨 钢品 5,600吨					
威远铁厂	威远	654	职员 127 技工 79	生铁 3,000吨					
电化冶炼厂	綦江	2,147	职员 191 技工 91	钢 2,700吨 电铜 500吨 锌 4吨					
云南钢铁厂	安宁	1,813	职员 85 技工 159	钢品 900吨 生铁 3,000吨	暂维原有生产规模		员 85 工 159		
滇中矿务局	易门	6,250	员 42 工 190	铁砂 5,814吨 锰砂 490吨	暂维原有生产量		员 42 工 190		
江西炼铁厂	泰和	254	职员 79 技工 57	生铁 2,000吨	并入江汉机械公司				参见收复区机械部门。

4. 铜、铝、锌、铅、镁等非铁金属

此项非铁金属矿冶工业,拟利用已有初步基础,扩大建设,解除交通燃料各方面之障碍,增强采选效率。云南之铅矾土矿,储量有740余万吨,含铅氧53%,且接近大水力发电区域,拟就昆明炼铜厂改变业务,增强设备,扩充办理。所有调整办法列表于下。

5. 钨、锑、锡、汞特种矿产

钨、锑、锡、汞四项矿产,因外销关系,向由政府实施管理。钨矿产赣南及广东沿海暨湖南南部各县,现已沦陷,此项工作暂告停

后方国营工矿事业调整计划表

类别:冶炼工业　　(二)非铁金属

名称	地点	现有简况			调整办法	估计需要			备注
		资金(千元)	员工	产量		经费(千元)	员工	器材	
滇北矿务局	会泽巧家	20,600	员 150 工 620	粗铜300吨 净铅200吨 净锌100吨	扩充生产 粗铜 600 吨 净铅 200 吨 净锌 100 吨	国币132 美金 76	员 430 工2,740		
川康铜铅锌矿务局	彭县会理	28,192	员 50 工 120	净锌200吨	扩充生产 净锌 500 吨	国币350 美金176	员 120 工 440		
昆明电冶厂	昆明	820	员 60 技工53	铅 12吨 铜 256吨 锌 12吨	(一)炼铜部分并入滇北矿务局,炼锌部分并入常宁铅锌局 (二)改为云南炼铅厂,从事扩充				

顿。至于锑矿,则集中于湖南新化锡矿山,因存数过多,外销困难,仅由锑业管理处收购极少部分。锡矿在后方,则集中于云南之个旧,其次为广西富贺区域,所有矿品,现由云南出口,矿产品运销处及锡业管理处分别收购精炼。汞矿则集中于湘黔边境,由汞业管理处经营炼成水银,外销尚未受战时影响。在复员时,锡、汞两项矿产外销畅旺,仍当就现状继续经营,并加扩充汞矿,并积极探勘新矿,以为增产准备。纯锑一项,因海运重开,运价减轻,可增产外销。钨矿则集中于赣粤,矿区俟收复时再行经营。兹将后方锑、锡、汞各矿调整办法列表于下。

6. 金矿

采金事业耗费甚大,生产不丰,在复员时期顾及财力物力之限

特种矿产事业复员调整计划表

（二）锑（锑品制造）后方区

类别	名称	地点	简况			调整办法	估计需要			备注
			资金（千元）	员工	产量		经费（千元）	员工	器材（吨）	
锑（锑品制造）	锑品制造厂	重庆	10,000	200	锑白100吨	（一）迁湘潭 （二）扩充改组为湘潭合金厂	国币1,000 美金100	员 40 工 400	200	（一）合金厂之扩充，另列五年计划。 （二）锑品制造成品内销，兹为便利计并列入本计划。
锡	云南锡业公司（包括滇锡全部）	个旧	100,000	3,000	纯锡生产1,000吨 收购1,000吨	扩充为 （一）生产1,200吨 （二）收购3,800吨	（一）生产部分： 国币12,000 美金5,600 （二）收购部分：贷款 国币9,880	员 2,800 工47,000	6,000	
汞	汞业管理处	湖南 贵州 四川 三省边境		4,000	100吨（土法生产及收购）	扩充新法生产150吨	国币2,800 美金1,000	员 750 工 8,000	700	

制，只能暂行维持现状。兹列表于下：

后方国营工矿事业调整计划表

类别：采金事业

类别	名称	地点	现有简况			调整办法	估计需要			备注
			资金（千元）	员工	产量		经费（千元）	员工	器材	
金	湘黔金矿局	洪江	30,000	员 65 工370	平均月产金 30 市两	维持现状		员 65 工370		
金	西康金矿局	康定	20,000	员 25 工 65	平均月产金 5 市两	维持现状		员 25 工 65		

（二）电气事业

后方国营各电厂依据工业需要加以扩充，邻近各厂分别合并为一个组织，并加放高压线路调节负荷，其重要水力发电工程，亦继续举办，以期利用后方水力资源，树立动力中心。调整办法列表如下：

（三）机械工业

现有机械各厂，一律按照后方各工业中心之发展，酌为区位之配备，并厉行专业分工，以期适应需要。

复员期间电工器材方面之需要至为殷切，现有各厂应一律从事扩充，并依照分类设厂之区位，酌为迁移。兹将各机械工业调整办法分别列表于下：

（四）化学工业

酸碱为基本化工事业，后方各厂规模过于简陋，均拟扩充设备，利用后方资源增加产品。酒精及炼油工业为供应复员初期之交通燃料，更宜扩充生产，一俟收复区液体燃料事业逐步恢复生产后，再按需要酌为变更业务。兹将调整办法列表于下：

（五）工矿研究与示范

1. 工业研究与示范

我国沿海沿江各省工业，受此次战事影响，损失綦重，其迁移

后方国营工矿事业调整计划表

类别:电气事业

类别	名称	地点	现有简况			调整办法	估计需要			备注
			资金 (千元)	员工	产量		经费 (千元)	员工	器材 (吨)	
电气事业	自流井电厂 岷江电厂 宜宾电厂 泸县电厂	自流井 岷江 宜宾 泸县	500 2,071 2,327 1,500	268 329 392 148	500 2,900 3,544 2,000	(一)上列事业合并为一个组织"川西电厂" (二)维持原容量加放五通桥至成都自流井及自流井至泸县高压线路	国币2,000 美金1,500	员237 工950		
	万县电厂	万县	634	158	948	维持原产量		员30 工128		
	龙溪河水力发电厂工程处	长寿	2,937	198	4,076	1.扩充容量至6,470瓩 2.通电至涪陵、重庆	国币1,100 美金250	员45 工173		
	西宁电厂	西宁	250	36	490(包括进行中之400瓩水力)	维持原产量		员7 工29		

续上表

类别	名称	地点	现有简况			调整办法	估计需要			备注
			资金（千元）	员工	产量		经费（千元）	员工	器材（吨）	
电气事业	西京电厂 宝鸡电厂 汉中电厂	西京 宝鸡 汉中	1,200 553	166 20 65	2,275 购电 200 245	1. 合并为一个组织“陕西电厂” 2. 扩充容量至5,120瓩	国币 750 美金 440	员 55 工216		
	兰州电厂 天水电厂	兰州 天水	954 258	192 58	974 535 （包括进行中之 400 瓩水力发电）	1. 合并为一个组织“甘肃电厂” 2. 扩充容量至2,509瓩	国币 500 美金 200	员 52 工208		
	西昌电厂	西昌	290	77	230	维持原产量		员 15 工 62		
	湘西电厂 沅陵总厂 辰溪分厂	沅陵 辰溪	 473	 99 69	 400 500	扩充容量至1940瓩	国币 400 美金 200	员 35 工143		
	昆明电厂	昆明	2,737	469	6,336	维持原产量		员 94 工375		
	贵阳电厂	贵阳 修文	974	269	840	1. 扩充容量4,340瓩 2. 加放修文至贵阳间线路	国币1,500 美金 600	员 74 工295		修文指修文河水力发电厂工程处

后方国营工矿事业调整计划表

类别:机械工业　　(一)机器

名称	地点	现有简况			调整办法	估计需要			备注
		资金(千元)	员工	产量		经费(千元)	员工	器材(吨)	
中央机器厂	昆明	39,414	员 417 技工770	动力机 1,400马力 工具机160部 其他产品	(一)扩改为昆明机器厂 (二)扩充生产 动力设备 10,000马力 工具机500部	国币1,200 美金1,200	员 520 工2,770		
宜宾机器厂	宜宾	23,900	员 100 技工122	工具机 60部 动力机 80马力 其他机械120部	(一)迁重庆改为重庆机器厂 (二)扩充生产 作业机 1,500部 动力设备 2,000马力	国币1,600 美金 800	员 300 工1,820		

续上表

名称	地点	现有简况			调整办法	估计需要			备注
		资金（千元）	员工	产量		经费（千元）	员工	器材（吨）	
甘肃机器厂	兰州	22,930	员 98 技工 87	工具机 45 部 毛纺机 500 锭	（一）改为兰州机器厂 （二）扩充生产工具机 300 部 作业机 1,000 部	国币 800 美金 800	员 280 工 1,780		
江西机器厂	泰和	4,000	员 68 技工 260	工具机 60 部 煤气机 600 马力	并入“江汉机械公司”				参见收复区机械部门（以上机器）
江西车船厂	泰和	3,000	员 53 技工 86	浅水轮船 3 艘 驳船 3 艘 兽力车 20 辆	并入江汉车船公司				（以上交通工具）

后方国营工矿事业调整计划表

类别：机械工业　（三）电工器材

名称	地点	现有简况			调整办法	估计需要			备注
		资金（千元）	员工	产量		经费（千元）	员工	器材（吨）	
中央电工器材厂第一厂	昆明	530	300	电线电缆 550 吨	扩充生产电线电缆 3,000吨	国币 600 美金 955	员 150 工 750		
中央电工器材厂第二厂	昆明 重庆	330	400	电子管 15,000 只 灯泡 600,000 只	(一) 电子管部分迁长沙 (二) 灯泡部分迁兰州 (三) 扩充生产电子管 100,000 只 灯泡24,000,000 只	(一)长沙部分 国币 450 美金 300 (二)兰州部分 国币 450 美金 300	员 70 工 200 员 60 工 200		
中央电工器材厂第三厂	昆明	230	400	电话机 3,000 具 交换机 2,000 门	(一)迁设湘潭 (二)扩充生产 电话机 150,000 具 交换机 100,000 门 电报机 150 具	国币 900 美金 600	员 180 工 800		

续上表

名称	地点	现有简况			调整办法	估计需要			备注
		资金（千元）	员工	产量		经费（千元）	员工	器材（吨）	
中央电工器材厂渝四厂	重庆	300	400	电动机 1,000马力 发电机 2,000 K. V. A 各项电池 60,000 只	扩充生产各项电池 5,000,000只 电动机80,000 H. P 发电机 30,000 K. W. 变压器80,000 K. V. A 开关设备 10,000 件	国币 1,100 美金 1,950	员 500 工2,100		包括筑支厂
中央电工器材厂兰州支厂	兰州	70	100	各项电池 60,000 只	扩充生产各项电池 2,000,000 只	国币 100 美金 240	员 60 工 300		
中央电工器材厂昆四厂	昆明	240	650	电动机 5,000 马力 变压器 6,000 K. V. A	扩充生产发电机 20,000 K. W. 电动机 80,000H. P 变压器120,000 K. V. A 开关设备 20,000 件	国币 1,200 美金 1,550	员 500 工2,000		
中央无线电器材厂 重庆厂	重庆	100	450	收发机等 400 部	(一)昆明部分并设重庆 (二)扩充生产各式收发报端机 40,000 部	国币 1,000 美金 2,000	员 500 工2,500		
昆明厂	昆明	100	350	收发机等 500 部					

续上表

名称	地点	现有简况			调整办法	估计需要			备注
		资金（千元）	员工	产量		经费（千元）	员工	器材（吨）	
中央电瓷制造厂	宜宾	230	500	绝缘子及瓷件1,800,000件	扩充生产绝缘材料及瓷件20,000,000件	国币 700 美金 950	员 240 工 900		
华亭电瓷厂	华亭	20	200	绝缘子及瓷件200,000件	（一）迁白水改为白水电瓷厂 （二）扩充生产绝缘材料及瓷件8,000,000件	国币 400 美金 400	员 100 工 350		
江西电工厂	泰和	120	150	收发报机30部 各项电池140,000只	扩充生产无线电机2,000部 各式电池2,000,000只	国币 500 美金 400	员 250 工 900		

后方国营工矿事业调整计划表

类别:化学工业

名称	地点	现有简况			调整办法	估计需要			备注
		资金(千元)	员工	产量		经费(千元)	员工	器材(吨)	
昆明化工材料厂	昆明	413	员 63 技工60	纯碱 120 吨	(1) 合并为昆明化工材料厂 (2) 扩充生产 烧碱 100 吨 纯碱 400 吨 磷肥1,500 吨	国币 1,500 美金 400	员 90 工 210		
裕滇磷肥厂	昆明	45	员 8 技工10	烧碱 24 吨					
甘肃化工材料厂	兰州	81	员 18 技工 6	纯碱 30 吨	扩充生产 纯碱 300 吨	国币 500 美金 100	员 28 工 50		(以上一般化工)
四川酒精厂	内江	238	员 41 技工97	680,000 介	(一)合并为一个组织资中酒精厂 (二)扩充生产酒精 4,000,000 介	国币 680 美金 〔缺〕	员 100 工 250		
资中酒精厂	资中	596	员 44 技 30	720,000 介					
内江酒精厂	内江		员 71 工 36	600,000 介					

续上表

名称	地点	现有简况			调整办法	估计需要			备注
		资金（千元）	员工	产量		经费（千元）	员工	器材（吨）	
简阳酒精厂 广汉酒精厂	简阳 广汉	295	员 55 技工34 员 26 工 71	615,000 介 310,000 介	(一) 合并为一个组织简阳酒精厂 (二)扩充生产酒精 1,300,000加仑	国币 130 美金	员 60 工 90		
遵义酒精厂 安顺酒精厂	遵义 安顺	320	员 67 工 142 员 40 工 100	285,000 介 160,000 介	(一)合并为一个组织遵义酒精厂 (二)扩充生产酒精 400,000 加仑	国币 80 美金	员 60 工 150		
北碚酒精厂 重庆酒精厂	北碚 重庆	278	员 43 工 20	445,000 介 250,000 介	(一)合并为一个组织移设江津，改为江津酒精厂 (二)扩充生产酒精 1,000,000 加仑	国币 110 美金	员 50 工 80		
泸县酒精厂 纳溪酒精厂	泸县 纳溪	233	员 57 工 42	800,000 介 600,000 介	(一)合并为一个组织泸县酒精厂 (二)扩充生产酒精 2,000,000 加仑	国币 210	员 60 工 80		
云南酒精厂	昆明	257	员 23 工 14	370,000 介	扩充生产酒精 600,000 加仑	国币 80 美金	员 40 工 70		

续上表

名称	地点	现有简况			调整办法	估计需要			备注
		资金（千元）	员工	产量		经费（千元）	员工	器材（吨）	
咸阳酒精厂 褒城酒精厂	咸阳 褒城	267	员 45 工 27	140,000介 134,000介	（一）合并为一个组织咸阳酒精厂 （二）扩充生产酒精300,000加仑	国币 120 美金	员 50 工 60		
盘县酒精厂	盘县			119,000介	裁撤				
上饶酒精厂 南康酒精厂	上饶 南康			177,000介 300,000介	（一）合并为一个组织上饶酒精厂 （二）扩充生产酒精500,000加仑	国币 90 美金	员 40 工 90		
动力油料厂 巴县炼油厂	重庆 重庆	669	员 127 工 157	代汽油 96,000介 柴油 168,000介	（一）合并为一个组织动力酒精厂 （二）扩充生产代汽油360,000加仑或柴油720,000加仑				（以上酒精）
甘肃水泥公司	永登	528	员 64 技工 59	水泥 10,000桶	（一）增加设备 （二）扩充生产水泥5,000吨	国币 100 美金 50	员 80 工 100		
重庆耐火材料厂	重庆	116	员 55 技工 153	火砖1,500吨	并入四川钢铁厂				（以上水泥）〔附耐火材料厂〕

（一）后方国营工矿事业复员计划表

事业类别	名称	复员时调整办法	所需调整经费或裁减员工			所需材料		备注
			单位：千元	数额	办法	种类	来源	
（一）机械仪器制造工业	经济部中央工业试验所机械仪器制造示范三厂	（1）将本所历年制造机械仪器、精密工具机、各种试验仪器之经验，大量制造军用、工业用、教育用机械仪器 （2）在武汉设立总厂 （3）将重庆工厂扩充设备 （4）增设西安、衡阳工厂 （5）设完备之试验室	国币40,000 美金 2,000	增添外国专家5人 外国领工10人 本国工程师60人 本国中级技术人员200人 管理人员220人 技工4,500人	聘请 聘请及训练	工作母机检验仪器 钢铁材料 非铁金属材料 动力机械 建筑材料	由国外供给一部，国内供给大部 国外供给及本所自制 国内供给由国外供给一部 国外供给一部，国内供给大部 国内自给	
（二）电气仪器制造工业	经济部中央工业试验所电气仪器修造示范工厂	（1）将本所历年制造电流表、电压表、电度表、高温计之经验，大量制造国防工业用、宣传通讯用、学术研究机关用电工仪器 （2）设总厂于武汉 （3）设衡阳工厂 （4）扩充重庆工厂 （5）设西安工厂 （6）设完备之试验室	国币30,000 美金 2,000	外国专家6人 外国技士10人 国内专家60人 技术员500人 管理员300人 工人20,000人	聘请 聘请 聘请 训练 训练 训练	工作母机 检验仪器 铜铁材料 非铁金属材料 动力机械 建筑材料	国内供给大部 国内供给及本所自制 国内供给 国内供给一部 国内供给 国内供给	

续上表

事业类别	名称	复员时调整办法	所需调整经费或裁减员工			所需材料		备注
			单位:千元	数额	办法	种类	来源	
(三)皮革及毛皮工业	经济部中央工业试验所制革鞣料示范工厂	(1)将本所历年研究制造皮革及鞣料经验,大量制造军用革品、工业用皮革、日用皮革、毛皮鞣料 (2)扩充重庆工厂设备 (3)增设制革示范工厂4所 (4)增设植物鞣料示范工厂4所 (5)增设毛皮示范工厂2所 (6)【设立】设备完善之试验室	国币30,000 美金 1,000	国外专家3人 国内专门人材50人 中级技术人员300人 技工1,200人	聘请 聘请及训练 训练 训练	机械设备 原料 建筑材料 动力机械 试验仪器	国外供给一部,大部在国内制造 国内自给 国内自给 国内自给 国外供给一部,大部国内制造	
(四)陶瓷工业	经济部中央工业试验所陶业示范工厂	(1)将本所历年来研究制造窑业经验,大量制造耐火材料、光学用玻璃器材及化工用陶瓷器皿及搪瓷水泥等 (2)扩充重庆工厂设备 (3)设立耐火材料厂3所 (4)设立玻璃厂3所 (5)设立陶瓷厂2所 (6)设立搪瓷厂2所	国币25,000 美金 3,000	外国专家24人 本国专家280人 中级技术人员300人 管理人员500人 技工1,600人 普通工人3,500人	聘请 聘请 训练 训练 训练 训练 招雇	机械设备 原料 建筑材料 动力机械 试验仪器	国外供给一部,国内供给大部 国内自给 国内自给 国内自给 国外供给一部,本所自制大部	

续上表

事业类别	名称	复员时调整办法	所需调整经费或裁减员工			所需材料		备注
			单位:千元	数额	办法	种类	来源	
（五）纯粹化学药品制造工业	经济部中央工业试验所纯粹化学药品制造示范工厂	(1)将本所利用国产原料制造各种纯粹化学药品之经验,大量制造工业用、军用、教育用、研究试验机关用纯粹化学药品 (2)在汉口设立总厂 (3)扩充四川工厂设备 (4)设立上海、兰州分厂 (5)设立完备之试验室	国币15,000 美金 2,000	外国专家3人 外国技工20人 本国工程师120人 本国技术员300人 本国管理员500人	聘请 聘请 训练 训练 训练	机械设备 原料 建筑材料 试验仪器 动力机械	国外供给一部,国内供给大部 国内自给 国内自给 国外供给一部,本所自制大部 国内自给	
（六）油脂工业	经济部中央工业试验所油脂示范工厂	(1)将本所历年研究制造油脂及塑型体之经验,大量制造塑型体甘油硬脂酸,动植物油脂、油漆、油墨、油毡、松香等 (2)扩充四川工厂设备 (3)设立油脂总厂于汉口 (4)设立上海、大连、郑州、常德、广州工厂 (5)设立完备之试验室	国币16,000 美金 2,000	外国专家5人 工程师40人 副工程师120人 助理技术人员1,000人 技工和普通工人16,000人 管理人员300人	聘请 聘请 聘请和训练 训练 训练 训练	机械设备 原料 建筑材料 试验仪器 动力机械	国外供给一部,国内供给大部 国内自给 国内自给 国外供给一部,本所自制大部 国内自给	

续上表

事业类别	名称	复员时调整办法	所需调整经费或裁减员工			所需材料		备注
			单位:千元	数额	办法	种类	来源	
(七)淀粉及酿造工业	经济部中央工业试验所淀粉及酿造示范工厂	(1)将本所历年研究制造有机酸高级醇类经验,大量制造淀粉及人造胶丙酮丁醇、有机酸类及纤维素制造酒精 (2)设立武汉总厂 (3)扩充重庆工厂设备 (4)增设郑州、镇江、梧州工厂 (5)设立完备之试验室	国币26,000 美金 2,000	国外发酵专家4人 本国工程师20人 副工程师60人 助理工程师120人 工务员400人 技工及普通工人300人 管理人员200人	聘请 聘请 训练 训练 训练 训练 训练	机械设备 原料 建筑材料 动力机械 试验仪器	国外供给一部,国内供给大部 国内自给 国内自给 国内自给 国外供给一部,本所自制大部	
(八)盐碱工业	经济部中央工业试验所盐碱示范工厂	(1)将本所历年研究用鉏水提制化学药品之经验,大量提制氯化钙、氯化钾、硼砂碘溴等 (2)扩充自流井本所工厂设备 (3)增设大连、东海、闽侯、汕头工厂 (4)增设完备之试验室	国币40,000 美金 3,000	外国专家5人 外国领工10人 本国工程师60人 本国中级技术人员200人 管理人员120人 技工4,500人	聘请 聘请 聘请及训练 训练 训练 训练	机械设备 建筑材料 原料 动力机械 试验仪器	外国供给一部,国内供给大部 国内自给 国内自给 国内自给 国外供给一部,本国自制大部	

续上表

事业类别	名称	复员时调整办法	所需调整经费或裁减员工			所需材料		备注
			单位:千元	数额	办法	种类	来源	
(九)纤维工业	经济部中央工业试验所纤维示范工厂	(1)将本所历年研究制纤维之经验,大量制造人造纤维素、特种纸、人造丝与棉麻交织品 (2)扩充重庆各厂设备 (3)设粘液法人造丝示范厂于咸阳 (4)设醋酸法人造丝示范厂于咸阳 (5)设耐龙法人造丝示范厂于太原 (6)设精制亚硫酸法纤维素示范厂于吉林 (7)设特种纸示范厂于长沙 (8)设人造丝交织示范厂于咸阳 (9)设亚硫酸法及硫酸盐法纤维素示范厂于常德	国币40,000 美金 3,000	国外专家6人 国外领工10人 国内专家24人 管理人员200人 中级技术人员300人 技工2,000人	聘请 聘请 聘请 训练 训练 训练	机械设备 原料 建筑材料 动力机械 试验仪器	国外供给一部,国内供给大部 国内自给 国内自给 国内自给 国外供给一部,国内供给大部	

续上表

事业类别	名称	复员时调整办法	所需调整经费或裁减员工			所需材料		备注
			单位:千元	数额	办法	种类	来源	
(十)纺织工业	经济部中央工业试验所纺织示范工厂	(1)将本所历年研究改良纺织工业及机械之经验,大量推广各地,并制造示范 (2)扩充重庆工厂 (3)增设咸阳、西安、天津、无锡示范实验工厂4所 (4)设立完备之试验室	国币40,000 美金 3,000	外籍专家5人 本国高级技术人员120人 助理技术人员1,000人 技工5,000人 管理员300人	聘请 聘请及训练 训练 训练 训练	机械设备 原料 建筑材料 动力机械 试验仪器	国外供给一部,国内供给大部 国内自给 国内自给 国内自给 国外供给一部,本所自制大部	
(十一)木材工业	经济部中央工业试验所木材加工示范工厂	(1)将本所历年研究木材加工经验,大量制造防腐及干燥木材 (2)扩充嘉定本所木材加工厂设备 (3)设立木材干燥厂 (4)设立特种木材制造厂	国币30,000 美金 2,000	外籍伐木工程师2人 外籍木材干溜专家1人 外籍木材防腐专家1人 外籍胶木专家1人	聘请 聘请 聘请 聘请	木材加工机械设备 木材干燥及防腐设备 木材蒸馏设备 特种木材加工设备 原料	国内供给大部 国内供给 国内供给 国内供给 国内供给	

续上表

事业类别	名称	复员时调整办法	所需调整经费或裁减员工			所需材料		备注
			单位:千元	数额	办法	种类	来源	
		(5) 设立木材干馏厂 (6) 设立完备之试验室		筹措木材飞机设计专家1人 国内工程师50人 国内副工程师200人 技术员400人 技工	聘请 训练 训练 训练 训练	建筑材料 动力机械 试验仪器	国内供给 国内供给 国外供给一部,本所供给大部	
(十二)制糖示范工业	经济部中央工业试验所制糖示范工厂	(1) 将本所历年研究改良制糖之经验及技术,大量推广全国各地,并大量制造及示范 (2) 扩充四川内江之示范工厂 (3) 增设广东、广西、台湾、兰州制糖示范工厂4处 (4) 设立完备之试验室	国币30,000 美金 2,000	外籍专家10人 本国高级技术人员200人 助理技术人员1,500人 技工5,000人 管理员500人	聘请 聘请及训练 训练 训练 训练	机械设备 原料 建筑材料 动力机械 试验仪器	模仿国外新式机械,本国大量制造 国内自给扩大蔗田种植 国内自给 国内自给 国内自制不可能时,向国外订购	

后方者，每因物资困难资金短少，以致生产情形相去理想甚远。战后复员欲求工业迅复常态，并力谋进步，以奠工业化之始基，则工业研究与示范尤关重要。此项工作原由经济部中央工业试验所办理，举凡工业原料之利用与补充，工业技术之改良与推广，工业标准之建立与实施，以及工业成品之检验与鉴定，均为该所中心工作，且不仅从事于试验室之研究，并致力于各种工厂之实验。计所设示范工厂共12单位，在设立时因后方一切困难，不无因陋就简，故复员期间均拟加以扩充。兹将各厂复员计划列表于上。

2. 矿冶研究与试验

我国矿冶事业在建设过程中，对于技术之研究试验至关重【视】，抗战期间后方矿冶事业之突飞猛进，如矿产之调查测勘，土法采选之改良，冶炼技术之发明等，其有顾研究试验之启发协进者，所在多有，已为社会所公认。复员期中，矿冶事业之接收整理，种类既繁，规模尤巨，以较战时在后方艰苦中建设之矿冶基础，岂止倍蓰，则其所需要研究试验之协助者，必尤较今日为急迫而扩大。顾今日之矿冶研究机关，如矿冶研究所，因限于人力及设备，应付后方矿冶之需要尚感不足，以之负担复员期中之使命，自必将该所大加扩充，在复员区域内添设工作站或分所，增加设备，预储各级技术人员，以资应用。兹为配合矿冶复员实际需要，拟订复员时充实矿冶研究所所需之人员、器材及经费，列表如下：

一、矿冶研究试验复员工作所需人员表

研究试验项目	高　级	中　级	初　级
探　矿	10	10	10
采　矿	15	15	20
选　矿	10	10	20
钢　铁	10	10	20

续上表

研究试验项目	高级	中级	初级
非铁金属及非金属	10	10	20
轻金属	5	10	10
燃　料	10	10	20
耐火材料	5	10	10
金属材料试验	5	10	10
化　验	5	15	20
矿冶经济调查	5	10	10

二、矿冶研究试验复员工作所需器材表

研究试验项目	器材种类	所需美金	国币
探　矿	各种探矿仪器及机件	200,000	500,000
采　矿	测量仪安全设备及机件	200,000	500,000
选　矿	重力磁力浮游选矿设备	300,000	500,000
钢　铁	冶炼设备	500,000	1,500,000
非铁金属及非金属	冶炼设备	200,000	500,000
轻金属	冶炼设备	300,000	500,000
燃　料	炼焦提油等试验设备	200,000	500,000
耐火材料	制造设备	200,000	500,000
材料试验	金图 x 光及种助理试验设备	300,000	1,500,000
化　验	各种化验仪器药品设备	200,000	1,500,000
图书馆	工程图书杂志	300,000	1,000,000
陈列馆	标本模型	100,000	500,000

三、矿冶研究试验复员工作经费预算(包括器材及房屋建筑在内)

1. 国币			35,000,000 元
2. 美金	3,000,000	折合国币	10,000,000 元
3. 合计国币			45,000,000 元

后方区需要员工估计表

工业部门	职员	工人	员工合计	备注
一、矿冶工业	9,352	87,927	97,279	
1. 煤	1,663	21,843	23,506	
2. 液体燃料	1,600	3,800	5,400	
3. 钢铁	1,499	3,216	4,715	
4. 非铁金属	610	3,233	3,843	
5. 特种矿产	3,890	55,400	59,690	
6. 采金事业	90	435	525	
二、电气事业	644	2,579	3,223	
三、机械工业	4,210	19,370	23,580	
1. 机器	1,100	6,370	7,470	
2. 交通工具				
3. 电工器材	3,110	13,000	16,110	
四、化学工业	768	1,390	2,158	
1. 一般化工	118	260	378	
2. 酒精	570	1,030	1,600	
3. 制糖				
4. 木粕				
5. 水泥	80	100	180	
五、木材工业				
六、工矿研究与示范	2,120	10,080	12,200	复员时拟先择要举例如上数
1. 工业研究与示范工厂	2,000	10,000	12,000	
2. 矿业研究与实验	120	80	200	
总计	17,094	121,346	138,440	

所需员工数额，除工矿研究与实验外，包括原有人数在内。

后方区需要器材估计表　　(单位:公吨)

工业部门	需要器材总数	拟在善后救济计划内分配数	备注
一、矿冶工业			
1. 煤	10,945	2,130	
2. 液体燃料	3,479	970	
3. 钢铁	17,600		
4. 非铁金属	2,941		
5. 特种矿产	6,900		
6. 采金事业	1,000		
二、电气事业			与收复区合并列计
三、机械工业	4,449		
1. 机器			
2. 交通工具	2,012		
3. 电工器材	2,437		
四、化学工业	9,215		
1. 一般化工	8,015		
2. 酒精			
3. 制糖			
4. 木粕			
5. 水泥	1,200		
五、木材工业			
六、工矿研究与示范	12,100		复员时先行择要举酌列如上数
1. 工业研究与示范工厂	12,000		
2. 矿业研究与实验	100		
总计	68,629	3,100	

另备用器材 2,345 吨。

后方区需要经费估计表　　（单位：千元）

工业部门	国币	美金		共计国币	备注
		数额	折合国币		
一、矿冶工业	38,108	20,619	68,730	106,748	
1. 煤	2,736	1,267	4,223	6,959	
2. 液体燃料	19,000	12,300	41,000	60,000	
3. 钢铁	—	—			暂不估列
4. 非铁金属	482	252	840	1,322	
5. 特种矿产	15,800	6,800	22,667	38,467	钨锑锡汞
6. 采金事业	—	—			暂维现状未列经费
二、电气事业	6,350	3,190	10,633	16,983	
三、机械工业	12,200	13,995	46,650	58,850	
1. 机器	3,600	2,800	9,333	12,933	
2. 交通工具	—	—			原有江西车船厂，移收复区
3. 电工器材	8,600	11,195	37,317	45,917	
四、化学工业	3,710	550	1,834	5,544	
1. 一般化工	2,000	500	1,667	3,667	
2. 酒精	1,610	—		1,610	
3. 制糖	—	—			原有炼糖事业未列入计划
4. 木粕	—	—			
5. 水泥	100	50	167	267	
五、木材工业	—	—			
六、工矿试验	77,000	18,600	62,000	139,000	在复员期间拟先择
1. 工业研究与示范工厂	72,000	13,500	45,000	117,000	要举办故酌列如上数

续上表

工业部门	国币	美金		共计国币	备注
		数额	折合国币		
2. 矿业研究与实验	5,000	5,100	17,000	21,000	
总计	137,278	56,954	189,847	327,125	

贰、后方民营工矿事业调整计划

甲、纲要

一、后方重要民营工矿事业,依其能适应战后需要之程度,分别维护及指导其变更经营方法,其须迁移者,并须经政府之核准。

乙、一般情况

一、后方民营工矿事业,过去因地域关系、经济条件不甚适合,故较落后,迨至抗战军兴,政府奖助厂矿内迁后,各项工业始呈蓬勃气象。惟以物资缺乏,资金困难,一切设备不无简陋,将来复员时应视其本身所具备条件及后方需要,予以合理之调整。

丙、调整办法

一、事业类别

(一)矿冶工业

1. 煤

(1)现状调查

后方各省民营煤矿,以四川省最为重要,其产量亦以四川为最多;其次则陕西、湖南、江西、贵州、云南、甘肃等省民营各大小煤矿,亦有相当产量。总计年产煤约400万吨。

(2)复员时情势之预测

后方各民营煤矿既未受战时影响,在复员时自仍当继续生产,惟因战事向前方进展,关于军事运输所需铁路及船舶燃料,其数量当必加增。故后方各煤矿生产更须力求配合,以应急需。

(3)复员前准备事项

后方民营煤矿调整计划表

类别	名称	地点	资金数额	员工人数	产量	复员时调整计划	所需调整经费及员工器材数额	备注
煤矿	天府公司	四川江北		2,500	每日1,000吨	维持现产量	详总表	供给重庆区遗留各工厂、轮船之民用。
	三才生	同前		450	每日200吨	与天府公司合并		合并后暂停生产，必要时再行复工。
	华银公司	四川合川		220	每日60吨	维持现状		
	华安第二厂	四川铜梁		300	每日100吨	扩充		
	全济煤矿	四川合川		300	每日50吨	维持现状		
	宝源煤矿	四川璧山		500	每日150吨	维持现状		
	江合公司	四川江北		750	每日100吨	维持现状		因煤质特佳，可留供炼铁及轮船之用。
	东林煤矿	四川南川		300	每日100吨	维持现状		
	华昌煤矿	四川犍为		700	每日200吨	维持现状		供给五通桥盐区及永利公司之用。
	福华通煤矿	四川巴县		200	每日70吨	与建川合并		

续上表

类别	名称	地点	资金数额	员工人数	产量	复员时调整计划	所需调整经费及员工器材数额	备注
煤矿	义大煤矿	四川隆昌		150	每日 80 吨	维持现状	详总表	
	灌县煤矿（成都燃料公司）	四川灌县		400	每日 100 吨	维持现状		供给成都各小工厂及民用。
	陇县煤矿（雍兴公司）	陕西陇县		300	高产量每日 100 吨			供给陇海宝天两铁路用。
	新生煤矿	陕西白水		300	高产量每日 100 吨			同官煤矿之煤既全部供给陇海东展之用，本矿之煤可供给西安各工厂之用。
	辰溪煤矿（合组及惠民两矿）	湖南辰溪		120	每日 80 吨	维持现状		供给湘西工厂用。
	鄱乐煤矿	江西乐平		100	每日 50 吨	扩充		

（子）复员前准备工作

按照地区环境与缓急形势，对于应行增产之煤矿，由政府贷予资金及器材，使其预为扩充设备；同时，并由政府收购上述各煤矿所采出之一部分煤斤，储存于适当地点，以接济临时急用而免缺乏。

（丑）复员时应预为修订废除或增订之法令

修订：现行之煤焦管理规则，有必要时加以修订。

增订：拟增订煤焦增产增运奖励办法。

（4）复员时实施办法

2. 钢铁

（1）现状调查

后方各省民营钢铁事业集中于四川，以中国兴业公司及渝鑫钢铁厂、中国制钢公司稍具规模，其余各小铁厂设备简单，仅供临时制铁之用。

（2）复员时情势之预测

复员期中钢铁销量虽可较现在为佳，然除设备较佳之中国兴业公司外，其余各厂恐难维持。

（3）复员前准备事项

对于中国兴业公司预储冶炼原料，完成轧钢设备，对于其他各厂则分别调整。

（4）复员时实施办法

（二）电气事业

（1）现状调查

抗战以前，我国民营电厂共有 415 家，占全国电厂总数 90％；发电容量 241,150 瓩，占全国总容量 38％。截至三十三年止，后方民营电厂共有 75 家，占后方电厂总数 79％；发电容量 48,747 瓩，占后方总容量 69％；至发电度数，三十三年度为 127,700,000 度，约占后方发电总度〔数〕73％。可见后方民营电厂所占之地位尚属重要。而重庆、成都、昆明等电厂，处于政治军事工业交通之紧要区域，其关系尤

复员民营钢铁事业调整计划表

类别	名称	地点	资金数额	员工人数	产量(吨)(生产能力)	复员时调整计划	所需调整资金数额(元)	所需调整器材		备注
								数量	来源	
钢铁事业	中国兴业公司钢铁厂	重庆相国寺			9,000(生铁) 3,000(钢品)	与资渝、资蜀合并改组一较完善之钢铁厂				1. 中国兴业公司钢铁厂现为后方厂中较完善者，以该厂为基础与资渝、资蜀合并，则可改组为一规模较大、设备较佳之钢铁厂，合并后改为国营。
	渝鑫钢铁厂	重庆小龙坎			2,000(钢品)	与资渝、资蜀合并改组一较完善之钢铁厂				该厂各种条件于复员时皆无存在之必要，停办时其所有器材应由政府作价，拨入资渝或资蜀合并之厂应用。
	渠江铁厂 大昌铁厂 荣昌铁厂 谦虞及东原公司铁厂 永川各铁厂	四川达县 四川合川 四川荣昌 四川綦江 四川永川				上列各小型铁厂，应停止生产，无须维持				各小型铁厂皆无存在价值，故可任其停闭，无须维持。
	中国制钢公司	重庆南岸				停办				

为重要。惟是四等小电厂占其中绝对之多数,大都机器陈旧,人财两缺,复受物价剧增影响,营业不振,时开时闭。但此等小厂仅供消耗之电灯,无力供给电力,既与军工生产无关,自无调整扩充必要。

(2) 复员时情形之预测

在复员以前,后方之民营电厂除重庆、成都、昆明等因须供应军需工厂之电力,以增战时生产,由政府设法扩充机量外,其他各地电厂即使间有扩充或新创电厂,预计亦无多大之增加与变动也。

(3) 复员前准备事项

(子) 复员前准备工作及其实施办法

后方各省如川、黔、滇等,有不少河流可供小型水力发电之设置,已由资源委员会水力测勘队随时随地注意测勘,以备复员时当地人民之经营。而各省已有之民营电厂,业于本部注意其人力财力及其占有区域重要性之成份,分别确定其扩充或维护其业务。至省营或省商合营之电厂,应由复员时一律划归民营,亦已由部详查其内容,以作准备。

(丑) 复员时应预为修订废除或增订之法令

《电气事业取缔规则》拟修改为《电气事业管理规则》,以期加强管制。

(4) 复员时实施办法

(子) 现在占有重要区域及战后仍不失其重要性者,如重庆、成都、昆明等电厂,酌予扩充。

(丑) 与国防有关之边省民营电厂,如新疆之迪化、伊犁等,酌予扩充。

(寅) 省营或省商合营之电厂,拟一律调整为民营。

(卯) 后方各地三、四等小电厂,拟一律予以维持。

兹根据上列原则,拟具调整计划,分别列表如下:

(三) 一般工业

(1) 现状调查

后方民营工矿事业调整计划表

类别	名称	地点	资金（千元）	员工（人数）	产量（瓩）	复员调整计划	所需调整资金数额 黄金（元） 国币（千元）	所需调整器材		备注
								数量 部一瓩	来源	
电力	重庆电力公司	四川重庆	30,000	1,370	11,000	扩充				
	成都启明电气公司	四川成都	25,000	375	3,000	扩充				
	眉山国光电灯公司	四川眉山	2,000		200	维持原状				
	嘉裕电气公司	四川乐山	1,738	32	150	维持原状				
	中国兴业公司华明电厂	四川内江	2,000	25	87	维持原状				
	民生实业公司合川电灯厂	四川合川	2,000	39	80	维持原状				
	大明电灯公司	四川江津	1,000	33	56	维持原状				
	繁光电气公司	四川繁县	204		50	维持原状				
	耀龙电力公司	云南昆明	3,016	350	3,940	扩充				
	汉光电灯公司	云南马关	200		80	维持原状				
	玉龙水电厂	云南下关			200	维持原状				
	民众实业公司电力厂	云南昭通	200		80	维持原状				
	康定水力发电厂	西康康定	15,000	120	500	维持现状				
	协康水力电厂	西康雅安				维持原状				
	宁夏电厂	宁夏	200	32	100	维持原状				
	光耀电灯公司	广东梅县	120	28	260	维持原状				
	新光电灯股份有限公司	新疆迪化	440	75	220	扩充				

续上表

类别	名称	地点	资金(千元)	员工(人数)	产量(瓩)	复员调整计划	所需调整资金数额 黄金(元) 国币(千元)	所需调整器材		备注
								数量 部一瓩	来源	
电力	伊犁实业公司发电厂	新疆伊犁	2,300	80	224	扩充				
	永安电厂	福建永安	648	119	240	改组				原省商合营，拟改组为民营
	南平电厂	福建南平	2,568	71	283	改组				同右
	漳州电厂	福建龙溪	200	37	180	改组				同右
	沙县电厂	福建沙县	460	44	86	改组				同右
	建瓯电厂	福建建瓯	351	30	130	改组				同右
	巴县电力厂	四川巴县	40,000	160	1,000	维持				
	开远水力发电厂	云南开县		300	2,500	维持				
	桂平矿务局电厂	广西桂平			3,200	维持				
	北碚富源水力发电厂	四川北碚			240	维持				
	立煌	安徽立煌	1,500			改组				原省营，拟改组为民营

（附注）本表所列民营各电厂，在50瓩以下者未经列入。上表所列器材与经费，以各该公司自理为原则，但购运器材，政府认为必要时，得酌予贴补或担保其向银行借款。

后方工厂呈准经济部登记者，截至三十三年十二月底止，共4,881家。就所在省市言，重庆市之1,287家为最多；次为四川之913家，湖南之890家，广西之351家，陕西之344家；再次为甘肃之199家，贵州之183家，云南之156家，江西之148家，浙江之132家。就所属工业类别言，化工之1,358家为最多；次为纺织之969家，机器之894家，饮食品之599家；再次为五金制造之355家，服饰品之162家，冶炼之155家，印刷文具之148家，电器之132家；而其他工业之109家为最少。就国营及民营言，数量上民营工厂远较国营为多，规模设备方面，国营均较民营为大。

后方民营工业演进情形，可分为三个阶段：(一)为迁建时期。各厂努力于自身建厂工作，并为兵工各厂配制零件工作最为紧张。(二)为发展时期。各厂迁建完成，正式生产，适值滇缅路中断，物资之需要愈殷，故不独旧厂扩充，新设工厂尤多，燃料工业如动力酒精及代汽油，机器工业、工具机、工作机等，其尤著者也。(三)为滞销时期。盖以后方需要渐达饱和，加以物价波动，资金短绌，营业不振，各项工业均遭遇前所未有之困难，尤以机器及钢铁两业最为显著。经济部筹集基金1万万元交由工矿调整处向各厂定制机器，平价转售各使用工厂，各机器厂恃以周转，勉可维持。钢铁工业以新工程未能发展，而各厂对于需要最切之钢板、钢管等未能制造，经营极为艰苦。三十三年下期，复以湘桂军事转进，各地工厂所受损失尤多。

民营工业产品种类甚多，对于抗战力量之增强，贡献甚大。三十三年全年重要产品实际产量，关于冶炼工业者有(一)灰口铁9,805吨，(二)钢5,653吨；关于机器工业者有(一)原动机6,005马力，工具机1,061部，(二)作业机2,967部；关于电工器材者有(一)电动机1,165马力，(二)变压器6,460 KVA，(三)电灯泡850,000只；关于化工材料者有(一)硫酸743吨，(二)盐酸416吨，(三)烧碱1,306吨，(四)纯碱3,449吨，(五)漂白粉797吨，(六)水泥226,604桶，(七)动力酒精4,520,000加仑；关于民生日用者有

(一)棉纱 114,163 件,(二)面粉 2,881,000 袋,(三)机制纸 3,869吨,(四)皮革105,386张,(五)火柴33,394箱,(六)肥皂 225,338箱,(七)铅笔52,500罗。以上各项产量,均较各业之生产能力为小,则以受原料、动力、销路等项之限制也。

(2)复员时情势之预测

复员开始,各项建设事业均在重新规划,短时期内机器及电工器材等之定制,势将减少,而直接消耗用品因物资缺乏关系,恐仍有不敷供应现象,后方工业大多数将暂维现状。惟各厂技工大多均系来自沿江沿海一带,一部分且未携有家属,复员初期当有若干波动。

(3)复员前准备事项

(子)复员前准备工作及其实施办法

由主管机关约计第一期所急需物资,为后方民营各厂所能自制,而不必赖输入或租借法案供给者,制定规范,扩大定制机器基金,分配各厂工作,一方面准备器材及工具供应各厂,俾增强生产,以应需要。

(丑)复员时应预为修订废除或增订之法令

修订:各工厂运送机器护照办法,审核民营工业购运外国机器办法。

增订:技术人才登记办法,技工登记办法。

(4)复员时实施办法

后方民营工业之复员,拟分以下五项分别进行调整:

(子)内迁颇具成绩者,协助恢复其原来所在地之总厂。

(丑)后方需要者,维持现状,如棉纺、面粉等业;其产品为复员所急需者,扩充其设备,如机器等业。

(寅)原料或业务不甚适宜者,协助迁移至原处恢复原厂。

(卯)湘桂一带工厂确有成绩者,协助恢复原厂。

(辰)规模较小,业务相同或相仿者,督导合并经营。

兹根据上项原则,就各业工厂调整计划分别列表如下:

后方民营工矿事业调整计划表

类别	名称	地点	资金数额（千元）	员工人数	每年产量	复员时调整计划	所需调查资金数额（千元）	所需调整器材		备注
								数量	来源	
机器	民生公司机器厂	重庆	10,000	1,990	百吨以上蒸汽轮12艘	维持现状		各种钢料100吨，铁料450吨，其他五金50吨		
	顺昌公司铁工厂	重庆	2,500	263	细纱机、造纸机、环磨机各12部、鼓风机120部	内迁颇具成绩，应助其恢复总厂		动力机100马力，工具机100部		
	恒顺机器厂	重庆	5,000	425	蒸汽机及煤汽机6,000马力，水泵120部	内迁颇具成绩，应助其恢复总厂		动力机100马力，工具机100部		
	中国汽车公司华西分厂	重庆	5,500	417	720部柴油车之零件	内迁颇具成绩，应助其恢复总厂		各种钢料100吨，铁料240吨，其他五金20吨		
	公益纺织面粉机器厂	重庆	2,500	289	梳棉机35台1,000袋面粉机二套	内迁颇具成绩，应助其恢复总厂		生铁500吨钢料50吨		

续上表

类别	名称	地点	资金数额（千元）	员工人数	每年产量	复员时调整计划	所需调查资金数额（千元）	所需调整器材		备注
								数量	来源	
机器	上海机器厂	重庆	650	181	水轮机及柴油机6,000马力，离心抽水机120部	内迁颇具成绩，应助其恢复总厂		生铁200吨 钢料60吨		
	大川实业公司机器厂	重庆	200	305	针120,000,000枚，石棉出品240吨	内迁颇有成绩，应助其恢复总厂		各种钢铁及石棉原料400吨		
	豫丰纱厂机器厂	重庆	20,000	270	粗纱机24部	内迁颇有成绩，应助其恢复总厂		生铁500吨 钢料50吨		
	合作五金公司	重庆	1,200	150	各种五金及卫生器材240吨	内迁颇有成绩，应助其恢复总厂		铜皮及铁皮100吨，各种钢铁及五金100吨		
	新民机器厂渝厂	重庆	1,200	128	各种工具机180部	维持现状扩充设备		动力机60马力，工具机20部		

续上表

类别	名称	地点	资金数额（千元）	员工人数	每年产量	复员时调整计划	所需调查资金数额（千元）	所需调整器材		备注
								数量	来源	
机器	渝鑫钢铁厂机器厂	重庆	90,000	350	制造轧钢机车、货车等铄件1,200吨	内迁颇有成绩，应助其恢复总厂		动力机100马力，工具机100部		
	新昌实业公司机器厂	重庆	1,400	92	各种工具机180部	迁移		钢铁及其他五金390吨		
	允利实业公司机器厂	重庆	3,000	42	大小型面粉机12套	内迁颇有成绩，应助其恢复总厂		工作机15套，2,000面粉机1套		
	中国兴业公司机器厂	重庆				维持现状增加设备		钢料、生铁及其他五金500吨		
	中国植物油料厂铁工厂	重庆	1,000	132	锅炉8,000平方尺，热面榨油机12部	迁移		钢板388,000磅、钢管67,000吋呎，生铁及其他178吨		
	三北机器造船厂	重庆	1,000	209	10吨以上汽轮12艘，并修理轮只	迁移		钢料、生铁及其他五金200吨		

续上表

类别	名称	地点	资金数额（千元）	员工人数	每年产量	复员时调整计划	所需调查资金数额（千元）	所需调整器材		备注
								数量	来源	
机器	惠工铁工厂	重庆	1,000	65	各种工具机120部	维持现状增加设备		工作机80部 精制机器5部	英国自造	
	洪发利机器厂	重庆	87,250	271	锅炉16,000平方尺，热面各种工具机及作业机120部	迁移		工具机60部 动力机60马力		
	精一科学器械厂	重庆	330	55	绘图仪器6,000付，各种工具12,000件	迁移				
	震旦机器厂	重庆	1,100	120	救火车及小型汽油机各36部，灭火机4,000具	迁移		各种五金器材100部		
	工矿建设公司机器厂	重庆	10,000	63	并条机18节，500袋面粉机2套	内迁颇有成绩，应助其恢复总厂		钢料及铁55吨		
	兴业工矿公司机器厂	重庆	10,000	85	缝纫机1,200部	内迁颇有成绩，应助其恢复总厂		钢料、铁料75吨，工具机50部		

续上表

类别	名称	地点	资金数额（千元）	员工人数	每年产量	复员时调整计划	所需调查资金数额（千元）	所需调整器材		备注
								数量	来源	
机器	东原公司中国实业机器厂	重庆	3,000	230	缝纫机1,200部	内迁颇有成绩，应助其恢复总厂		钢料、铁料及其他五金360吨		
	新中工程股份有限公司	祁阳	1,000	700	煤汽机蒸汽机6,000马力及其他机器	协助恢复原厂		动力机150马力，工具机164部		
	新民机器厂湘厂	祁阳	4,200	341	各种工具机240部	协助恢复原厂		动力机50马力，工具机40部		
	大中机器厂	桂林	700	146	各种五金用品120吨	协助恢复原厂		动力机50马力，工具机50部		
	六河沟制铁公司桂林机厂	桂林	500	146	冶炼用机器120部，工具机120部	协助恢复原厂		动力机40马力，工具机34部		
	中国汽车制造公司桂林分厂	桂林	1,000		弹力承轴2,400付及720部卡车零件	协助恢复原厂		动力机100马力，工具机80部		

续上表

类别	名称	地点	资金数额（千元）	员工人数	每年产量	复员时调整计划	所需调查资金数额（千元）	所需调整器材		备注
								数量	来源	
机器	华中铁厂	桂林	3,000	92	各种工具机 96 部	协助恢复原厂		动力机 20 马力，工具机 21 部		
	循规机厂	桂林	300		半吨至1吨造纸机 6 套，各种活塞环12,000付	协助恢复原厂		动力机 25 马力，工具机 23 部		
	中华铁工厂	柳州	2,500	112	各种工具机 120 部	协助恢复原厂		动力机 30 马力，工具机 29 部		
	经纬纺织公司柳州分厂	柳州	2,700	84	纱锭 7,200 套钢领圈7,200套	协助恢复原厂		动力机 25 马力，工具机 26 部		
	雍兴公司西北机器厂	陕西蔡家坡	2,000	669	各种工具机 360 部	维持现状扩充设备		动力机 50 马力，工具机 44 部		
	西京机器厂	西安	5,200	162	各种工具机 240 部	维持现状扩充设备		动力机 20 马力，工具机 27 部		
	中新纺织公司机器修造厂	宝鸡		320	纱锭 7,500 锭零件12,000件	维持现状扩充设备		动力机 50 马力，工具机 47 部		

续上表

类别	名称	地点	资金数额（千元）	员工人数	每年产量	复员时调整计划	所需调查资金数额（千元）	所需调整器材		备注
								数量	来源	
机器	洪顺机器厂	宝鸡	165		轧花机及弹花机240部	维持现状扩充设备		动力机10马力，工具机10部		
	西京机器修造厂	西京	6,500	207	各种工具机180部	维持现状扩充设备		动力机20马力，工具机19部		
	广西纺织机械厂		10,000	200	细纱机24部	协助恢复原厂		动力机100马力，工具机104部		
	工具机械类		27,000	764	各种工具机720部	协助改良设备，提高技术增加生产数量一部分予以归并		动力机100马力，工具机100部		
	动力机类		4,665	266	各种动力机3,000马力	协助改良设备，提高技术增加生产数量一部分予以归并		钢料50吨，铁料300吨，工具机35部		

续上表

类别	名称	地点	资金数额（千元）	员工人数	每年产量	复员时调整计划	所需调查资金数额（千元）	所需调整器材		备注
								数量	来源	
机器	印刷机类		4,720	140	各种印刷机	协助改良设备，提高技术增加生产数量一部分予以归并				
	卷烟机类		430	17	24 部	维持现状				
	纺织机类		9,100	940	各种纺织机 600 及纺织机零件	协助改良设备，提高技术增加生产数量		钢料 50 吨，生铁 500 吨，工具机 165 部		
	化工机械类		1,836	92	炼油机及其他化工机器 120 部	协助改良设备，提高技术增加生产数量				

续上表

类别	名称	地点	资金数额（千元）	员工人数	每年产量	复员时调整计划	所需调查资金数额（千元）	所需调整器材		备注
								数量	来源	
机器	农业品加工机类		6,020	236	各种农村用机器1,200部	协助改良设备，提高技术增加生产数量		钢料、生铁300吨，工具机70部		
	液体输送机类		7,450	159	水泵及其他液本输送机240部	协助改良设备，提高技术增加生产数量		钢料、生铁300吨，工具机30部		
	气体输送机类		4,575	108	鼓风机及其他气体输送机240部	协助改良设备，提高技术增加生产数量		钢料、生铁200吨，工具机20部		
	船舶及船用机械类		3,130	233		协助改良设备，提高技术增加生产数量		钢料、生铁及其他五金200吨		

续上表

类别	名称	地点	资金数额（千元）	员工人数	每年产量	复员时调整计划	所需调查资金数额（千元）	所需调整器材		备注
								数量	来源	
机器	锻冲剪轧机类		6,880	134	各种锻冲剪轧机240部	协助改良设备，提高技术增加生产数量				
	工具类		4,966	133	锉刀、钻头及其他各种工具6,000件	协助改良设备，提高技术增加生产数量		各种钢铁240吨，工具机25部		
	五金器材类		31,455	270	各种五金器材320吨	协助改良设备，提高技术增加生产数量		铜皮及铁皮130吨，各种钢铁及五金130吨，工具机150部		
	器具类		620	92	银箱及其他器具500个	协助改良设备，提高技术增加生产数量		铁料及五金350吨		

续上表

类别	名称	地点	资金数额（千元）	员工人数	每年产量	复员时调整计划	所需调查资金数额（千元）	所需调整器材		备注
								数量	来源	
机器	文具仪器类		800	42	各种文具仪器12,000件	协助改良设备，提高技术增加生产数量				
	修造机件类		8,762	427	修理机器2,500部，机件125,000件	改良设备		钢铁材料100吨，工具机105部		
	汽车配件类		7,897	339	各种汽车配件12,000件	改良设备		钢铁材料100吨，工具机95部		
	罐头及冲压制品类		1,780	46	罐盒及其他冲压制品360,000只	协助扩充设备，增加生产		铁皮及各种钢铁100吨，工具机10部		
	铸工制品类		4,460	364	翻铸各种机器零件4,680吨	改良技术提高工作效能		铸工设备		
	锻工制品类		112	20	锻制各种机器零件720吨	改良技术提高工作效能		锻工设备		

续上表

类别	名称	地点	资金数额（千元）	员工人数	每年产量	复员时调整计划	所需调查资金数额（千元）	所需调整器材		备注
								数量	来源	
电机电器	华生电器厂	重庆	2,500	220	变压器10,000千伏安，马达2,000马力，发电机2,000千伏安	迁移扩充		矽钢片100吨钢板生铁280吨，钢管5,500寸尺，铜线50吨		
	中国建设工程公司电机制造厂	重庆	2,000	205	变压器6,000千伏安，马达2,000马力，发电机500千伏安	维持现状增加设备，并扩充河口及上海厂		矽钢片、钢板、生铁、铜线400吨，工具机50部		
	西亚电器厂	重庆	5,000	123	电灯泡360,000枚	迁移扩充		自动吹玻璃壳机心、挂机封口机、排气机等14部，钨丝、钼丝等1,600,000公尺		
	中华无线电社	重庆	500	130	无线电讯机600部，手摇发电机400部，移动发电机200部	扶植扩充供应电信需要		矽钢片、漆包线、丝包线、真空管等器材		

续上表

类别	名称	地点	资金数额（千元）	员工人数	每年产量	复员时调整计划	所需调查资金数额（千元）	所需调整器材		备注
								数量	来源	
电机电器	华成电器厂	衡阳	11,200	200	马达4,800马力变压器6,000千伏安，发电机1,000千伏安	协助恢复原厂		动力机100马力，工具机53部，矽钢片、钢板、生铁400吨		
	电机类		2,400	320	变压器10,000千伏安，马达3,000马力，发电机2,000千伏安	协助改良设备，提高技术，增加生产		矽钢片、钢板、生铁、铜线等材料450吨		
	电讯器材类		1,800	240	无线电讯机200部，电话机10C部	协助改良设备，提高技术，增加生产		漆包线、丝包线、橡皮线、真空管、传话器、扬声器等器材		
	电工器材类		7,200	960	电表500只，铜线100吨，灯包700,000只，各种电池200,000打	协助改良设备，提高技术，增加生产		锌皮、铅粉、锰粉、炭精、棒钨丝、钼丝材料		
酸	中国造酸公司	重庆	1,000	53	硫酸480吨 盐酸10吨	维持原状				
	大利造酸厂	昆明	370	21	硫酸100吨 盐酸20吨	维持原状				

续上表

类别	名称	地点	资金数额（千元）	员工人数	每年产量	复员时调整计划	所需调查资金数额（千元）	所需调整器材		备注
								数量	来源	
酸	集成三酸厂	西安	120	100	硫酸 180 吨 硝酸 40 吨 盐酸 15 吨	维持原状				
碱	永利化学公司	犍为	25,000	748	纯碱2,000吨	维持原状				
	天原电化厂	重庆	3,000	120	烧碱2,000吨，盐酸 700 吨，漂粉 1,000吨	液体烧碱				
	天原电化厂宜宾分厂	宜宾	8,000		固体烧碱					
	嘉裕碱厂	乐山	400	74	纯碱 500 吨	维持原状				
	裕民碱厂	彭山	250	80	纯碱 300 吨	维持原状				
	开济	彭山	600	120	纯碱 150 吨	维持原状				
橡	普利	泸县	5,000	52	刹车带80,000公尺，刹车油碗等 480,000只	维持原状				
胶	中南	重庆	1,000	129	翻制旧轮胎及补内胎等	维持原状				

续上表

类别	名称	地点	资金数额（千元）	员工人数	每年产量	复员时调整计划	所需调查资金数额（千元）	所需调整器材		备注
								数量	来源	
面	四川水泥公司	重庆			水泥 144,000 桶					
	华新水泥公司	昆明 辰溪			水泥 144,000 桶					
	嘉华	乐山			水泥 3,600 桶					
	江西	秦和			水泥 2,400 桶					
	贵州	贵阳			水泥 3,600 桶					
	复兴面粉公司	渝 牛角沱	4,000	177	每日 1,900 袋	维持原状				
	福民面粉公司	渝 红砂碛	8,000	119	1,200	维持原状				
	天成面粉公司	渝 猫儿石	2,000	78	700	维持原状				
粉	福新面粉公司渝厂	渝 猫背沱	1,500	44	500	维持原状				
	岁丰面粉公司	渝 王家沱	600	8	400	维持原状				
	兆丰面粉厂	成都		53	500	维持原状				

续上表

类别	名称	地点	资金数额（千元）	员工人数	每年产量	复员时调整计划	所需调查资金数额（千元）	所需调整器材		备注
								数量	来源	
面粉	建成面粉厂	成都	2,000	88	400	维持原状				
	裕民面粉公司	四川长寿	1,000	32	200	维持原状				
	永同面粉公司	四川綦江	1,000	60	200	维持原状				
	允利公司万县面粉厂	四川万县	1,600	50	250	维持原状				
	大兴面粉厂	贵州遵义	1,000	91	600	维持原状				
	嘉农面粉厂	昆明	4,600	100	500	维持原状				
	成丰面粉厂	西安	1,360	210	每日 3,500 袋	维持原状				
	华峰面粉公司	西安	600	246	3,500	维持原状				
	秦记和面粉厂	西安	1,000	100	500	维持原状				
	永丰面粉公司	西安	3,000	74	500	维持原状				
	福豫面粉公司	西安	2,200	214	2,000	维持原状				

续上表

类别	名称	地点	资金数额（千元）	员工人数	每年产量	复员时调整计划	所需调查资金数额（千元）	所需调整器材		备注
								数量	来源	
面粉	大新面粉厂	陕西宝鸡	900	140	1,200	维持原状				
	福新面粉公司宝鸡厂	陕西宝鸡	合渝天水共4,000	74	2,000	维持原状				
	象丰面粉公司	陕西渭南	300	75	500	维持原状				
	褒城三泰面粉公司	陕西褒城	5,000	51	400	维持原状				
	福新面粉公司天水厂	甘肃天水	合渝宝共4,000	42	400	维持原状				
	兰州面粉公司	甘肃兰州	由雍兴公司拨给	130	500	维持原状				
	惠民实业公司	四川泸州	10,000	64	250	维持原状				
棉纺织	裕华	重庆南岸	6,000	2,395	棉纱 1,044 件	维持原状				
	申新渝厂	重庆南岸	4,500	1,659	棉纱 514 件	维持原状				
	豫丰渝厂	重庆小龙坎	4,200	2,210	900	维持原状				

续上表

类别	名称	地点	资金数额（千元）	员工人数	每年产量	复员时调整计划	所需调查资金数额（千元）	所需调整器材		备注
								数量	来源	
棉纺织	沙市	重庆南岸	1,000	785	642	维持原状				
	中国纺织企业公司	重庆沙坪坝	20,000	750	32	维持原状				
	维昌	重庆江北	2,000	253	139	维持原状				
	新民	重庆沙坪坝	700	65	9	维持原状				
	豫丰合厂	四川合川		2,334	1,160	维持原状				
	申新蓉厂	成都	10,000	550	45	维持原状				
	申新宝鸡厂	陕西宝鸡	5,800	3,529	1,130	维持原状				
	裕华蓉厂	成都	12,000	250		维持原状				
	咸阳	陕西咸阳	6,000	1,028	460	维持原状				
	蔡家坡	陕西蔡家坡	5,000	738	480	维持原状				

续上表

类别	名称	地点	资金数额（千元）	员工人数	每年产量	复员时调整计划	所需调查资金数额（千元）	所需调整器材		备注
								数量	来源	
棉纺织	大华西安厂	陕西西安	6,000	2,646	1,040	维持原状				
	大华广元厂	四川广元	19,000	1,580	棉纱 240 件	维持原状				
	广西	桂林	9,000	690	90	维持原状				因战〔争〕关系，全部损失
	湖南第一厂	湖南黔阳	2,400	1,450	550	维持原状				
	裕滇	昆明	20,000	1,100	10	维持原状				
	云南	昆明	10,000	1,066	280	维持原状				
染织	大明	重庆北碚	10,000	750	布匹 9,700 匹	维持原状				
	宝星	重庆江北	4,000	81	布匹 400 匹 印绸 360 匹	维持原状				
	苏州	重庆南岸	500	55	布匹 360 匹	维持原状				
	振昆	昆明	2,000	70	布匹 250 匹 毛巾 620	维持原状				

续上表

类别	名称	地点	资金数额（千元）	员工人数	每年产量	复员时调整计划	所需调查资金数额（千元）	所需调整器材		备注
								数量	来源	
染整	东禾	重庆南岸	1,500	30	染布 9,000 匹	维持原状				
	协丰	重庆	1,500	20	染布 4,000 匹	维持原状				
	和兴庆记	重庆南岸	200	45	染布 2,000 匹	维持原状				
	新兴	四川乐山	1,200	86	□绸 3,000 匹 染绸 1,800 匹	维持原状				
	西京利秦	陕西西安	45	165	染布 12,000 匹	维持原状				
毛纺织	中国	四川巴县	12,000	783	毛呢24,142公尺	维持原状				
	川康	四川犍为	20,000	456	6,233 公尺	迁移	国币 3 千万元			该厂原在犍为，战后复员时拟改设成都。
	民治	重庆沙坪坝	4,000	303	8,244 公尺	维持原状				
	厚生	成都	5,000	335	10,066公尺	归并				
	官泉	天水官泉	5,000	277	2,350 公尺	归并				

续上表

类别	名称	地点	资金数额（千元）	员工人数	每年产量	复员时调整计划	所需调查资金数额（千元）	所需调整器材		备注
								数量	来源	
毛纺织	西北	陕西泾阳	1,400	176	3,175公尺	维持原状				
	福民	重庆江北				归并				该厂已于卅三年十二月一日停工。
	大秦	陕西西安				维持原状				
麻织	万县	四川万县	1,300	774	麻袋4,551只	维持原状				
	华义	广西桂林	600	64	麻袋600只	归并				
	成城	重庆	3,000	30	麻袋2,000只	归并				
	中国企业协合公司长寿麻织厂	四川长寿	10,000							尚在筹备中。
	广东省麻织厂	广东信宜	42,894	109	麻袋90,000只	维持原状				
	西南	四川北碚	300	207	麻交布37,800尺	维持原状				

续上表

类别	名　称	地　点	资金数额（千元）	员工人数	每年产量	复员时调整计划	所需调查资金数额（千元）	所需调整器材		备　注
								数　量	来　源	
缫丝	云南蚕业新村公司丝厂	云南草坝站	25	245	生丝 20 关担	维持原状				
	贵州丝织厂	贵州遵义	400	95	生丝 1 关担	维持原状				
	四川丝业公司	四川	12,000	1,741	生丝 222 关担	维持原状				
丝织	华美织绸厂	四川乐山	500	104	绸10,000公尺	归并				
	龙兴绸厂	四川乐山	1,000	122	9,000公尺	维持原状				
	永华织绸厂	成都	3,000	86	3,000公尺	维持原状				
	利国印染纺织厂	四川南充	10,000	293	6,000公尺	维持原状				
	普益经纬公司	四川乐山	200	177	3,600公尺	维持原状				
	美亚织绸厂	四川乐山	4,000	367	18,000公尺	维持原状				
	华源织绸厂	四川磁器口	3,600	127	2,320公尺	维持原状				
	云南蚕丝公司丝织厂	昆明	10,000	217	4,468 公尺	维持原状				

后方民营工矿事业调整计划所需员工估计表

事业类别＼员工数额	职员	工人	员工合计
矿冶工业	350	5,000	5,350
电气事业	30	150	180
机械工业			暂维原状
化学工业			同　右
其他工业			同　右
总　计	380		

后方民营工矿事业调整计划所需器材估计表

事业类别	所需物资吨数	来源	备注
矿冶工业	11,000 公吨	国外购运	
电气事业	27,000	同　右	
机械工业	11,400	同　右	
化学工业			暂行维持现状
纺织工业			同　右
其他工业			同　右
总　计	49,400		

后方民营工矿事业调整计划所需经费估计表

事业类别	国币（千元）	美金		合计国币
		原币（千元）	按 30 元合百元国币	
矿冶工业	17,000	2,500	8,333	25,333
电气事业	10,800	6,480	21,600	32,400
机械工业	2,734	540	1,800	4,534
其他工业	2,000	540	1,800	3,800
总　计	32,534	10,060	33,533	66,067

〔资源委员会档案〕

2. 经济部编收复区敌伪工矿业接收整理计划①

（1945年8月　日）

〔上略〕

肆、收复区敌伪工业接收整理计划（电气事业包括民营在内）

甲、纲要

一、敌国在中国工业之资产权益一律收归国有，由政府经管处理。

二、凡与敌人合资之工业，不论公营或私营一律由政府接收，分别性质交由国营机关或正当民营事业组织接办。

三、敌伪组织所办之工业，一律由政府接管处理。

四、收复区战前由政府经营之工业，概由政府收回之。

五、收复区战前官商合办之工业，先由政府接管经营，审查其商股股东有无附逆行为，按其情节确定处理办法。

六、收复区战前由同盟各国或中立国人民经营之工业，应由政府与各该国政府或经营人协商处理。

七、收复区工业与战后经济建设需要抵触者，应限制其恢复或变更其经营途径。

八、收复区之重要工业应尽先恢复其生产。

九、配合盟国善后救济设施，使收复区各项工业之进展密切适合战后经济建设之需要。

乙、一般情况

本区包括九一八沦陷之东北四省及七七以后丧失各地，因陷敌时间久暂之各异，故情形亦不尽相同。东北方面敌伪经营工业较多，且规模甚大，复员时应一律收归国有，并视其破坏情形，将同类事业归并整理，以期迅速择要恢复，至七七以后，沦陷各地敌伪经

① 节录《经济部工矿商业复员计划》。

营事业亦复不少，间亦有外商或本国商人投资经营者，此种事业性质重要者，均应由政府参加经营或主办，俾□配合需要，加速完成战后工业建设。

丙、调整办法

一、事业类别

（一）电气事业

电气为一般工业动力之源，为配合复员工作之开展，各地电厂应尽先进行恢复，并以设备简单、管理便利、建造迅速为原则。其在同一电气网区域以内各厂，则分别合并为一个组织，统辖各视工业及其他方面之需要，酌为扩大或恢复至原有规模。

此外，并预为装配流动电厂若干套，随时驶往需要地域，迅速供电。在东北方面，敌伪新设电厂甚多，而规模均甚大，如吉林省之桦甸，辽宁省之桓仁，每厂容量约达四十余万瓩以上，将来接收整理办法，当视破坏程度、需要情形而定。兹将各单位列表于下。

附注：电气事业因力求配合，并为便于调整及编拟起见，所有收复区重要民营电厂特并入本计划内编拟。

（二）机械工业

机械工业为一般工业之母，今后工业建设尤赖本业之奠立坚强基础。兹拟于各中心区域依类分设机械交通工具及电工等类机构，合并当地有关各厂，整理经营调整办法列表于下：

（三）化学工业

复员期间，一般工程之兴建需要水泥特多，本计划中水泥工业占有重要地位，其他酸、碱、酒精等项亦各就原有基础设厂，合并办理。此外，东北之木粕工业，敌伪亦正在积极经营，颇具规模。战后宜继续推进。其发展调整办法列表于下：

（四）木材工业

林木为东北重要资源，年产达七百万吨以上，敌伪采取尤极尽能事。兹拟收归国有，专设机构统一经营。其调整办法列表如下：

收复区敌伪工矿业接收整理计划表

类别：电气事业

名称	地点	简况				接收整理办法	估计需要			备注
		资金（千元）	员工	产量（KVA）	经营方式		经费（千元）	员工	器材（吨）	
满洲电气会社	(a)			219,019	日伪合办	(一)上列事业拟设东北电力局统辖，由资源委员会独资经营，各地则分设电厂。 (二)恢复容量3,470,000 KW	国币70,000 美金(b)	员9,524 工38,296		(a)包括大连、沈阳、长春、哈尔滨、安东、营口、锦县、牡丹江、齐齐哈尔等地公用电厂。 (b)东北及台湾二电力局需要美金暂未能估计。 (c)包括鞍山、本西湖、长春、沈阳、抚顺、密山、鹤岗、西安、依兰、舒兰等地公用电厂。
松花江水力发电会社	桦甸及镜泊湖			450,000	日伪合办					
第二松花江水力发电会社	吉林大丰满村			360,000						
鸭绿江水力发电会社	鸭绿江			450,000	日伪鲜合办					
浑江水电厂				600,000（在建设中）	日伪合办					
抚顺长春等重要各地发电事业	(c)			1,122,300	日伪合办					

续上表

名称	地点	简况				接收整理办法	估计需要			备注
		资金（千元）	员工	产量（KVA）	经营方式		经费（千元）	员工	器材（吨）	
北平电气公司	北平	4,803	180	3,104	北支开发会社华北电气公司	（一）上列事业及敌伪经营之其他重要电厂拟设冀东电力公司统辖，由资源委员会参加经营，并由资源委员会主办。（二）恢复容量90,039 KW	国币 7,107 美金 5,000	员 730 工 2,920		
唐山电气公司	唐山	2,810	600	15,000	冀东电气公司					
北平电车公司	北平	4,803	180	3,104	比资					
日租界电灯厂	天津	1,000	160	2,000	日资天津电业公司					
天津比商电车电灯公司	天津	4,100	660	21,900	比资					
英国工部局电务处	天津	3,480	350	7,000	英资					
法国电灯厂	天津	2,981	300	6,000	法资					
胶澳电业公司	青岛	2,000	1,160	38,800	北支开发会社	（一）上列事业拟并设鲁东电力公司，由资源委员会参加经营，并由资源委员会主办。（二）恢复容量49,536 KW	国币 1,028 美金 1,040	员 390 工 1,566		
齐鲁电业公司	济南	1,384	400	8,036	北支开发会社					
生明电气公司	烟台	726	216	2,700						

续上表

名称	地点	简况				接收整理办法	估计需要			备注
		资金（千元）	员工	产量（KVA）	经营方式		经费（千元）	员工	器材（吨）	
上海华商电力公司	上海	6,274	640	16,000	中支振兴会社华中电力公司	（一）上列事业拟设黄浦电力公司，统辖由资源委员会参加经营，并由资源委员会主办。（二）恢复容量48,600 KW	国币 4,871 美金 4,000	员 378 工 1,512		
上海闸北电力公司	上海	2,979	960	32,000	中支振兴会社华中电力公司					
浦东电力公司	上海	1,226	120	600	中支振兴会社华中电力公司					
上海电力公司	上海			65,500	中支振兴会社华中电业公司	（一）拟由资源委员会参加经营。（二）恢复原容量183,500 KW	（注）	员 1,500 工 4,540		经费暂不列入。
首都电厂	南京	12,000	1,050	30,000	中支振兴会社华中电业公司	（一）拟由资源委员会参加经营。（二）恢复容量30,000 KW	国币 3,000 美金 700	员 252 工 908		
戚墅堰电厂	无锡	3,833	700	17,330	中支振兴会社华中电业公司	（一）拟由资源委员会参加经营。（二）恢复容量17,350 KW	国币 959 美金 500	员 154 工 616		

续上表

名称	地点	简况				接收整理办法	估计需要			备注
		资金（千元）	员工	产量（KVA）	经营方式		经费（千元）	员工	器材（吨）	
芜湖明远电气公司	芜湖	819	160	2,160	中支振兴会社华中电业公司	（一）上列事业拟并设苏皖电气公司，由资源委员会参加经营，并由资源委员会主办。（二）恢复容量3,200 KW	国币 228 美金 300	员 62 工 248		
淮南电厂	怀远									
安庆电厂	安庆	92	120	1,040						
武昌电力公司	武昌	348	160	1,600	中支振兴会社华中电业公司	（一）上列事业是鄂赣电气网范围内之汉口、九江、南昌各电厂，拟并设鄂赣电气公司，由资源委员会参加经营，并由资源委员会主办。（二）恢复容量29,415 KW	国币 1,659 美金 3,000	员 386 工 1,544		
大冶电厂	大冶	340	120	1,000						
汉口日租界电灯厂	汉口	110	120	505	日资					
英商电灯公司	汉口	1,282	290	5,750	英资					
既济水电公司	汉口	3,715	660	16,500	民营					
九江映庐电灯公司	九江	396	120	1,166	民营					
南昌市电灯整理处	南昌	260	160	2,074						

续上表

名称	地点	简况				接收整理办法	估计需要			备注
		资金（千元）	员工	产量（KVA）	经营方式		经费（千元）	员工	器材（吨）	
长沙电厂 衡阳电厂 湘潭电厂	长沙 衡阳 湘潭	3,600 642	500 128	9,500 1,000	长沙衡阳原为资源委员会经营	（一）上列事业拟设长衡电气公司统辖，由资源委员会参加经营，并由资源委员会主办。 （二）恢复容量10,500 KW	国币 950 美金 800	员 148 工 594		
吉安电厂 赣州电厂	吉安 赣州	100 340	70 120	300 1,000	民营 民营	（一）上列事业拟并设赣南电气公司，由资源委员会参加经营，并由资委会主办。 （二）恢复容量1,300 KW	国币 110	员 42 工 168		
普华兴记电气公司	温州	502	200	1,096	民营	（一）拟由资源委员会参加经营。 （二）恢复容量1,096 KW	国币 126 美金 40	员 44 工 176		
开明电灯公司	汕头	497	208	2,560		（一）拟由资源委员会参加主办。 （二）恢复容量2,560 KW	国币 125 美金 40	员 46 工 182		

续上表

名称	地点	简况				接收整理办法	估计需要			备注
		资金（千元）	员工	产量（KVA）	经营方式		经费（千元）	员工	器材（吨）	
广州电力管理处	广州	12,900	1,620	54,000	日人经营	（一）该厂及粤省其他重要电厂拟并设粤中电力公司，由资源委员会参加经营，并由资源委员会主办。（二）恢复容量54,000 KW	国币 3,225 美金 800	员 356 工 1,424		
柳州电厂	柳州	742	167	2,260	原由资源委员会经营，现归停顿	（一）拟恢复原组织，由资源委员会独资经营。（二）恢复容量2,260 KW	国币 186 美金 500	员 37 工 150		
福州电气公司	福州	2,639	275	5,500		（一）拟由资源委员会参加经营。（二）恢复容量5,500 KW	国币 660 美金 50	员 60 工 245		
厦门电力公司	厦门	1,400	228	3,800		（一）拟由资源委员会参加经营。（二）恢复容量3,800 KW	国币 350 美金 40	员 50 工 198		

收复区敌伪工矿业接收整理计划表

类别：机械工业　一般机器

名称	地点	简况：资金（千元）	简况：员工	简况：产量	简况：经营方式	接收整理办法	估计需要：经费（千元）	估计需要：员工	估计需要：器材（吨）	备注
满洲机器公司	沈阳	3,000		锅炉、内燃机、发电机	满铁	（一）上列事业拟并设沈阳机器厂继续办理，由资源委员会独资经营。 （二）恢复生产。 动力设备20,000马力 工具机2,000部 作业机2,000部	国币 10,880 美金 6,670	员 850 工 8,000		
满洲工厂	沈阳	10,000		铸铁管、机械、铁道车辆	满铁					
满洲机械工业公司	沈阳	1,000		机械工具						
满洲工作机械株式会社	沈阳	20,000		工作机						
富原机械制造所		10,000		矿用机械						
进和天津铁工厂	天津	5,000		铁丝、洋钉	日资	（一）以上事业拟设天津机器厂统辖由资源委员会独资经营。 （二）恢复生产。 动力设备 5,000 马力 工具机 1,000 部 作业机 1,000 部	国币 3,000 美金 1,500	员 400 工 3,600		
满洲口儿天津分厂	天津	5,000		机器	日资					
天津钢业厂	天津	1,000		机器	日资					
天津制铁厂	天津	3,000		机器	日资					
理研工业会社	天津 北平	70,000		工具机	日资					
北洋五金制造会社	天津	300		铁丝	日资					
中山钢业所津厂	天津	1,000		铁工、机器	日资					

续上表

名称	地点	简况				接收整理办法	估计需要			备注
		资金（千元）	员工	产量	经营方式		经费（千元）	员工	器材（吨）	
东亚重工业株式会社	青岛	2,000		工具机、邦浦矿用机农具		（一）并设青岛机器厂，由资源委员会独资经营。 （二）恢复生产。 工具机1,000部 抽水机500部 农具机2,000部 棉纺织机100,000锭	国币 2,500 美金 2,000	员 600 工 4,200		
市和铁工所	青岛	500		内燃机						
中山钢业所青厂	青岛	1,000		铁工、机器						
西北铁工厂	太原	1,127		井管550个，锥3,154个		（一）并设太原机械公司，由资源委员会参加经营，并由资源委员会主办。 （二）恢复生产。 工具机800部 矿用机1,000部 农业加工机1,200部	国币 4,000 美金 2,000	员 500 工 3,500		
西北机器厂	太原			瓦斯灯120盏，车台100架，书机200部						
西北铸造厂	太原	418		面粉机、邦浦排□机						
西北农工器具厂		684		卡尺60对，水车10架，锥子10,000个						
西北水压机厂		476		水压机640架，风扇250个，电动机2,100架						
育才炼钢机器厂		247								

续上表

名称	地点	简况				接收整理办法	估计需要			备注
		资金(千元)	员工	产量	经营方式		经费(千元)	员工	器材(吨)	
亚细亚机械株式会社	上海			代燃车发生炉、汽车零件	日资	(一)上列事业及敌伪经营之其他重要机器厂拟并设沪江机械公司,由资源委员会参加经营。 (二)恢复生产。 工具机3,000部 作业机1,000部				
大陆重工业株式会社	上海			各种工作机械						
上海工业株式会社	上海			工作机内燃机工矿器材						
日本机械制作所	上海			纺织机						
中山钢业所上海总厂	上海			一般机械						
丰田机械制作所	上海			一般机械汽车装配及零件制造	日资					
汉口各机器厂	汉口					(一)上列事业拟设江汉机械公司,由资源委员会参加经营,并由资源委员会主办。 (二)恢复生产。 工具机1300部 作业机500部	国币2,000 美金830	员120 工800		包括江西机器厂及江西炼铁厂。参见后方区。
湖南江西各小铁厂	湖南江西									

续上表

名称	地点	简况				接收整理办法	估计需要			备注
		资金(千元)	员工	产量	经营方式		经费(千元)	员工	器材(吨)	
广州各机器厂	广州					(一)拟并设广州机器厂,由资源委员会独资经营。 (二)扩充生产。 起重机及机械运输设备,桥梁及钢架共值8,000,000元,工具机1,000部	国币 4,000 美金 1,000	员 480 工 4,500		包括粤北铁工厂。

收复区敌伪工矿业接收整理计划表

类别:机械工业　交通工具

名称	地点	简况				接收整理办法	估计需要			备注
		资金(千元)	员工	产量	经营方式		经费(千元)	员工	器材(吨)	
同和自动车工业会社	沈阳	30,000		汽车	满洲里工业开发会社	(一)上列事业拟并设远东汽车厂,由资源委员会独资经营。 (二)恢复生产: 客车10,000辆 卡车15,000辆	国币 27,000 美金 13,000	员 950 工 8,000		
满洲自动车会社	长春(大连)	100,000		汽车	满洲里工业开发会社					

续上表

名称	地点	简况				接收整理办法	估计需要			备注
		资金(千元)	员工	产量	经营方式		经费(千元)	员工	器材(吨)	
满洲飞行机制造会社	沈阳	100,000		飞机制造及装配	满洲里工业开发会社	(一)拟设沈阳飞机厂,由资源委员会独资经营。 (二)恢复生产:飞机500架	国币26,000 美金13,000	员800 工5,000		
北支自动车工业会社	天津	20,000		汽车	日资	(一)上列事业拟并设天津汽车厂,由资源委员会独资经营。 (二)恢复生产:卡车5,000辆	国币4,500 美金2,100	员300 工2,200		
トヨタ自动车会社津厂	天津			汽车	日本トヨタ自动车会社					
大达交通器材会社	天津			车辆零件线路用品	日资	(一)上列事业拟并设平津车辆公司,由资源委员会参加经营,并由资源委员会主办。 (二)恢复生产:铁路货车2,000辆,客车100辆	国币5,000 美金2,300	员300 工2,500		
华北车辆会社	北平			机车车辆	日伪合办					

续上表

名称	地点	简况				接收整理办法	估计需要			备注
		资金（千元）	员工	产量	经营方式		经费（千元）	员工	器材（吨）	
西北机车厂	太原	1,520		机车		（一）组设太原车辆公司，由资源委员会参加经营，并由资源委员会主办。 （二）恢复生产：铁路客车60辆，货车1,000辆	国币 3,500 美金 1,700	员 200 工 2,000		
青岛造船厂	青岛				日资	（一）拟由资源委员会独资经营。 （二）恢复生产：船舶12,000吨	国币 2,070 美金 1,000	员 350 工 2,000		
江南造船厂 招商造船厂 三化造船厂 合兴造船厂 鸿昌铁工厂	上海 上海 上海 上海 上海	15,000 20		造船	军管理江南造船所	（一）上列事业拟设沪江造船公司统辖，由资源委员会参加经营，并由资源委员会主办。 （二）恢复生产：船舶24,000吨	国币 4,500 美金 2,000	员 300 工 2,000		

续上表

名称	地点	简况				接收整理办法	估计需要			备注
		资金（千元）	员工	产量	经营方式		经费（千元）	员工	器材（吨）	
京沪线各车辆制造厂	常熟			铁路机车之装修工作机械	日伪合办华中铁道制作所	（一）拟并设沪江车辆公司，由资源委员会参加经营。 （二）恢复生产：铁路客车60辆 客车1,000辆	国币 3,500 美金 1,700	员 200 工 2,000		
汉口汉阳各修船厂	汉口 汉阳					（一）上列事业拟并设江汉车船公司，由资源委员会参加经营，并由资源委员会主办。 （二）加大建设，扩充生产：船舶10,000吨	国币 2,000 美金 770	员 160 工 1,000		包括江西车船厂，参见后方区。
马尾造船厂	马尾					（一）组设福州造船公司，由资源委员会参加经营。 （二）恢复生产：船舶34,000吨	国币 6,000 美金 2,830	员 400 工 3,000		

收复区敌伪工矿业接收整理计划表

类别：机器工业　三、电工器材

名称	地点	简况 资金（千元）	员工	产量	经营方式	接收整理办法	估计需要 经费（千元）	员工	器材（吨）	备注
满洲电线公司	沈阳	5,000		电线、电缆、金属线	古河、住友等合营	（一）上列事业拟并设沈阳电工器材厂，由资源委员会独资经营。 （二）恢复生产： 电线5,000吨 无线电机40,000部 电池25,000,000只 电机150,000 KW 变压器300,000 KVA 电话机 20,000 具 交换机15,000门 电报机 300 具 电子□100,000只 开关设备 30,000 件 家用电具100,000具	国币 7,200 美金 10,600	员 2,000 工 8,000		
满洲通讯机公司	沈阳	4,000		通讯机价值10,000,000元	日本各通讯机制造业者合营					
富士电机会社	沈阳	1,000		发报机及报机						
美德电器会社	沈阳	500		电灯及其他						
满洲干电池会社	沈阳	500		干电池						
满洲汤线电池会社	沈阳	600								
满洲立正电机会社	沈阳	100		发电机						
满洲日立制作所	沈阳	5,000		电机						
满洲变压器会社	沈阳	500		变压器						
国产电机奉天工场	沈阳			高压发电机						
满洲松下电器会社	长春	1,000		发电机						
新京电话工业会社	长春	100		电话器材						

续上表

名称	地点	简况				接收整理办法	估计需要			备注
		资金（千元）	员工	产量	经营方式		经费（千元）	员工	器材（吨）	
东光电气株式会社	天津 北平	5,000		灯泡	日资	（一）拟设冀北电工器材厂，由资源委员会独资经营。 （二）恢复生产：灯泡24,000,000只	国币□ 美金 955	员 70 工 250		
大陆产业株式会社	上海	电线、一般电工器材	日人经营			（一）以上二厂及敌伪经营之其他重要电工厂，拟并设沪江电工器材公司统辖，由资源委员会参加经营。 （二）恢复生产： 电线3,000吨 电机60,000 KW 变压器60,000 KW	国币 1,400 美金 3,000	员 500 工 11,000		
公大电线厂	上海	电线	日人经营							
武汉各无线电器材厂	武昌 汉口					拟设江汉无线电器材厂，由资源委员会独资经营				已列入海口器材计划经费，员工暂不列入。

收复区敌伪工矿业接收整理计划表

类别：化学工业　(一)一般化工

名称	地点	简况				接收整理办法	估计需要			备注
		资金(千元)	员工	产量	经营方式		经费(千元)	员工	器材(吨)	
满洲硫安工业会社	葫芦岛	50,000		硫酸铔700,000吨	日本硫安工业同业会	(一)上列事业及其他敌伪经营之重要化工业各厂(除水泥、木粕、造纸外)，拟设东北化工局统辖，由资源委员会独资经营。 (二)恢复生产： 硫酸氨 230,000 吨 人造胶 7,000 吨 丙酮 10,000 吨 阿莫尼亚 300 吨 醋酸 300 吨 纯碱 24,000 吨 硫酸 20,000 吨 烧碱 20,000 吨 漂白粉 10,000 吨 盐酸 7,000 吨 酒精 500,000 加仑 硝酸 10,000 吨	国币 16,564 美金 11,042	员 845 工 3,020		包括大连满洲化学工业参加光复区化学工业部门。
满洲电气化学工业会社	长春	30,000		人造胶30,000吨	满洲电气会社					
满洲曹达会社	长春	8,000		丙酮30,000吨 纯碱72,000吨	日为合办					
满洲火工品会社	抚顺	400		耐火材料	日资					
抚顺窑业会社	抚顺	1,000		耐火材料	日资					
大同酒精会社	哈尔滨	1,670			东洋拓殖会社					
满洲酒精厂	哈尔滨	350			日伪合办					

续上表

名称	地点	简况				接收整理办法	估计需要			备注
		资金（千元）	员工	产量	经营方式		经费（千元）	员工	器材（吨）	
东洋化学工业会社	北平 张家口	1,000		精盐 镁 硝石	日资	（一）以上事业拟设冀北化工厂统辖，由资源委员会独资经营。 （二）恢复生产： 烧碱 10,000 吨 盐酸 5,000 吨 漂白粉 7,000 吨 硫酸 15,000 吨	国币 3,700 美金 2,442	60 300		
京津酸素厂	天津	500		酸素 400 磅	日资					
天津酸素厂	天津	500		酸素	日资					
华北酸素厂	北平	500		酸素 30,000 公斤						
天津氧气厂	天津	30		酸素2,880桶						
利中制碱厂	天津	600		硫酸5,000桶						
西北化学厂	太原	450		苛性碱 460 吨 漂白粉 600 吨		（一）并设太原化工厂，由资源委员会参加经营，并由资源委员会主办。 （二）恢复生产： 烧碱 10,000 吨 盐酸 4,000 吨 漂白粉 6,000 吨 硫酸 15,000 吨	国币 3,500 美金 2,310	60 280		
西北电化厂	太原	400		硫酸500,000磅						

续上表

名称	地点	简况				接收整理办法	估计需要			备注
		资金（千元）	员工	产量	经营方式		经费（千元）	员工	器材（吨）	
日华酸素洋行等	上海	150		酸素瓦斯	日资	拟设沪江化工公司由资源委员会参加经营。				包括上海敌伪经营之其他重要化学工业，因该项工业之情报不同，暂不列入计划。
万国橡片机器工厂 东亚工厶株式会社 其他日资橡胶厂	上海 上海				日资	（一）设置上海橡胶公司，由资源委员会参加主办。 （二）恢复生产：橡胶 6,000 吨	国币 3,000 美金 2,000	员 80 工 230		

续上表

名称	地点	简况				接收整理办法	估计需要			备注
		资金（千元）	员工	产量	经营方式		经费（千元）	员工	器材（吨）	
海州及附近敌伪所办化工事业	海州					（一）组织海州磷肥厂，由资源委员会参加主办	国币 2,700 美金 1,800	员 70 工 300	1,000	
江西硫酸厂	大庾	92	员 18 工 54	硫酸 40 吨		（一）拟供湖南同类事业，设赣湘化工公司，由资源委员会参加经营，并由资源委员会主办。 （二）扩充生产： 硫酸15,000吨 硝酸3,000吨	国币 2,000 美金 1,320	员 44 工 200		
广州及附近敌伪区所办化工事业	广州					（一）组设广州化工厂，由资源委员会参加经营。 （二）生产： 硫酸 15,000 吨 漂白粉 7,000 吨 盐酸 4,000 吨 酒精 100,000 加仑	国币 3,616 美金 2,522	员 60 工 276		

类别：化学工业　（二）制糖

名称	地点	简况				接收整理办法	估计需要			备注
		资金（千元）	员工	产量	经营方式		经费（千元）	员工	器材（吨）	
广州惠阳等糖厂	广州 惠阳			50,000吨		（一）拟设广东糖业公司加办酒精工业，由资源委员会主办。 （二）扩充原产量：54,000吨	国币 2,820 美金 5,160	员 378 工 2,160		

类别：化学工业　（三）水泥

名称	地点	简况				接收整理办法	估计需要			备注
		资金（千元）	员工	产量	经营方式		经费（千元）	员工	器材（吨）	
小野田鞍山分厂	鞍山	250		水泥125,000吨	小野田士敏土会社	（一）上列事业拟设辽吉水泥厂统辖，由资源委员会独资经营。 （二）恢复生产：水泥1,128,000吨	国币 5,640 美金 3,760	员 570 工 1,740		包括大连水泥事业。关东小野田士敏土会社参见光复区水泥事业。
抚顺士敏土会社	抚顺	2,500		水泥100,000吨	满铁					
本溪湖士敏土会社	本溪			水泥100,000吨	大仓					
满洲洋灰公司	辽阳	5,000		水泥70,000吨 150,000吨	三菱浅野合营					
满洲小野田士敏土公司	□□	5,000		水泥100,000吨	小野田					
哈尔滨洋灰公司	三棵树	5,000		水泥	三井					
大同洋灰公司	吉林锦西	3,000		水泥110,000吨 120,000吨						

续上表

名称	地点	简况				接收整理办法	估计需要			备注
		资金（千元）	员工	产量	经营方式		经费（千元）	员工	器材（吨）	
蒙疆士敏土会社 华北洋灰公司	张家口 北平	2,000 10,000		水泥 水泥	日伪合办 日伪合办	（一）上列事业拟并设冀察水泥厂，由资源委员会独资经营。 （二）恢复生产：水泥105,000吨	国币 3,000 美金 2,000	员 55 工 162		
西北洋灰公司	太原	500		水泥 90,000吨		（一）组设太原水泥厂，由资源委员会参加经营，并由资源委员会主办。 （二）恢复生产：水泥90,000吨	国币 450 美金 300	员 50 工 140		
江苏各水泥厂	上海 南京	21,900		水泥 3,250,000桶		（一）拟设江苏水泥公司，由资源委员会参加经营。 （二）恢复生产：水泥210,000吨	国币 1,050 美金 700	员 110 工 324		江苏各水泥厂（包括中国上海江南各水泥公司）。

续上表

名称	地点	简况				接收整理办法	估计需要			备注
		资金（千元）	员工	产量	经营方式		经费（千元）	员工	器材（吨）	
芜湖各水泥厂	芜湖					（一）组设芜湖水泥公司，由资源委员会参加经营。 （二）生产水泥105,000吨	国币 1,050 美金 700	员 55 工 162		
大冶水泥厂 华中水泥厂	大冶 汉口					（一）拟设大冶水泥公司，由资源委员会参加经营，并由资源委员会主办。 （二）恢复生产：水泥270,000吨	国币 1,350 美金 900	员 160 工 418		
广州士敏土厂	广州	3,600		360,000桶	日人经营	（一）上列二项拟并设两广水泥公司，由资源委员会参加经营，并由资源委员会主办。 （二）恢复生产：水泥210,000吨	国币 1,050 美金 700	员 110 工 324		包括广州西村士敏土厂。

类别:化学工业　(四)木粕

名称	地点	简况				接收整理办法	估计需要			备注
		资金(千元)	员工	产量	经营方式		经费(千元)	员工	器材(吨)	
东邦木粕工业会社	和龙	30,000		人造丝用浆 20,000吨	大川及□□合营	(一)上列六项拟设东浆粕厂统辖,由资源委员会独资经营。(二)恢复生产:木粕10,000吨	国币 3,750 美金 2,740	员 100 工 500		
满洲木粕工业会社	长春	10,000		人造丝用浆 8,000吨	三菱					
东洋木粕会社	石砚	10,000		木浆 20,000吨	日本毛纺织会社东洋纺织会社合办					
日本木粕会社	间岛	15,000		木浆 15,000吨	王子制纸会社					
东满洲人绢木粕会社	间岛	7,500		人造丝用浆	日人所设					
锦州木浆公司	锦州	30,000		木浆 15,000吨	日人所设					

类别:木材工业

名称	地点	简况				接收整理办法	估计需要			备注
		资金(千元)	员工	产量	经营方式		经费(千元)	员工	器材(吨)	
鸭绿江制材合同会社	安东	1,000		木材	日资	(一)上列及其他日伪所设之重要木材制造厂,由资源委员会独资经营。(二)恢复生产木板、胶合板	国币 6,000 美金 1,500	员 350 工 5,000		包括大连各木材工业。参见光复区木材工业。
满鲜机木会社	安东	1,500		木材	日资					
牡丹江木材工业会社	安东	1,000		木材						
无限制造会社	安东	1,000		木材						

收复区敌伪工业接收整理计划需要经费估计表

工业部门	国币（千元）	美金 数额	美金 折合国币	共计国币（千元）	备注
电气事业	94,584	16,810(a)	56,033(a)	150,617	(a)东北电气事业所需美金暂未估计。
机械工业	125,750	71,455	238,183	363,933	
机器	33,380	18,500	62,667	95,047	
交通工具	84,070	40,400	134,667	218,737	
电工器材	8,300	12,555	41,850	50,150	
化学工业	55,340	39,396	131,320	186,660	
一般化工	35,080	23,436	78,120	113,200	
酒精	(B) 90			90	(B)仅江西一酒精厂所需
制糖	2,830	5,160	17,200	22,030	
木粕	3,750	1,740	5,800	9,550	
水泥	13,590	9,060	30,200	45,790	
木材工业	6,000	1,500	5,000	11,000	
总计	281,674	119,161	430,536	712,210	

收复区敌伪工业接收整理计划需要器材估计表(单位:公吨)

工业部门	需要器材总数	拟在善后救济计划内分配数	备注
电气事业	150,185	39,350	上项数额包括后方需要数在内,东北台湾未列计
机械工业	37,228		
机器	17,000	6,000	内包括交通工具器材一部分
交通工具	11,900	6,300	
电工器材	8,328	1,248	

续上表

工业部门	需要器材总数	拟在善后救济计划内分配数	备　注
化学工业	31,000		
一般化工	19,600	3,300	
酒　精	—		
制　糖	2,500	2,500	
木　粕	500		
水　泥	8,400	3,700	
木材工业	600		
备用器材	12,200		包括矿冶在内
总　计	231,213	52,398	

伍、收复区敌伪矿业接收整理计划(包括收复区民营矿业在内)

甲、纲要

一、敌国在中国矿业之资产权益一律收归国有,由政府经管处理。

二、凡与敌人合资之矿业,不论公营或私营,一律由政府接收,分别性质交由国营机关或正当民营事业组织接办。

三、敌伪组织所办之矿业一律由政府接管处理。

四、收复区战前由政府经营之矿业概由政府收回之。

五、收复区战前官商合办之矿业,先由政府接管经营审查,其商股股东有无附逆行为,按其情节确定处理办法。

六、收复区战前由同盟各国或中立国人民经营之矿业,应由政府与各该国政府或经营人协商处理。

七、收复区矿业与战后经济建设需要抵触者,应限制其恢复或变更其经营途径。

八、收复区之重要矿业应尽先恢复其生产。

九、配合同盟国善后救济设施,使收复区各项矿业复员之进展密切适合战后经济建设之需要。

乙、一般情形

矿业方面在收复区中煤铁至关重要,为求资源使用经济起见,所有国营民营各矿厂允宜共为调整,以期整个配合,故本篇矿冶事业系将国营民营合并编拟。

丙、调整办法

一、事业类别

(一)煤

收复区煤矿复员应就资源范围于各地同时推进,藉使产供适应,节省运输,重要大矿关于工业交通方面之需要尤应特别注意,提前恢复生产。更为节省人力物力,按市场范围合并组织共采集团开发方针,所有关之炼焦炼油事一律划规统辖。兹将调整办法列表于下:

(二)液体燃料

东北页岩油及煤馏工业规模甚大,战后宜极力恢复其生产能力,以补救我国固体燃料之不足。调整办法列表于下:

(三)钢铁

钢铁厂之复员工作,首先注重大冶宛平等厂,以原料交通条件之便利,宜为扩充恢复,其他太原、马鞍山、金岭镇等厂均就原有规模调整规复。东北为敌寇军需工业之重心,原有钢铁厂规模甚大。为便于管理起见,暂照原经营系统并其有关事业进行恢复调整,办法列表如下:

(四)非铁金属

非铁金属中之铅、镁等矿,分【别】就现有基础进行恢复,铜、铅等矿如敌伪未予积极开发,兹拟一并分设机构,注意办理调整,办法列表如下:

类别:燃料工业 （一）煤

名称	地点	简况				接收整理办法	估计需要			备注
		资金（千元）	员工	产量（吨）	经营方式		经费（千元）	员工	器材（吨）	
抚顺煤矿	抚顺		员 1,700 工 40,500	煤10,000,000	满铁	（一）上列煤矿及其附属之油页岩及炼焦事业，拟设辽东煤矿局统辖，由资源委员会独资经营。 （二）恢复生产： 煤8,000,000吨 原油600,000吨	国币 16,192 美金 12,840	员 11,440 工 107,970		抚顺液化工厂及抚顺页岩油矿与炼厂□将包括于辽东煤矿局之内，参见液体燃料部分。
烟台煤矿	辽阳		员 220 工 2,200	348,000	满铁					
蛟河煤矿	额穆		员 200 工 2,200	310,000	满铁					
老头沟煤矿	延吉		员 90 工 900	100,000	满铁					
火石岭煤矿	永吉		员 120 工 1,500	150,000	满铁					
牛心台煤矿	本溪			70,000	满铁					
阜新煤矿	阜新		员 400 工 6,000	1,488,000	满洲炭矿会社	（一）以上各煤矿及其附设之煤油事业拟设关东煤矿公司统辖，由资源委员会参加经营，并由资源委员会主办。 （二）恢复生产： 煤4,000,000吨 原油700,000吨	国币 33,096 美金 7,920	员 1,960 工 14,830		满洲合成燃料会社满洲油化工业会社及吉林人造油会社亦将包括于关东煤矿公司之内，参见液体燃料部分。
北票煤矿	朝阳		员 200 工 2,200	300,000	满洲炭矿会社					
密山煤矿	密山		员 120 工 1,200	110,000	满洲炭矿会社					
西安煤矿	西安		员 320 工 4,600	900,000	满洲炭矿会社					
鹤岗煤矿	阳原		员 200 工 2,200	300,000	满洲炭矿会社					
扎赉诺尔煤矿	胪滨		员 150 工 1,600	160,000	满洲炭矿会社					

续上表

名称	地点	简况				接收整理办法	估计需要			备注
		资金（千元）	员工	产量（吨）	经营方式		经费（千元）	员工	器材（吨）	
穆棱煤矿	穆棱			200,000	商办					
舒兰煤矿	舒兰			150,000	满洲炭矿会社					
田师付沟煤矿	本溪				满洲炭矿会社					
三姓煤矿	依兰				满洲炭矿会社					
城子河煤矿	虎林				满洲炭矿会社					
东边道煤矿 东边道铁矿 通化铜矿	通化 通化 通化		员 250 工 4,000	600,000吨	满洲重工业开发会社	（一）以上事业拟设通化矿务局统辖，由资源委员会独资经营。 （二）恢复生产：煤600,000吨	国币 614 美金 288	员 800 工 8,000		
大青山煤矿	绥远					组设绥远煤矿局，由资源委员会独资经营。				暂缓举办。

续上表

名称	地点	简况				接收整理办法	估计需要			备注
		资金（千元）	员工	产量（吨）	经营方式		经费（千元）	员工	器材（吨）	
开滦煤矿局	滦县		员1,400 工3,921	6,000,000	日伪合办	（一）拟由资源委员会参加经营，并由资源委员会主办，仍为中英合办事业。 （二）恢复生产：煤5,000,000吨	国币 5,120 美金 2,400	员 6,670 工 66,670		
井陉煤矿	井陉		员 250 工 4,500	800,000	北支开发会社	（一）拟设冀西煤矿局，由资源委员会独资经营，原有省股部分一律移交中央。 （二）恢复生产：煤1,200,000吨	国币 2,440 美金 1,102	员 1,730 工 17,330		
临城煤矿	高邑		员 120 工 1,200	170,000						
磁县煤矿	磁县		员 320 工 3,774	300,000	北支开发会社，明治矿业会社合办	（一）拟设冀南煤矿公司由资源委员会参加经营，并由资源委员会主办。 （二）恢复生产：煤1,050,000吨	国币 819 美金 1,430	员 1,400 工 14,000		包括怡立、中和两矿。

续上表

名称	地点	简况				接收整理办法	估计需要			备注
		资金（千元）	员工	产量（吨）	经营方式		经费（千元）	员工	器材（吨）	
中兴煤矿	峄县		员 500 工 7,543	1,600,000	北支开发会社三菱矿业会社合办	（一）上列事业拟设鲁南煤矿公司统辖，由资源委员会参加经营，并由资源委员会主办。 （二）恢复生产：煤2,000,000吨	国币 2,048 美金 960	员 2,670 工 26,670		
华丰煤矿 华宝煤矿	宁阳 泰安		员 200 工 2,400	110,000	北支开发会社三菱矿业会社合办					
鲁大煤矿	淄川 潍县		员 900 工19,000	2,000,000	山东矿业会社	（一）上列事业拟设胶东煤矿公司统辖，各矿原有日本股份一律由资源委员会接收参加经营，并由资源委员会主办。 （二）恢复生产：煤1,500,000吨	国币 1,536 美金 720	员 2,000 工 20,000		
博东煤矿	博山				山东矿业会社					
旭华煤矿	章邱									
悦升煤矿	博山									
华东煤矿	博山									
协大煤矿	淄川									
莱芜及新泰各煤矿	莱芜 新泰									

续上表

名称	地点	简况				接收整理办法	估计需要			备注
		资金（千元）	员工	产量（吨）	经营方式		经费（千元）	员工	器材（吨）	
晋北矿务局	大同	5,130,000	员 250 工 3,200	800,000	大同炭矿会社	（一）上列事业拟设大同煤矿公司，由资源委员会参加经营，并由资源委员会主办。 （二）恢复生产：煤600,000吨	国币 1,420 美金 707	员 800 工 8,000		
大同保晋公司	大同				大同炭矿会社					
同宝公司	大同				大同炭矿会社					
宝恒公司	大同									
除大同煤矿公司及山西钢铁厂有关煤矿以外之晋省各大煤田	山西			1,000,000	大仓矿业会社	（一）拟设晋丰煤矿公司统辖，由资源委员会参加经营。 （二）恢复生产：煤700,000吨	国币 717 美金 336	员 620 工 9,330		包括平、孟、昔、恒、左、晋、陵等各大煤矿。
中福公司煤矿	焦作		员 350 工 11,083	900,000		（一）拟由资源委员会参加经营，并由资源委员会主办，仍为中英合办事业。 （二）恢复生产：煤900,000吨	国币 922 美金 432	员 120 工 12,000		

续上表

名称	地点	简况				接收整理办法	估计需要			备注
		资金（千元）	员工	产量（吨）	经营方式		经费（千元）	员工	器材（吨）	
六河沟煤矿	安阳	6,000,000	员 350 工 4,757	570,000	北支开发会社明治矿业会社合办	（一）拟设豫丰煤矿公司统辖，由资源委员会参加经营，并由资源委员会主办。 （二）恢复生产：煤600,000吨	国币 1,400 美金 696	员 800 工 8,000		
淮南煤矿	怀远	2,937,000	员 350 工 4,500	600,000	中支振兴会社淮南煤矿公司	（一）上列事业拟设江淮煤矿公司统辖，由资源委员会参加经营。 （二）恢复生产：煤3,000,000吨	国币 3,072 美金 1,340	员 3,990 工 39,900		
大通煤矿	怀远									
贾汪（华东）煤矿	铜山		员 350 工 3,200	300,000	日人小规模开采					
烈山煤矿	宿县				同右					
白土寨（大中）煤矿	兰县									

续上表

名称	地点	简况				接收整理办法	估计需要			备注
		资金（千元）	员工	产量（吨）	经营方式		经费（千元）	员工	器材（吨）	
广德煤矿	广德				日人小规模开采	（一）上列事业拟设浙皖煤矿公司统辖，由资源委员会参加经营。（二）恢复生产：煤300,000吨	国币 300 美金 144	员 400 工 4,000		
宣城煤矿	宣城				日人小规模开采					
长兴煤矿	长兴	6,000,000	员 200 工 2,000	19,000	日人小规模开采					
鄱阳湖周围各矿 赣江流域各矿						（一）上列事业拟设赣丰煤矿公司统辖，由资源委员会参加经营，并由资源委员会主办。（二）恢复生产：煤150,000吨	国币 610 美金 302	员 200 工 2,000		
永新天河煤矿	吉安	5,550	员 40 工 269		大部分原由资源委员会开采，现归停顿。	（一）上列事业拟设湘赣煤矿公司统辖，由资源委员会参加经营，并由资源委员会主办。	国币 256 美金 120	员 1,300 工 13,000		
醴陵煤矿	醴陵		员 140 工 2,000	100,000						
萍乡煤矿	萍乡		员 20 工 □							

续上表

名称	地点	简况				接收整理办法	估计需要			备注
		资金（千元）	员工	产量（吨）	经营方式		经费（千元）	员工	器材（吨）	
高坑煤矿	萍乡					（二）恢复生产：煤900,000吨				
谭家山煤矿	湘潭									
湘江煤矿	湘潭		员 60 工 700	50,000						
中湘煤矿	湘潭		员 40 工 400	24,000						
云湖煤矿	湘潭		员 30 工 100	6,000						
恩口煤矿	湘乡	500								
宁乡湘乡邵阳各煤矿										
祁零煤矿	邵阳零陵				大部分由资源委员会开采，现归停顿。	（一）上列事业拟设湘粤煤矿公司统辖，由资源委员会参加经营，并由资源委员会主办。 （二）恢复生产：煤450,000吨	国币 461 美金 21.6	员 600 工 6,000		
资兴煤矿	资兴	7,000	员 350 工 3,137	120,000						湘南矿务局。
狗牙洞煤矿	郛泸	5,000	员 10 工 100							八字岭煤矿。

收复区敌伪工矿业接收整理计划表

类别:燃料工业　（二）液体燃料

名称	地点	简况				接收整理办法	估计需要			备注
		资金（千元）	员工	产量（吨）	经营方式		经费（千元）	员工	器材（吨）	
抚顺油页岩矿	抚顺			油页岩 6,000,000	满铁	并入“辽东煤矿局”				参见煤部分之辽东煤矿局。
抚顺油页岩工厂	抚顺			原油 300,000	满铁					
抚顺液化工厂	抚顺			原油 300,000	满铁					
满洲合成燃料会社	阜新	50,000		原油 100,000		并入“关东煤矿公司”				参见煤部分之关东煤矿公司。
满洲油化工业会社	四平街	20,000		原油 50,000						
吉林人造油会社	永吉	100,000		原油 300,000						

收复区敌伪工矿业接收整理计划表

类别：冶炼工业　（一）钢铁

名称	地点	简况				接收整理办法	估计需要			备注
		资金（千元）	员工	产量	经营方式		经费（千元）	员工	器材（吨）	
昭和制钢所	鞍山	400,000		生铁5,300,000吨 钢锭2,800,000 钢材1,250,000	满洲重工业开发会社	（一）以上事业及其附设之炼焦选矿等厂，拟设辽阳钢铁局统辖，由资源委员会独资经营。 （二）恢复生产：钢品225,000吨	国币124,902 美金25,432	员1,895 工19,000		
鞍山铁矿	鞍山				昭和制钢所伪府					
弓长岭铁矿	辽阳				昭和制钢所伪府					
满洲住友钢管会社	鞍山	10,000		钢管、瓦斯管	住友					
日满钢材工业会社	沈阳	10,000		建筑钢材	东洋钢材相生合名					
久保田铸铁管会社	鞍山	1,000		直管、异形管	久保田大连矿工					
日满钢管会社	鞍山	5,000		铸铁、铸钢及合金铁轨等						
满洲制钢会社	鞍山	5,000								
鞍山钢铁会社	鞍山	5,000		轻轨、中型钢材						
满洲铸铁所	鞍山	5,000		铸钢炼铁						

续上表

名称	地点	简况				接收整理办法	估计需要			备注
		资金（千元）	员工	产量	经营方式		经费（千元）	员工	器材（吨）	
本溪湖煤铁公司	本溪	100,000		生铁800,000吨 钢材400,000吨 煤焦800,000吨	满洲重工业会社 大仓□伪府	（一）上列事业拟设本溪钢铁局统辖，由资源委员会独资经营。 （二）恢复生产： 钢品 1,500 吨 煤 800,000 吨	国币 17,863 美金 12,918	员 1,803 工 16,832		
庙儿沟铁矿	本溪				本溪湖煤铁公司					
歪头山铁矿	姚千户				本溪湖煤铁公司					
兴城锰矿	兴城			锰砂500吨	日满矿业会社					
本溪特殊钢会社	本溪	10,000		特殊钢30,000吨						
石景山制铁所	宛平	100,000		生铁72,000吨	华北制铁会社（日伪合办）	（一）以上各厂矿及日人新建之有关事业拟合设宣龙钢铁局统辖，由资源委员会独资经营。 （二）恢复生产： 钢品 56,250 吨 煤300,000吨	国币 9,000 美金 6,534	员 968 工 8,890		
龙烟铁矿	宣化	10,000		铁砂1,200,000吨	龙烟铁矿会社（日伪合办）					
齐堂煤矿	宛平			煤25,000吨						

续上表

名称	地点	简况				接收整理办法	估计需要			备注
		资金（千元）	员工	产量	经营方式		经费（千元）	员工	器材（吨）	
太原制铁组合	太原	20,000		生铁48,000吨	山西制铁矿业所	（一）以上各厂矿及其有关事业拟并设晋丰钢铁局统辖，由资源委员会独资经营，属省股部分一律移交中央。 （二）恢复生产： 钢品36,000吨 煤100,000吨	国币 5,672 美金 4,109	员 730 工 5,480		晋丰钢铁局并统辖有关各煤矿。
阳泉制铁组合	阳泉	700		钢品15,600吨	山西制铁矿业所					
东山定襄宁武等铁矿	定襄宁武				山西制铁矿业所					
金山岭镇制铁所	益都				山东矿业会社	上列事业拟设鲁东钢铁局，由资源委员会独资经营。				暂缓恢复。
金山岭镇铁矿	益都				山东矿业会社					
福利民铁矿	当涂				中支振兴会社华中矿业公司	上列各项包括江华、当涂、繁昌、芜湖、铜陵等县铁矿，拟设苏皖钢铁局统辖，由资源委员会独资经营。				暂缓恢复。
宝兴铁矿	当涂				中支振兴会社华中矿业公司					
桃叶铁矿	繁昌				中支振兴会社华中矿业公司					
益华铁矿	当涂				中支振兴会社华中矿业公司					

续上表

名称	地点	简况				接收整理办法	估计需要			备注
		资金（千元）	员工	产量	经营方式		经费（千元）	员工	器材（吨）	
江宁铁矿	南京				中支振兴会社华中矿业公司					
铜陵铁矿	铜陵				中支振兴会社华中矿业公司					
芜湖铁矿	芜湖				中支振兴会社华中矿业公司					
马鞍山铁矿	当涂				日人所建					
大冶各铁矿	大冶			铁砂500,000吨	大冶矿业所（八幡）	上列事业拟设大冶钢铁局统辖，由资源委员会独资经营。恢复生产：钢品202,500吨	国币 31,334 美金 22,848	员 1,480 工 14,000		
鄂城各铁矿	鄂城									
汉阳大冶钢铁厂	大冶 汉阳									
湘潭锰矿	湘潭									
云浮铁矿	云浮					上列三项拟设广州钢铁局统辖，增加炼铁制钢设备，由资源委员会独资经营。				暂缓主办。
紫金铁矿	紫金									
海南岛昌江、榆林铁矿	昌江 榆林				日人开采					
福建龙岩铁矿	龙岩					拟设福建铁矿局，由资源委员会独资经营。				暂缓恢复。

收复区敌伪工矿事业接收整理计划表

类别：冶炼工业 （二）非铁金属

名称	地点	简况				接收整理办法	估计需要			备注
		资金（千元）	员工	产量	经营方式		经费（千元）	员工	器材（吨）	
本溪铜矿	本溪				日满矿业会社	（一）上列事业及东北其他铜铅锌矿拟设辽吉铜铅锌局统辖，由资委会独资经营。 （二）恢复生产： 粗铜600吨 铅7,800吨 锌6,400吨	国币 16,850 美金 8,460	员 1,450 工 12,570		通化铜矿见煤矿部分"通化矿务局"。
盘岭铜矿	本溪				日满矿业会社					
锦西铅锌矿	锦西	4,000		铅16,712吨	满洲铅锌会社					
天宝矿业株式会社	间岛	7,000		铜铅锌						
青城子铅矿局	凤城	10,000		铅5,000吨						
满洲轻金属会社	抚顺	200,000	员100 工300	铅10,000吨	满铁住友日本电工会社等合营					
东北铅矾土矿	本溪 烟台 复县	5,000	员50 工350	高矾土矿150,000吨	满铁	（一）上列事业拟设辽东铅镁局统辖，由资源委员会独资经营。 （二）恢复生产： 铅7,000吨 镁3,000吨	国币 8,167 美金 6,331	员 180 工 1,930		日满制铅及制镁两会社，亦并入辽东铅镁局之内，参见光复区非铁金属部分。
东北菱苦土矿	营口 海城	5,000	员30 工100	镁矿30,000吨	满铁					

续上表

名称	地点	简况				接收整理办法	估计需要			备注
		资金(千元)	员工	产量	经营方式		经费(千元)	员工	器材(吨)	
博山铅矿局	博山	5,000	员 50 工 300	水矾土矿 600,000吨	北支开发会社 华北矾土公司	上列事业拟并设冀鲁铅矿局，由资源委员会独资经营。				暂缓恢复。
冀东铅矿局	滦县	5,000	员 50 工 350	矾土页岩 150,000至 200,000吨	北支开发会社 华北矾土公司					
绥远铅矿	归绥	8,000	员 40 工 100	铅2,000吨	蒙疆黑□会社	设绥远铅矿局，由资源委员会独资经营。				暂缓恢复。
海州磷锰矿	海州	5,000	员 30 工 400	磷灰石矿 100,000吨 锰矿 10,000吨	海州矿业开发会社	设海州矿务局，由资源委员会独资经营。				暂缓恢复。
温州明矾石矿	平阳 福沉					拟设浙闽铅矿局，由资源委员会独资经营。				暂缓主办。
湖南水口山铅锌矿	常宁 长沙	1,500	员 200 工1,000	铅3,000吨 锌1,000吨		(一) 拟设常宁铅锌局，由资源委员会独资经营。 (二) 恢复生产： 铅2,000吨 锌3,000吨	国币 5,840 美金 2,925	员 560 工 3,370		

特种矿产事业复员调整计划表

类别	名称	地点	简况			调整办法	估计需要			备注
			资金(千元)	员工	产量		经费(千元)	员工	器材(吨)	
(一)钨	钨业管理处	江西 湖南 广东 广西	58,000	1,000	生产500吨 收购10,000吨(最盛时收量)	(一)扩充钨砂 内计10,000吨 1.生产2,500吨 2.收购7,500吨 (二)开发左列国营矿区: 1.江西之西华、岿美、大吉、盘古及画眉坳五山。 2.广东之师姑山。 3.湖南之瑶冈仙及白云仙。	(一)生产部分国币6,250 美金890 (二)收购部分贷款国币3,375	员507 工22,950	3,555	收购部分每吨贷款国币450元。
(二)锑(纯锑产收)	锑业管理处	江西 湖南 广东 广西		30,000	产收13,000吨	(一)恢复纯锑3,000吨。 内计: 1.生产500吨 2.收购2,500吨 (二)促使各商矿改组合并。	(一)生产部分国币1,160 美金480 (二)收购部分贷款国币1,125	员200 工9,000	3,000吨	

续上表

类别	名称	地点	简况			调整办法	估计需要			备注
			资金(千元)	员工	产量		经费(千元)	员工	器材(吨)	
(三)锡	锡业管理处	广西 湖南 江西 广东		2,500 800 600 200	收购2,500吨 产收200吨 产收700吨 收购50吨	恢复锡6,600吨 (一)桂锡 收购650吨 (二)湖锡 生产50吨 收购50吨 (三)赣锡 生产100吨 收购600吨 (四)粤锡 收购50吨	(一)生产部分国币2,500 美金1,250 (二)收购部分贷款国币5,375	员 350 工 2,000	1,000	(一)收购部分每吨贷款2,500元,又设备贷款2,000,000元。 (二)锡品产收除滇锡归入云南锡业公司,省下及一部分桂锡列入平桂矿务局项下,外皆并入本处项下。
	平桂矿务局	贺县	5,000	2,000	锡120吨 铁3,000吨 煤30,000吨 电能 2,500,000度	恢复生产: 锡550吨 铁3,000吨 煤30,000吨 电能 2,500,000度	国币5,500 美金500	员 500 工 2,500	500	铁煤电部分应并入国营工矿事业复员计划。兹为便利起见,暂列本计划,故其经费员工及器材未计。

收复区敌伪工矿业接收整理计划表

类别：采金事业

名称	地点	简况				接收整理办法	估计需要			备注
		资金（千元）	员工	产量	经营方式		经费（千元）	员工	器材（吨）	
佳木斯金矿	佳木斯	9,000,000日元			满洲采会社	（一）上列金矿拟设吉黑金矿公司统辖，由资源委员会参加经营，并由资源委员会主办。 （二）恢复生产：金90,000两	国币 1,500 美金 150	员 500 工 30,000		
珲春金矿	珲春									
依桦勃金矿	黑龙江									
都鲁河金矿	黑龙江									
明月沟金矿	黑龙江									
瑞鑫金矿	通化				盐水港制糖会社北支采金会社合办	（一）上列事业拟设冀鲁金矿公司统辖，由资源委员会参加经营，并由资源委员会主办。 （二）恢复生产：金40,000两	国币 1,000 美金 100	员 200 工 13,000		
宏鑫金矿	通化				盐水港制糖会社北支采金会社合办					
冀北金矿公司	通化				日伪合办					
康德金矿公司	昌平				钟渊纺绩会社					
广鑫金矿公司	马点谷				盐水港制□会社					
大陆矿业公司	昌平	5,000								
招远金矿公司	招远				日本矿业会社					

（五）钨锑锡特种矿产

在收复区中江西之西华、岿美、大吉、盘古及画眉坳等五山，广东之师姑山，湖南之瑶冈仙及白云仙等地，均为钨矿蕴藏区域，在昔产购总数最盛时年达壹万零五百吨，现因沦陷已告停顿。复员时应增强设备，改良采选，并开发新矿，加速生产，以期能与五年计划衔接。

锑锡在湘赣粤桂四省均有大量生产，未沦陷时，每年产购数量锑约一万三千吨，锡约四千吨。但产区既多沦陷，同时并因成本高昂，运输困难，外销不易，故目前难求发展。复员时海运重开，外销自可畅旺，应力谋恢复，并增加产量，对于民营各矿更宜助以贷款，以期提高生产能力，俾利收购列表于上。

（六）金矿

金矿分布吉、黑两省及关内冀鲁一带，吉、黑所产尤为全国之冠。为充实战后对外支付能力，应组设机构，分别接收，恢复生产，调整办法列表于下：

收复区敌伪矿业接收整理计划需要员工估计表

矿业部门	职员	工人	员工合计	备注
燃料工业	38,580	377,700	416,280	
煤	38,580	377,700	416,280	
液体燃料				并入煤矿部分
冶炼工业	10,623	125,220	135,843	
钢铁	6,876	70,900	77,776	
非铁金属	2,190	17,870	20,060	
特种矿产	1,557	36,450	38,007	
采金事业	700	43,000	43,700	
总计	49,903	545,920	595,823	

收复区敌伪矿业接收整理计划需要器材估计表

矿业部门	需要器材总数	拟在善后救济计划内分配数	备注
燃料工业	36,480		
煤	36,480	10,607	
液体燃料			并列入煤矿部分
冶炼工业	102,889		
钢铁	84,000	24,197	
非铁金属	10,834		
特种矿产	8,055		
采金事业	2,000		
总计	141,369	34,804	

收复区敌伪矿业接收整理计划需要经费估计表

矿业部门	国币（千元）	美金		共计国币（千元）	备注
		数额（千元）	折合国币		
燃料工业	71,023	31,953	106,510	177,533	
煤	71,023	31,953	106,510	177,533	
液体燃料					并入煤矿部分
冶炼工业	145,042	92,697	308,990	454,032	
钢铁	98,775	71,861	239,537	338,312	
非铁金属	30,857	17,716	59,053	89,910	
特种矿产	15,410	3,120	10,400	25,810	
采金事业	2,500	250	813	3,333	
总计	218,565	124,900	416,333	634,898	

〔国民政府资源委员会档案〕

3. 经济部编光复区敌办工矿业接收整理计划

(1945年8月　日)①

柒、光复区敌办工业接收整理计划

甲、纲要

一、敌国在中国光复区之资产权益一律收归国有,由政府经营处理。

二、光复区战前由同盟各国或中立国人民经营之工业,应由政府与各该国政府或经营人协商处理。

三、光复区工业与战后经济建设需要抵触者,应限制其恢复或变更其经营途径。

四、光复区之重要工业,应尽先恢复其生产。

五、配合同盟国善后救济设施,使光复区各项工业复员之进展,密切适合战后经济建设之需要。

乙、一般情况

本区包括台湾及关东租借地。台湾陷敌已五十年,除农产原料大量供日外,近以军事需要,敌国在台亦谋发展重要"工矿"② 事业。大连为华北重要港口,机械交通工具等业均具规模,与收复区之东北距离较迩,经营上应纳于同一体系,其接收整理办法亦与东北方面之方针同。

台湾之电力、"轻金属"③、糖产均居重要地位,对我国战后建设关系尤巨,故对于台湾方面"工矿"事业宜依据其特殊性质妥为规复,以期适应今后建设工作之需要。至于接收整理之一般方针,大致同于收复区域。

丙、调整办法

---

① 节录《经济部工矿商业复员计划》。

②③ 原文即有引号。

一、事业类别

（一）电气事业

1．现状调查

据1944年之统计，台湾电业之现势，计有电厂41处，自用动力厂62处，正在建设中电厂2处，共计105处，发电容量533,522瓩。其中一万瓩以上之电厂有10处，计318,100瓩，一万瓩以下一百瓩以上者共有20处，计32,591瓩，一百瓩以下者有11处，计452瓩，自用动力厂14,409瓩正在建设中，电厂二处计有168,000瓩（详后列附表）。全台电气事业公司原有六个单位，但莲花港电灯公司地较偏僻，恒春电灯公司在台湾极南端，另有一家发电容量甚小，无足轻重。其余三家营业区域包括台湾西半岛繁盛之区，惟台湾电灯公司及台湾合同电气公司均向台湾电力公司购电。嗣经改组，故事实上全台电业已归台湾电力公司之统制经营矣。

2．复员时情势之预测

查日月潭水力发电厂为全台湾规模最大之电厂，关系全岛工业区动力供应者甚大。最近报载盟军飞机曾往轰炸，该厂业已中弹，将来加紧攻击时，对于动力泉源之电厂当然为其目标之一，亦为敌军将来撤退时自行炸毁目标之一，故全台电厂之损毁程度，当以敌军是否坚守为衡。

3．复员前准备事项

子、复员前准备工作及其实施办法

查台湾割让已有五十年，其情形与东北四省及各地沦陷区迥异，对于复员前之准备更应充分预筹，庶克有济。

（1）人事及组织　关于接管台湾电力，应有接管机构统筹办理，除高级主管人员外，其余员工尽量罗致台胞充任，并得聘用外籍专家。

（2）器材之准备　当视电厂破坏情形而定，并预备多数流动电厂运至各地装置，以应急需。

光复区敌办工矿事业接收整理计划表

类别：电气事业

名称	地点	简况				接收整理办法	估价需要			备注
		资金（千元）	员工	产量	经营方式		经费（千元）	员工	器材（吨）	
台湾电力会社	12处			320,000瓩（台湾电力会社、台湾合同电气会社合计）	日人经营	（一）上列及其他重要电气事业拟设台湾电力局统辖，由资源委员会独资经营。（二）恢复容量487,000瓩并入“东北电力局”。	国币10,000 美金（注）	员1,340 工5,360		需要美金数暂未能估计
台湾合同电气会社					日人经营					
日月潭水力电气会社				166,600瓩	日人经营					
大连火力发电事业	大连	17,000	840							

丑、复员时应预为修订废除或增减之法令

查台湾电业法令，现因日本电业法应行废止，在不违反中央所定法令范围，另订地方性单行法规。

4. 复员时实施办法

台湾电厂之复员，拟以下列各项原则分类办理：

（子）凡日本官股一律没收。

（丑）台湾及盟邦人士股本限期登记，经查核无误后，仍归本人私有。惟台奸助日者，应一律没收。

（寅）中立国人士股本，照国际公法处理。

（卯）凡自中日宣战之日起，所有日人官股、商股改归台胞及他国人士者，概不承认。

（辰）重要电厂先行恢复，并整理联络线路。

兹根据上列原则，拟具调整计划列表如 384 页：

二、一般工业

1. 现状调查

台湾一般工业以糖产最为重要，年产达百万吨以上，木材生产亦具价值，以及其他电化工业已具规模者，在复员时均须各设机构，专事整理，逐谋扩展。至大连地方为交通工具工业之重镇，自需加意恢复，以辅助交通事业之发展。当地其他工业与收复区东北相关各业，原由同一经营系统办理者，复员时亦并为处置。

2. 复员情形预测

以最近盟军攻势预测，将来台湾一般工业破坏程度当属甚巨，大连、旅顺等地或可较好。然敌军撤退时，难保不加破坏，故遗留工业完好，可以即行生产，恐不甚多。接收后仅能先行摘要恢复，其余拟予合并整理。

3. 复员时实施办法

与第一项电气事业同。

附各工业接收整理计划表

光复区敌办工矿业接收整理计划表

类别		名称	地点	简况				接收整理办法	估计需要			备注
				资金（千元）	员工	产量	经营方式		经费（千元）	员工	器材（吨）	
机械工业	（一）机器	满洲重机株式会社	旅顺	50,000		机械制造		（一）拟设旅顺机械公司，由资源委员会参加主办。（二）恢复生产印刷机械300部。	国币 1,000	员 50 工 370		
机械工业	（二）交通工具	大连机器制造所	大连	30,000		机车70辆，客车300辆，货车2,000辆，拖货车300辆，机械零件。	日本进和商会桐生合名会社等合营	（一）上列事业拟并设大连车辆厂，由资委会独资经营。（二）恢复生产机车100辆。	国币 5,400 美金 2,800	员 300 工 2,800		
机械工业	（二）交通工具	满铁铁道工厂	大连	30,000		客车、货车	满铁					
机械工业	（二）交通工具	大连船渠铁工会社	大连	4,500		□□车辆1,500辆	大连汽船会社	（一）拟设大连造船厂，由资委会独资经营。（二）恢复生产船舶12,000吨。	国币 2,100 美金 1,000	员 100 工 900		

续上表

类别		名称	地点	简况				接收整理办法	估计需要			备注
				资金(千元)	员工	产量	经营方式		经费(千元)	员工	器材(吨)	
机械工业	(二)交通工具	基隆造船厂	基隆			船舶		(一)组设台湾造船厂,由资委会独资经营。 (二)恢复生产船舶12,000吨。	国币 2,020 美金 1,000	员 110 工 900		
	(三)电工器材	义昌无线电气会社	大连	900		无线电器材		(一)组设大连电工器材厂,由资委会独资经营。 (二)恢复生产电动机 50,000 HP、发电机 20,000 KW、变压器 80,000 KVA、开关设备8,000件。	国币 1,600 美金 1,800	员 500 工 2,000		
		满洲电动工业会社	大连	700		电气器材						

续上表

类别		名称	地点	简况				接收整理办法	估计需要			备注
				资金（千元）	员工	产量	经营方式		经费（千元）	员工	器材（吨）	
化学工业	（一）一般化工	台湾电化会社	基隆	2,000		石□□多等	日资	（一）上列事业拟设台湾化工厂统辖，由资委会独资经营。 （二）恢复生产酒精，14,700,000加仑，硫酸铔240,000吨，盐酸及钾化物50,000吨，并入“东北化工局”。	国币16,010 美金10,740	员2,360 工9,700		参见收复区酸碱等业
		南日本化学工业会社	高雄	15,000		盐酸加里及其他化学品	日资					
		南日本盐业会社	南市	10,000		硫酸钾素及其他	日资					
		东洋电化工业会社	花莲港	5,000		磷酸硫酸及碱	日资					
		新兴碳素工业会社等	花莲港	5,000		尿素石膏氯化尿素石灰碳素						
		满洲化学工业会社	大连	75,000		硫酸铔240,000吨 过盐酸阿莫尼亚10,000吨 醋酸10,000吨						

续上表

类	别	名称	地点	简况				接收整理办法	估计需要			备注
				资金（千元）	员工	产量	经营方式		经费（千元）	员工	器材（吨）	
化学工业	（二）制糖	台湾制糖会社	台湾	130,000		4,409千担	日本经营	（一）上列各项拟并设台湾糖业局，由资委会独资经营。（二）恢复产量800,000吨。	国币 24,000 美金 16,000	员 1,900 工 9,600		大日本制糖会社包括新高、昭和。
		新兴制糖会社	台湾				日本经营					
		明治制糖会社	台湾	100,000		3,744	日本经营					
		大日本制糖会社	台湾	120,000		5,149	日本经营					
		盐水汤制糖会社	台湾	49,000		2,749	日本经营					
		帝国制糖会社	台湾			1,608	日本经营					
		台东制糖会社	台湾				日本经营					
	（三）水泥	关东小野田士敏土会社	大连	500		水泥 250,000吨		并入"辽吉水泥厂"：	—	—		参见收复区水泥事业
		浅野士敏土高雄工厂	高雄	1,000		水泥	浅野	（一）拟设台湾水泥厂，由资委会独资经营。（二）恢复生产水泥400,000吨。	国币 2,600 美金 1,800	员 120 工 620		
		化戎工业公司	苏澳	5,000		水泥 石灰石						

续上表

类别	名称	地点	简况				接收整理办法	估计需要			备注
			资金（千元）	员工	产量	经营方式		经费（千元）	员工	器材（吨）	
木材工业	阿里山嘉义制材会社	台湾				日资	（一）上列事业及其他台湾日人所设之木材厂，拟设台湾木材厂统辖，由资委会独资经营。 （二）恢复生产木板胶合板并入“东北木材制造厂”。	国币 2,000 美金 500	员 180 工 3,000		参见收复区木材工业
	太平山制材会社	台湾				日资					
	八仙山制材会社	台湾				日资					
	大连工业会社	大连	500		木材						
	大连制材会社	大连	150		木材						
	秋田商会木材会社	大连	3,000		木材						

光复区需要员工估计表

工 业 部 门	职 员	工 人	员工合计	备 注
电气事业	1,340	5,360	6,700	
机械工业	1,060	6,970	8,030	
机 器	50	370	420	
交通工具	510	4,600	5,110	
电工器材	500	2,000	2,500	
化学工业	4,380	19,920	24,300	
一般化工	2,360	9,700	12,060	
酒 精	(b)……	(b)……	(b)……	(b)并由一般化工厂统办不另列。
制 糖	1,900	9,600	11,500	
木 粕	——	——	——	
水 泥	120	620	740	
木材工业	180	3,000	3,180	
总 计	6,960	35,250	42,210	

光复区需要器材估计表

(单位:公吨)

工业部门	需要器材总数	拟在善后救济计划内分配数	备 注
电气事业	(a)		(a)电气事业除东北台湾外,共需器材150,185吨,未按区分配。
机械工业	8,500		
机 器	2,000		
交通工具	6,300		
电工器材	200		

续上表

工业部门	需要器材总数	拟在善后救济计划内分配数	备注
化学工业	14,000	9,400	
一般化工	7,000	2,400	
酒精	——		
制糖	6,000	6,000	
木粕	——		
水泥	1,000	1,000	
木材工业	600		
总计	23,100	9,400	

光复区需要经费估计表

（单位:千元）

工业部分	国币	美金		共计国币	备注
		数额	折合国币		
电气事业	10,000	…(a)…	……	10,000	(a) 暂不估列美金。
机械工业	12,120	6,600	22,000	34,120	
机器	1,000	——	——	1,000	
交通工具	9,520	4,800	16,000	25,520	
电工器材	1,600	1,800	6,000	7,600	
化学工业	42,600	28,540	95,133	137,733	
一般化工	16,000	10,740	35,800	51,800	
酒精	(c)…	……	(c)…	……	(c) 包括在一般化工部分。
制糖	24,000	16,000	53,333	77,333	

续上表

工业部分	国币	美金		共计国币	备注
		数额	折合国币		
木粕	——	——	——	——	
水泥	2,600	1,800	6,000	8,600	
木材工业	3,000	500	1,667	4,667	
总计	67,720	35,640	118,800	186,520	

捌、光复区敌办矿业接收整理与调整计划

甲、纲要

一、敌国在中国光复区之资产权益，一律收归国有，由政府经营处理。

二、光复区战前由同盟各国或中立国人民经营之矿业，应由政府与各该国政府或经营人协商处理。

三、光复区矿业与战后经济建设需要抵触者，应限制其恢复或变更其经营途径。

四、光复区之重要矿冶业，应尽先恢复其生产。

五、配合同盟国善后救济设施，使光复区各项矿业复员之进展，密切适合战后经济建设之需要。

乙、一般情况

一、关于燃料工业方面，台湾煤矿分布于基隆、台北等地，年产约达一百八十万吨，亟宜统筹恢复继续开发，以供应当地及沿海各地之需要。台湾油田在日本石油会社积极开发下，亦具相当规模，并应接收国营积极办理，以补东南液体燃料之不足。

二、关于冶炼工业，在光复区中钢铁工业规模不大，惟台湾以电气事业发达，高雄、花莲之炼铝工业得有大量电力，殊堪注意。以上事业拟予接收恢复。大连地方之铝镁炼厂，则与东北轻金属工业合并办理。

光复区敌办工矿事业接收整理计划表

类	别	名称	地点	简况：资金（千元）	简况：员工	简况：产量	简况：经营方式	接收整理办法	估计需要：经费（千元）	估计需要：员工	估计需要：器材（吨）	备注
燃料工业	（一）煤	台湾煤矿	台北				台湾矿业株式会社	（一）上列事业拟设台北煤矿局统辖，由资源委员会独资经营。 （二）恢复生产煤2,160,000吨。	国币 2,212 美金 1,037	员 1,920 工 28,790		
		基隆煤矿	基隆				基隆炭矿株式会社					
		台北煤矿	台北				俊宫合委会社及山本信义等经营嘉阳矿业株式会社					
		嘉阳煤矿	新竹									
	（二）液体燃料	满洲石油会社	大连	20,000	员300 工600	精炼汽油	日本石油会社	拟设大连炼油厂办理，由资源委员会独资经营。	国币 2,000 美金 500	员 400 工 800		
		台湾出矿油矿	新竹			原油 90,000石 天然气 900亿立方公尺	日本石油会社	（一）上列事业拟设台湾油矿局统辖，由资源委员会独资经营。 （二）恢复生产天然气900,000,000立方公尺 原油150,000吨	国币 8,000 美金 3,000	员 600 工 1,600		
		锦水油矿	竹南									
		□□崎油矿	台南			原油 90,000万	日本石油会社					
		苗栗炼油所	苗栗			汽油 300,000石						

续上表

类别		名称	地点	简况				接收整理办法	估计需要			备注
				资金（千元）	员工	产量	经营方式		经费（千元）	员工	器材（吨）	
冶炼工业	（一）铁	台湾电气制铁实验工场	松山			生铁普通钢精炼钢		组设台湾钢铁厂，由资源委员会独资经营。	—	—		暂缓恢复。
	（二）铝镁	台湾炼铝厂	高雄			气化铝24,000吨 铝10,000吨	日本制铝会社	（一）拟设台湾炼铝厂，由资源委员会独资经营。	国币 8,640 美金 6,300	员 110 工 660		台湾制镁事业因原料来自东北，拟暂不恢复。参见收复区非铁金属事业。
		日满制铝会社	大连	10,000	员 60 工200	铝7,000吨	满铁	（二）恢复生产铝1,000吨，并入“辽东铝镁局”。	—	—		
		日满制镁会社	大连	7,000	员 50 工200	镁3,000吨						
采金事业		台湾金瓜山金矿	台湾			金矿砂400,000吨	金瓜山矿山株式会社	（一）上列金矿及台湾其他重要金矿拟并设台湾金矿局，由资源委员会独资经营。（二）恢复生产金5,000两。	国币 500 美金 50	员 130 工 1,700		
		□芳金矿	台湾		28,000	196,000日元	嘉阳矿业株式会社					

光复区需要员工估计表

工业部门	职员	工人	员工合计	备注
燃料工业	2,920	31,190	34,110	
煤	1,920	28,790	30,710	
液体燃料	1,000	2,400	3,400	
冶炼工业	110	660	770	
钢铁	(a)…	(a)…	(a)…	
非铁金属	110	660	770	
采金事业	130	1,700	1,830	
总计	3,160	33,550	36,710	

光复区需要器材估计表

（单位:公吨）

矿业部门	需要器材总数	拟在善后救济计划内分配数
燃料工业	6,938	
煤	4,938	
液体燃料	2,000	
冶炼工业	1,500	1,500
钢铁	——	
非铁金属	1,500	1,500
采金事业	1,600	
总计	10,038	1,500

〔国民政府资源委员会档案〕

4. 经济部编收复区民营工矿事业调整计划

(1945年8月　日)①

……

拾、收复区民营工矿事业调整计划

(内矿冶部分已并入第伍项"收复区敌伪矿业接收整理计划"内编拟,电气事业部分已并入第肆项"收复区敌伪工业接收整理计划"内编拟)

甲、纲要

一、凡与敌人合资之工矿事业,不论公营或私营,一律由政府接收,分别性质,交由国营事业机关或正当民营组织接办。

二、收复区战前民营之工矿事业,遭敌伪没收或侵占者查明发还,如有附逆行为,查明后,按其情节另行处理。

三、收复区民营工矿事业,因产权纠纷陷于停顿者,由政府先行接管经营,或由政府委托私人经营,俟纠纷解决,依法办理。

四、收复区民营工矿事业与战后经济建设抵触者,应限制其恢复,或变更其经营途径。

五、收复区民营工矿事业,其业务有资敌行为者,均视同敌产。

乙、一般情况调查

一、现状调查

抗战前夕为我国民营工业之全盛时代,自轻工业以至重工业均有长足之进步,举其要者,如机器棉纺锭子共达285万枚,超过国内总锭数502万枚之半数以上,毛纺织工厂拥有毛纺锭子1.6万枚、织机154台;面粉厂每年实产面粉7600万袋;水泥工厂每年实产水泥630余万桶;缫丝厂180余家,丝车4万余架;机械工厂

---

① 节录《经济部工矿商业复员计划》。

之散布于沿江沿海各省市者1,115家;机制纸张年产15万吨;大规模化学工业则有塘沽永利公司,年产纯碱6万吨,上海天原电化厂年产烧碱1万吨,南京永利硫酸铔厂年产硫酸铔6万吨,上海天利氮气厂年产液体氩硝酸及硫酸铔等约共1万磅以上,重要化学工业之建立均在20年以后,而日用品工业随亦发皇踔厉,蔚为大观。当时沿江沿海一带工业环境之优异,故大多数工厂均集中于通商大埠,其集中情形,可于电力事业见之。民国二十五年,全国电厂总容量江浙两省占全国58%,沿海六省共占90%,武汉占3.8%,其余各省所占不足10%。若以发电数量言,江浙两省占全国71.2%,沿海六省共占91.6%,电力为工业之源泉,电力事业之集中,亦即工业之集中也。

抗战军兴,情势突变,工业区域大部沦陷,内迁工厂仅为原有工业之极小部分,例如棉纺锭子,内迁者不足20万枚,水泥仅湖北华记水泥一家,造纸仅龙章及谌家矶二家,化工仅天原之一部分,其他如面粉、毛纺等所迁尤少。而机械工厂比较为最多,其遗留于原址之工业,或则被敌人攫夺,已经开工,如永利公司及水泥工厂等,或则被强迫开工,苟延残喘,如棉纺及面粉各工厂等。或则被拆散机件,以补充敌厂设备,如青岛华新纱厂等之纺纱机件,被拆装于青岛日厂。或则被抑〔拆〕去机器运回敌国,如上海华商电气公司之发电设备拆运日本,而在同一地址之工厂所存机件为敌人移动拆装者,尤为不可胜数。迨三十二年以后,战局紧张,敌国推行企业整备运动,每项工业除特留若干最优秀之机械设备外,全部拆除摧毁,用为军工制造之原料。上海日本工厂继起拆毁,我国工厂之被波及者,以情报隔绝尚无统计可得,将未收复失地,敌人所加于我国工业之损失,视军事推动之速度为断。如果以雷霆万钧之力全面反攻,敌人仓皇退师,不及毁损。否则各项设备,将遭受极大损害,证之马尼剌战事中,日人破坏之烈可以知之。

二、复员时情势之预测

收复区民营工矿调整计划表

类别	名称	地点	员工数	每年产量	收复后处置办法	所需经费（千元）	所需员工		所需器材		备注
							人数	来源	数量	来源	
机器工业	永恒铁工厂	北平		作业机及工具机600部	该厂规模较大，予以恢复	400	职员 60 技工 500		动力100匹马力工具机80部		恢复时间6个月
机器工业	同丰机器厂	开封		作业机及工具机360部	该厂规模较大，予以恢复	300	职员 40 技工 200		动力70匹马力工具机50部		恢复时间6个月
机器工业	齐鲁铁工厂	济南		作业机及工具机360部	该厂规模较大，予以恢复	300	职员 40 技工1,200		动力70匹马力工具机50部		恢复时间6个月
机器工业	大陆铁工厂	上海		柴油引擎1,200匹马力及纺纱机若干部	该厂规模较大，予以恢复	1,000	职员 120 技工1,000		动力250匹马力工具机150部		恢复时间一年
机器工业	中国铁工厂有限公司	上海		纱锭1,200枚及纺织机若干	该厂规模较大，予以恢复	1,000	职员 120 技工1,000		动力250匹马力工具机150部		恢复时间一年
机器工业	公勤铁厂	上海		各种作业机600部	该厂规模较大，予以恢复	400	职员 60 技工 500		动力100匹马力工具机80部		恢复时间6个月

续上表

类别	名称	地点	员工数	每年产量	收复后处置办法	所需经费（千元）	所需员工		所需器材		备注
							人数	来源	数量	来源	
机器工业	环球铁工厂	上海		蒸汽机3,000匹马力及其他机器	该厂规模较大，予以恢复	800	职员100 技工800		动力200匹马力工具机150部		恢复时间一年
	新祥机器厂	上海		柴油机600匹马力及其他机器	该厂规模较大，予以恢复	600	职员60 技工500		动力150匹马力工具机100部		恢复时间6个月
	新业工厂	上海		各种作业机600部	该厂规模较大，予以恢复	400	职员60 技工500		动力100匹马力工具机80部		恢复时间6个月
	武林铁工厂	杭州		专制纺织机械	该厂规模较大，予以恢复	400	职员60 技工500		动力100匹马力工具机80部		恢复时间6个月
	工艺机器厂	无锡		柴油机600匹马力及其他机器	该厂规模较大，予以恢复	400	职员60 技工500		动力100匹马力工具机80部		
	资生铁工厂	南通		纺织及面粉机器	该厂规模较大，予以恢复	400	职员60 技工500		动力100匹马力工具机80部		

续上表

类别	名称	地点	员工数	每年产量	收复后处置办法	所需经费（千元）	所需员工		所需器材		备注
							人数	来源	数量	来源	
机器工业	协同和机器厂	广州		内燃机及矿用机器	该厂规模较大，予以恢复	600	职员 60 技工600		动力100匹马力工具机80部		
	大中工业社	上海		针1,500,000,000枚	该厂规模较大，予以恢复	1,000	职员 15 技工350		制针机全套		
电器工业	益中福记机器瓷电公司东西厂	上海		变压器20,000千伏安 电磁件700,000件	扶植恢复	2,000	职员 5 技工309				恢复时间一年
	汉成电器厂	上海		小电珠5,000,000只	扶植恢复	1,000	职员 2 技工102				恢复时间一年
	新光华电泡厂	上海		电灯泡660,000只， 电珠4,000,000只	扶植恢复	500	员 2 工 101				恢复时间一年
	华德工厂	上海		电灯泡1,800,000只	扶植恢复	800	员 3 工 156				恢复时间一年

续上表

类别	名称	地点	员工数	每年产量	收复后处置办法	所需经费（千元）	所需员工		所需器材		备注
							人数	来源	数量	来源	
电器工业	永明昌记电业制造厂	上海		电灯泡1,200,000只 电珠6,000,000只	扶植恢复	500	员 3 工 207				恢复时间一年
	华通电业机器厂	上海		变压器10,000千伏安	扶植恢复	1,500	员 10 工 267				恢复时间一年
	亚美无线电公司	上海		无线电零件50,000件	扶植恢复	400	员 5 工 53				恢复时间一年
	中雍无线电机厂	上海		无线电零件30,000件	扶植恢复	300	员 2 工 30				恢复时间一年
	大华科学仪器公司	上海		电表1,000只 电钟500只	扶植恢复	400	员 5 工 58				恢复时间一年
	华生电器分厂	上海		发电机10,000千伏安 电表500只	扶植恢复	2,000	员 10 工 300		动力100匹马力工具机80部		恢复时间一年
	大华电器厂	广州		电扇3,000只	扶植恢复	200	员 3 工 134				恢复时间一年

续上表

类别	名称	地点	员工数	每年产量	收复后处置办法	所需经费（千元）	所需员工		所需器材		备注
							人数	来源	数量	来源	
电器工业	中建电机分厂	上海		变压器4,000千伏安，电动机1,000马力，电力附件1,000只	扶植恢复	1,200	员 6 工 100		动力45马力 工具机40部		恢复时间一年
	中华无线电分社	汉口		无线电讯机600部，手摇发电机200部，移动发电机100部	扶植恢复	2,000	员 30 工 200		动力50马力 工具机50部		恢复时间一年
	华成电气分厂	上海		电动机 150,000马力	扶植恢复	2,000	员 10 工 300		动力100马力 工具机80部		
酸	渤海化学	塘沽	100	盐酸 10,000担	恢复原产量	600	100				亦产硫化碱
	天原	上海	90	盐酸 100,000担	原产量50,000担，拟扩充	1,500	250		1,600马力发电机1部，电槽250只，蒸发机1座，盐酸炉2座	美	亦产烧碱

续上表

类别	名称	地点	员工数	每年产量	收复后处置办法	所需经费（千元）	所需员工		所需器材		备注
							人数	来源	数量	来源	
酸	天利淡气厂	上海	120	硝酸35,000担	恢复原产量	1,000	120		水电解槽3只，极压气机1座，反应器1座		
	开成	上海	90	硫酸70,000担	恢复原产量	800	95		铅室酸塔2座，50匹马达1部		
	两广硫酸厂	梧州	130	硫酸50,000担 硝酸3,000担	恢复原产量	1,200	135				
	广东硫酸厂	西村	120	硫酸75,000担	恢复原产量	800	120				
	永利硫酸铔厂	南京	1,200	制造硫酸铔60,000吨	恢复原产量	10,000	1,200		接触法硫酸厂及硝酸厂及氯化铔厂全部	美	
碱	永利	塘沽	170	纯碱600,000担 烧碱33,000担	恢复原产量	5,000	170		碳酸化塔吸气器、蒸馏器等		

续上表

类别	名称	地点	员工数	每年产量	收复后处置办法	所需经费（千元）	所需员工		所需器材		备注
							人数	来源	数量	来源	
碱	渤海	塘沽	100	硫化碱70,600担	恢复原产量	600	100				
碱	天原	上海	90	烧碱80,000担	原产量40,000担	1,500	250				
碱	开元	上海	30	泡花碱40,000担	恢复原产量	100	31				
碱	鲁丰	山东	50	烧碱30,000担	恢复原产量	150	40				
碱	肇新	上海	90	硫化碱40,000担	恢复原产量	200	90				
橡胶	大中华	上海	1,000	产值1,400,000元	恢复原产量	1,300	1,000		混胶机硫化机等	美国	
橡胶	广东兄弟公司	上海	300	产值500,000元	恢复原产量	500	300		混胶机硫化机等	美国	
橡胶	远东	广州	250	产值150,000元	恢复原产量	350	250		混胶机硫化机等	美国	
橡胶	其他小厂共四十二家	上海 广州			归并						

续上表

类别	名称	地点	员工数	每年产量	收复后处置办法	所需经费（千元）	所需员工		所需器材		备注
							人数	来源	数量	来源	
水泥	启新洋灰公司	唐山		水泥168万桶		8,000	员 80 工 800				
	华记水泥公司	湖北				4,000	员 40 工 300				
	中国水泥公司	江苏		水泥90万桶		5,000	员 60 工 400				
	上海水泥公司	上海		水泥60万桶		3,000	员 40 工 400				
	江南水泥公司	江苏		水泥90万桶		5,000	员 60 工 400				
	广州水泥厂	广州		水泥96万桶		5,000	员 30 工 300				
面粉	阜丰面粉公司	上海	125	6,000袋	恢复原产量	1,500	125		钢磨20部，筛绢等		
	华兴面粉公司	上海	100	4,800	恢复原产量	1,200	100		依产量配合钢磨、筛绢等		
	福新第一面粉厂	上海	100	4,800	裁并	1,200	100		依产量配合钢磨、筛绢等		

续上表

类别	名称	地点	员工数	每年产量	收复后处置办法	所需经费（千元）	所需员工		所需器材		备注
							人数	来源	数量	来源	
面粉	福新第四面粉厂	上海	125	6,000	裁并	1,000	125				
	福新第二面粉厂	上海	240	12,000	恢复原产量	2,000	240				
	福新第七面粉厂	上海	250	14,000	恢复原产量	2,500	250				
	福新第六面粉厂	上海	125	6,000	裁并	500	200				
	福新第三面粉厂	上海	125	6,000							
	福新第八面粉厂	上海	250	14,000	恢复原产量	2,500	250				
	茂新第一面粉厂	无锡	125	6,000	恢复原产量	1,300	125				
	九丰面粉厂	无锡	150	8,000	恢复原产量	1,500	150				
	茂新第三厂	无锡	125	6,000	裁并	500	150				

续上表

类别	名称	地点	员工数	每年产量	收复后处置办法	所需经费（千元）	所需员工		所需器材		备注
							人数	来源	数量	来源	
面粉	茂新第二厂	无锡	100	4,000							
	大同面粉厂	南京	60	2,000	恢复原产量	500	60				
	裕丰面粉厂	高邮	150	1,500	恢复原产量	400	150				
	复新面粉厂	通州	150	1,500	恢复原产量	400	150				
	泰来	泰州	60	2,000	恢复原产量	500	60				
	海丰	海州	60	2,000	恢复原产量	500	60				
	大丰	清江浦	60	1,700	恢复原产量	450	60				
	大丰盈	淮阴	50	1,200	恢复原产量	400	50		磨机、丝绢等作产量配合		
	贻成	镇江	60	2,000	恢复原产量	500	60				

续上表

类别	名称	地点	员工数	每年产量	收复后处置办法	所需经费（千元）	所需员工		所需器材		备注
							人数	来源	数量	来源	
面粉	丰年	济南	120	5,000		1,000	120		磨机、丝绢等作产量配合		
	惠丰	济南	100	4,000	恢复原产量	600	100		磨机、丝绢等作产量配合		
	成丰	济南	150	7,000	恢复原产量	1,000	150		磨机、丝绢等作产量配合		
	民安	济南	150	7,000	恢复原产量	120	150		磨机、丝绢等作产量配合		
	同丰	济南	100	5,000	恢复原产量	200	100		磨机、丝绢等作产量配合		
	济丰	济宁	100	5,000	恢复原产量	200	100		磨机、丝绢等作产量配合		
	青岛	青岛	150	10,000	原产量1,100袋拟扩充	2,000	150		磨机、丝绢等作产量配合		
	三津寿丰	天津	30	7,000	恢复原产量	800	120		磨机、丝绢等作产量配合		

续上表

类别	名称	地点	员工数	每年产量	收复后处置办法	所需经费（千元）	所需员工		所需器材		备注
							人数	来源	数量	来源	
面粉	晋丰	太原		5,000		500			磨机、丝绢等作产量配合		
	庆丰	天津	100	5,000	恢复原产量	500	100		磨机、丝绢等作产量配合		
	民庆	天津	135	8,000	恢复原产量	800	135		磨机、丝绢等作产量配合		
	福星	天津	125	6,000	恢复原产量	600	125		磨机、丝绢等作产量配合		
	天民	保定	150	10,000	原产量6,000袋拟扩充	1,000	150		磨机、丝绢等作产量配合		
	裕民	许昌	100	5,000	原产量300袋拟扩充	600	100		磨机、丝绢等作产量配合		
	寿丰一二三	北平	300	30,000	归并	2,000	200		磨机、丝绢等作产量配合		
	通丰	新乡	100	5,000	恢复原产量	600	100		磨机、丝绢等作产量配合		

续上表

类别	名称	地点	员工数	每年产量	收复后处置办法	所需经费（千元）	所需员工		所需器材		备注
							人数	来源	数量	来源	
面粉	益丰	开封	50	2,000	原产量700袋拟扩充	700	50		磨机、丝绢等作产量配合		
	天丰	开封	60	5,000	原产量2,000袋拟扩充	500	60		磨机、丝绢等作产量配合		
	和丰	汉口	70	5,000	原产量900袋拟扩充	700	70		磨机、丝绢等作产量配合		
	汉丰	汉口	70	5,000	原产量1,600袋拟扩充	500	70		磨机、丝绢等作产量配合		
	金龙	汉口	100	5,000	原产量1,600袋拟扩充	500	100		磨机、丝绢等作产量配合		
	裕隆	汉口	70	3,000	恢复原产量	200	70		磨机、丝绢等作产量配合		
	信义福	沙市	50	2,000	原产量600袋拟扩充	300	50		磨机、丝绢等作产量配合		
	湖南制粉厂	长沙	50	2,000	恢复原产量	300	50		磨机、丝绢等作产量配合		

注：1. 产量每日四千袋以下磨机拟在国内制造。
2. 产量每日四千袋以上磨机拟向美国订购。

续上表

类别	名称	地点	员工数	每年产量	收复后处置办法	所需经费（千元）	所需员工		所需器材		备注
							人数	来源	数量	来源	
棉纺织	恒丰	上海		2,000	恢复上列产量	100	200	招工或训练	2吨	国外	（民国廿五年时币值）恢复旧锭产量所需配修营缮周转等费用每万锭估需五十万元，经费来源由各厂自筹，不能自谋恢复之工厂，由政府采以监管方式资助之，敌营工厂则由政府接收自办或招商承办，所需器材以国内无法自造者为主，每万锭约需五吨。
	振华	上海		500	恢复上列产量	100	150	招工或训练	1.5吨	国外	
	申新一、二、五、六、七、八、九厂	上海		44,200	，	3,000	4,420	招工或训练	37吨	国外	
	新裕一、二厂	上海		4,000	恢复上列产量	300	400	招工或训练	3.5吨	国外	
	纬通	上海		4,300	恢复上列产量	300	430	招工或训练	4吨	国外	
	统益	上海		6,100	恢复上列产量	400	610	招工或训练	5吨	国外	
	恒大	上海		3,200	恢复上列产量	200	310	招工或训练	3吨	国外	
	永安一、二、三、四厂	上海		17,000	恢复上列产量	2,000	1,700	招工或训练	14吨	国外	
	大丰	上海		5,200	恢复上列产量	350	520	招工或训练	5.5吨	国外	

续上表

类别	名称	地点	员工数	每年产量	收复后处置办法	所需经费（千元）	所需员工		所需器材		备注
							人数	来源	数量	来源	
棉纺织	振泰	上海		4,500	恢复上列产量	300	450	招工或训练	4吨	国外	
	鸿章	上海		3,100	恢复上列产量	200	310	招工或训练	5吨	国外	
	天生	上海		1,500	恢复上列产量	100	150	招工或训练	1.5吨	国外	
	鼎鑫	上海		3,600	恢复上列产量	200	360	招工或训练	3吨	国外	
	崇信	上海		6,000	恢复上列产量	400	600	招工或训练	5吨	国外	
	仁德	上海		1,300	恢复上列产量	100	130	招工或训练	1吨	国外	
	宝兴	上海		2,500	恢复上列产量	150	250	招工或训练	2吨	国外	
	上海	上海		1,100	恢复上列产量	80	110	招工或训练	1吨	国外	
	勤丰	上海		370	恢复上列产量	30	37	招工或训练	0.5吨	国外	

续上表

类别	名称	地点	员工数	每年产量	收复后处置办法	所需经费（千元）	所需员工		所需器材		备注
							人数	来源	数量	来源	
棉纺织	大生一、二、三、副厂	江苏		2,000	恢复上列产量	1,500	200	招工或训练	2吨	国外	
	大通	江苏	`	1,900	恢复上列产量	140	190	招工或训练	2吨	国外	
	富安	江苏		2,200	恢复上列产量	150	220	招工或训练	2吨	国外	
	振业	江苏		360	恢复上列产量	30	360	招工或训练	0.5吨	国外	
	振新	江苏		360	恢复上列产量	300	36	招工或训练	0.5吨	国外	
	广勤	江苏		4,000	恢复上列产量	300	40	招工或训练	2吨	国外	
	庆丰	江苏		1,340	恢复上列产量	900	130	招工或训练	1吨	国外	
	豫康	江苏		2,700	恢复上列产量	200	270	招工或训练	2.5吨	国外	
	申新	江苏		2,500	恢复上列产量	800	250	招工或训练	2吨	国外	

续上表

类别	名称	地点	员工数	每年产量	收复后处置办法	所需经费（千元）	所需员工		所需器材		备注
							人数	来源	数量	来源	
	丽新	江苏		1,300	恢复上列产量	90	130	招工或训练	1吨	国外	
	苏纶	江苏		5,800	恢复上列产量	400	580	招工或训练	5吨	国外	
棉	利泰	江苏		4,050	恢复上列产量	300	400	招工或训练	2.5吨	国外	
	裕泰	江苏		1,200	恢复上列产量	100	120	招工或训练	1.5吨	国外	
纺	民丰	江苏		4,090	恢复上列产量	300	400	招工或训练	3.5吨	国外	
	大成一、二、三厂	江苏		3,070	恢复上列产量	200	300	招工或训练	2.5吨	国外	
织	利用	江苏		2,200	恢复上列产量	150	220	招工或训练	2吨	国外	
	通成	江苏		1,300	恢复上列产量	90	130	招工或训练	1吨	国外	
	嘉丰	江苏		1,130	恢复上列产量	80	120	招工或训练	1吨	国外	

续上表

类别	名称	地点	员工数	每年产量	收复后处置办法	所需经费（千元）	所需员工		所需器材		备注
							人数	来源	数量	来源	
棉纺织	三友	浙江		960	恢复上列产量	70	96	招工或训练	1吨	国外	
	和丰	浙江		3,800	恢复上列产量	250	380	招工或训练	3吨	国外	
	通惠公	浙江		2,400	恢复上列产量	100	140	招工或训练	1.5吨	国外	
	中一	安徽									
	华新	河北		3,400	恢复上列产量	250	340	招工或训练	3吨	国外	
	恒源	河北		2,800	恢复上列产量	200	280	招工或训练	2.5吨	国外	
	北洋	河北		2,070	恢复上列产量	150	200	招工或训练	2吨	国外	
	裕大	河北		4,570	恢复上列产量	300	460	招工或训练	4吨	国外	
	达生	河北		500	恢复上列产量	4	50	招工或训练	0.5吨	国外	

续上表

类别	名称	地点	员工数	每年产量	收复后处置办法	所需经费（千元）	所需员工		所需器材		备注
							人数	来源	数量	来源	
棉纺织	宝记	河北		1,500	恢复上列产量	120	150	招工或训练	1.5吨	国外	
	大兴	河北		6,500	恢复上列产量	450	650	招工或训练	6.5吨	国外	
	成通	山东		3,350	恢复上列产量	200	340	招工或训练	3吨	国外	
	仁丰	山东		3,100	恢复上列产量	200	310	招工或训练	3吨	国外	
	晋华	山西		6,400	恢复上列产量	450	640	招工或训练	5吨	国外	
	大益成	山西		3,400	恢复上列产量	200	340	招工或训练	3吨	国外	
	雍裕	山西		1,500	恢复上列产量	100	150	招工或训练	1.5吨	国外	
	晋生	山西		1,160	恢复上列产量	80	116	招工或训练	1吨	国外	
	广益	山西		2,900	恢复上列产量	200	290	招工或训练	2.5吨	国外	

续上表

类别	名称	地点	员工数	每年产量	收复后处置办法	所需经费（千元）	所需员工		所需器材		备注
							人数	来源	数量	来源	
棉纺织	钜兴	山西		540	恢复上列产量	40	54	招工或训练	0.5吨	国外	
	华新	山西		4,000	恢复上列产量	280	400	招工或训练	3.5吨	国外	
	汉口第一	湖北		1,080	恢复上列产量	70	100	招工或训练	1吨	国外	
	泰安	湖北		3,700	恢复上列产量	250	370	招工或训练	3吨	国外	
毛纺织	上海制绒会社	上海	700	毛呢 240,000（公尺）	□□并□设织机40台	1,000	800	招工或训练	增力织机40台	国内自制	
	军政部清河织呢厂	北平	700	75,000	由军政部制呢厂迁并	500	700	招工或训练			
	仁立毛纺厂	天津	130	12,000	扩充	2,000	700	招工或训练	增设纺锭4,000枚，力织机20台	国外及国内	

续上表

类别	名称	地点	员工数	每年产量	收复后处置办法	所需经费（千元）	所需员工		所需器材		备注
							人数	来源	数量	来源	
毛纺织	祥和纺毛厂	天津	150	30,000	恢复原状	300	150				
	东亚毛呢纺织厂	天津	450	15,000	恢复原状	300	450	招工或训练			
	五三纺毛厂	天津	30	15,000	恢复原状	1,000	300	招工或训练			
	章华毛绒纺织厂	上海	207	60,000	扩充	2,000	800	招工或训练	增毛纺锭5,000枚，织机50台	国外或国内	
	振兴毛绒纺织厂	上海	180	69,000	扩充	800	250	招工或训练	增织呢机50台	国内	
	安乐纺织染厂	上海	80	45,000	扩充	500	150	招工或训练	织机40台	国内	
	先达协记呢绒纺织厂	上海	160	呢绒15,000	扩充	1,500	500	招工或训练	毛纺锭3,000枚，织呢机20台	国外	
	大华呢绒厂	上海	50	30,000	扩充	1,500	300	招工或训练	毛纺锭3,000枚，织呢机20台	国外	

续上表

类别	名称	地点	员工数	每年产量	收复后处置办法	所需经费（千元）	所需员工		所需器材		备注
							人数	来源	数量	来源	
毛纺织	纬纶泰记毛织厂	上海	132	9,000	扩充	1,600	400	招工或训练	毛纺锭3,000枚，织呢机30台	国外	
毛纺织	协新毛纺织染公司	无锡	200	15,000	扩充	1,500	400	招工或训练	毛纺锭3,000枚，织呢机30台	国外	
毛纺织	大同华北第一毛织公司	太原	53	12,000	扩充	1,700	250	招工或训练	毛纺锭3,000枚，织呢机50台	国外	
毛纺织	广东纺织厂毛纺部	广州			扩充	1,500	200	招工或训练	毛纺锭3,000枚，织呢机50台	国外	
麻纺织	广东省营麻纺织厂	广州			扩充	2,000	500	招工或训练	麻纺锭2,000枚，织机50台		
缫丝	瑞纶	上海		1,410担/年	恢复原产量		1,400	招工训练	恢复或补充其原有设备，并充分生产		

续上表

类别	名称	地点	员工数	每年产量	收复后处置办法	所需经费（千元）	所需员工		所需器材		备注
							人数	来源	数量	来源	
缫丝	怡昌	上海		500	恢复原产量		500	招工训练	恢复或补充其原有设备，并充分生产		
	福纶	上海		700	恢复原产量		700	招工训练	恢复或补充其原有设备，并充分生产		
	天昌	上海		700	恢复原产量		700	招工训练	恢复或补充其原有设备，并充分生产		
	统益	上海		500	恢复原产量		500	招工训练	恢复或补充其原有设备，并充分生产		
	祥成	上海		500	恢复原产量		500	招工训练	恢复或补充其原有设备，并充分生产		

续上表

类别	名称	地点	员工数	每年产量	收复后处置办法	所需经费（千元）	所需员工		所需器材		备注
							人数	来源	数量	来源	
缫丝	元丰	上海		550	恢复原产量		500	招工训练	恢复或补充其原有设备，并充分生产		
	新纶	上海		500	恢复原产量		500	招工训练	恢复或补充其原有设备，并充分生产		
	裕纶	上海		500	恢复原产量		500	招工训练	恢复或补充其原有设备，并充分生产		
	晋泰	上海		600	恢复原产量		600	招工训练	恢复或补充其原有设备，并充分生产		
	隆记	上海		500	恢复原产量		500	招工训练	恢复或补充其原有设备，并充分生产		

续上表

类别	名称	地点	员工数	每年产量	收复后处置办法	所需经费（千元）	所需员工		所需器材		备注
							人数	来源	数量	来源	
缫丝	泰来	上海		500	恢复原产量		500	招工训练	恢复或补充其原有设备，并充分生产		
	丰泰元	上海		700	恢复原产量		700	招工训练	恢复或补充其原有设备，并充分生产		
	裕纶	上海		500	恢复原产量		500	招工训练	恢复或补充其原有设备，并充分生产		
	宝经	上海		600	恢复原产量		600	招工训练	恢复或补充其原有设备，并充分生产		
	鼎源	上海		850	恢复原产量		850	招工训练	恢复或补充其原有设备，并充分生产		

续上表

类别	名称	地点	员工数	每年产量	收复后处置办法	所需经费（千元）	所需员工		所需器材		备注
							人数	来源	数量	来源	
缫丝	信昌	上海		1,000	恢复原产量		1,000	招工训练	恢复或补充其原有设备，并充分生产		
	宝泰	上海		2,200	恢复原产量		2,200	招工训练	恢复或补充其原有设备，并充分生产		
	久成二	上海		820	维持原状		820	招工训练	恢复或补充其原有设备，并充分生产		
	广源	上海		600	维持原状		600	招工训练	恢复或补充其原有设备，并充分生产		
	裕昌	无锡	330	500	维持原状		330	招工训练	恢复或补充其原有设备，并充分生产		

续上表

类别	名称	地点	员工数	每年产量	收复后处置办法	所需经费（千元）	所需员工		所需器材		备注
							人数	来源	数量	来源	
缫丝	永泰一、二厂	无锡	900	1,200	维持原状		900	招工训练	恢复或补充其原有设备，并充分生产		
	乾甡	无锡	568	1,000	维持原状		568	招工训练	恢复或补充其原有设备，并充分生产		
	瑞昌	无锡	348	500	维持原状		348	招工训练	恢复或补充其原有设备，并充分生产		
	义丰	无锡	248	1,000	维持原状		248	招工训练	恢复或补充其原有设备，并充分生产		
	振艺	无锡	288	1,000	维持原状		288	招工训练	恢复或补充其原有设备，并充分生产		

续上表

类别	名称	地点	员工数	每年产量	收复后处置办法	所需经费（千元）	所需员工		所需器材		备注
							人数	来源	数量	来源	
缫丝	源康	无锡	330	600	维持原状		330	招工训练	恢复或补充其原有设备，并充分生产		
	锦记	无锡	410	650	维持原状		410	招工训练	恢复或补充其原有设备，并充分生产		
	泰孚	无锡	384	500	维持原状		384	招工训练	恢复或补充其原有设备，并充分生产		
	元丰	无锡	352	600	维持原状		352	招工训练	恢复或补充其原有设备，并充分生产		
	永孚润	无锡	256	500	维持原状		256	招工训练	恢复或补充其原有设备，并充分生产		

续上表

类别	名称	地点	员工数	每年产量	收复后处置办法	所需经费（千元）	所需员工		所需器材		备注
							人数	来源	数量	来源	
缫丝	振艺协	无锡	308	500	维持原状		308	招工训练	恢复或补充其原有设备，并充分生产		
	振丰	无锡	298	500	维持原状		298	招工训练	恢复或补充其原有设备，并充分生产		
	源康	无锡	330	600	维持原状		330	招工训练	恢复或补充其原有设备，并充分生产		
	民丰	无锡	424	530	维持原状		424	招工训练	恢复或补充其原有设备，并充分生产		
	裕丰	无锡	272	500	维持原状		272	招工训练	恢复或补充其原有设备，并充分生产		

续上表

类别	名称	地点	员工数	每年产量	收复后处置办法	所需经费（千元）	所需员工		所需器材		备注
							人数	来源	数量	来源	
缫丝	德大裕	无锡	480	600	维持原状		480	招工训练	恢复或补充其原有设备，并充分生产		
	永裕	无锡	480	500	维持原状		480	招工训练	恢复或补充其原有设备，并充分生产		
	盛裕	无锡	320	550	维持原状		320	招工训练	恢复或补充其原有设备，并充分生产		
	缜纶	无锡	144	550	维持原状		144	招工训练	恢复或补充其原有设备，并充分生产		
	泰丰万益合	无锡	496	880	维持原状		496	招工训练	恢复或补充其原有设备，并充分生产		

续上表

类别	名称	地点	员工数	每年产量	收复后处置办法	所需经费（千元）	所需员工		所需器材		备注
							人数	来源	数量	来源	
缫丝	德盛恒记	无锡	312	602	维持原状		312	招工训练	恢复或补充其原有设备，并充分生产		
	延昌恒	苏州	300	600	维持原状		300	招工训练	恢复或补充其原有设备，并充分生产		
	仁昌西	苏州	336	600	维持原状		336	招工训练	恢复或补充其原有设备，并充分生产		
	大纶	镇江	200	500	维持原状		200	招工训练	恢复或补充其原有设备，并充分生产		
	律成	杭州	1,033	500	维持原状		1,033	招工训练	恢复或补充其原有设备，并充分生产		

续上表

类别	名称	地点	员工数	每年产量	收复后处置办法	所需经费（千元）	所需员工		所需器材		备注
							人数	来源	数量	来源	
缫丝	裕嘉	嘉兴	1,200	540	维持原状		1,200	招工训练	恢复或补充其原有设备，并充分生产		
	长安	海宁	530	500	维持原状		530	招工训练	恢复或补充其原有设备，并充分生产		
	天成	海盐	530	540	维持原状		530	招工训练	恢复或补充其原有设备，并充分生产		
	信盛	广东南海	744	600	维持原状		744	招工训练	恢复或补充其原有设备，并充分生产		
	新兴枝	广东南海	785	720	维持原状		785	招工训练	恢复或补充其原有设备，并充分生产		

续上表

类别	名称	地点	员工数	每年产量	收复后处置办法	所需经费（千元）	所需员工		所需器材		备注
							人数	来源	数量	来源	
缫	大和生	顺德	700	700	维持原状		700	招工训练	恢复或补充其原有设备，并充分生产		
	广纶祥	南海	695	650	维持原状		695	招工训练	恢复或补充其原有设备，并充分生产		
	志记	南海	777	713	维持原状		777	招工训练	恢复或补充其原有设备，并充分生产		
丝	鸿安祥	南海	694	650	维持原状		694	招工训练	恢复或补充其原有设备，并充分生产		
	项维亨	顺德	810	800	维持原状		810	招工训练	恢复或补充其原有设备，并充分生产		

续上表

类别	名称	地点	员工数	每年产量	收复后处置办法	所需经费（千元）	所需员工		所需器材		备注
							人数	来源	数量	来源	
缫丝	冠华纶	南海	656	600	维持原状		656	招工训练	恢复或补充其原有设备，并充分生产		
	南昌	顺德	654	600	维持原状		654	招工训练	恢复或补充其原有设备，并充分生产		
丝织	美工	上海	647	192,794	迁并复工	1,000	3,000	招工训练	恢复或补充其原有设备，并充分生产		
	裕通	上海	311	42,000	恢复原产量	400	311	招工训练	恢复或补充其原有设备，并充分生产		
	锦云	上海	156	18,722	恢复原产量	400	1,156	招工训练	恢复或补充其原有设备，并充分生产		

续上表

类别	名称	地点	员工数	每年产量	收复后处置办法	所需经费（千元）	所需员工		所需器材		备注
							人数	来源	数量	来源	
丝织	列丰	上海	108	2,500	恢复原产量	500	108	招工训练	恢复或补充其原有设备，并充分生产		
	中华工业厂	上海	556	60,000	恢复原产量	1000	556	招工训练	恢复或补充其原有设备，并充分生产		
	云华	上海		7,000	恢复原产量	300	35	招工训练	恢复或补充其原有设备，并充分生产		
	苏州	苏州	86	7,000	恢复原产量	500	286	招工训练	恢复或补充其原有设备，并充分生产		
	民生	苏州	68	6,000	恢复原产量	400	668	招工训练	恢复或补充其原有设备，并充分生产		

续上表

类别	名称	地点	员工数	每年产量	收复后处置办法	所需经费（千元）	所需员工		所需器材		备注
							人数	来源	数量	来源	
丝织	东吴	苏州	51	3,800	恢复原产量	300	351	招工训练	恢复或补充其原有设备，并充分生产		
	天丰章	苏州	46	3,500	恢复原产量	300	46	招工训练	恢复或补充其原有设备，并充分生产		
	振亚	苏州	130	11,000	恢复原产量	800	130	招工训练	恢复或补充其原有设备，并充分生产		
	石祥记	苏州	36	5,000	恢复原产量	300	36	招工训练	恢复或补充其原有设备，并充分生产		
	华新	无锡	500	15,000	恢复原产量	1,500	500	招工训练	恢复或补充其原有设备，并充分生产		

续上表

类别	名称	地点	员工数	每年产量	收复后处置办法	所需经费（千元）	所需员工		所需器材		备注
							人数	来源	数量	来源	
丝织	庆成缫丝厂	杭州	588	240,000	恢复原产量	1,500	588	招工训练	恢复或补充其原有设备，并充分生产		
	天章织绸厂	杭州	600		恢复原产量	2,000	600	招工训练	恢复或补充其原有设备，并充分生产		
	悦昌文化织绸	杭州	300		恢复原产量	1,000	300	招工训练	恢复或补充其原有设备，并充分生产		
	丽和电机丝织厂	吴兴	90		恢复原产量	500	90	招工训练	恢复或补充其原有设备，并充分生产		
	顺兴成丝织厂	山东周村	160	8,000	恢复原产量	500	160	招工训练	恢复或补充其原有设备，并充分生产		

假定沦陷区收复时，原有设备留存约百分之二十。

三、复员前准备事项

（一）复员前准备工作及其实施办法：

（1）密切注意各厂动态。

（2）登记并训练技术人员。

（3）制定详细进行步骤，配备必需器材。

（4）组织技术团随同军队前进接收，并保管收复区工厂。

（二）复员时应预为修订废除或增订之法令

无

四、复员时实施办法列表如下：

收复区民营工业所需员工估计表

工业部门	职员	工人	员工合计	备考
一、机械工业	1,240	13,590	14,830	
1. 钢材	230	2,370	2,600	
2. 机器	910	8,850	9,760	
3. 电器	100	2,370	2,470	
二、化学工业	600	6,160	6,760	
1. 化工	600	6,160	6,760	
三、食品工业	450	5,150	5,600	
1. 面粉	450	5,150	5,600	
四、纺织工业	4,950	56,070	61,020	
1. 棉纺	1,200	11,150	22,350	
2. 毛纺	600	5,850	6,450	
3. 麻纺	50	450	500	
4. 缫丝	2,500	22,400	24,900	
5. 丝织	600	6,220	6,820	
总计	7,240	80,970	88,210	

收复区民营工业所需器材估计表

（单位:公吨）

工业部门	所需器材总数	工业部门	所需器材总数
一、机械工业	1,750	四、纺织工业	3,747
1. 钢　材		1. 棉　纺	182
2. 机　器	1,400	2. 毛　纺	3,300
3. 电　器	350	3. 麻　纺	265
二、化学工业	2,070	4. 缫　丝	
1. 化　工	2,070	5. 缫　织	
三、食品工业		总　　计	7,567
1. 面　粉			

收复区民营工业所需经费估计表

工业部门	国币	美金		共计国币
		数额	折合国币	
一、机械工业	7,500	2,250	7,500	15,000
1. 钢　材				
2. 机　器	2,500	750	2,500	5,000
3. 电　器	5,000	1,500	5,000	10,000
二、化学工业	17,500	5,250	17,500	35,000
1. 化　工	17,500	5,250	17,500	35,000
二、食品工业	9,000	2,700	9,000	18,000
1. 面　粉	9,000	2,700	9,000	18,000
四、纺织工业	16,000	4,800	16,000	32,000

续上表

工业部门	国币	美金		共计国币
		数额	折合国币	
1. 棉纺	6,000	1,800	6,000	12,000
2. 毛纺	5,000	1,500	5,000	10,000
3. 麻纺	500	150	500	1,000
4. 缫丝				
5. 丝织	4,500	1,350	4,500	9,000
总计	50,000	15,000	50,000	100,000

〔国民政府资源委员会档案〕

5. 经济部编光复区民营工矿事业接收整理计划①

(1945年8月　日)

拾壹、光复区民营工矿事业接收整理计划

甲、纲要

一、光复区民营工矿事业,概须依照政府规定申请登记;如有敌人资本参加者,并须先行详报,否则视同敌产。

二、光复区战前民营之工矿事业,遭敌伪没收或侵占者,查明情由发还;如有附逆行为,查明后按其情节另行处理。

三、光复区民营工矿事业,因产权纠纷陷于停顿者,由政府先接管经营,或由政府委托私人经营,俟纠纷解决,依法办理。

四、光复区民营工矿事业与战后经济建设需要抵触者,应限制其恢复,或变更其经营途径。

乙、一般情况之调查

① 节录《经济部工矿商业复员计划》。

一、现状之调查

台湾自割归日本后，日本即视为“帝国的前卫基地”，故竭力使之工业化，迄珍珠港事发时，台湾工业化之程度已与日本国内相若。据一九三九年之估计，台湾民营企业之资本共为357,000,000日元。其中191,500,000日元为工业资本，其中大部分为制糖工业，以日本私人投资为最多，台胞经营者亦不在少数。兹将台商所经营而其资本在五十万元以上者分别列表如次：(附表见后)

二、复员时情势之预测

台湾工业区如高雄州、台北、花莲港等地屡遭盟机轰炸，损失至为巨大。日寇于放弃台湾之时，民营工业或将部分破坏或停顿，大抵破坏之程度占百分之七十。如基础尚在，当不难恢复也。

丙、复员前准备事项

一、复员时应预为修订废除或增订之法令。

(一) 修订

1. 在复员期间，就国内现行之一切工矿业法规，按照台湾等地之特殊情形，酌予修订施行之。

(二) 废除

1. 台湾、大连、旅顺之原有一切敌伪所颁布之工矿业法规全部作废(其有于我国法规无抵触且有利于工矿事业之发展者，由我政府斟酌情形修订采用之。)。

(三) 增订

1. 奖励民营工矿事业办法。

2. 光复区民营工矿事业申请登记办法。

丁、复员时实施事项

(一) 鼓励民营恢复日用必需品之生产。

(二) 欢迎友邦投资及技术上之合作。

(三) 奖励生产工具及必需品之输入。

光复区民营工矿事业机关一览表

名称	地址	设立年月	公私资本（千元）	已缴资本（千元）	经营人
东光兴业株式会社	台北绿町	昭和十一年四月	1,000	250	台商
东光株式会社	台北市	大正十四年十一月	500	280	台商
南投兴业株式会社	台中州南投郡	昭和八年	500	250	台商
合资会社施合发商行	淡水	大正十五年二月	600	300	台商
永裕茶行株式会社	台北市日新町	大正十四年一月	600	300	台商
锦记茶行株式会社	台北市港町	昭和七年四月	500	500	台商
台湾制纸株式会社	台北州七星郡	大正八年九月	240	240	台商
台湾制麻株式会社	台中州丰原郡	大正元年十二月	1,400	700	台商
台湾织布株式会社	台南市盐埕町	大正八年十一月	244	244	台商
鹿港制盐株式会社	台中州鹿港街	大正十四年七月	500	125	台商
乌树林制盐株式会社	冈山郡乌树林	大正三年九月	500	140	台商
台阳矿业株式会社	基隆寿町	大正七年六月	5,000	3,000	台商

本计划所需人员经费及物资暂难估计。

〔国民政府资源委员会档案〕

6. 中央设计局编东北矿业检讨报告及复员计划

（1945年8月　日）

东北矿业检讨报告及复员计划

民国三十四年八月

东北调查委员会
工矿研究委员会 矿业组编

东北矿业检讨报告及复员计划

甲、检讨报告

东北矿产资源种类既多，蕴藏亦富，尤以煤铁为最重要，黄金亦属重要矿产之一。此外，如铜、铅、锌及轻金属之铝镁以及油页岩等，因系军用重要物资，均为日人掠取之目标。自东北沦陷后，上述各种矿产几已悉被掠夺，尽量开发，以供作战之用。本检讨报告系参考中央设计局东北调查委员会所编之"伪满现状"，资源委员会所辑之"伪满经济概况"、"沦陷区铁矿之现状"，东北大学出版之"民国三十三年东北年鉴"及其他资料而成，所举数字以民国二十九年以前者较多，民国二十九年以后者极少，三十三年以后者则全缺，以后如有新资料可资参考时，当再随时补充更正。兹就东北各重要矿产之现状及其利用状况分别检讨如次，以为复员计划之张本。

（一）煤焦事业检讨

（1）九一八事变前情形

我国烟煤储量，据民国二十年前估计，全国约得2362亿余吨，内辽宁约18亿3千余万吨，吉林11亿4千余万吨，黑龙江10亿零1千余万吨，热河6亿1千余万吨，合四省所有，虽不及全国总储量2%（最近日人调查估计数字大增见附表一〔略〕），惟以其地开发甚盛，尤以辽宁南满经营之抚顺等矿规模十分宏大。故就产量言，其所产实又超过关内各省所产者甚巨。大致九一八前后三年平均，全国煤产约2600余万吨，内东四省产1000万吨强，其中辽宁一省实产900万吨弱，故后者一省，已占全国总产量三分之一以上。

表（二）列民国十九年所谓大矿者凡十，此外其产量不及十万吨而颇知名，且有产量可稽之较少各矿，其时实不下40余矿，然连其他土窑所产在内，各小矿总产量仅得81万余吨，占四省产量仅8.05%，而十大矿则占91.95%。

上开各矿经营方式，计有下列四种：

（一）中国商办矿　计四矿，复州湾及西安两矿，为东北矿务局所办矿，鹤岗亦商办矿，北票为北宁铁路与商人合办矿，此四矿总产量占四省所产约10.95%。

（二）中俄合办矿　穆棱为纯粹中俄合办矿，札赉诺尔为中东铁路所经营之煤矿，产量盛时曾年达十余万吨，十九年此二矿所产约古四省3%，则以是年札赉诺尔仅产五千余吨所致。

（三）中日合办矿　有本溪湖及南昌两矿，年产占四省总产8.75%。

（四）南满铁路独办矿　有抚顺及烟台两矿，总产量占四省产量69.5%，如加入中日合办矿计算，则为78.25%。

如此可见日人经营东省煤矿之盛，其重要性不独在东省为然，即在我国总产量中亦占30%以上。

（2）七七事变前情形

自九一八后，日人更为所欲为，于煤矿之经营尤不遗余力。民国二十二年八月关东军曾提出开发统办伪“满洲国”煤矿计划，二十三年成立满洲石炭会社，名曰“满日”合办，资本各半，总额1600万元，日方仍由满铁投资经营，乃将所有四省之官商合办矿及商办矿俱囊括在内，并新辟煤矿若干，加紧生产。其时此一系统所属煤矿如下：

西安煤矿	原东北矿务局矿经没收者
复州湾煤矿	同　　上
八道壕煤矿	同　　上
北票煤矿	原商办矿由满铁投资经营
鹤岗煤矿	同　　上
札赉诺尔	原中东路所办矿由该会社收买经营
尾明山煤矿	在辽阳县原为省府经营后并入经营
孙家湾煤矿	原有商办小矿在热河阜新县后经收买
新邱煤矿	在阜新县原有东北矿务局矿区及中日合办之大新大兴公司后经没收及被满铁收买并入
林江煤矿	在吉林勃利县

此外,并有将辽宁锦西大窑沟煤矿及吉林延吉老头沟煤矿(俱中日合办)并入之计划,二十三年该会社复州湾、八道壕、孙家湾、鹤岗、西安、北票六矿共产1,247,527吨,抚顺煤矿亦由十九年之688万吨增至8,617,000吨,增产约25%,连其他大小矿在内,据估计四省总产量为11,827,569吨。是年关内各矿总产量为20,897,273吨,共计32,724,842吨,内东四省产占36%,关内64%,此因满炭方始经营,各矿尚未扩充,故国内各矿百分比稍有增加。惟就日资有关各矿论(小矿及数量不知者未计),是年实产11,269,075吨(表二)〔略〕,占东四省总产由昔之78.2%增至95%,而占我国总产,亦由昔之30.5%增至34.4%,足见日人侵我东省二年,煤产之侵占性已更趋积极。

(3) 现状简述

日寇加紧榨取我东北资源已如上述,其后更以"伪满经济建设纲要",制定第一次产业五年计划,继以"日满华经济建设",推行第二次产业五年计划,计划置重心于重工业,如钢铁煤油等,俱各予统制之。民国二十六年"日本产业会社"移驻东北,改组为满洲重工业开发株式会社,为东北工矿业综合经营之中心,即开始实行第一次五年计划。七七事变起，觉昔之所定，仍有未足目标复加修改，全部资金 6,000,000,000 元，内工矿部门占款 80%以上，其中煤之生产量定为 32,000,000 吨，第一次五年计划于民国三十年完成，但并未到达预期目标，有下列数字可供参考。

	民国二十五年产量	民国三十年产量	增
煤	13,606,000 吨	23,800,000	78%

第二次计划开始于民国三十一年，将于三十五年完成(预计数量未见发表)，而前后二期之具体的开发东省煤矿者，则为集中管理，满炭改组，满铁退出，另分为下列数系统经营之。截至三十年左右，计有如下八个组织：

（一）南满铁路株式会社系统　满铁经营沿线煤矿，其事甚久，九一八后除原有之抚顺及烟台二矿外，更陆续投资收购其他各矿，并曾一度与伪府合办满炭会社。现有如下各矿：

(1) 抚顺　可采量 6 万万吨，一部分可以炼焦，二十九年产量曾达 930 余万吨，平常恒占东省总产量 80%以上，输至日本者年约 250 万吨，更占东省输出总量 90%以上，抚顺产量以二十九年为极峰，其后满铁已移其注意于蛟河煤矿。

(2) 烟台　亦为原有经营矿，属二层石炭纪，层多而薄，厚者 2 公尺，含硫成分甚高，无粘性不能炼焦，且俱为粉煤，必须团压，后方可应用，储量亦仅 4 千万吨，二十六年产 35 万吨。

(3) 蛟河　在吉林额穆，原有土窑开采，民国十七年吉敦铁路穿过该煤田时，成立商办奶子山煤矿公司，资本 150 万元，矿距蛟河车站 10 公里，各线铁路交通极便，有煤六层，储量甚富，惟不宜炼焦，此矿十八年产 8 万余吨，二十四年已达 10 余万吨，并入满铁系统内后，更注意生产，二十九年已达 50 万吨，三十年计划产量为 90 万吨，前途希望颇大，以供给铁路用煤为主。

(4) 老头沟　在吉林延吉，东距天图铁路老头沟站一公里，民国七年吉林省与日商合办资本日金二十万元，属侏罗纪煤层五，厚者16公尺，为褐炭以至烟煤，储量约2500万吨，战前年产不过23万吨，九一八后为满铁接管经营，二十五年已产达15万吨。

(5) 瓦店房　在辽宁复县，属烟煤，可炼焦，此矿前期事迹不彰。据最近资料云：二十五年已产达23万吨，则亦俨然一中等矿矣。

(二) 满洲炭矿株式会社系统　该会社成立于二十三年五月，原为伪府与满铁合办之统制及开发煤业机关，最初资本1600万元，伪府以有关各矿作抵，(满洲国产业680万、伪中央银行120万，满铁产业500万，另投资300万)民国二十七年，满铁股权改由满洲重工业开发会社接收，遂为后者之一子会社。在第一次五年计划中，该会社产量目标为1800万吨，二十八年三月更增资至一万万元，新增额统由重工业开发会社担任，遂有满炭总股权百分之九十八，所属各矿如次：

(1) 阜新　包括新邱孙家湾及乌龙沟等区，储量最近调查达40万万吨，为东亚罕见之煤田，属侏罗纪，煤层四至八公尺，无粘结性，但最宜于液化及锅炉燃用。廿六年有燃料会社成立，即于此地进行液化工作。新邱原有中日合办大新大兴公司，产量甚微，东北矿务局亦有矿区在其地，但未开发，孙家湾原亦有德兴、顺瑞、增祥、同益、昌同、兴盛等厂，二十三年东北矿务局矿区被没收，大新大兴及孙家湾各小矿皆被满铁收买并入经营。孙家湾各小矿，二十四年仅产五万余吨，二十六年改用露天开采，是年即产六十万七千余吨，二十七年电力会社在该地进行五万瓩之大电厂工程，闻至三十年可增产至五百万吨，至本年则增至六百万吨，葫芦岛筑港完成后，将以全部输至日本，实为此一系统中之最大煤矿。

(2) 西安　原为东北矿务局矿，煤质分弱粘性及非粘性，宜于路用及低温蒸馏。矿务局时期已产30万吨，经没收扩充后，二十七年已产达百万吨以上，本年闻将产达250万吨，前途殊未可限量。

(3) 复州　原为东北矿务局复州湾煤矿，为无烟煤，宜于家用。战前年产20万吨，以海运为主，冬季封冻4个月，是其所短，现此矿增产有限。

(4) 穆棱　原为吉林省府与白俄合办矿，战前年产约万吨，现产量增加不多。

(5) 鹤岗　原商办矿，股本三百余万元，在黑省之汤原，煤系属侏罗纪，九层，厚30至50公尺，可以炼焦，储量不同之估计，自550,000,000至5,000,000,000吨，亦为东省一重要煤田，此矿战前已用露天开采，年产二十余万吨，战后经日人经营后，二十七年已产达60万吨以上，预定三十年产200万吨，三十四年产500万吨，此矿在本系统中亦为极重要矿厂之一，因其交通不如阜新之近海口，故居于阜新之次。

(6) 札赉诺尔　原为中东铁路矿，煤无粘性，供路用，战前盛时年产十余万吨，九一八后随中东路让于满铁，现未大量生产，三十年产35万吨。

(7) 北票　原北宁铁路与商办矿，烟煤可炼焦，战后焦炭全部供昭和制铁所用，故曾极力经营，预计三十年产达200万吨。

(8) 八道濠　原东北矿务局矿，年产七八万吨，并入满炭后，以煤质欠佳关系，似未大量增产，惟当时矿山电厂必仍继续发电，或已增大发电能力。

(9) 大石岭　在吉林永吉县，距吉长铁路营城子车站约7里，原有裕东、裕吉、裕华、裕西等商办公司矿，以裕东产量为多，年约产七八万吨，此矿九一八后曾一度划入满铁系统，改组后乃属满炭，二十五年产量闻已达15万吨。

(10) 田师付沟　辽宁本溪县煤田，除本溪湖所采者外，尚有田师付沟及牛心台等区，田师付沟原有富华公司，采无烟煤，产量甚微，年产不过数千吨，最近情形不详。

(11) 和龙　吉林和龙县有三道沟、五英硐及小六道沟等煤区，原有天元、五英、启元等煤矿，年产一二千吨至三四千吨。最近情形不详，仅列三十年产煤39万吨，是则日人必已十分注意此矿。盖其地近朝鲜铁路甚多，一部分机煤必取给于此矿。

（12）东宁　东宁县与俄边接壤，在绥芬河之南，原有大佛爷沟、东兴及东边等煤矿，原产量甚微。

（13）宝清　在吉林之东北角，以往未闻有煤矿。

（14）三姓　三姓即依兰，在松花江南岸，其地以金矿著，以往未闻有煤矿。

（15）瑷珲　在黑龙江边与苏联海兰泡接壤，以往亦以金度系其后划出另行经营者，其计划规模甚大，年产皆百万吨以上。

此外另有锦西大窑沟煤矿，抚顺南昌煤矿于最近所见各文字中，俱无切实资料，即前期所提之林口煤矿，亦无具体报道，大窑沟煤矿在锦西县西北，为中日合办之通裕公司所经营，民国十四年后因工程关系停工。南昌煤矿原中日合办，战前产煤已年逾三十余万吨，俱已并入抚顺矣。

以上为现时东省各矿大致情形，最近产量无数字发表，但有如下之预定产量。

	三十年产量吨	三十四年产量吨
阜新	5,000,000	6,000,000
鹤岗	1,900,000	5,000,000
北票	2,000,000	2,000,000
西安	2,200,000	2,500,000
密山	1,300,000	2,500,000
城子河	600,000	2,500,000
恒山	600,000	2,500,000
其他	4,800,000	5,500,000
	共计 18,400,000	28,500,000

后密山、城子河、恒山已划出为密山炭矿会社，是此二系各矿，本年产量将达28,500,000吨，内有其他5,500,000吨，是否亦有

划出者，虽不可知，但绝不致划入满铁及本溪二系统内。兹假定满铁、本溪湖、东边道、舒兰、珲春各产量仍照三十年数字计算，则东省本年产量实际上当至少达 45,884,000 吨，而东省煤矿至此，盖已百分之百尽入日人囊中矣(表三)〔略〕。

(4) 检讨

最近东省各矿情形，则又稍有变更：

按日人掠夺东省煤矿，九一八前系以南满铁路为主体，抚顺煤矿于光绪三十年被侵后，即大事增产。至民国十九年，满铁所属抚顺、烟台两矿所产，已占四省总产量百分之七十四以上，九一八以后，满铁更加紧攫取其他各矿，如阜新、北票、蛟河等大煤田，或收购经营、或投资合办，一时皆收入囊中。民国二十三年，与伪府合组满洲炭矿会社，是年，四省总产煤量为 1800 余万吨，内抚顺等本身各矿产占百分之七六.一，满炭产一三.六，此时满铁在东省所能控制之产煤量已达百分之八二.九矣。

二十六年满洲重工业开发会社成立，满铁在东省煤业领导地位，遂见动摇，翌年，满炭改组，满铁退出，由重工业会社代入经营，增满炭资本至八千万元，后因第一个五年计划之修正，更增资至一万万元，而抚顺产量自二十三年后闻反有坠落，据一统计数字，三十年四省共产 2380 万吨，其中满铁各矿所产至多占 50%耳。如就三十四年之估计数量论，则满铁更将退减至 30%以下。

满炭初期经营四省煤业范围至广，除南满及本溪湖二大系统各矿外，几尽席卷四省所有已开未开各矿，其后则亦分化为若干新组织，最先分出者为舒兰、珲春等矿。民国卅一年底满炭复经改组，更将阜新、西安、北票、鹤岗四大煤矿分出，使为独立单位。截至卅二年底，满炭已分化为下列十一个组织，资金亦由昔之一万万者增至九万二千二百万元计。

满洲炭矿株式会社(长春)			资金 100,000,000 元
阜新	同上	(阜新)	220,000,000 元

西安	同上	（西安）	70,000,000元
北票	同上	（北票）	60,000,000元
鹤岗	同上	（兴山）	170,000,000元
舒兰	同上	（吉林）	20,000,000元
密山	同上	（沟道）	200,000,000元
溪城	同上	（本溪）	50,000,000元
杉松冈	同上	（通化）	2,000,000元
珲春	同上	（珲春）	20,000,000元
			共计资金 922,000,000元

上开各矿所需资金来源不详，但既系炭矿分出，则其资金来源至少一大部分仍由重工业会社投入。据二十九年发表数字，是年重工业会社投资十二项重工业，总数为 823,895,000 元，平均统占股权99.6%，内满炭已增至 273,900,000 元，此外尚有东边道91,950,000元、本溪湖煤铁 40,000,000 元，故其时四省煤矿盖已泰半转入重工业会社之手，满铁且无足轻重矣。

又上开各矿组织，其规模产量可与前数参看，而最近东省各矿，除上开各组织及满铁本溪湖二旧系统外，所余东边道及营城子二系统，性质亦殊难详定。此外，据另一报告列有久和（辽）、福洞（吉）、锦州（辽）、浑江（通化）、裕东（吉）、小市（辽）、昌平（辽）及隆吉（吉）八矿，其中矿权属日人者凡六，资本产量亦不详，度俱系无足轻重之小矿。

（二）油页岩及石油矿业检讨

东北石油资源，抚顺油页岩占重要位置，其次则为阜新及札赉诺尔之石油矿，抚顺油页岩位于主要煤层之上，东西延长 17 公里，南北约 2 公里，在东乡采煤所以西厚 120 公尺至 130 公尺，老虎台采煤所附近厚 130 公尺至 170 公尺，龙凤采煤所附近厚 100 公尺，平均厚度约 120 公尺，蕴藏量约 72 亿吨，其含油率自 1%至 14%，平均为 5.5%，油之储量在 4 亿吨以上，热河、阜新东岗石油矿富产天然气及原油，据查有背斜构造油层四条，黑龙江胪滨县中东路满洲里站东四十里之札赉诺尔石油砂层背斜轴之大，可与阜新油田相比。

(1) 九一八以前状况

前清宣统元年，抚顺煤矿开凿大山、东乡等竖坑时，即发现油页岩层，当时石油工业并不如现今之与国防关系密切，且深以采煤取出油页岩堆积不知几万吨，时常发火，为工事之累，故抚顺油页岩除利用为国防资源外，即从露天掘煤计划之进展上着想，亦必须设法处理之也。宣统二年在大连中央试验所试验，是研究之始。民国三年六月再行试验，惜其时所取资料恰为全层中含油最少之部分，故无结果。民国九年、十年、十一年继续试验研究，亦未得充分之成绩。民国十三年南满铁路公司曾运上等、中等油页岩各 250 吨，至苏格兰作大规模之营业试验，试验结果每吨油页岩中平均可得粗油 12.21 加仑，硫酸铔 50.58 磅，成绩颇为佳良，经种种研究之结果，遂决定采用内燃式干馏装置，曾建四十吨干馏炼炉一座，于十五年一年间实行试验，其结果甚为圆满。故由十六年四月起，已以八百五十万日金之预算实行第一期工程计划，预定二年内建筑四十吨干馏炉一百座，于竣工后每日得处理四千吨之油页岩。除此干馏工场外，并设粗油蒸馏及石蜡抽出两工场，得自粗油采取原油及石蜡，每年可获原油五万四千吨，硫酸铔一万八千吨，粗石蜡九千四百吨及 Pitchcoke 四千九百吨，十八年八月已筑成炼炉八十座，并开炉提油，所产原油运大连精炼，原油生产成本多为副产物售价所左右，大约当时在大连交货每吨日金卅二元，民国廿年原油产量为 427,567 桶，约六万余吨。至于阜新及札赉诺尔之石油矿，则于九一八以后始发现之也。

(2) 现状

日寇为统制开发东北石油，以巩固其军事原料起见，特设满洲石油株式会社，先是满铁会社，因各国石油在满之竞争。在民国廿二年即设研究机关，从事探试热河阜新东岗及黑龙江胪滨札赉诺尔两处石油矿，并在大连近郊海猫屯设精制油厂，原油取自抚顺或海外，第一期每年产额约五万七千吨，至廿三年二月成立日满合办之满洲石油株式会社，资本定为日金五百万元，其分配如下：

满洲国政府	100 万元
南满铁道会社	100 万元
日本石油会社	50 万元
三井洋行	50 万元
三菱公司	50 万元
小仓组	50 万元

嗣日寇又为增加统制满洲石油权力起见，于民国廿三年十一月规定石油专卖法。事后虽屡经英荷美诸国提出抗议，但终于廿四年四月公布施行。条文中有政府认为必要时，对于油类之经营者得命其报告改良设备及其他。此足见日寇重视我东北石油资源之一斑。

满洲石油专卖法颁行后，同时急谋本地油产之增加。于是就每年原产七八万吨原油之抚顺油页岩厂，拟在一年之后将生产加倍，自民国廿三年着手扩充增资五百万日金，自廿四年四月每日原油产额增至四百吨左右，是年年底，原油产率每年增达十四万五千吨，硫酸铔约三万七千吨，并由抚顺炼厂分炼成柴油、粗蜡焦及汽油。廿四年度汽油产量约三百万加仑、重油七万五千吨，粗蜡一万五千吨，约可供给满洲需要量三分之一。该厂每年原产汽油仅三十万加仑，其最重要产品厥为海军特需之柴油（爆燃点 950 度）。此后汽油、煤油等之精炼将全归之于大连精制油厂。此外并成立水泥厂，为油页岩附产，并继续研究，增加制油产量。至年产原油卅万吨之计划，此项计划于民国廿九年已经完成，达到原油卅万吨之生产能力。其中 60% 为重油，30% 为粗蜡，重油闻近年则已增至卅五万至四十万吨之生产能力矣。

民国二十六年,日本驻满海军部在松花江三姓附近河底发现广大之油页岩矿藏,但经满铁派员调查,其含油率甚低,不适于工业使用,热河车烧口山嘴子之含油页岩储量亦不丰,故至最近为止,可用之油页岩产地仍仅限于抚顺一处。

札赉诺尔火山岩中发现沥青质,民国廿二年日本曾钻探数月,因结果不佳而停工。廿四年英美石油公司自东北撤退后,满洲石油株式会社益急探求石油来源,遂再从事探采札赉诺尔油井,但钻至一千二百英尺尚未见油气,至廿八年始采得含油砂层,阜新东岗石油矿第一号井于民国廿九年喷出天然气,并采多量原油,据查有背叙构造油层四条。关于此二油矿迄无其他纪录可资参考,只得暂赋阙如。

(3) 检讨

我国石油藏量尚无详确调查统计,据就已知数字计算东北四省石油藏量占我全国藏量之半数,抚顺油页岩石油藏量为美国藏量13.8%(据美国一九四四年统计全国地下石油藏量为20,453,231,000桶,约相当于廿九亿吨强。又据东北调查委员会报告,抚顺页岩藏量72亿吨,按含油率5.5%计算,石油藏量约4亿吨强)。际兹石油工业与国防关系綦切之时,东北石油业之重要毋容赘述。估计我国战后之第五年对于汽油、煤油、柴油、燃料油、滑油等之需要量,约为250万吨,是项油料来源利赖东北生产者多多益善。战后东北复员计划对于油页岩石油矿之厂矿及抚顺、本溪湖、鞍山、西安、阜新等处用煤制石油工厂,应尽量利用,补充设备,使维持原有产量以供国用也。

(三) 铁矿事业检讨　附锰矿

查报告虽以铁矿为对象,但铁矿之生产系针对钢铁之需要,故仍以钢铁为纲领,所有关于钢铁可用之资料,皆尽量采用。惟钢铁部门头绪纷繁,挂漏之处在所不免,有待补充之处尚多。其关于钢铁冶炼事业则详见于钢铁冶炼检讨报告，兹不赘述。

(1) 九一八事变前情形

东北之重要铁矿，皆集中于辽宁省，即往沈阳五十公里至一百公里半径以内，其制铁之机构，有鞍山制铁所及本溪湖煤铁公司经营之，皆为中日合办。前者为昭和制钢所之前身，冶炼东西鞍山、大孤山、樱桃园、王家堡子各处之铁矿，由中日合办之振兴公司开采，该公司资本约为 5,000,000 日元。后者乃本溪湖煤铁股份有限公司之前身，经营庙儿沟一带煤铁矿之采炼，所产焦炭质地尚佳，独步东北历史甚久，即日本八幡制铁所，亦常加购用。该公司民国八年时之资产，约值 20,000,000 元。此外尚有中日合办弓长岭铁矿无限公司，以资本 100 万元，经营弓长岭铁矿，其含铁成份较高，当时尚未产砂，九一八后并入昭和制钢所，始正式产砂。另有安奉路姚千户站南一公里之歪头山亦产铁矿，于事变后并入本溪湖煤铁股份有限公司。

民国十七年，鞍山制铁所有 250 吨炼铁炉两座，500 吨者一座，产生铁 221,000 吨。本溪湖煤铁公司则有 150 吨炼铁炉两座，产生铁 64,000 吨，加以其他各地生铁生产，当时东北约年产生铁 300,000 吨，除以一部分供给南满铁路及朝鲜一带工业之需要外，其输入日本炼钢者年近 200,000 吨，此时东北年产铁砂约百万吨，振兴公司所产者占极多数。

(2) 现状简述

据“伪满现状”所列东北铁矿储量共为 5,755,510,000 吨，几全为含铁 35%之贫矿，较以前我国所估计者多出五倍余。

现伪满之两大炼钢机构，仍为昭和制钢所及本溪湖煤铁股份有限公司，前振兴公司及弓长岭铁矿无限公司，皆归前者收并，供给该制铁所矿砂。其余如庙儿沟及安奉路八盘岭与歪头山二处铁矿，则统归后者经营。此外尚有二十七年成立之东边道开发公司，对伪满钢铁增产计划亦肩负一部分之责任。

现昭和制钢所年可产生铁 5,300,000 吨,本溪湖煤铁股份有限公司年可产生铁 800,000 吨,东边道年可产生铁 500,000 吨,估计东北铁砂生产可能年在一千万吨以上。

兹将伪满各钢铁组织名称、现状及其有关各项列表说明如左:〔略〕

(3) 检讨

根据以上之事实,可得以下之推论:

一、伪满于十余年内钢铁增产几及二十倍。其成功实有赖于其资金运用之得当。如以满洲重工业开发会社为资本运用之枢纽,先操满盘筹划之胜算。次为有关工业配合之完善。如钢材工业与冶炼工业之密切配合原料可迅速变为成品,收由矿直达市场之宏效。三为组织之严密。如分操东北各区钢铁生产之昭和制钢所、本溪湖煤铁股份有限公司及东边道开发公司三大系统以外,复分设铁矿制钢所及钢材钢管特殊钢诸会社,以完成全部工作,纵横组织具备,工作责任显明,尤收分工合作之效。此外技术上之进步,如以球磨磁选压块充分利用贫矿,以增加储量产量以及加大炉量,使技术部分日趋标准化,皆足取法。

二、东北在九一八前所产生铁,多系运日本,实际上为原料取给区域。今则伪满制造工业日见发达,鞍山一带管轨型钢工厂林立,所产钢材多供自用,是则与以前显然不同。

三、因伪满钢铁增产,炼钢业缺锰情形,较以前尤为严重,现多赖印度南洋输入,以补不足,将来仍须仰外来补给。

四、东北东边道通化煤铁矿之开发,实为伪满钢铁方面之新建设,此后除已有之辽宁铁矿区外,更有此新区域供给优质铁矿煤焦,其得天独厚之情形实与将来东北钢铁工业以无上之希望。

五、除东边道区外,东北之重要煤铁分布均在沈阳一百公里半径以内,而鞍山本溪湖尤为重工业集中之处,钢材工厂林立。以后盟军轰炸敌伪破坏自在意中,其损毁之程度不卜可知,将来恐均须赖新建设以恢复之，否则东北恐无钢铁工业之可言。

（四）铜铅锌矿业检讨

一、铜

（一）地质及现状

东北铜矿大部伴有石灰石，受古代盐基性喷出岩之影响，构成接触矿床或交代矿床，其分布虽及辽宁、吉林二省十余处，但其规模大都过小，在“九一八”事变前多无人注意。民国廿五年日寇施行伪满第一次产业五年计划时，以其国内铜矿尚称丰富，故亦未十分重视。兹将其自廿五年以来已经开采而略具规模之铜矿略述如次：

（1）盘岭铜矿　此矿位于辽宁本溪县南端安沈路草河口车站东北约三十公里处，其矿石含铜率平均为14%，铜之储量约及二万七千吨，由日满矿业会社经营。

（2）本溪铜矿　此矿位于本溪湖车站东之马鹿沟，产黄铜矿及孔雀石，铜之储量约及一万吨矿砂，平均含铜率约10%，由日满矿业会社经营，民国卅一年完成采矿及浮游选矿设备。

（3）天宝山铜矿　此矿位于吉林延吉间岛局子街西南之天宝山村云溪洞，此黄铜矿与铅锌银矿共生，由天宝矿业株式会社经营，于民国卅一年完成采矿及浮游选矿设备，选矿厂之容量为每日处理毛砂二百五十吨．精矿则送奉天制炼所提炼。

（4）盘桦铜矿　此矿位于吉林盘石县与桦甸县交界边境之石咀子，其地质为石炭纪石灰岩，受花岗岩等侵入，因此南北延长一千五百尺，东西宽四尺，有黄铜、班铜、辉铜、蓝铜、红铜等，上等矿石含矿百分之三十，其次百分之二十，下者百分之十。前由吉林盘石铜矿局开采，廿五年由满洲株式会社经营。又桦甸县夹皮沟（土名韩边外）铜矿与此矿相毗连，其地质情形想亦类似，故合称曰盘桦铜矿。

（5）通化铜矿　此矿在东边道煤铁矿附近，详情未能明晰。

（二）检讨

各矿之组织、人事、经费均未能查悉，无已暂赋阙如。据中央设计局东北调查委员会报告马鹿沟、天宝山、夹皮沟、石咀子四矿，民国卅一年后年产铜四千吨，此数量似可据为设计之资料。据现况观察东北铜矿虽不甚佳，但与内地目前各铜矿比较，似亦无逊色。我国国内现时尚无大规模开发之铜矿，将来整个计划探采铜矿时，不可忽视东北，且东北地处边陲，铜矿资源应尽先利用，内部腹地铜矿尚可保留，以备不时之需。

二、铅及锌

(1) 地质及现状

铅锌矿分布颇广，产地遍及四省达数十处，但在"九一八"事变前曾经继续开采者，不过青城子、布列新河、小黑沟、烟洞山等处，且矿石概属含银方铅矿，惜矿量不丰，几不足道。"九一八"后始在锦西发现大铅矿，日寇于民国二十五年后对于铅锌亦感需要从事搜集。兹将重要之铅锌矿略述如次：

(1) 锦西铅锌矿　此矿位于锦西县杨家杖子，距奉山路连山站西北卅五公里。此方铅矿与闪锌矿、黄铁矿共生，初由日满矿业会社开采，民国廿五年该社以该矿器材折资二百万元，满铁会社以现金二百万元合资创设满洲铅锌会社，扩大开采，毛砂用浮游选矿法将铅锌各洗分为净砂，近年铅砂产额约达 16,712 吨，概运朝鲜镇南浦之三菱工场精炼，最近则拟于大连甘井子建筑新炼厂。

(2) 天宝山铅锌矿　此矿位于吉林延吉间岛局子街西南之天宝山与铜矿共生，并富产银，由天宝矿业株式会社经营，于民国卅一年完成采矿及浮游选矿设备。

(3) 青城子铅锌矿　在辽宁凤城县安沈线通远堡西四十六公里，以含黄铁矿之方铅矿为主，由满洲铅锌会社经营，与锦西及天宝山之铅锌矿同时进展。

(4) 辑安铅锌矿　辽宁辑安位于朝鲜交界边境详情未能明晰。

据中央设计局东北调查委员会报告:杨家杖子、青城子、天宝山及辑安矿,统由满洲铅锌会社经营,于民国卅一年设精炼所于葫芦岛。最近年产铅二万吨、产锌一万吨。

(2) 检讨

锦西、青城子、天宝山、马鹿沟四矿之产银量于民国廿五年为167.4公斤,廿六年为172.9公斤,卅一年估计为500公斤(折合16,000市两)。此产银量与卅一年之产铅量2万吨相比较颇不配合,银量似嫌太少,故铅银二者之产量数字或有错误。若未错误,则东北铅矿含银量未免太微,因平均每产铅一吨,不满银一市两也。锦西一矿年产铅矿量为16,700余吨,若就此数字而论,则锦西之矿已驾国内著名湘水口山矿之上,但记录未载及矿砂之成份,上项产量是否为选洗后之矿砂?抑系毛砂无由判断,只得阙疑。要之,我国国内铅锌虽颇不乏,但以为国家储积铅锌资源于腹地起见,故对东北之铅锌矿亦应如铜矿尽先尽量开发之也。

(五) 铝镁矿业检讨

一、铝

(1) 现状

东北铝矿为矾土页岩,主要产地在烟台、本溪湖、牛心台、复县等处,其蕴藏量约2亿吨,含铝氧成份约41.3%至55.0%,品质并不如水矾土矿之佳。

"九一八"前东北铝矿记录尚赋阙如,即日寇之制铝工业历史亦甚短,仅发轫于"九一八"后三年之一九三四年(民国廿三年),因铝之需要迫切,日政府对于铝之生产极力提倡奖励,予各厂商以种种便利,因之铝业得以迅速发展。观于日本自一九二九年(民国十八年)至一九三八年(民国廿七年)间,其国内消耗铝量由四千吨逐渐增至四万吨,而输入铝量则自一九二九年(民国十八年)至一九三七年(民国廿六年)由11,894吨逐渐减少为4,990吨,至一九三八年(民国二十七年)则无之矣。一九三八年(民国二十七年)日本全部产铝量为一万七千吨，但其消耗量已达四万吨，其不足之数当系由历年输入量储积而来，此足证明日本需铝之殷切与铝业迈进之一斑。

日本本土境内缺乏水矾土矿，当初制铝原料几全赖购自荷属东印度等处。在一九四二年(民国卅一年)以前日寇未侵占南洋时，因感漏卮甚巨，遂不得不利用我东北成份较逊之矾土页岩，且不惜增加动力及化学品而致成本昂贵，日本国会遂通过法令规定，对于以国内或帝国属地所产原料制铝者给以补助金。由于此项引诱，并由于外汇限制之严格，日本若干厂家于是决定采用我东北矾土页岩为制铝原料。又日本本土境内所产品质优良之焦煤有限，亦为促使日寇积极在东北发展铝业之另一重要因素，截至(民国廿八年)底止，日本实际上在我东北开工生产之制铝厂计列如下：

(一) 抚顺铝厂　由满洲铝业有限公司经营，法定资本额 5000 万日元。民国廿七年末之生产能力为一千公吨，估计三年内产率可达 6000 公吨，最后之生产能力将为三万公吨。该厂利用烟台附近之矾土页岩干湿解合用法制炼。

(二) 安东铝厂　由满洲轻金属公司经营，资本 5000 万日元，已于一九三八年秋季完成其建筑计划。

此外尚有日满铝业有限公司，法定资本额为 2000 万日元，已收足 1250 万日元。一九三八年末之生产能力为 4000 公吨，估计三年内生产率可达 5000 公吨，扩充后之生产能力将为 16000 公吨。该公司采用满洲及华北之矾土页岩及明矾岩为原料，其炼厂设于东北或日本本土，迄无由查晰，但知确实采用我国原料而已。

(2) 检讨

对于东北铝业，凡能汇集之资料，均系民国二十八年以前之记录，至民国二十八年以后迄今之进展情形如何无从悬揣，大约日寇自去年以来感受本土遭炸之威胁，对于在东北铝业当仍极重视。据东北调查委员会对于东北铝业发表之数字略云：抚顺、安东二厂年产铝量估计为25000吨，此数字殆尚近似。惟东北铝矿并非正式之水矾土矿，而系一种矾土页岩，含铝氧量绝不若水矾土矿之高，日寇缺乏水矾土矿，于未侵占南洋以前为增加铝量生产，不得不利用此低成份矾土页岩为原料，而不惜成本之增高，在战时特殊情形之下，日寇不得不如是为其国防如此设计，若在战后铝业问题首先应为成本，若成本太高，则其事业失败毫无疑义。目前关于东北铝业仅知粗枝大叶，将来战后应详细加以考察与研究。对于复员计划之规模似亦不宜太大，应俟详细研究后再定我国发展铝业之大政方针也。

二、镁

(1) 现状

东北镁矿业于"九一八"事变后始与铝矿业同时发展，此菱土矿现有矿区约四十余处，估计埋藏量为50亿吨，质佳者含 MgO 达45%以上，堪称世界有数之菱苦土矿，由南满铁道会社及满洲制镁会社所经营，总公司设长春市，民国二十七年七月着手举办，由黑田修三负责，资金1000万日元，是年镁矿产量达40余万吨。兹根据伪满地质调查所于一九三九年至一九四〇年间所发表关于东北菱苦土矿略况节述如次：

(一) 辽宁营口县大石桥附近之青山有菱苦土矿藏二处，发现于辽河系元古代之大石桥构造之白云石中，其平均成份为 Loss on ign, 50.5%, lnsolulles 0.8%, SiO_2 0.6%, Al_2O_3 & Fe_2O_3 1.2% CaO 1.2%, MgO 45.5%。可能藏量约为94,880,000公吨，已采量为300,000公吨。

(二) 辽宁海城县之宫马山有菱苦土矿藏十一处，在五台系之变质岩，平均成份为 Loss On ign, 50.0%, SiO_2 4.0±%, Fe_2O_3 & Al_2O_3 0.7±% Co Otrace, MgO 45.0±%，可能藏量约59,164,500公吨，已采量为337,000公吨。

(三) 辽宁海城县梨树沟之菱苦土矿生存于元古代辽河系岩

石中,平均成份为 Loss On ign,48.2%,SiO_2 4.65%,Fe_2O_3 & Al_2O_3 0.90% Co Otrace MgO 44.5%,可能藏量为 165,000,000 公吨,其中 45,000,000 吨之 SiO_2 含量低于百分之三。

(四) 辽宁盖平县之圣水寺有菱苦土矿藏四处,发现于大石桥构造之变质岩中,平均成份为 Loss On ign,49.0%± SiO_2 3.0%± Fe_2O_3 & Al_2O_3 1.0%± MgO 49.0%±,可能储量为 42,720,000公吨,其中有 18,700,000 公吨,含 SiO_2 成份低于百分之三。

东北制镁厂设于营口车站附近,以大石桥所产之菱苦土矿为原料,先使之变为氯化镁,而后电解成金属镁,氯取自盐田碱水及海水中,于民国二十八年开始生产,年产镁约三千吨。现在产量据东北调查委员会报告,每年约一万吨。

(2) 检讨

东北镁矿为世界有数之菱苦土矿已毫无疑义,我国国内缺乏此矿。故复员矿业计划对于此矿应尽量利用,除一部分供制金属镁外,其余用之为碱性耐火材料,以应各种炼炉建筑及其他用途之需,且世界缺乏此矿之国家亦不少,将来可为出口矿品之一种,藉资吸收外资,以裕国库。

(六) 金矿矿业检讨

东北金矿分布甚广,其中以黑龙江砂金产区为最重要,吉林、辽宁两省次之,热河省又次之。黑龙江主要产区四处,多邻近苏联国界或吉林省界,在西有额尔古纳河流域之奇乾室苇金矿,在北有漠河流域之漠河金矿,在东有黑龙江流域呼玛瑷珲萝北等处金矿,皆邻近苏联,其南与吉林省接界者,则为松花江流域之都鲁河金矿及吉林桦川加木斯依兰桦甸勃利及牡丹江流域各金矿,以上各区,除额古纳河先未开采,漠河已近采尽外,其黑龙江及松花江两区皆素为东北采金之重心,吉林省之金矿则有吉林与朝鲜接界图们江流域之东宁、珲春、和龙、延吉等处金矿。

（1）九一八事变前情形〔略〕

（2）现状简述

九一八后伪满即于民国廿三年（一九三四年）成立满洲采金株式会社，指定经营吉林、黑龙江及兴安区之金矿，资本初为12,000,000元，由满铁、伪满及远东拓殖会社投资官矿，如漠河、呼玛、萝北（太平沟金厂）等厂商矿，如瑷珲逢源金厂等，多由该社收购或加包租，其兴安区室苇及奇乾金矿，则拟用武装移民方法开采。

此外，原由日商经营之中东路东宁县与三岔河一带金矿及黑龙江黑河各小金矿，均改属该采金会社经营。至于在辽宁、热河两省非由满洲采金株式会社经营之金矿，如吉林、桦甸、夹皮沟金矿，辽宁铁岭白乐沟金矿，热南冀北兴隆县倒流水金矿，热河平泉热河官矿，该时亦由日商所组会社经营。

据资源委员会所编之伪满经济现状载称：满洲采金会社前共有资本40,000,000元，直营金矿共有佳木斯、珲春二作业所及依桦勃都鲁河与明月沟三金矿局，所产金数量占伪满产额百分之九十，约近十余万两，此外尚有泥鳅河德安金厂、逢源金厂、达拉罕、小太平沟、柳树河、马滴达包租矿区十余处。

一九三六年以后，该总社实行金矿机械化计划，配制五立方呎采金船多只，计呼玛县达拉罕等共三只，珲春柳树河马滴达各二只，嫩江泥鳅河数只，连其他旧有者共十一只。

（3）检讨

九一八前东北金矿之开采，都集中于黑龙江一省，且多系商办，以人力淘选砂金。伪满成立满洲金矿株式会社后，所有黑吉两省及兴安岭金矿之开发，概由该社主办，是东北金矿已由伪满由商办逐渐改为国营。辽热两省山金矿初未开发，今则多由日商经营。呼玛珲春嫩江一带，已有采金船之设置，是东北金矿之开发。就地域及矿质言，由吉黑推及辽热，由砂金而及山金。就技术言，并不限于溜洗淘选，已渐由人工而机械化矣。

金矿之开发，素为最有效之移民工具。如前之美洲、澳洲，近之吉黑，莫不赖以收移民之巨效。伪满满洲金矿会社组成后，即以开发兴安区及室韦奇乾之金矿，以达到其武装移民之计划。此外，如辽热山金矿之积极开发，亦为日满积极移民辽热之必有步骤。

东北在前清光绪末年时，曾产金达十余万两，“九一八”前年产仅及两万两，事变后满洲采金会社成立，东北产金数量剧增。有于民国三十年（一九四一年）产金 820,000,000 元之计划，其已否成功，刻无从知悉。惟民国廿六年（一九三七年）之东北产金量，实已及十余万两。

（七）其他非金属矿业检讨

（1）现状简述

东北粘土产地，为辽宁本溪、复县、五湖嘴、辽阳、烟台、洮南、白土坑，吉林土门岭、长春板、窝棚等地。萤石产于辽宁海城、益平、普兰店、黑龙江、嫩江及热河、隆化等区。白云石盛产于辽宁大连，滑石矿以辽宁海城、盖平开采最久，石棉矿在辽宁之金州和尚屯及抚顺、朝阳等处，云母以山城镇大石桥及盖平为主要产地，石灰岩系以大连及本溪为最重要产区。他如辽宁锦西清源、吉林阿城二□甸子、黑龙江巴彦等处均同为石灰岩产地。

据第五次矿业纪要载称：东北于民国二十三年共产粘土160,000吨，辽宁萤石矿一度盛事开采。民廿二年辽宁大连两地之白云石产量为 165,840 吨，海城盖平滑石矿民廿二年度产 62,430 吨，金州和尚屯年产石棉约一百余吨，东北四省年产石灰岩约一百万吨，内水泥原料占二十万吨，冶铁融剂用途约四十万吨，其采石工作大都由水泥业及钢铁业兼为经营。

七七事变以后，日人对于东北钢铁、电器、机械各业之扩充更不遗余力，为配合起见，上述各矿无不积极开发，目前各该矿产量虽无从详悉，但已知其确有下列之主要经营机构存在。

复州矿业株式会社（粘土矿）	所在地复州
本溪湖粘土业株式会社	所在地本溪
热河萤石矿业株式会社	所在地隆化
满洲滑石株式会社	所在地海城
满洲石棉株式会社	所在地长春
抚顺石棉株式会社	所在地抚顺
奉天石灰洋灰株式会社	所在地沈阳

东北非金属矿产，虽以石灰岩生产量最巨，云母、石棉、萤石、白云石极为需要，但前者过去多未集中经营，后者则尚属新兴事业，参考资料极为差缺。其中历史悠久而产品兼有其特具之重要性者，仅有海城大岭之滑石矿及辽宁复县五湖嘴粘土矿，前者距南满铁路线仅十公里，深得交通之便。九一八前由省府及大岭滑石矿公司经营，当时年产滑石约一万吨，近则增产甚多，以前概由营口以运日本矿中所产细块，有时须经人工拣选，始可外销。后者即位于渤海亚当湾口，具海运之便，原为日方复州矿业会社经营，民十八年成立后，由复州湾粘土矿业公司收回，官督商办，所出粘土较日本所产最高级粘土尤为优良，极适于制造耐火砖及其他耐火材料之用，九一八前平均年产三万吨，近则增加多倍，几全由大连满铁窑业工厂、日本八幡制铁所及辽宁鞍山制铁所购用。该矿产品以本会粘土占最大多数，其成份分析百分比如次：

矽氧	43.88	二氧化铝	40.52
灼热减量	13.78	氧化钙	0.37
二氧化铁	1.22		

(2) 检讨

东北石灰岩、粘土、滑石、白云石之蕴藏及生产情形，不惟可供给东北一隅各种工业之需要，且粘土、滑石以前生产有余，并有一部分向日本输出。前者品质特佳，后者则为东北之特产品，复员以后，将来二者同有善为增产，以供外销需要。

萤石、石棉、云母为冶金、机电各业所必需，我国产量有限，而云母一项，即欧美各国同感不足，东北既早有发现，而伪满且已有新兴组织。将来光复后，其确实生产情形明瞭时，自应特别注意扩充产量。

海城滑石矿为镁土矿及白云石矿之风化物，品质甚佳，大块者可供电表、电阻器、石笔、耐火砖、建筑物材料之需要。粉屑部分对于布、纸、糖、革之生产，肥皂、磁器之制造，研米磨粉之加工，皆属必需。其用途关系民生日用方面尤巨，战后宜加推广。

乙、复员计划

子、总纲

东北矿藏丰富，且多属国防资源，故矿业复员工作至关重要，计划必须慎重周密，庶推行时有条不紊，并可收事半功倍之效。兹将计划纲要简述如次：

一、计划范围

本计划专属采矿与选矿工程及连带有关之组织管理等，至关炼焦炼油与钢铁及非铁金属、耐火材料之炼制，则包括于冶炼计划内，本计划不再赘述。

二、计划原则

本计划根据下列原则拟具：

1. 本复员计划配合全国工矿业五年计划。

例如东北钢铁事业，日寇充分扩展，以应战时之需。今计划复员时必须兼顾，树立关内钢铁事业之基础，毋使此重大工业偏重于东北。

2. 统筹全国矿业，顾惜全国资源，分别区域作适当之开发。

例如关内之石油及铜铅锌矿应保留相当数量，以备不时之需。东北之石油及铜铅锌矿则应尽量开发，以供目前需要。

3. 根据经济立场，分别战时与平时情形，而定复员矿业之种类与产量。

例如日寇不惜巨大成本，而用低质之矾土页岩大量制铝，以应战时之需。若在平时，则制铝成本应加考虑之也。

4. 尽量利用原有设备加速完成复员工作。

例如同类之矿有数处，则择其完整或未十分破坏者尽先复员。

三、计划目标

根据原则，认定目标，规定时间，恢复生产，达到预定产量。其工作之繁简，视各矿情况与破毁程度为转移，简易者，战后三月至六月即须复工；困难者，亦应至多于一年之内复员，各矿产量则视需要缓急，并配合关内各矿情形而定。所有详细数字，均见于计划正文。

四、复员程序

复员工作既如上述，应至多于战后一年之内完成，则似应各业并举，使百废俱兴。但事实上亦不得不有程序而略分缓急也。

一、以区域为对象：凡政治经济中心区域之矿业，应设法加速复员，边远偏僻者次之。

二、以矿类为对象：凡与公用及交通事业有关之燃料，如煤矿等，应不顾一切，力求恢复生产，以期于最短期间能供应需要，而使社会秩序不受缺乏资料之影响。其他如钢铁及非铁金属矿等尚可从本身工程经济立场加以慎密考虑，始计划实施容许有相当犹豫回旋之余地。

五、选用方法

日寇近年积极掠夺我东北资源，其工程设备均具相当规模，所用方法应不十分陈腐。大体复员计划，根据原则尽量利用原有设备，故初步工程方法不事更改，以期能迅速复员，除非原有设备全部破毁，无基础可资利用，或发现其原有方法甚不合于平时经济原理时，则变更方法，择效能最高之新式者而用之。

六、组织纲要

管理机构之组织，不外注重分区与分类二者为原则。若注重地域，只求便于管理，则不分矿类，凡在某区内之矿产划归一总机构管理之；若注重分类管理，则不限于地域，凡在东四省境内同种之矿，得设一总机构管理之。前者仅便于人事及普通业务之管理，后者则对于工程技术之措施器材之供应、技术人员之支配均能统筹，而有莫大之便利。故本复员计划以分类组织管理为原则，但有特殊情形者、或规模特大者，则须特为变更。如抚顺之煤与油页岩共生，本溪之煤与铁相近，须由一个机构管理，但鞍山铁矿规模特大，虽与庙儿沟铁矿同属铁矿，但仍分设辽阳与本溪二机构管理之。又如煤矿，亦因矿区太多，且规模宏大者不少，则分区与分类同时兼顾，且视规模之大小而定管理机构之设立。日伪原有组织大都亦不外上述各原则，故初步复员时，利用原有组织接收管理，如遇困难时，再事调整可也。

七、复员准备

复员工作应未雨绸缪，先事准备，首按计划之组织单位，物色指定适当主管人员，各单位之必需人员则由各主管人员设法估计，开列清单，并组织团体随军进行，分别遇机接收。至于技术工人或就原有者尚可资助用也。

八、复员资金器材人员之估计

各单位按预定恢复产量，数目估计从新设备所需器材吨量及所需美金数目，再估计破毁损失程度，为百分之七十五至百分之五十以计算复员时补充之设备费用、美金数目及器材吨量，所需设备总费中之百分之六十为器材购置费，百分之四十为装运费，装运费则按每美金一元折合国币三元二角之折合率算成国币。至于所需人员，则按各矿平时经验情形估列。兹将各类复员矿业所需资金、器材、人员数目总表列后，至于分表所载详细数字，则见于分类计划正文。

东北矿业复员计划一览表

项　目	实施计划	计划限度	实施期限	所需人员	所需物资	所需经费
煤　矿	拟设九个单位管理抚顺、本溪湖、阜新、北票、西安、鹤岗、扎赉诺尔、穆棱、密山、舒兰、珲春、复州及关东各矿	年产煤 18,000,000吨	迅速复员，全部计划预定六个月至十二个月完成	职员 8100人 工人 162,000人	27,300吨	美金 13,650,300元 国币 30,611,000元
石油矿	拟设热河石油矿务局管理阜新石油矿	年产原油 200,000吨	十二个月	职员 50人 工人 500人	1,600吨	美金 800,000元 国币 300,000元
铁　矿 锰　矿	拟设辽阳钢铁局管理鞍山弓长岭铁矿；本溪钢铁局管理庙儿沟歪头山铁矿及兴城锰矿	年产铁砂 2,000,000吨 锰砂 500吨	六个月	职员 730人 工人 14,300人	6,600吨	美金 2,030,000元 国币 6,090,000元
铜铅锌矿	拟设东北铜铅锌矿务局管理天宝、锦西、凤城、盘桦及本溪之铜铅锌矿	年产净铅砂 24,000吨 净锌砂 16,000吨 净铜砂 12,000吨	六至十个月	职员 195人 工人 3150人	1120吨	美金 560,000元 国币 1,200,000元
铝　矿	拟设辽东铝镁局管理铝镁工矿事业	年产铝页岩 80,000吨	六至九个月	职员 60人 工人 600人	将来接收后再列	国币 3,000,000元
镁　矿	同　上	年产镁土矿 50,000吨	六至九个月	职员 50人 工人 500人	将来接收后再估	国币 2,000,000元
金　矿	拟组织吉黑金矿公司管理佳木斯、珲春、依桦勃、都鲁河及明月沟等五金矿	年产金 100,000两	六个月	职员 2500人 工人 50,000人	8,000吨	美金 2,500,000元 国币 2,500,000元
非金属矿	拟设东北非金属矿务局管理复州粘土矿、海城滑石粉、辽宁石灰石矿及其他石棉、萤石、白云石矿	年产粘土 30,000吨 滑石 20,000吨 石灰石 50,000吨 其他酌产	三至六个月	职员 480人 工人 4800人	720吨	美金 215,000元 国币 700,000元

五、各业计划

（一）煤矿复员计划

（1）现状分析

东北煤矿产量现年产约 4500 万吨以上，较大矿区计三十余处，分八个系统经营。其中规模特大者，如抚顺、阜新、北票、西安、鹤岗等矿。此外，新设之矿六，具相当规模者，如密山、珲春、舒兰、东边道所属各矿皆是。本溪湖煤矿与铁相连，至为重要。其他如穆棱、复州与扎赉诺尔等矿均有相当价值，殊值吾人注意者也。

（2）计划纲目

一、管理机构：东北煤矿隶属系统甚多，时有分化，复员期间，所有关系敌伪各矿俱由政府接收，暂就原有组织统筹经营之。其情形特殊者，得随时分合改组调整。兹暂列九个组织系统，如表二所列各矿经营，现多集中管理，每一组织系统附属生产单位甚多，如抚顺，除本矿外，尚有蛟河、老头沟等矿，本计划所列抚顺恢复若干吨，系指此一系统之总生产数，至各矿究应分别生产若干，须届时视实际情形而定。

二、采矿工程：根据本计划原则，就原有各矿设备及工程方法稍加整理，以期迅速复工生产。

三、补充设备：各矿之破坏程度不同，如抚顺必破坏甚巨，扎赉诺尔或全无破坏。兹假定平均破坏率为百分之七十五以设计，须加补充器材之吨量，各小矿破坏必少，但不在本计划范围。

（3）计划限度及实施期限

一、产量限度：本计划复工范围，系择各矿中之规模宏大之十余单位统筹经营之，其年产量暂定 1600 万吨。至每矿单位恢复产量之多寡，斟酌关内关外需要情形，由近而远，由遽而缓。如阜新、北票应多产，密山、舒兰应少产，惟扎赉诺尔等矿情形特殊，系属例外，大致各矿之恢复率由百分之十三至百分之一百，其理由见另说明，但总平均则仍为百分之四十弱，产量分配见表一。

二、实施期限:煤矿与公用交通事业关系綦切,复员工作较其他各矿尤须迅速进行,实施期限固视破坏程度为转移,但至多应于工作开始后一月内即行设法生产。至于全计划之完成,则预定为六个月至一年也。

(4) 计划所需人员物资及经费

一、经费:各矿复员资金计算法,如抚顺原产1200万吨,平均七五折破坏后,仍剩余三百万吨之生产能力。兹拟恢复生产五百万吨,不足之二百万吨,按每吨美金三元五角计,得需要资金总数以六成添置设备,四成按国币三元二角折合作为国内该矿建设及工程费用。又如密山经破坏后,其生产能力仍较现拟恢复者为大,自不需要另添设备美金,惟修缮工程势仍难免,则按现拟生产之吨量,每吨以国币一万元计列国币开支(表三)。

二、物资:向国外添置设备器材计算法,系以所列美金数按每吨器材平均价值五百元,除得其总需要数量。

三、人员:工人数目计算法系以每三工出煤一吨,每日三班,常年以三百日作业为标准,职员则以每二十个人工需要职员一人计得之。

所有复员期间,各煤矿名称、产量及需要资金、人员、器材数量分配,兹制计划表如表二。

表一、表二、表三〔均略〕

(二) 油页岩及石油矿复员计划

(1) 现状分析

(一) 油页岩　现在东北油页岩可用以资提炼原油者,仅抚顺一处。此油页岩与煤共生,故对于此项页岩矿业之复员计划,不另拟具。至于炼油计划,则详见于冶炼复员计划部分。

(二) 石油　分析东北石油矿现状,阜新油田实较扎赉诺尔油田为重要,且地近关内,各项环境条件亦具备,故复员期间设施应暂以阜新油田为限。

(2) 计划纲目

一、管理机构　复员期间，东北石油矿暂仅阜新一处，管理机构定名为热河石油矿务局。

二、阜新油田详情虽未能查晰，但产天然气，并已产多量原油，确属实在。故复员计划拟除整理原有油井外，并凿新井。

(3) 计划限度及实施期限

无论阜新油田现状如何？或将来是否破坏？及其破坏程度如何？拟预备钻机及套管等五套。闻其地油层较浅，将来于一年之内可完成十个油井，达到年产原油二十万吨之生产能力，其精炼油厂之计划详见于冶炼复员计划部分，兹不赘述。

(4) 计划所需人员物资及经费

一、上项设备连套管等估计约重1600吨，需美金约800,000元。此外，另需国币3,000,000元为国内运费及工程等费之用。

二、职工估计约职员50人，工人500名。

(三) 铁矿复员计划　附锰矿

(1) 现状分析

东北铁矿储量，据中央设计局所编之伪满现状所列，共为5,755,510,000吨，几全为贫矿，较战前我国所估计者，多出五倍余。

铁矿生产现仍集中于鞍山本溪湖两区，东边道亦有开采，分别由昭和制钢厂、本溪湖煤铁股份有限公司及东边道开发会社或其他特设采矿机构经营之。

据美方估计：伪满于一九四二年共产生铁550万吨。现昭和制钢所可能年产生铁5,300,000吨，本溪湖煤铁股份有限公司年可产生铁800,000吨，东边道开发会社年可产生铁500,000吨，估计伪满铁矿生产可能年在一千万吨以上。

东北之铁矿多须经磁选压块手续，始合于入炉之用，其分布可以辽宁省城沈阳为中心，铁矿及著名之煤矿多处，包括庙儿沟、弓长岭、鞍山各铁矿及抚顺、本溪湖、烟台、牛心台、田师付沟及八道壕各煤矿均在该城100公里半径以内，且暂分布于沈，复及沈江铁路线上，原料供给市场联络最为便利。

据伪满经济概况载称：东北炼钢所需锰量年在15,000吨至20,000吨之间，其辽宁兴城黑树林锰矿年产约500吨，加以凤城、通化、锦西所产共不过1,500吨，仍不足供给，每年尚须由日本、印度输入。

（2）计划细目限度及实施期限

伪满经营之东北铁矿以鞍山、本溪湖两区为最重要，鞍山生产规模最大，本溪湖焦炭尤合炼钢之用，自当予以恢复。兴城锰矿为东北惟一重要锰矿资源，尤应兴办，以期供应钢铁需要。

九一八前东北生铁产量约为每年三十万吨，现可能增至六百万吨，生产量虽宏，惟过于集中鞍山一区，将来损毁程度严重自不待言，短期内抑且无法恢复。

此后东北如需巨量生产钢铁，恐仍有逐渐恢复、分期进行之必要，暂时配合五年计划及国内需要情形，拟定现在复员计划，年产钢品六十万吨，即各区共应年产铁砂二百万吨，炼焦煤二百万吨，兴城年产锰砂五百吨。

关于接收办法拟照伪满原有组织指定负责机关统筹接收，以免散漫。为便于管理及统筹起见，上述铁矿复员工作可附于钢铁部门内设立辽阳钢铁局及本溪钢铁矿局办理之。

将来□□□□，拟以集中生产为原则，限于鞍山及本溪湖两区，其生产量如何分配，须俟光复后查明实际损毁情形酌定。兴城锰矿规模较小，可由铁矿兼为经营。

上述复员工作之完成约需三个月至六个月之时间。

（3）计划实施所需人员物资及经费

铁矿开采简单，所需专门技工、物资、经费尚不甚多，较之钢铁厂微乎其微，兼以伪满以前经营历史已久，规模宏大，将来修复虽器材必须补充，但员工仍可部分利用，自可顺利进行。

兹将计划实施所需之人员物资及经费列表估计如左：

机关名称	所需职员		所需工人		所需物资	所需经费	
	技术	管理	技术	普通	单位:吨	美金	国币
辽阳钢铁局 鞍山铁矿 弓长岭铁矿 本溪钢铁局 庙儿沟铁矿 歪头山铁矿	300	400	7,000	7,000	6,500	2,000,000	6,000,000
兴城锰矿	10	20	100	200	100	30,000	90,000
共计	310	420	7,100	7,200	6,600	2,030,000	6,090,000

(四)东北铜铅锌矿事业复员计划

(1)现状分析

分析东北铜铅锌矿现状结论如次:

(一)矿藏分布有数十处之多。兹将其开发已具规模者新订矿名如下:

1. 天宝铜铅锌矿在吉林延吉间岛之天宝山。

2. 锦西铅锌矿在辽宁锦西之杨家杖子。

3. 凤城铅锌矿在辽宁凤城之青城子。

4. 本溪铜矿在辽宁本溪湖附近之马鹿沟。

5. 盘桦铜矿在吉林盘石桦甸交界之石咀子及夹皮沟。

6. 盘岭铜矿在辽宁本溪南端之盘岭。

7. 通化铜矿在东边道煤铁矿附近。

8. 辑安铅锌矿在辽宁鸭绿江边。

(二)以上各矿所产矿石大都为黄铜矿、方铅矿、闪锌矿与黄铁矿、方解石共生,选矿方法均宜用浮游选矿法,其设备及浮选剂大致相同。

(三)以上各矿所产矿石大都为硫化物,故冶炼方法相同。

(2) 计划纲目

复员工作概分管理与工程，兹根据实际情形将具体办法拟定如次：

(一) 管理机构：上述各矿区相隔各有相当距离，应分数个单位，但设一总机构名曰东北铜铅锌矿务局于沈阳，以统筹其金融调度、器材供应及其他业务。

(二) 采矿选矿工程：各矿之采矿工程各自单独进行，自不待言。因各矿相隔颇远，对于选矿亦无法集中，只能各设选厂，其容量各自配合其毛砂产量。

(三) 补充设备　关于采矿、浮游、选矿及冶炼工程设备，原各均具相当规模，其所采用方法应不十分陈腐，只要未经完全破坏，尚有基础可资利用时，即不更改方法，而从事修补，以期能迅速复员，除非原有设备完全破坏，不能利用，须重新建设时，则其方法自以采用最合理之新式者为原则，对于工程破坏程度拟假定为百分之七十，故补充设备及经费即定为完整设备及经费之七成，对于破坏部分无从悬揣，故关于补充机件之名称亦无从预知，仅估计器材吨量而已。

(3) 计划限度及实施期限

兹将拟定复员各矿产量限度如次详细数字见产量成份预计表。

一、天宝铜铅锌矿：原有每日处理毛砂二百五十吨之选厂，故拟定日采毛砂二百吨。

二、锦西铅锌矿：此矿铅砂产量曾年达一万七千余吨，为东北惟一最大之铅锌矿，故拟定日采毛砂二百吨。

三、凤城青城子铅矿：此矿历史颇久，九一八后日寇亦从事经营，故拟定日采毛砂五十吨。

四、盘桦铜矿：此矿由石咀子夹皮沟二邻接矿区合组而来，此二矿区均为东北调查委员会所列为铜产丰富之处，故亦拟日产毛砂五十吨，但实际探矿工作应分为二个小单位各二十五吨，其选矿设备则合为一个日处理五十吨之选厂。

五、本溪铜矿附含银质,设备完整,惟规模较小,故拟定日采毛砂25吨。

六、此外辑安铅锌矿通化铜矿,因情况不明,盘岭铜矿规模太小,均暂不列入计划,俟将来实施时,再相机酌情,再定计划。

总计复员计划,每日生产毛砂二百吨之采矿场二处,处理毛砂二百吨之选矿厂二处,生产毛砂五十吨之采矿场一处,处理毛砂五十吨之选矿厂二处,生产毛砂廿五吨之采矿场三处,处理毛砂廿五吨之选矿厂一处。

总计年产净铜砂一万二千吨含铜31%,净铅砂二万四千吨含铅78%,净锌砂一万六千吨含锌60%。

计划实施恢复工作期限预定如左:

一、采矿工程　六个月至十个月完成

二、选矿工程　六个月至十个月完成

关于炼厂之复员计划详见于冶炼计划部门,兹不赘述。

东四省铅锌矿复员期间产量及成份预计表(甲)

矿名	采矿所产毛砂数量及成份					选矿年产各种净砂数量					
	产量		主要矿石成份			净铜砂		净铅砂		净锌砂	
	日产	年产	黄铜矿	方铅矿	闪锌矿	产量	含铜%	产量	含铅%	产量	含锌%
天宝铜铅锌矿	200	60,000	13%	11.7%	8.3%	8,000	31%	7,000	78%	5,000	60%
锦西铅锌矿	200	60,000		26%	18.4%			14,000	78%	11,000	60%
凤城铅矿	50	15,000		24%				3,000	78%		
盘桦铜矿	50	15,000	12%			2,000	31%				
本溪铜矿	25	7,500	26%			2,000	31%				
合计						12,000	31%	24,000	78%	16,000	60%

说明:1. 东北铜矿主要所产为黄铜矿,故上表根据黄铜矿计算。

2. 东北铅锌矿均为方铅及闪锌矿,故根据方铅闪锌矿计算。

3. 浮游选矿假定效能初仅能使铜砂含黄铜矿90%,铅砂含方铅矿90%,锌砂含闪锌矿90%,各相当于上表所列净砂之成份。

(4) 计划所需之人员物资及经费

各矿所需人员物资及经费列表如次：

东北铜铅锌矿业复员计划所需资金人员器材估计表

矿名	资金		职工		器材吨量单位(吨)
	美金(元)	国币(元)	职工	工人	
天宝铜铅锌矿	210,000	450,000	60	1200	420
锦西铅锌矿	210,000	450,000	60	1200	420
凤城铅矿	55,000	120,000	30	300	110
盘桦铜矿	55,000	120,000	30	300	110
本溪铜矿	30,000	60,000	15	150	60
合计	560,000	1,200,000	195	3,150	1120

说明：1. 资金计算法见另表。

2. 职工人数计算法见另表。

3. 器材重量以每吨值美金500元计算。

东北铜铅锌矿复员时所需资金估计表。〔略〕

东北铜铅锌矿复员时所需职工人数估计表。〔略〕

(五) 铝镁矿业复员计划

一、铝

(1) 现状分析

东北铝页岩矿区有烟台、本溪、复县等地，储量甚丰，但质非甚佳，日人设有东北铝矾土矿务局，以资开发，年产量约150,000吨。

(2) 计划纲目

复员工作分管理及工程两项，拟办理如左：

一、管理机构：由资源委员会派员接收，为便于管理起见，将各矿及炼厂与镁工业合并组辽东铝镁局统筹管理。

二、矿场:根据炼厂计划,年产铝10,000吨,计需铝岩矿约8万吨,拟照需要局部复工,其余暂行保管。(如将来采用荷印铝矾土矿,则东北各矿均暂行保管。)

三、补充器材:日本投降,原有设备当仍完好,如有破坏需补充时,接收后,按实际情形再行开列。

(3) 计划限度及其实施期限

一、年产量:80,000吨。

二、实施期限:6个月至9个月。

(4) 计划所需人员物资及经费

一、人员:职员60人,工人600人。

二、经费:国币300万元(国币3元2角折合美金1元)。

三、补充物资:接收后再行开列。

二、镁

(1) 现状分析

东北镁矿品质优良,储量丰富,矿区有营口、六石桥、海城等处,制镁工厂设于营口,日人设有制镁会社及东北菱苦土矿局办理镁业工矿事宜,年产镁矿曾达40万吨。

(2) 计划纲目

复员工作分管理及工程两项办理。

一、管理机构:由资源委员会派员接收,并炼厂与铝工业并组辽东铝镁局统筹办理。

二、采矿工程:战后镁矿除一部供制镁外,其大部供制碱性耐火材料及其他用途,并可为输出物资,但需要量当较战前为逊,拟局部复工配合需要。

三、补充器材:日本投降,设备或尚完好,如有破坏需补充者,俟接收后按实际情况开列。

(3) 计划限度及实施期限

一、产量限度:50,000吨。

二、实施期限:6个月至9个月。

(4) 计划所需经费人员及物资

一、人员:职员50人,工人500人。

二、经费:国币2,000,000元(国币每3.2元折合美金1元)。

三、补充物资:接收矿后再行开列。

(六) 金矿复员计划

(1) 现状分析

东北金矿分布甚广,其中以黑龙江砂金产区为最重要,吉林、辽宁两省次之,热河省又次之。黑龙江主要产区四处,除额古纳河先未开采,漠河已近采尽外,黑龙江及松花江两区皆素为东北采金之重心。

九一八前东北金矿之开采,皆集中于黑龙江一省,且多系商办,以人力淘选砂金。伪满成立满洲金矿株式会社后,所有黑吉两省及兴安岭金矿之开发,官矿如漠河、呼玛、萝北等厂,商矿如瑷珲、逢源金厂等,均由该社收购或包租。其兴安区室苇及奇乾金矿则拟用武装移民方法开采,是东北金矿已经伪满由商办逐渐改为国营,辽热两省金矿初未开发,今则多由日商经营,呼玛、珲春、嫩江一带金矿已有采金船之设置,是东北金矿之开发,就地域及矿质言,由吉黑推及辽热,由砂金而及山金;就技术言,并不限于溜洗淘选,已渐由人工而机械化矣。

东北在前清光绪末年时,曾产金达十余万两,九一八前年产仅及二万两,伪满成立满洲采金会社后,东北产金数量剧增,其1937年之产量已达十余万两。

据资源委员会所编之伪满经济现状载称:满洲采金会社前共有资本40,000,000元,直营金矿共有佳木斯、珲春二作业所及依桦勃、都鲁河与明月沟三金矿局,此外,尚有泥鳅河金厂、德安金厂、逢源金厂、阿凌河、达拉罕、小太平沟、柳树河、子马滴达、富拉罕、德利罕、八车力义气罕、闹达罕、十五里河子罕、诺河、海拉尔、阿尔单等包租矿区。

(2) 计划细目及实施期限

伪满所经营之东北金矿，除少数之辽热山金矿外，余仍集中于黑吉两省各部，其所经营之矿区多为战前旧有，所不同者，伪满将其一一改组扩充，并加以机械化，使其共隶属于伪满采金会社纯一组织之下，以达其运用自如移民内侵之计划。

战后我国东北国防一时未必即能顺利建设，将来仍必赖移民实边之成法，以图补救。又伪满经营之东北各工业几全属战时工业，将来定形萎缩，失业情形势所必有，故就充实国防及稳定社会经济情形而言，东北金矿战后复员殊属必要。

东北过去曾年产金十万余两，目前伪满所产尤不止此数，为求迅速完成起见，本计划拟于复员期内，达到东北年产金十万两之目的，其应予复员之机构，亦以伪满满洲采金会社所直接经营之佳木斯、珲春、依桦勃、都鲁河与明月沟五处为限，将来接收即以满洲采金会社为对象，拟设吉黑金矿公司负责办理，其下应分设上述各金矿。

上述复员工作之完成约需 3 个月至 6 个月之时间。

(3) 计划实施所需之人员物资及经费

东北金矿概属砂金，历来开发，除若干区兼用淘金船外，余均系用人工洗选机械设备，极为简单，其所能容纳之人工不在少数。兹将计划实施所需之人员物资经费列表估计如左：

机关名称	所需人员		所需工人		所需设备	所需经费	
吉黑金矿公司	技术	管理	技术	普通	单位:吨	美金	国币
佳木斯金矿	100	400	2,000	8,000	1,600	500,000	500,000
珲春金矿	100	400	2,000	8,000	1,600	500,000	500,000
依桦勃金矿	100	400	2,000	8,000	1,600	500,000	500,000
都鲁河金矿	100	400	2,000	8,000	1,600	500,000	500,000
明月沟金矿	100	400	2,000	8,000	1,600	500,000	500,000
共计	500	2,000	10,000	40,000	8,000	2,500,000	2,500,000

（七）其他非金属矿复员计划

（1）现状分析

在东北可资开采之此类矿产，计有粘土、萤石、白云石、滑石、石棉、云母、石灰岩等项，其中粘土萤石、白云石为炼钢必需材料，滑石、石棉、云母则为电器、机械及其他各工业之所必需，石灰岩为水泥及石灰原料，亦为建筑石材，更多用于冶铁融剂，皆属重要。为配合上述需要起见，将来复员时应分别为适当之恢复，以下所列各矿即其最重要者。

复州矿业株式会社（粘土矿）	所在地复州
本溪湖粘土业株式会社	所在地本溪
热河萤石矿业株式会社	所在地隆化
满洲滑石株式会社	所在地海城
满洲石棉株式会社	所在地长春
抚顺石棉株式会社	所在地抚顺
奉天石灰洋灰株式会社	所在地沈阳

（2）计划细目及实施期限

（一）管理机构：复员时拟设东北非金属矿务局，以统筹复州粘土矿、海城滑石矿、辽宁石灰石矿及其他石棉萤石、白云石等非金属矿之开发工作，并负责接收上列原有之组织。

（二）产量限度：复员期间拟年产粘土3万吨、滑石2万吨、石灰矿50万吨，此外更酌量兼产石棉萤石及白云石。

（三）实施期限：此项复员工作之完成约需3个月至6个月之时间。

（3）计划所需之人员物资及经费

东北此类矿产复员时所需设备至为简单，兹将计划实施所需之人员物资经费列表估计如左：

机关名称 东北非金属矿务局	所需人员		所需工人		所需物资 单位:吨	所需经费	
	技术	管理	技术	普通		美金	国币
复州粘土矿	20	40	200	400	100	30,000	100,000
海城滑石矿	20	40	200	400	100	30,000	100,000
辽宁石灰石矿	100	200	1,000	2,000	420	125,000	400,000
其他非金属矿(包括石棉、萤石、白云石等)	20	40	200	400	100	30,000	100,000
共计	160	320	1,600	3,200	720	215,000	700,000

〔国民政府经济部档案〕

7. 资源委员会拟具沦陷区工矿事业整理原则及处理办法稿

(1945年　月　日)①

密件

沦陷区工矿事业整理计划

甲、沦陷区工矿事业整理原则

建设三民主义新国家,加速工业化为我国最高国策。为达成此目的,依据工业建设纲领,实行计划经济,树立国营基础实为必要步骤。沦陷区工矿事业之整理,据此拟订原则如后:

(一)整理沦陷区工矿事业时,应依照建设纲领树立建设基础。

(二)整理沦陷区工矿事业时,应设法就互相关联之事业善为配合联系。

(三)整理沦陷区工矿事业时,应设法集中生产与管制以宏效力。

① 原文无日期。

（四）整理沦陷区工矿事业时，应力谋处理迅速继续生产，勿使停废，藉以恢复社会安宁与秩序。

（五）整理沦陷区工矿事业时，应使国营及民营事业各得适宜之分配与健全之组织，以共同贡献于经济建设。

（六）整理沦陷区工矿事业时，应特别注重基本事业，树立国营事业之基础。

（七）沦陷区敌伪所举办之事业，一律没收作为国有。

（八）各省市政府原有之基本事业，宜收归中央。

（九）原为私人举办之事业，政府认为有助于集中生产与管制之效者，亦得收归国营或由政府管制。

（十）附敌有据，丧失重大权益而仍拥有特权之事业组织，应予撤消。

（十一）政府为整理沦陷区工矿事业，应设立专门机构统筹之。

乙、沦陷区工矿事业处理办法

沦陷区工矿事业接收整理，问题复杂，主要者如主权整理问题、地域分配问题、各业配合问题、经营方式问题等，在在均须详研。兹先就主权整理一项，依据沦陷区工矿事业整理原则，初步拟具沦陷区工矿事业处理办法草案。但沦陷区情形特殊，敌人经营系统又复纷繁，主权整理至费研究，益以涉及外交及法律问题之处甚多，自须继续详加研讨，用臻完备，特为注明。

沦陷区工矿事业处理草案

第一章　总则

第一条　收管沦陷区域工矿事业之处理，除特有规定者外，依照本办法处理之。

第二条　本办法所称工矿事业包括各种采矿事业、工业制造或加工事业及发电与其他附属之公用事业。

第三条　关于收管沦陷区工矿事业之处理设置沦陷区工矿事

业处理委员会专费办理，其组织及职掌另定之。

第二章　关于敌国及敌商资产之处理

第四条　敌人在沦陷区内不得迁出或破毁任何设备，如有违犯，应负完全赔偿之责。

第五条　敌国在中国工矿事业之资本财产及一切权益一律没收作为国有，由中国政府经管处理。

第六条　敌商在沦陷区所设之工矿事业，由中国政【府】接收处理之。

第七条　敌国或敌商在沦陷区所收买之事业，适用前二条之规定。

第八条　关于敌国之国策会社各事业，一律由中国政府接收办理。

第九条　关于敌国之军管理事业或委任经营事业、敌国及敌商之权益部分由中国政府没收，其中国公私之权益部分，依本办法第四、第五两章之规定处理之。

第三章　关于伪组织独办及合办事业之处理

第十条　伪组织独办事业一律由政府没收作为国有。

第十一条　伪组织与敌国或敌商合办之事业，概由政府没收作为国有。

第十二条　伪组织所收买之事业，一律由政府没收，作为国有。

第十三条　伪组织掠夺经营之事业，以发还原有业主为原则。但国家有统一经营之必要者，得全部收买或参加投资，合股经营。

第十四条　伪组织参加投资之事业，其伪组织权益部分由国家没收，其余私人部分依本办法第五章之规定处理之。

第四章　关于原为国营或公营资产之处理

第十五条　关于原为国营之事业或原为国有之资产，沦陷后由敌伪掠夺经营或私人攘夺经营者,仍恢复国营。但私人经营损毁其原有价值者,应负赔偿之责。

第十六条　关于原为地方政府经营之事业,除其性质应由中央统一经营者改归国营外,以发还地方政府经营者为原则。

第十七条　关于原由官商合办之事业,官股部分适用本章之规定,其商股部分适用第五章之规定。

第五章　关于民营事业之处理

第十八条　关于原由民营而由敌伪掠夺经营者,以发还原业主为原则。但在国策会社系统,其性质特殊重要者,得收买商股,改由政府经营或参加资本,改为官商合办。

第十九条　原业主有助逆或有损害国家之行为或曾得敌伪报偿或对于敌人原有重大债务关系,因抗战胜利债务取销者,政府得依其情形没收或接收其权利之全部或一部,并得处分之。

第廿条　原由民营之工矿事业,由敌伪投资扩充收复后,仍行存在者,得酌量其情形,或作为国家增资,或责成原业主缴付适当之代价。

第廿一条　原由民营之工矿事业,其性质重要,战后建设计划认为应扩充经营者,得由国家参加资本或商得业主之同意,由国家收购经营之(如冶炼金焦煤矿及铁矿等应由国家经营)。

第廿二条　沦陷后新设立之民营工矿事业准用前第十八条至第廿一条之规定。

第六章　关于外资事业之中外合资事业之处理

第廿三条　关于外资事业,除德、义〔意〕为交战国得适用第二章之规定外,其他与国经营之事业,以发还原业主为原则,但有敌伪关系者,其敌伪部分权益应收归国有。

第廿四条　租界收回之公用事业,原则上由国家经营者,应另商合作办法。

第廿五条　战前或战时中外合办之工矿事业,除有敌伪关系者外，关于中国部分之权益适用第四、第五两章之规定。

第廿六条　外资工矿事业，其性质特殊重要，有由国家经营之必要者，得商得原业主之同意，由中国政府收购经营或参加中国官股改为中外合办。

第七章　关于其他一般权利与债务之处理

第廿七条　凡经敌伪拆迁原有厂矿器材之全部或一部合并经营之事业，仍以合并经营改为官商合办为原则，其业主得提出原有资产转移之证据作为股本，但政府认为有必要时，得增股或收买全部商股。

第廿八条　在沦陷期间或以后由敌伪政府或敌人私人或参加伪政府人员移转取得工矿事业之权利者，无论有无代价，其行为概不生效。

第廿九条　在沦陷期间敌伪政府所许之矿权、电气事业经营权及其他独占或优先之权利，概不生效。

第卅条　在沦陷期间，侵占他人所有权、经营权或其他权利而得有利益，或使原权利内容减少者，应负赔偿之责。

第卅一条　收复沦陷区工矿事业债权债务之处理，适用政府关于沦陷区债权债务一般之规定。

第卅二条　根据以上各条事业处分之所得及业主缴纳之代价，应作沦陷区救济资金之一部分。

第卅三条　收复沦陷区之工矿事业由敌伪破坏损毁者，政府得酌量予以一般之救济或援助，但以不个别补偿为原则。

第八章　附录

第卅四条　本办法得随时补充修正之。

第卅五条　本办法经国防最高委员会核定施行。

〔国民政府资源委员会档案〕

8. 经济部公布收复区工矿事业整理委员会组织规程
（1945 年 8 月 1 日）

经济部收复区工矿事业整理委员会组织规程　三十四年八月一日部令公布

第一条　经济部为收复沦陷区工矿事业，依沦陷区工矿事业接收整理办法第一项之规定，设收复区工矿事业整理委员会。

收复区应接受整理之商业亦得由委员会处理之。

第二条　委员会筹议左列各事项：

一、关于收复区工矿事业之调查接洽事项。

二、关于收复区工矿事业接收处理办法之拟定事项。

三、关于收复区盟国投资经营工矿事业之商洽移转事项。

四、关于收复区工矿设备之迁移分配事项。

五、关于收复区工矿事业工具材料之供给调剂事项。

六、其他有关沦陷区工矿事业事项。

第三条　委员会设主任委员、副主任委员各一人，由本部政务次长、常务次长兼任之。

第四条　委员会设委员十五人至二十五人，由部长就本部与所属机关及国内专家派充或聘任，并由委员中指定常务委员七人。

第五条　委员会设秘书主任一人、秘书三人，由部长调派本部职员兼充，承主任委员之命办理本会事务，并得酌调其他职员襄办各项事务。

第六条　委员会得因事实之需要，呈准指调本部所属机关人员协同工作。

第七条　委员会分为左列各组：

第一组　掌理原由本国经营之工矿事业。

第二组　掌理原与友邦有关之工矿事业。

第三组　掌理原由敌伪建立之工矿事业。

凡应行接收整理之商业亦照上列各组分别处理。

第八条　委员会开会时得邀请本部所属机关及其他有关机关派员列席。

第九条　委员会筹议事项应由主任委员随时呈请部长核夺施行。

第十条　委员会办事细则另定之。

第十一条　本规程自公布之日起施行。

〔国民政府经济部档案〕

9. 经济部/战时生产局各收复区特派员办公处组织规程

（1945年8月　日）

经济部/战时生产局各收复区特派员办公处组织规程

第一条　经济部/战时生产局为处理各收复区工矿及其他有关事业，设特派员办公处。

第二条　特派员办公处分左列七区设置之：

一、苏浙皖区；

二、湘鄂赣区；

三、粤桂闽区；

四、冀热察绥区；

五、鲁豫晋区；

六、东北区；

七、台湾区。

第三条　特派员办公处之任务如左：

一、登记及处理工矿及其他有关事业。

二、处理盟国及中立国原办工矿及其他有关事业。

三、接收整理敌伪所办工矿及其他有关事业。

四、处理经济部及战时生产局职掌有关之商务事项。

五、接收经济部及战时生产局有关之机关。

六、促进主要物资之生产。

七、办理主要物资之供应。

八、采办及接收国外必需物资。

第四条　特派员办公处应行呈报上级机关事项，依照部局职掌范围分别呈请核定或备案。

第五条　特派员办公处每区设特派员一人，由经济部及战时生产局会同派任主持各该处事务，并设专门委员四人至八人、秘书一人或二人、专员八人至十五人，襄助处理各项事务。

第六条　特派员办公处得分组办事，设组长三人或四人，组员二十人至三十人，事务员八人至十人，并得酌情雇用。专门委员、秘书、组长及专员由经济部商得战时生产局同意后派充之，组员及事务员由办公处派用呈报备案。

第七条　特派员办公处得聘用技术顾问。

第八条　特派员办公处得指派人员为接收委员，负责接收或接管指定事业。

第九条　特派员办公处对于区内重要工矿及有关事业应遵照部局核定建立或经营办法妥为办理。

第十条　特派员办公处因事实上之需要，经呈奉部局核准后，得在重要地点设办事分处，其组织另定之。

第十一条　特派员办公处得在重要海港或有关地点设仓库，并派用管理人员呈报备案。

第十二条　特派员办公处对于主要物资之采办及供应，得酌派主管人员规定施行办法呈报备案。

第十三条　特派员办公处设会计室，置会计主任一人，依国民政府主计处设置各机关岁计、会计、统计人员条例之规定，分掌本处岁计、会计与统计事务，受特派员之指挥，并受经济部会计长之监督指挥，会计室置专员一人至二人、组员四人至七人，并得酌用雇员三人至六人。

第十四条　特派员办公处于收复工作完竣后，由部局指定时间撤销之。

第十五条　本规程自公布日起施行。

〔国民政府经济部档案〕

10. 经济部公布收复区工矿事业接收整理办法

（1945年8月20日）

收复区工矿事业接收整理办法　三十四年八月廿日经济部令公布

一、经济部为收复失地工矿事业，得在部内设立收复区工矿事业整理委员会，筹拟处理一切接收恢复事宜。

二、经济部派员随反攻军事之进展至原经沦陷各地接收工矿事业，并随工作之进展，设立分区工矿整理处，依照部定方案，执行收复整理之任务。

三、各区工矿整理处迅速查明接收之资产及原来之状况，开具目录及说明呈报经济部，并由部拟具处理方案（包括移交接管国营民营各项办法）呈请行政院核定后，令行照办。

四、分区整理处对敌人所办之工矿事业，应依照收复区敌国资产处理办法之规定妥为办理。

五、分区整理处遇有盟国投资之工矿事业，应迅即查明事实情形，呈报经济部秉承行政院商洽移交。

六、各地方政府军事机关及部队对于中央所定接收整理办法，应切实尊重协助执行。

七、各地接收整理工作对于有关国防之工矿事业，应特为重视，认真办理。

八、接收工矿事业时，对于原事业所存之款项、证券等类，应迅即查明电报经济部，由部规定处理办法，呈报行政院备案。

九、接收工矿事业时，对于各事业间所有联系互助关系及办法应迅即报告经济部，由部规定实行办法，并呈报行政院备案。

十、每区接收整理工作应迅速办理，期于一年内完成，届时整理处应即裁撤。

十一、每区整理处工作结案时，应造送工作总报告呈部，并由部呈院备案。

十二、本办法经行政院核定后，由经济部先行准备各项具体工作，俾可依时施行。

〔国民政府经济部档案〕

11. 行政院通过收复区重要工矿事业处理办法

（1945年8月21日）

收复区重要工矿事业处理办法　卅四年八月廿一日行政院第七〇九次会议通过

一、收复区工矿事业之处理应以左列步骤行之。

（一）分别以临时机构先行接收全部资产并迅速恢复业务。

（二）整理股权及债权、债务。

（三）组织正常机构经营业务。

二、接收整理之期限应力求迅速，于整理就绪后，随时分别性质发还原业主或由政府经营。

三、接收整理应由经济部指定资源委员会或其他所属机关或另设机构分别办理之。

四、关于股权之整理，其原则如左：

（一）敌国在中国之工矿事业之资产权益，一律收归国有，由经济部经营。

（二）敌伪组织所办之工矿事业，一律由经济部接管处理。

（三）凡与敌人合资之工矿事业，不论公营或私营，一律由经济部接收，经整理后分别性质交由国营事业机关或正当民营事业组织分理。

（四）收复区战前由政府经营之工矿事业概由经济部收回之。

（五）收复区战前官商合办之工矿事业概由经济部接收，仍审查其商股股东有无附逆行为，按其情节确定整理办法。

（六）收复区战前民营之工矿事业，遭敌伪没收或侵占者先由经济部接收，查明发还；如有附逆行为，查明后，按其情节另行处理。

（七）收复区战前由同盟国各国或中立国人民经营之工矿事业，亦由经济部先行接收，于查明主权后，随时发还之。

（八）原为地方公营之工矿事业概归经济部接收后，依照第一期经济建设原则之规定处理之。

〔国民政府经济部档案〕

12. 经济部关于收复区各种公司及各项企业组织应行遵守事项令

（1945年8月22日）

收复区各种公司及各项企业组织应行遵守事项　三十四年八月二十二日　经济部令行

（一）收复区之各种公司及各项企业，在抗战发生前已呈准登记者，应维持原有组织，不得任意变更，其董事、监察人或代表公司执行业务之人员，除递补或改选业经呈准有案者外，一律应由廿七年四月廿三日以前所选任之人员继续负责执行业务。

（二）收复区在抗战发生后成立之各种公司及各项组织，其已向中央政府呈准登记给照者，应由登记有案之董监经理人员继续负责，非俟当地经济行政官署恢复正常状态，不得改选或予变更。

（三）收复区在抗战发生后成立之各种公司及各项组织，其未向中央政府呈准登记给照者，应维持现状，不得为任何变更，听候政府命令整理，重行依法登记。

（四）收复区之各种公司及各项组织，有敌伪政府或敌国人民或附近人员资本参加者，其股份不得作任何转让变更行为，应由该公司之负责人员将此项敌伪股份查明保留，听候政府处理。倘有瞒隐或变更转让情事，依法惩处其负责人员。

（五）收复区内敌伪政府或敌国人民或附逆人员出资主持组织之各种公司及各项组织，均不得有任何变更转让或破坏行为。倘其董监经理人员业已逃匿，应由公司内部次要职员或有关股东设法维持现状，听候政府处理。

（六）收复区之各种公司及各项组织所设备之营业生产厂矿场所与其投资之不动产，非俟当地行政官署恢复职权及依法呈准后，均不得移作别用或抵押于他人，其原有之股份移转抵押或股东更名或出盘顶让，亦一律暂行停业，违者在法律上无效。

（七）收复区之各种公司及各项组织，在抗战发生后未呈经中央政府核准发行之股票或公司债票，应一律停止买卖抵押转让，听候政府另定办法处理。

（八）收复区之各种公司及各项组织，在抗战发生后，本店已迁移方或已一部分合法迁移者，其在收复区之股份及各项权益应维持现状，不得任意变更，由该公司依法定手续于呈准后妥为整理。

（九）收复区之各种公司及各项组织，其已依法取得之各种权益，非俟当地□□□□□□□□□□□□□□□□□□□□□□□□□在法律上无效。

（十）收复区之各种公司及各项组织于抗战发生后与任何第

三国人所订关于权益之合同或契约，应依中央政府所定期限向政府呈报核办。倘与订约者为敌国人民，听候政府处理。

〔国民政府资源委员会档案〕

13. 经济部公布收复区敌国资产处理办法

(1945年8月29日)

收复区敌国资产处理办法 三十四年八月廿九日经济部部令公布(第七三五号)

一、凡敌国在中国之公私事业资产及一切权益一律接收，由中国政府管理或经营之。

(说明)所谓沦陷区者，东北各省以及台湾、澎湖群岛皆在其内，在各沦陷区内，敌人充分毁损吾国资源(其中如煤、铁、铝、镁等重要矿产损耗储量为数甚多，尤为不可补救之损失)，破坏吾国财产，以扩张日本侵占实力，吾国所受损害至极重大。此时即宜决定宣告：凡敌人在吾国沦陷各地，所有之资本财产及一切权益一律悉皆接收，作为国有。且吾国对日宣战令中已正式声明，以往一切合同契约概归无效。故正当主张，凡敌国及沦陷区之资产权益不问其属于彼方之政府或私人，皆应同等看待接受充公。

二、敌人在收复区内，不得迁出或破坏任何设备，如有违犯应负完全赔偿之责。

(说明)当战时将终时，敌人将沦陷区设备撤迁该国，或炸毁重件，使吾国无可使用，极为可能，自应先为警告，绝对不许有此种行为。如果违犯，该国须于最短时间完全赔偿，不得推诿。并由外交途径通知各同盟国政府。

三、凡与敌人合办之事业，不论公营或私营，一律由中国政府派员接收，分别性质，应归国营者，移交国营事业机关，应归民营者，移交正当民营事业组织接办。

（说明）沦陷区各事业有归特种公司经营者（如满洲重工业特殊会社、轻金属特殊会社等），有归军事管理者（如中兴煤矿、上海电厂、长江铁矿等），又有名为中日合办而实为日方操纵者（如华北开发会社、华中振兴会社及其投资之各事业），此类事业关系最为重大，为吾国经济之命脉，须一律由中央政府接收清理，依照事业性质移交经营，庶能认真整理，纳之轨物。

四、收复区各事业遇有必要，中国得责令敌国指派经营或熟悉人员负责点交说明。

（说明）沦陷区敌人所设事业往往规模宏大，设备繁多，吾国骤为接收，不免隔阂。吾国政府自应责令敌国负责点交，俾吾国接收人员得以迅速明了。

〔国民政府经济部档案〕

14. 经济部 战时生产局 各收复区特派员办公处登记及接收工矿事业实施办法

（1945年9月4日）

经济部 战时生产局 各收复区特派员办公处登记及接收工矿事业实施办法　三十四年九月四日经济部部令公布

第一条　特派员办公处，处理各该区工矿事业，除依行政院核定之收复区敌国资产处理办法，收复区工矿事业接收整理办法及收复区重要工矿事业处理办法之规定外，依本实施办法办理之。

第二条　特派员办公处对于各该区工矿事业，应按左列三种性质分别处理。

甲、本国资本经营。

乙、友邦（同盟国及中立国）资本经营。

丙、敌伪资本经营。

第三条　特派员办公处，应制定本国资本经营工矿事业限期报请登记办法，于各该区内公告。凡本国资本经营之工矿事业，均应遵照限期及表报格式分别填注，连同资产负债表及主管人名册等各项表册，呈送特派员办公处备查。其有关公司执照、矿业执照及电气事业执照等事项，仍依法呈由地方主管官署转呈经济部核办。

第四条　在抗战期内，经敌伪强占或曾经沦陷之本国资本经营工矿事业，应准由原业主或负责人员提出证件，呈经特派员办公处核明后，准其自行接收，呈报经济部备案。

第五条　友邦资本经营工矿事业，如经特派员办公处派员查明原有业主或负责人员尚在当地，得准其提出证件自行接收。如无业主或负责人员，得由特派员办公处派接收委员暂先接收，候查明原有业主及负责人员再行交还。

第六条　敌伪资本经营之工矿事业，应由特派员办公处派接收委员前往接收，并应由原负责人截至接收日止，造具左列各项表册，送由接收委员呈报特派员办公处转呈经济部核办。

1. 资产负债表(或科目余额表)。

2. 资产目录。

3. 股东及董事监察人名册。

4. 债权债务清单。

5. 设计图样、工作程序记录及有关资料清单。

6. 重要契约证券清单。

7. 员工名册。

第七条　前条接收之工矿事业接收委员应根据账册文件点验清楚，并按照事实酌定应否继续开工，抑应暂行保管，报请特派员办公处转呈经济部备案。

第八条　各项工矿事业如系由敌伪出资合办，其属于敌伪股份均应收归政府所有，所订任何契约一律无效。

第九条　本办法自公布日施行。

〔资源委员会档案〕

15. 经济部核定收复区电气事业处理办法

（1945年9月9日）

收复区电气事业处理办法　卅四年九月九日　部长核定

（一）无论国营民营友邦经营或敌伪经营之电气事业，在未接收前及接收或发还后，均应按照实际需要继续维持发电，供给公用。

（二）凡被敌人占有之电气事业均应接收，经查明并无附逆行为者，准予发还。

（三）凡在前租界以内之电气事业，除敌人经营者一律没收外；如为友邦商人经营者（如上海电力公司）准予发还；如为前租界工部局经营者（如天津前比租界、英租界等）应即接收办理。

（四）无论政府接收或发还之电气事业，嗣后均应遵照经济部对于此项事业整理办法办理。

（五）无论本国或友邦经营之电气事业，未经注册给照者（如上海电力公司），于接收或发还后定期声请注册。

（六）无论国营民营友邦经营之电气事业，其电价须呈经济部核定。经济部于必要时，得指定由特派员先行审核，试行呈部核定，至当地情形正常时为止。必要时特派员得委托地方监督机关，负先行审核之责。但仍须呈部核定。

（七）重要区域电流供应之分配，由特派员核定呈部备查，必要时特派员得委托地方机关办理。但须呈部备查。

（八）凡非重要区域或规模较小之电气事业，特派员得委托地方政府指定原业主或该电厂正当职员负责供电，其产权之处理仍俟查明报部后办理。

（九）自来水事业与电气事业由同一公司合营者，应由特派员一并处理。

（十）凡敌伪经营之电气事业，其范围不限于一市或一县者，应由中央统筹主持或经营之。

（十一）凡敌伪兴建而未完工之水力发电，应由经济部接办或经营之。

〔国民政府资源委员会档案〕

16. 经济部核定收复区矿业权处理办法

（1945年9月15日）

收复区矿业权处理办法　三十四年九月十五日奉部长核定

（甲）属于矿业探采权者

（一）收复区战前原有之省营矿业权，依法应归国营者，即改设国营矿业权。

（二）收复区战前原已领有中央政府主管部矿业执照之民营各矿：

1. 经查明未与敌伪合作者，其矿业权仍继续有效。

2. 遭敌伪没收或侵占者，经查明并无附逆行为，其矿业权仍继续有效。

3. 遭敌伪没收或侵占者，如查明有附逆行为，即按其情节妥为处理。

（三）凡收复区战前已取得之矿业权，其有经敌伪组织准许移转或变更者，此项移转或变更之事实一律无效。

（四）收复区敌人独办及合资之矿业权，敌人部分一律无效，其股份均为国有，由经济部接收。

（五）收复区战前由同盟各国或中立国人民与中国合资经营

之矿业权，继续有效。

（六）凡未经中央政府主管部核准注册发照，非法取得矿业权者，一律无效。

（乙）属于矿业呈请优先权者

各省建设厅应将沦陷区前人民已依法备具手续呈请领矿之案，业经厅受理者（有尚在厅审查者亦有已转部而尚未给照者），查案列表，于该厅开始办公后三个月以内呈部备查。

台湾收复后，其原有矿业权另订办法，举行登记，核换执照。

〔国民政府资源委员会档案〕

17. 资源委员会标售厂矿办法

（1945年　月　日）①

资源委员会标售厂矿办法

一、资源委员会为鼓励民间资本参加生产事业，特指定若干事业公开标售，其事业单位名单，另行公布。

二、本会标售厂矿，其估价标准，依照经济部所定工矿运输事业固定资产调整办法办理。

三、投标人资格如左：

甲、抗战时期，在后方从事生产事业确有经验者。

乙、登记合格之公司行号，从事所标事业卓著成绩者。

丙、凡有志从事所标事业之人民，依据公司法关于股份有限公司设立之规定组织公司，缴足第一次股款，并对于技术人员之罗致有把握者。

丁、各级地方政府或合法之人民团结筹有的款，经主管官署证明者。

---

① 原稿无日期。

戊、外国公司或外籍人员，经主管官署特许者。

四、投标人应提出申请书，申请书之内容应包括下列各点。

甲、投标人（个人或公司）之名称、住所。

乙、资本总额或股东出资额。

丙、董监人名单及经历。

丁、营业计划。

五、本会暨所属事业现职人员及离职未满一年人员，不得投标。

六、得标人应于决标日起一个月内，径向国库缴足标价之半数，其余半数应觅妥保商定分期付款办法。

七、得标人于接办之一年内，对于旧有人员至少留用半数。

八、得标人应负继续维持开工之责任，无正当理由，在一年内并不得以所标全部或一部资产转售他人。

九、本会有关标售厂矿事宜，必要时得委托中央信托局办理。

〔国民政府资源委员会档案〕

18. 山东青岛区敌伪产业审议会通过的敌伪小工厂标售办法

（1946年1月19日）

敌伪小工厂以公平价格标售办法　卅五年一月十九日第一次审议会通过①

一、凡敌伪工厂，不在行政院颁布及补充之收复区敌伪产业处理办法第四条第四项甲、乙、丙三类范围之内者，应由处理局聘请专家组织评价委员会估定最低价格，为标售之标准。

二、敌伪工厂如为较具规模，必需选择适当人员经营者，其选

① 审议会为山东青岛区敌伪产业审议委员会审议会。

择之标准依左列优先次序定之。

（甲）在抗战期内，对战时生产确有成绩贡献或参加战时生产蒙有重大损失者，经经济部或战时生产局证明属实者。

（乙）对本业经营向有经验及成绩者。

（丙）拟有完善计划，经审查认为确实可行者。

三、上项工厂标卖，由经济部特派员办公处于接收申请后，移送处理局提请审议委员会核定施行。

四、工厂标卖价款，须一次收齐缴存国库。

五、其余规模较小或不能继续单独经营之工厂，可采全部公告招标办法出售之。

六、凡在战时期间，售与敌人之工厂，如所有人能提出确实证据，证明售价在当时厂房机器市价百分之五十以下者，得认为被迫售卖之有力佐证，审议会或处理局在查明情节及该原主有无勾结敌伪情事后，得酌拟办法呈院核定，其情节最轻者，并得请求以评定价格予原主最优先之购买权。

七、标售敌伪小工厂，准一般厂商与有优先资格者同时投标，惟在标价百分之二十以内，予有优先资格者以优先得标权。

八、标售剩余之工厂，再准一般厂商标售。

九、以上办法中，申请人或承购人均以中华民国人民为限。

〔国民政府资源委员会档案〕

19. 山东青岛区敌伪产业审议会通过的处理接收敌伪船舶及附带产业物资办法

（1946年1月24日）

处理接收敌伪船舶及附带产业物资办法　卅五年一月廿四日第二次审议会通过

一、航政局所接船舶，均交招商局接管。

二、海军部所接船舶，除必用者外，均交招商局接管。

三、招商局所接各船舶，其100吨以下火轮及帆船暨自行留用少数外，查明产权，系由航政局审查，报请处理局核办。

四、航政局、招商局所接各种船具，除留自用者外，暂行出租。

五、招商局、航政局所占房地产，均交中央信托局核定租价，由各该局优先承租。

六、招商局应即补交原日人清册，以凭查核。

七、所有船舶应即设法修理开航或暂行出租，不得搁置不用。

八、在外埠未接船舶，由处理局函知各该地处理机关查明接收处理。

〔国民政府资源委员会档案〕

20. 山东青岛区敌伪产业审议会通过的青岛市中日合办工厂复工办法

（1946年2月6日）

青岛市中日合办工厂复工办法　卅五年二月六日第四次审议会通过　卅五年二月廿七日第六次审议会报告该办法已呈奉行政院院长批

“如拟”

一、凡中日合办之工厂，除已由政府接办或整理复工者外，经经济部特派员接收后，中国方面股东得申请自行复工，但申请人须具备左列各项条件。

一、无附逆行为者。

二、经中国方面股份总额二分之一以上股东合法推选之股东代表，具有证明者。

三、能提具经营计划者。

四、备具充分之人力财力确能迅行复工者。

二、上项申请经经济部特派员审查后，提请审议委员会核定。

三、中日合办之工厂经接收后，即由经济部特派员予以清算，凡日方之股份及日□□益部分均收归国有。

四、此项工厂在未依法改组以前，由经济部特派员先行督饬各该股东代表负责复工。

五、本办法施行细则及申请程序另定之。

六、本办法未规定之事项，概依收复区敌伪产业处理办法及其他有关法令办理之。

七、本办法提请审议委员会通过转呈行政院核示施行。

〔国民政府资源委员会档案〕

21. 山东青岛区敌伪产业审议会通过的经济部鲁豫晋区特派员办公处接收工厂复工贷款暂行办法

（1946年2月27日）

经济部鲁豫晋区特派员办公处接收工厂复工贷款暂行办法
卅五年二月廿七日第六次审议会通过

一、经济部鲁豫晋区特派员办公处接收之工厂，复工时缺乏周转金者，得申请复工贷款。

二、上项复工工厂申请贷款时，得以全部或一部分资产作为抵押品，并以山东青岛区敌伪产业处理局为承还保证人。

三、经济部特派员办公处造具贷款工厂复工计划，连同三个月周转金概算与贷款银行洽定合约草案后，送请处理局核定承保。

四、本办法经处理敌伪产业审议委员会通过施行。

五、本办法如有未尽事宜，得提出审议委员会随时修订之。

〔国民政府资源委员会档案〕

22. 山东青岛区敌伪产业审议会通过的经济部特派员办公处出售工厂实施办法

（1946年2月27日）

经济部特派员办公处出售工厂实施办法　卅五年二月廿七日第六次审议会通过

一、所有出售之工厂，由经济部特派员办公处分批开单，连同各该厂资产之初步评价单一并送山东青岛区敌伪产业处理局审核。

二、初步评价经处理局核定后，通知经济部特派员办公处登报公告限期来处办理，申请登记。

三、申请期截止后，由经济部特派员办公处通知各申请人定期看厂，每厂开放三天。

四、申请人应于看厂后三日内至中央银行缴纳保证金国币贰拾万元，并来处填写申请购买工厂志愿书，逾期不得补办手续。

五、审议会核准购买者之保证金，即作为备款之一部，如逾三星期，申请人声明不买或迟延未将全部价款缴足者，即将保证金充公，由中央银行报局转解国库，未经审议会核准购买者，得将保证金全数退还。

六、经济部特派员办公处根据各申请人所填之志愿书，依照“敌伪小工厂以公平价格标售办法”注明优先资格，送局提请审议会核定。

七、凡无申请购买之厂依照规定公告招标出售之。

〔国民政府资源委员会档案〕

23. 山东青岛区敌伪产业审议会通过的标售青岛区敌伪工厂暂行办法

（1946年5月22日）

标售青岛区敌伪工厂暂行办法　卅五年五月十日第十四次审议会通过　卅五年五月廿二日第十五次审议会修正通过

一、凡有意购买青岛区敌伪工厂者，可于公告规定期间内向经济部鲁豫晋区特派员办公处（以下简称办公处）请领参观证及指定工厂之资产清单，并按参观证内填注日期前往该厂参观。

二、参加投标者，应于公告之日起先至办公处指定地点填具购买工厂申请书，并按照底价十分之一向指定之国家银行缴纳保证金收据及投标入场证，领取空白标单。

三、申请人应开具以前办理工厂经历，并拟具承购该厂后之经营计划，于填申请书时一并缴送。

四、办公处先期函请行政院院长驻青临时办公处及山东青岛区敌伪产业处理局指派代表于开标之日到场，会同监视当众开标。

五、参加投标者，将标单填妥，觅具保证，签章担保，用密封封口，加盖名章，于规定开标时间亲自投入办公处所备之标柜，由参加监视人员会同当众拆封开标，将各标价目依次照抄作成记录（一式十份），由参观监视人员签章证明。

六、各标标的物均分（1）土地，（2）房屋，（3）机械设备，（4）什项设备，（5）原料，（6）材料，（7）半成品，（8）成品，八类投标者应分类填注投标价格，（其（5）（6）（7）（8）四类每一种物资须另填单价）以所出总价最高者得标为原则，仍由办公处送请审委会核定，于开标后七日内以书面通知得标人。

七、如同一标的物投标者有2人以上所出价相同时，由办公处提请审委会核定之。

八、得标者应于送达通知十日内，到办公处以现款（银行本票或银行保付支票)缴纳标金百分之五十(包括保证金抵充部分),其余半数于送达通知三十日内缴足之。如愿于十日内全数缴足者,倘未按期缴款,即作弃权论。所缴款项全部没收,此项标的物应否以次标标价得标,抑应重定处理办法,由办公处提请审委会核议之。

九、得标者应于缴纳全部标金后五日内,到办公处会同前往标的物所在地点,依照办公处所开资产清单点收接管。

十、所缴保证金,得标者抵作价款之一部,未得标及不合投标规则者,于开标七日后,持原收据向办公处无息领回。

十一、投标人应绝对遵守本办法之规定及有关之法令,如投标人有不履行标售条件等情事时,保证人及投标人共同负法律上之责任。

十二、标的物点交时,如点交数量与原清单有出入时,应以点交数量为准,其差额由办公处与购买人洽商作价分别扣补;如双方议价不能协调时,提请审委会核定之。

十三、本办法提请审委会通过施行,并转呈行政院备案。

〔国民政府资源委员会档案〕

24. 经济部一九四六年度复员实施办法

(1946年　月　日)

经济部三十五年度复员实施办法

三十五年收复区经济事业初步接收已告相当段落,全盘复员亟待次第实施,本部工矿商业复员工作自应一本最高当局指示与国家施政方针,以调整工矿事业,提高生产能力,改善商务设施,增进国际贸易,并尽速完成战后工业建设之具体计划与必要准备。基此需要,则于本部主管业务与所属机构势须有所调整及更张,以谋迅赴事功,达成任务。兹分别业务性质,将本年(三十五年)内拟办工作、应设机构及所需经费撮要条列于左:

甲、关于检验检定注册及其他有关经济行政工作者

(一)商品检验

本年为配合我国对外商务之发展,亟应于各通商口岸普设商品检验机构,以利出口农林畜产之改进。除原有之重庆、昆明二局续予维持,及上海、天津、汉口、青岛、广州五局迅谋恢复外,并拟于东北增设大连、哈尔滨二局,于台湾增设高雄、基隆二局,连前共达十一单位。其全年所需经费,计上海、大连二局各为二二,五〇〇,〇〇〇元,汉口、天津、哈尔滨三局各为一四,四〇〇,〇〇〇元,高雄、基隆二局各为一二,〇〇〇,〇〇〇元,广州、青岛二局各为一一,七〇〇,〇〇〇元,重庆局为二,七三〇,五〇〇元,昆明局为六二三,九〇〇元,总计达一三八,九五四,四〇〇元。除东北、台湾四局外,其余悉已编入本部三十五年度经费预算。

(二)商标注册

商标注册,本部原设商标局主其事,本年拟更视事实需要,增设重庆、天津、广州、长春四专员办公处,各需开办及经常费三七〇,六〇〇元,四处共需经费一,四八二,四〇〇元,已列入本部三十五年度经费预算。

(三)度量衡检定

度量衡之检定,向系由本部全国度量衡局统筹办理,各地方检定推行业务,则由各省市政府设置度量衡检定所司其事。本年当责由该局督促并协助停办或未设度量衡检定所各省市及东北九省二市台湾特区迅速成立机构,展开业务,经费不另列支。

(四)工业标准

本部对工业标准之厘订与推行,原系责成工业标准委员会及全国度量衡局分别办理。本年中大规模工业建设即将逐步实施,工业标准工作亟应积极推进,以资因应。本部拟即依照战后工业建设纲领实施原则之规定,着手筹设标准局,其所需经费预算拟俟该局组织法颁布后,再行专案编订。

（五）工业专利

工业专利事项，向由本部直接处理。本年为确立发明奖励制度、促进工业技术改进起见，拟即依战后工业建设纲领实施原则之规定，尽速成立专利局，以统负其责。其所需经费一俟该局组织法呈奉核定，当即另案编订。

（六）交易所监理

上海市原有交易所监理员之设，办理关于纱布、面粉、证券、金业及杂粮油饼等交易市场之监督事宜。本年内应即着手恢复并扩充为交易所监理官办公处，设置监理官二人，驻所监理员五人，年需经费一五，〇〇〇，〇〇〇元。其他设有交易所都市，其监理事宜向由本部直接处理。为期督察完密起见，本年拟分设汉口、宁波、天津、青岛、北平驻所监理员各一人，所需经费共为六，〇〇〇，〇〇〇元。

（七）对外商务

为处理对外商务事宜，本部原有驻美国及驻苏联商务参事办事处之设。本年对外经济关系更趋扩展，为适应实际需要，计拟再于英国、南洋两地增设商务官，英国设商务之参事办事处驻伦敦，经费与美国同，为美金四八，〇〇〇元。南洋设商务专员办事处驻新加坡，兼顾范围为印度、马来西亚、缅甸、暹罗、婆罗洲、菲律滨及苏门答腊各地，经费比照英美两处编列。

乙、关于调查研究试验及其他有关工矿技术工作者

（一）地质调查

矿产调查，为战后工业建设之先务，亟应普设机构以为全面之发展。本年除扩充中央地质调查所内部组织，增加工作人员，添设仪器设备，以利工作推进外，并督导该所于以下各区设置分所。

（1）西北分所　该分所系于三十二年奉令设置，所址择定兰州。当时以创建伊始，限于经费物资，设备殊嫌简陋，致预定工作甚难推动。本年为谋久远之计，拟督导其建筑所址，购置仪器及

其他必要设备，预定需经常费四，七一六，〇〇〇元、设备费三〇，〇〇〇，〇〇〇元、事业费一〇，〇〇〇，〇〇〇元，其经常费已编入本部三十五年□出预算。

(2) 北平分所　该所自国府定鼎南京，本所由北平南迁后，其原址即经改设北平分所，抗战后无形停顿。今后工矿建设，华北地位甚为重要，自应迅谋恢复原有工作，以资因应。预计需经常费一五，〇〇〇，〇〇〇元、设备费二〇，〇〇〇，〇〇〇元，其经常费已编入本部三十五年□出预算。

(3) 东北分所　伪满原有地质调查所一所，设于长春，南满铁路亦曾设地质调查所于大连。本部拟即责由该所统筹接收，并改组为东北分所。预计需经常费一八，〇〇〇，〇〇〇元、设备费二〇，〇〇〇，〇〇〇元，其经常费已编入本部三十五年□出预算。

(4) 西南分所　俟前述各分所筹设就绪后，视人力及经费可能情形，拟再于四川或贵州筹设西南分所一所，其经费于必要时再行编订。

(二) 矿冶研究

矿冶为工业建设之基本。本部为抗战后分配合〔和〕后方实际需要，曾设有矿冶研究所一所，对采矿冶金技术改进颇收成效，今后自应续予维持并改名为中央矿冶研究所，着手筹设以下各区分所。

(1) 东北分所　敌伪在东北所设矿冶研究机关，拟责成该所统筹接收改组为东北分所，所需经费除经常费一五，〇〇〇，〇〇〇元已列入本部三十五年度□出预算外，拟再增列事业费美金五十万元。

(2) 西南分所　该所随中枢迁返首都，原有人员及设备，拟仍酌留一部于重庆，以赓续其未竟工作，必要时即改组为西南分所，其经费则暂停并入总所编列。

(3) 北平分所　于该所及其前述各分所筹设就绪后，拟再于北平着手筹设分所一所，其经费俟必要时另行编列。

（三）工业试验

本部中央工业试验所，过去对于工业技术改进致力甚多，战后工业建设开始实施，该所责任益趋繁重，非扩展组织不足以济事功。本年除督导该所迁返首都，积极充实各试验室及实验工厂外，并迅速成立或扩充以下各区分所。

（1）西北分所 该所三十二年间为配合政府开发西北经济设施设立西北分所，对西北毛纺织、制革、盐碱、制糖等工业技术之改良与工业原料之调查分析均著成效。本年拟再予扩充除各试验室外，并增设西安、西宁、归绥三工作站，预计共需工作人员一百人，经常费八，七二八，二〇〇元、事业费二〇，〇〇〇，〇〇〇元。

（2）西南分所 为继续该所战时在四川重庆、北碚、内江、自贡、嘉定等地进行之研究示范工作，拟将各该地所设之试验室及实验工厂酌量归并集中成立西南分所一所，预计共需工作人员二百人，经常费一〇，〇〇〇，〇〇〇元、事业费四〇，〇〇〇，〇〇〇元。

（3）东北分所 敌伪在伪满大连、长春等地均曾设有工业试验机构，本年应责由该所统筹接收合并为东北分所，以协助东北工矿事业之发展。其内部组织，大连部分拟包括无机化学、有机化学、燃料、农产、化学、机械、车辆及动力电气工程、材料纤维等九个试验室及一沙河口工作站。长春方面拟包括无机化学、有机化学、燃料及燃烧、电气化学、机械及动力工程、材料、理化、木材、纤维、制革、油脂、低温陶业、机械工作等十五个试验室与油脂、胶合板、机械工作、玻璃等四个实验工厂，预计需工作人员五百人，经常费一五，〇〇〇，〇〇〇元、事业费八〇，〇〇〇，〇〇〇元。

（4）台湾分所 敌国在台湾设有工业研究所一所，拟责由该所接收改组为台湾分所，分设材料试验、有机化学、无机化学、电气化学、机械及动力、农产、化学、天然瓦斯等七个试验室，预计共需工作人员一百人，经常费五，〇〇〇，〇〇〇元、事业费一〇，〇〇〇，〇〇〇元。

（四）技工训练

战后工业建设所需技工人数至为庞大，招致〔工〕训练至关切要，本部技工训练处战时于后方曾办有技工训练五期，分特殊、普通、速成三种，委由各国营民营工厂代为施训，成绩尚称满意。惟以均系委托训练性质，本年拟督导该处自办直辖技工训练班与机师训练班，并各附设实习工厂一所，以分别造就普通技工与技训师资或领工，其所需开办及经常费预计为六一九，八六四元。

丙、关于工矿生产工作者

（一）矿业

（1）煤矿　资源委员会原有自办或合办之嘉阳、威远、建川、贵州明良、宝明、湘南、粤北、甘肃、陕西各矿均仍予维持，并另于华北、华中、西北各区接收或筹办冀西、冀南、鲁南、胶远、中福、豫西、普□、江淮、浙皖、湘赣、宁夏各矿，于东北及台湾区接办辽东、关东、通化、本溪及台湾各矿均应分别组设机构，迅速恢复生产，所需经费预计为二七，一五五，〇〇〇，〇〇〇元。

（2）石油　资源委员会原设之甘肃油矿局、四川油矿探勘处及乌苏油矿均继续生产，并于东北台湾分别接办札赉诺尔油矿、阜新油矿、抚顺油页岩矿及台湾各油矿，预计共需事业费四，六一〇，〇〇〇，〇〇〇元。

（3）金属矿　资源委员会在战时已办或筹办各矿，如滇北及川康铜铅锌矿，赣南、湘南、广东、广西、云南等钨锡矿，湖南锑矿金矿及新疆钨矿等均分别维持或恢复，并于华北华中各区接办宣龙、金岭、大冶、苏皖、宁夏铁矿，冀北招远及湖南金矿，□□□矿湖南铅锌矿，在东北台湾二区接办或增设辽阳、本溪、通化等铁矿，吉黑金矿及辽东铝镁铝土，东北铜铅锌，台湾铜金各矿，预计共需事业费二一，一〇〇，〇〇〇元。

（二）工业

（1）冶炼　资源委员会原设资渝、资蜀、云南、威远、电化、昆明电冶各厂仍继续维持，其生产钢铁铜锌供西南各地需要。大冶、石景山、马鞍山、太原四钢铁厂战前均已具相当规模，应由该会迅速接收重建复工开炼，本溪、辽阳二钢铁厂，辽东、台湾二铝镁厂今经光复后，亦应迅速恢复生产，预计共需事业费五八，六六三，五〇〇，〇〇〇元。

（2）机器　资源委员会原设有中央、甘肃、宜宾三机器厂，应续谋扩充，并于华北、东南、华中、华南各工业中心区增办天津、青岛、太原、沪江、江汉、广州六机器厂，天津、平津、太原、青岛、沪江、江汉、福州等九车船厂，于东北台湾二区接办旅顺机器厂、大连车辆厂、大连造船厂、沈阳飞机厂、台湾造船厂，预计共需事业费三〇，七〇九，〇〇〇，〇〇〇元。

（3）电器　资源委员会原办中央电工、中央无线电、中央电瓷、华亭电瓷等厂续予维持，并另行筹设或接办沪江、冀北、大连、沈阳四电工厂预计共需事业费一〇，〇一五，〇〇〇，〇〇〇元。

（4）化工　资源委员会所办化学工厂种类甚多，本年应视事实需要，酌予调整，预定仍予保留者有动力油料、北碚焦油、甘肃化工、乐山干馏四厂，其余分别撤销或转让民营。收复区各化工厂择其规模较大或性质应属国营范围者，如东北、太原、赣湘、广州、台湾等化工厂，辽、吉、冀、察、太原、江苏、芜湖、大冶、两广、台湾等水泥厂，上海橡胶厂、海州磷肥厂、广东台湾等制糖厂，综计共需事业费二七，三七五，八四〇，〇〇〇元。

（三）电业

（1）电力　资源委员会为供应各地动力需要，战时在后方各地创建电厂甚多，其主要各厂如长寿、龙溪河、万县、泸县、昆湖、贵州、柳州、长沙、衡阳、西京、西宁、天水、汉中各厂相继经营，岷江、自贡、宜宾各厂分别调整归并，并接办北平、天津、青岛、唐山、大冶、武昌、郑州、广州等大电厂与东北、台湾二电业管理局。

(2) 水力　水力勘测及工程方面资源委员会曾设有全国水力发电工程总处，负统筹推进之责。今后为加强推动国内水电事业，自应续谋扩充以应需要至。其预定工作，则以三峡黄河上游黄河壶口汉水资水等处水力勘测为主，当督导其积极进行。

以上两项计共需事业费二〇，五三五，〇〇〇，〇〇〇元。

(丁) 关于督导及管制工作者

(一) 日用品管理

本部为管理战时重要民生物资，曾就主管范围内设置日用必需品管理处，统筹渝市川省食用油及纸品之增产购运分配事宜。迄今战事已告结束，物资供应情形即可逐步恢复正常，该处已无继续存在之必要，拟即于本年内逐步结束。

(二) 纺织业管理

上(三十四)年十月间奉院令撤销财政部花纱布管制为由，本部组设纺织事业管理委员会办理接收敌伪纺织染工厂，促进全国纺织工业建设，统筹纺织原料、成品购销与对外贸易，供应军需被服及其他有关纺织事业之事项，必要时并已由该会组设特种股份有限公司，办理花纱布之购销业务及纺织事业之经营。其经费预算拟俟该会筹组竣事后，再行专案编订呈核。

(三) 对外贸易管理

财政部贸易委员会业经中央明令撤销，并将主管业务划归本部接办。惟查外销物资统购统销虽已停止办理，有关对外易货偿债事项则仍应赓续进行，且今后和平建设开始，为适应国内经济需要及增进国际经济关系起见，对外贸易工作更有加强推动必要，非组设专管机构不足以收统筹促进之效。故本年内拟筹设商务局，以专司其事，其经费预算俟该局组织条例立法程序完成，再行编订呈核。

(四) 民营事业导助

关于民营工矿事业之督导及协助本部曾设置工矿调整处司其事。三十三年战时生产局成立，该处奉令裁撤，所遗业务悉划归该局统筹办理。本年抗战胜利，该局任务达成，经院令决议撤销。为使对民营事业导助及工矿器材管制工作继续加强推进起见，拟筹设工矿局接办前战时生产局所有业务，其经费预算俟另案呈核。

〔国民政府经济部档案〕

二、对收复区工矿业的接收

1. 孙越崎筹办接收华北东北等地工矿事业致翁文灏等电

（1945年12月—1946年5月）

1. 孙越崎致翁文灏电（1945年12月31日）

北平　卅四年十二月卅一日

翁、钱主任委员：密。迭奉二公及兆洪兄来信，实因太忙，心绪太乱，在委座到后，责成负责复工，又规定原接收机关运用，更为繁忙，致无心考虑根本问题，久未复陈，久劳锦念，甚为惶恐。兹将本会在河北省内应办事业条陈如下：一、煤业。甲、井陉、正丰应组织公司，与省政府合办。井陉资本1000万元，其中750万元为省股。正丰500万元，全由日人收买。两矿合并，资委会应占一半。但崎意资委会应占七成五，该两矿现为省政府接收。欲其交出，应占七成五，非呈请委座批示，别无办法。乙、磁县官矿、怡立公司及中和公司应合并改组为公司，由资委会、省政府及人民合办。其中怡立、中和各有一部分股本卖与日人，可作资委会股本，亦须委座批准。但此刻在匪军手中，详情查明，或可从缓呈报。二、钢铁。以龙烟石景山为本位加入天津制钢所，均为经济部接收，再加入唐山制钢所，现为河北省政府接收，可以行政院令处理局，令其交出。三、窑业。甲、琉璃河水泥厂完全日人所办，现由省府接收，可由行政院令处理局交出鄹。秦皇岛玻璃厂，现由经济部接收，半数为人民资本，应组织公司，由资委会主办。乙、古冶耐火镕厂，由敌资新办，应由资委会独办，惟破坏甚烈，治安不佳。四、造纸。天津东洋造纸厂已由省府移交经济部，规模颇大，应由资委会独办。其他平津尚有小纸厂数家，不必归并。五、化工。甲、天津东洋化工厂由省府接收，天津华北盐业公司化工厂由盐政局接收，均系日人新办，第一次审议会移交经济部，并经行政院核准，但均未照办，仍在催交中。设备均新，规模均大，非成功不可，应由资委会独办。六、电力。平津唐三厂均系敌资，并非民股，不必组织公司，亦不必参加省市董事，电询选董事人名似可作罢。因近来省市对电力已无异议，不必招麻烦也。但石景山25000瓩新厂尚有一处未完工，应速赶成之。七、机械厂甚多，但无大规模者，其中天津华北机械厂尚佳，由经济部接收。再合较小机械厂数家可成一较大机厂，由资委会独办。八、电厂。华北电线厂及电泡厂尚可经营，规模均不大，再合并数厂，或迁建或合营均可作为电工厂天津分厂。九、以上八项，为资〔委〕会可以经营之事业。十、王燕谋兄事务甚多，上列之工业移交资〔委〕会后，为减少王之工作，暂时请电派一高级人员驻平津，专督导资〔委〕会各事业及筹相当资金，迅速复工。为应付目前情势，似暂时有此必要，当否？乞示。职孙越崎叩。世。印。

2. 孙越崎致翁文灏等电(1946年1月10日)

北平　卅五年一月十日

翁主任委员、钱副主任委员钧鉴:密。塘沽华北盐业公司有新式盐田与化工厂,原由盐政局接收，本局已议定归经济部接收，并得宋院长同意，与省政府之东洋化工厂同时由姚文林接收。嗣崎告宋院长，此厂应交资源委员会接办，宋不赞成，谓资源委员会东西太多，应交盐政局接收，崎谓盐政局已属统制收税行政机关，非办理工业机关，且机关太老，似非所宜。宋院长谓可以刷新，故仍交盐政局接办。惟处理局尚未正式处理，但亦不可久悬。谨电奉关务，请钱副主任委员速来为祷。孙越崎。灰。平。〈0001〉

3. 孙越崎致翁文灏等电(1946 年 1 月 15 日)

北平　卅五年一月十五日

翁部长并转钱副主任委员钧鉴:密。(1)锦州区已接收工矿有:(A)锦州合成燃料采〈FISHER〉方法制油原计划日产 90 吨，破坏不烈，材料大部损失，制造氧气部分现在筹备开工。(B)锦州电业局照常供应。(C)锦州女儿河凡铁炼制特种钢设备甚好，破坏虽烈，修理并无困难，须流通券二千万元，即可复工。(2)锦西区已接收工矿厂有:(A)锦西大同洋灰厂，原月产万吨，现局部开工日产 20 吨，倘有皮带机油及原料，即可全部开工，原存洋灰 2900 吨已为军部封存，此厂交通便利，出品可供给北宁路及辽热各矿。(B)葫芦岛硫酸厂，一切设备完整，日可产浓硫酸 59 吨，现存 93 度浓硫酸 800 吨，如平津沪需要请设法出售。(C)锦西杨家村平日矿，可产原矿 790 吨，为稀有矿藏，矿井电机水泵虽被破坏，略加修理仍可产 70 吨。(D)945 部队四平燃料厂，规模宏大，破坏最烈，惟钢铁五金材料颇丰，可供给各煤矿需用。(E)以上各矿厂皆已成立临时管理事务所，已进行清点厂址及修整机械。(3)阜新煤矿已接收，现日出 500 吨，如增至两千吨尚不困难。该矿电机六具计 25 万千瓦，连同电板锅炉，全部为处务军拆去。(4)北票煤矿亦可接收。(5)两矿整理及周转金，已蒙熊主任批发流通券 1000 万元。又崎今到平，明飞长春。崎。删。已分抄钱副主任委员。

4. 孙越崎与翁文灏往复电(1946 年 4 月 25 日)

沈阳　卅五年四月廿五日

主、副座钧鉴：密。沈阳皇姑屯北宁路修造车厂隔壁有一机车及车辆制造厂，民国廿八年原由日本私人创办，名为满洲车辆工厂，资本五百万元，嗣于上年增资为三千万元，南满铁路局投资一千万元，日人投降时原有机器九百余部，苏联拆去七十五部，其余一切无损失，为沈阳大工厂破坏最轻者，目前剩余设备可能制造能力为每月机车五辆、钢皮客车十辆、木箱货车六十辆，存材料甚为丰富，足供上述产品六个月之用。惜车辆车轴向由沈阳住友、三□等厂定制，但该厂等几全部损失，故须向外购买。该厂原由本处与交通部特派员办公处共同接收管理，经与陈地球兄面洽，究由何处接办，据其表示他可全权作主，无论合办或资委会独办均无不可，等语。但话虽漂亮，而内心实有不舍。谨特先详叙经过，电请示遵为祷。又皇姑屯北宁路修造车厂亦无损失，规模较此厂为大，故崎意满洲车辆工厂最好由资委会独办。并请电示，大意如下："满洲车辆工厂既系制造厂，且北宁路修造车厂规模甚大，亦无损失，足供铁路修理之用，故满洲车辆工厂应由资委会接办。陈地球兄既无成见，殊深钦佩，盼即转达定案。至整理及维持费预算，盼即电告为要。"等语。以便据以交涉为祷。孙越崎。有。沈。〈5〉

复孙越崎电

沈阳。孙特派员越崎兄。密。有沈五电悉，满洲车辆工厂既系制造厂，且北宁修造车厂规模甚大，亦无损失，足供铁道修理之用，故满洲车辆工厂应由资委会接办。陈地球兄既无成见，殊深钦佩，盼即转商定案。至整理及维持费预算，盼即电告为要。弟文。昌。〈 〉〈 〉卯。艳。机。丙。

5. 孙越崎致资源委员会电（1946 年 5 月 1 日）

沈阳　卅五年五月二日

大会钧鉴：密。本月十一日派张松龄、唐之肃二人领队分别前往辽阳、鞍山两处接收工矿，已电呈报想蒙钧鉴。筱日崎与逸周兄等亲往视察，重要工矿均已接收。辽阳方面有纱厂、棉子油厂、水泥厂、化工厂等十余厂，大体完整，均可复工。鞍山钢铁厂规模宏大，苏联拆去亦多，但剩余完整，可用者计尚有化铁炉，年产生铁45万吨，炼钢炉年产50万吨，选矿场及炼焦炉剩余能力亦足与上述钢铁产量相称。惟轧钢设备拆去太多，已不相称，重钢轨、无缝管及大钢板等，轧钢机均拆走，尚有钻？轧钢丝绳及焊管机厂等完整可用。此外，附属工矿及电车系房屋等等，财产之多非我国今后十五年所能建设成功，值得重视。惟电厂七万五千瓩已均破坏，至多尚有一万二千瓩可以修复，需时半年。又铁矿尚有接收损坏情形不明，谨电陈明。孙越崎。〈皓〉〈7〉辰。东。重发。

〔国民政府资源委员会档案〕

2. 经济部等核办民营电业协会呈诉明远电气公司普临电气公司被省府非法接收案公函

（1946年1—4月）

1. 民营电业协会呈(1月8日)

呈为呈请事。窃据本会会员芜湖明远电气公司函称：查敝公司创自前清光绪三十四年，为长江流域开办最早之民营电厂，抗战军兴，即被敌军强占，并将公司名称改为华中水电公司芜湖营业所，在此抗战期间，股东职员撤退后方，苦守八年，生计堪虞。此次欣逢抗战胜利，当蒙经济部苏浙皖区特派员办公处委派本公司董事兼总经理沈嗣芳为本公司接收委员，各股东咸表欣慰，并由常务董事周协恭、股东濮秋丞等向经济部苏浙皖区特派员办公处张家祉司长处面递呈文，除表示欢迎沈委员外，并请早日到芜接收，以便发还后即可复业，至十月间，沈委员到芜接收时，始悉本公司在九月间芜地日军尚未受降缴械以前，已由皖南党政接收委员会派建设厅技正焦祖荫为监督，焦即率同冗员百余人进厂接管，并将公司名称改为芜湖水电厂。旋因皖南党政接收委员会撤销，复由安徽省政府李品仙主席令派焦祖荫为代理厂长，虽经沈委员先后到芜接收三次，而焦始终以未奉省令，不便移交为藉口，以示拒绝，至本公司自经焦祖荫非法接管后，对外任意增加用户负担，对内则将开支庞大逐月亏耗，长此以往，公司前途势必陷于绝境。为此函请贵会主持公道，力予援助，以达撤销接管，发还原主复业为目的，是所企感等情，到会，正核办间，复据会员河南开封普临电气公司代电略称：开封普临电气公司创自清季末叶，以迄今日，有其三十余年之历史，并无官股，抗战军兴，开封沦陷，各股东懔于大义，逃避远方，苦候八年得返故里，而普临公司已由河南省政府派人管理，改名为开封电厂，屡呈发还，尚未实现，忽有官商合办之议。下情惶骇，莫名所以。查本公司惨遭敌人损害之后，复受此不符中央法令之侵占，素仰贵会维护同业，应请设法保障，并恳分别转电协助，俾有遵循为祷。等情。据此。查经济部对于敌伪资产之处理原则规定：凡产业原属本国或友邦人民，确由日方强迫接收者，应查明证据发还原主。复查三十四年十二月十七日新闻报载：中央社重庆十六日电行政院，以所属各机关在各地接收人员对于前被敌伪强占之人民财产，于接收后有拒予交还或提倡其他名义，径予占用之情事，此种情形应严加纠正，经通饬所属各机关对于前被敌伪强占之人民产业于接收后，除属于汉奸者外，应一律发还业主领管，不得侵占。否则依法严办等语。且江浙一带之民营电厂，经经济部派员接收后，正在分别发还原主复业，协助政府努力生产。今皖、豫两省政府对于芜湖及开封两处民营电厂，均经非法接管，甚且变更公司名称，拒绝中央派员接收，显见不顾中央通令非法摧残公用事业，素仰钧长对于民营事业提倡维护，不遗余力。为此据情呈请鉴核迅赐，派员彻查，令饬纠正，一面准予发还原主复业，以崇法令而维产

权，伏祈批示祇遵，实为公便。谨呈

国民政府行政院院长宋

具呈人中国全国民营电业协会理事长钱永铭

上海通讯处：南京路233号哈同大楼126室

中华民国三十五年一月八日

2. 经济部公函(2月27日)

经济部公函　发文(卅五)渝电字第22942号
中华民国卅五年二月廿七日发

案准贵处三十五年一月二十五日发礼字第2533号交办案件通知单，抄送中国全国民营电业协会理事长钱永铭呈一件，为呈诉芜湖明远电气公司及开封普临电气公司被省政府非法接收，请饬发还原主一案，奉院长谕："交经济部"相应通知等由到部。除芜湖明远电气公司经令饬本部苏浙皖区特派员迅即查明经过呈复候核外，至于河南开封普临电气公司案，本部前于本年一月二十九日接准贵处发和七字第五三五八〇号通知单嘱核复河南省政府三十五年度工作计划，关于整理开封电厂部分内声明该公司应由豫建厅移交本部接管，以凭处理在案。兹准前由，除函河南省政府转饬建设厅迅将原普临电厂移转本部特派员办公处接管外，相应函复查照转陈，并批饬具呈人知照为荷。此致

行政院秘书处

部长翁文灏

3. 经济部公函(4月13日)

经济部公函　发文京电35字第00862号
中华民国卅五年四月十三日发

案查前准贵处本年一月发礼字第二五三三号交办案件通知单，抄送中国全国民营电业协会理事长钱永铭呈一件，呈诉芜湖明远电

气公司及开封普临电气公司被省政府非法接收，请饬发还原主一案。业经饬据本部苏浙皖区特派员办公处呈复，略以该公司自经本处指派接收委员沈嗣芳接收去后，嗣据该员报告，以该公司于胜利后，已由皖省政府令派建厅技正焦祖荫接收等语到处，当时为顾全接收工作顺利进行起见，乃加派焦祖荫会同办理，一俟接收报告造送齐全，即行提请敌伪产业处理局审议处理，业经呈报在案。除已催令沈、焦两接收委员克日会同呈报再行核办呈报外，奉令前因，理合将办理该公司接收情形，先行备文呈复，仰祈鉴核等情。相应函请查照转陈，并饬知原呈人为荷。此致

行政院秘书处

部长翁文灏

〔国民政府行政院档案〕

3. 行政院秘书处抄发中统局关于湖南零陵标卖敌产内幕情报公函

（1946年2月21日）

行政院秘书处公函（交办）　发文节叁字第〇五一四一号
中华民国卅五年二月廿一日发出

查中央调查统计局情报，湖南零陵标卖敌产内幕一案，奉谕“交湖南省政府及全国性事业接收委员会”。相应抄附原情报一件，函达查照。此致

全国性事业接收委员会

抄附原情报一件

秘书长蒋梦麟

抄原情报　湖南零陵标卖敌产内幕　长沙卅四年十一月廿三日讯

据报：湖南零陵城市沦陷期间，敌伪便衣队令顺民拆取或盗卖地方机关公有砖瓦、木料或人民房屋材料，在公有地基或私人地基上盖造之房屋，共计五百三十九栋。政府对该项房屋之处置，原由第七区行政专员欧冠提议，以该项建筑虽属违反国民公约，应予充公，但零市房屋被敌炸毁甚多，人民损失甚巨，现流离失所，实深可悯。故拟将该项房屋由政府酌照料价规定收取半价，由地主或原户主买回，以示政府对人民之体恤。不意该项意见未得当地机关同意，未予实行。现经零陵奸伪财产处理委员会决议，“凡汉奸伪维持会便衣队及公有地基之房屋，一律照〔招〕标拍卖，便衣队所建之房屋在私人地基上者，仍按中标价格尽地主优先承买。”并于十月三十日开标，计全部卖出可得一千万元以上。惟查其用招标方式者，乃由于一部分机关及有权利之私人，以该项房屋大都建筑在热闹市区，值此全市房屋毁尽，正好夺为己有，以作私人经商之用。若由政府估价准人民购回，必无法遂其私欲，故极力主张标卖，以便从中操纵。此次开标结果，除被彼辈私人夺得者外，机关买得者，计县政府福利社一栋、零陵民报社一栋、社会服务处三栋、文化服务社二栋、唐象信（三民主义青年团零陵分团部干事唐国化名）五座等，致为社会人士不满。今有原地主佃户三百余人结队向第七区行政督察专员公署请愿，请求政府仍照原出示所规定估价之价格，由地主或原佃户备价收回，勿再招标，尚无结果云。

〔行政院收复区全国性事业接收委员会档案〕

4. 经济部抄送上海市商会建议政府将被敌伪占夺的民营工厂发还原主代电公函

（1946年5月15日）

经济部公函　发文京工字第〇一九八六号
　　　　　　中华民国卅五年五月十五日发

准国民参政会秘书处本年四月十日函，以收到上海市商会陷日代电请建议政府将接收敌伪产业处理原则予以变更一案，检同原代电嘱查照核办。等由。查收复区敌伪产业之接收及处理，以贵会为中心机关，该上海市商会所请变更处理原则一节，相应抄同原代电函请查照核办为荷。此致

全国性事业接收委员会

附抄送原代电一件

部长翁文灏

抄原代电

重庆国民参政会参政员诸公勋鉴：抗战八年沦陷区内之民营工厂多被强占劫夺，敌人在占领期内只以增加其军需生产尽量使用为目的，对于机件从未为合理之维护，即此一端，损失已巨。迨至日军仓猝投降，厂基机件即使幸得保存，原料制品亦多残缺，原主接收之后，无异百孔千疮，欲其恢复原状，正须煞费经营，重新筹款。各厂劫后余生，方期国家能以接收敌伪所有之工厂划拨一部为民营工厂，弥补损失之用。揆诸国家以人民为本位之原则，此项期望原属平允合理。乃按诸事实，则接收敌伪所有之工厂，规模较巨者收为国营，规模次者标价出售，期以额外之幸获弥补其赤字预算，工商界已多失望。最近并闻经济部及敌伪产业处理局，处理应发还之民营工厂，只以工厂未被毁坏之厂房及机器设备为限，其所接收于原存厂内之原料、成品、机械、附件材料等类，均须收归国有，甚至被敌人将原有设备拆毁改造之厂房设备亦须作为敌人增设新设，责令原主作价承受，纯以经济上之立场为出发点，而放弃国家应有维护民族工业之责任，实堪叹惋。就事理而论，厂基与机器设备为生产之母，敌人因占领民营工厂，乃有添置之原料制成之商品及改造之设备，皆属子母相生，不可分割。换言之，有民营工厂被占之因，乃有上述产生之果，自

应归于被占领之原厂主所享有，不得视为国家之战利品。如照现议办法，损失则归人民自负其责，名为将来可向日本索赔，而实则遥远无期，等于望梅止渴，利益归国家享受，且从人民损失中分割其一部以为国家独享之利益。揆诸国家与人民原属一体，忧乐与共之本旨，未免南辕北辙。似此情形，民营工厂名为发还，实则只存躯壳，非重新添置原料材料，仍无从实施开工维持其原有基业。无论目前交通梗塞，购料不易，而资金枯竭之际，各厂如欲勉强图存，非以重息另谋告贷，实属无法筹措，徒使各厂增加负债，延缓开工期间，殊非高谈战后经济建设之时所应有。应请贵会建议政府将接收敌伪产业处理原则予以变更，凡接收被占工厂之原料材料成品及增设或改造之设备全部应发交原主，估定价值，移抵该厂被敌占夺损毁之损失。如有余存，方可作为国有收款入库，但应酌给期限，分期拨还，以利复兴而励生产。揆诸事理，庶得其平，此在国家弥补赤字预算之原定计划，自不免有一部之少收。惟战后复兴政策所关，不能专从财政上之得失着想，而较及锱铢，掬诚奉达，至希以代表民意之立场为民请命。上海市商会叩。陷。

〔行政院收复区全国性事业接收委员会档案〕

5. 经济部粤桂闽区特派员办公处接收区内敌伪厂库工作报告

（1946 年 5 月　日）

经济部粤桂闽区特派员办公处接收办理区内敌伪厂库工作报告　中华民国三十五年五月

本处执行接收工作，系遵照经济部战时生产局命令会同第二方面军受降接收委员会就主管范围之工矿事业与处理指示办法，暨应行遵守事项分别办理。自粤桂闽区敌伪产业处理局成立后，所有各项处理事宜，均依据处理局之决定执行。旋以受降接委会结束，关于旧案之清理，有并向军委会委员长广州行营清理组洽办者。

接收工作进行程序，系依照规〔定〕与计划，不越范围，顺次推展，防止乘机走漏，避免争执纠纷。接收时务求迅速，以期得收整理复工、恢复生产、补救失业之实效。

其查封接收手续，切求达到慎重缜密。凡执行处理一单位之敌伪产业，在前均系依照受降接收委员会命令，或经受降会议决定、或由该会审查组调查组书面转知奉令办理。自受降会结束后，则依据处理局之决定执行。如经确认所办之件系敌伪产业者，在前则会同审查调查两组、或有关机关人员齐赴目的地妥慎处办，现在则会同处理局派员，并知会当地宪警同往执行查封接收。本处每次派出会办者，有接收委员、技术员、管理员，认为比较重要案件，并有增派专门委员顾问等高级人员，同赴督导办理，以资慎密。所有接收单表及办理实况，均即由在场各方人员会签单表，一式九份，分送各机关及事主存执备查。同时会编清册，再由本处派员复行切实清点另编复点清册造报，以昭核实，而示慎重。

于接收后，本处为妥慎保管暨整理复工起见，一面派出技术及保管人员分头前赴各该厂库勘视现实状况，协同各该厂主管人员，迅将物资之易腐坯〔坏〕者与及〔其〕机器之易锈蚀者，加以切实整理，俾极力减免其损耗，一面参酌各厂与地方环境之需要，及其设备是否仍复完整？所需原料能否不断供应？种种情形，督饬主管及技师分别缓急轻重，从事计划，认真整理，修配机件，补充器材暨准备必需原料各项，尽速从事复工，以期增加生产，救济失业。

关于每一单位厂库有无民有部分地产、房屋、铺业、物资，经于各该单位厂库之门首张贴布告及登报周知，务求招寻其原主前来认领。甲、如确属民业，能提出确据证明者，具保后便可发还管业；乙、若房屋地段，原系安装有巨量笨重机器或物资及其他一切有固定性之设备，不易觅地迁移，而又为该厂所必需，一时不能分割者，则由本处先行承认其业权，并派员与业主洽租，婉请业主原谅、同情、维护工业，免致因迁移而停顿。各业主中，能识大体允予迁就通融者计占多数，本处极感其协助政府维持工业之至意。至少数仍有未获同情者，亦在洽商折衷办法办理中。丙、其敌伪工厂原属全部民营，而被敌强占属实者，经予尽速发还，同时协助其复业。丁、民营厂中如被敌伪占踞〔据〕，增加修缮设备，须候审查划分发还或没收者，先交与原主在短期内复工，由本处派员指导规划，并予切实协助。戊、敌伪工厂倘有民间资本关系而尚未发现有附敌行为者，亦先责由原有主管人迅速复工，由本处派员监督办理，再行清理其股份与债务。已、敌遗工厂如有占用民间及民邦地皮房屋机器，因情形复杂发生纠纷，未易在短期时间清理者，则先由本处整理复工，矣〔俟〕纠纷减少，参酌现实之适应，招商承办。如系纠纷轻微者，迅予计划招商承办，以官商合股或售卖之方式行之。庚、其性质比较重要且规模比较宏大之事业，又其种类亦属于另一主管机关互有关系性质者，当经先后分别移拨暂借使用。故本处接收工厂中，有移拨与资源委员会、农林部、中国植物油厂等机关以国营方式办理之；又有在未奉部令核定以前暂行借与战时运输管理局（现归交通部公路总局办理），善后救济总署临时使用。

广州区仓库截至现在止，经接收者共59单位，除二十处系敌遗物资，并非仓库外（其中有物资遗留别处查属该厂原有者，仍并入该厂作一单位计算，以清眉目），计先后由本处直接主持已复工者15家，现在直接筹备复工者6家，拨交各机关及发还原厂商复工者14家，同类归并者4家，因器材缺乏正图设法补充复工者3家，保管仓库2家，其余小型工厂或残缺过甚，难以整理复工者，及敌遗物资单位均先后移请处理局核定，分别出租、拍卖或标售。

海南岛工矿厂商等敌产，据该岛分区办事处报告，截至最近止，经共接收198单位（内矿场3、电厂8、大小型工业50、垦植26、商店30、仓库69、事务所10、研究所2）。

（A）该岛矿场除田独、石碌两铁矿及羊角水晶矿均已接收，其南鹏岛钨矿田地遥匪炽，当经派员前赴详确调查，并电托阳江县政府暂代接管。在海口并接存重石矿一批，现已移请资源委员会派员接收办理。（B）电厂已接收整理复工者6家（东方、海口、三亚、浅野、石碌、田独）尚有两家在整理中。（C）工厂经整理复工及先后移拨各机关复工者16家（海口制皂厂、饮料厂、油脂厂、福大机器厂、旗山钉厂、南兴酒厂、南国烟厂、大南辗米厂、琼山辗米厂、下津磷寸厂、东立制药厂、嘉积油脂厂、盐水港糖厂、苏门搭拉厂、大致坡两辗米厂、丰田修车厂），现在筹备复工者18家，其他厂库有遵令移拨农林部、资源委员会等机关接管；其规模较小之工厂并移请处理局核定分别出租或投变。至该岛失业工人颇众，多属前由日人自中国各地强拉到此，工作业经会同各方协力救济疏散。

潮汕工厂4家（南兴烟厂、双叶酒厂、出光炼油厂、兴亚酱油厂），先由汕头市党政接收委员会接收，现准交还接管，经移请处理局核定招商、承办或拍卖。

厦门敌伪厂库30家，原先由厦门市长黄天爵接收，现只准交还南兴烟厂、南兴酒厂、平安酱油厂三家，其烟厂一家经移处理局准以优先权交由中央日报社备价承办，其余两家均移请处理局核定，予以招商承办。

桂区方面，敌人绝少遗留物资，似无派员接收之必要。

所有本区接收或移转发还标卖等项另编表册列报外，兹将广州、海南、潮汕、厦门等处敌伪厂库接收后整理复工及查验发还民有资产情形分别缕陈如后。

A、广州区工厂，先后由本处直接主持已复工者15家。

1. 东亚第一烟厂　河南大基头洪德路口(原日东亚烟草株式会社广东出张所第一工场)。

2. 广州第一冰厂　本市海珠新堤大马路一九四号(原为日本海鲜鱼业统制株式会社制冰厂)。

3. 广州酿酒汽水厂　(原中国啤酒汽水厂)河南南华中路紫来通津(原日广东酒精工业株式会社)。

4. 广州炼汽厂　沙面肇和路五号(原日华南酸素株式会社压缩瓦斯厂)。

5. 广州锯木厂　河南南华中路(原为日本第二十三军野战货物厂制材工场)。

6. 广州橡胶第一厂　本市丰宁路九十二号(原日林田护模工业所，现已拍卖为民营)。

7. 广州橡胶第二厂　本市长堤天字码头(原日大建产业会社护模部分)。

8. 广州橡胶第三厂　本市惠福西路三七一号(原日大公胶厂)。

9. 广州橡胶第四厂　一在河南鳌洲正街十五号，一在南华中路九十六号(原日华南橡胶厂)，委托商办。

10. 广州化工第一厂　本市西关逢源正街九十三号(原日广东化学工业厂)。

11. 广州化工第二厂　本市丰宁路九十四号(原日广东电器化学厂)。

12. 化工第二厂附属第一火柴工场　本市德政中路聚仁坊十八号(原日广东电器化学厂附设火柴工场)。

13. 化工第二厂附属第二火柴工场　河南南华东路二十四号(原日归华南磷寸株式会社所统制之大生火柴厂)。

14. 化工第三厂附属第三火柴工场　芳村新隆沙西五十六号

(原日归华南磷寸株式会社所统制之大明火柴厂)。

15. 东亚第一烟厂附属铁工场　本市长堤大马路(原日大建产业株式会社制铁部分复工后曾改为广州铁工厂,现改为铁工场)。

B、现正拟筹备复工者六家。

1. 广州制纸厂　沙河大马路二十号。

2. 粤兴化学厂　本市南堤大马路博爱会内(委托商办改称为广州化工第三厂)。

3. 广州酒精厂　河南鳌洲正街三十六号(原日泰记酒精厂,曾借与战时运输管理局使用,现由处理局决定仍移还本处接管使用)。

4. 大良光中电力厂　顺德县左楼堡。

5. 岭南化学厂　本市六二三路四二二楼(原日三林津行投资开办)。

6. 东山酿造厂　粟山署前二街十五号(原日兴亚公司酿造二厂)。

以上A、B各厂均依照审议会第六第七次决议案先后移送粤桂闽区敌伪产业处理局予以拍卖或出租,在未租卖以前仍委托本处暂代保管。

C、拨借与各机关及发还原厂商复工者十四家。

1. 广州炼油厂　本市河南白蚬壳(原日联合石油河南油槽所,该厂业由战运局交还本处,现经遵照部令移交资源委员会接收统筹办理)。

2. 广州车胎翻修厂　本市丰宁路二十一号(原日朝日护模工业所,该厂拨借与战运局使用,现经审议会决议由公路局广州办事处移交处理局接管估价核定,准由公路局优先备价承购)。

3. 汽车修理厂　本市白云路尾(原日丰田自动车厂),该厂拨借与战运局使用尚未准交还。

4. 机械修理厂　本市维新北路公园前(原日兴南铁工所),拨借与善后救济总署广东分署使用。

5. 三菱精油厂　河南白蚬壳金沙路(移拨与中国植物油厂接办)。

6. 光阳电气工业所　本市汉民北路二六一号。发还与原厂商捷和钢铁厂复业。

7. 三兴布厂　本市宝华中路二十号(原日三兴织造株式会社工场)。发还与原厂商何宣康复工。

8. 协安隆机器厂　河南尾海昌街2号。发还与原厂商李铁复工。

9. 协兴冰厂　东市东堤戏院前马路四号。发还与原厂商罗祝平复工。

10. 东兴隆橡胶厂　本市十三甫路五号之一。发还与原厂商罗宏端复工。

11. 大生铜厂　河南白蚬壳。发还与原厂商凌建南复工。

12. 广东兴记火柴厂　本市黄沙西约二号。发还与原厂商广东火柴厂复工。

13. 协同和机器厂　芳□大涌口。发还与原厂商陈拔廷先行复工,并派员督导办理。

14. 花地广东油脂工厂　花地西约四十五号。由二方面军发还原日泰安油厂厂商梁主安复工。

D、同类归并者四家。

1. 富士汽水厂　本市清水壕五十号。归并酿酒汽水厂,现据廉泉汽水厂原主请求发还复业,在核办中。

2. 越华路酱油工场　本市越华路。归并东山酿造厂。

3. 江南铁工所　河南南华东路崇安大街。归并铁工第二厂办理(有一部分机器借与善后救济总署广东分署设修车厂)。

4. 华南木工厂　河南南华东路。归并锯木厂。

E、因器材缺乏正图设法补充复工者三家。

1. 盐埗广东纸厂　南海县盐埗墟。

2. 中国火柴厂　河南太平场。

3. 盐埗光中火柴厂　南海县盐埗墟(即民生火柴厂)。

以上D、E各厂并经先后移送处理局分别拍卖或出租，在未租卖前仍委托本处暂代保管。

F、保管仓库二家。

1. 沙面德商孔士洋行A、B仓　沙面同仁路二十六号。

2. 美丰仓库　本市长堤大马路。

G、发还民有铺屋者二十四家。

1. 华南木工厂之南华东路三三六号房屋　发还原主甘兆祥。

2. 广东酿造厂之署前街十七号房屋　发还原主邓满堂。

3. 该厂之署前街三、五、七、九、十一号房屋　发还原主罗日盛。

4. 华南胶厂之河南南华中路九六号房屋　发还原主龙谢洪。

5. 南堤化学厂仓库之文德南路二〇、二二号房屋　发还原主钟南山。

6. 该仓之文德南路十六号房屋　发还原业主钟澧源。

7. 大建胶厂之南堤二马路一八、二〇号房屋　发还原主余富德。

8. 官埠仓库之杉木栏官埠口二、四号货仓　发还原主谭辉。

9. 河南芳草园八号房屋　发还原主马华燊。

10. 化工第二厂仓库之沙基东约十五号之一货仓　发还原主谭翘。

11. 太平通津八号房屋　发还原主黄燮南。

12. 大建工厂货仓之大德路二〇〇、二〇六号房屋　批准发还原主周敖银桥。

13. 豪贤路一〇五号房屋　发还原主朱旌直堂。

14. 兴南铁工所仓库之河南鳌洲正街三七、三九号房屋　物资迁运完毕发还原主许崇年收领。

15. 盐埗广东纸厂仓库之纸行街二六、二八、三〇号房屋　物资搬移中,发还原主雷陈材。

16. 兴南铁工厂仓库之鳌洲正街三一、三三、三五号房屋　物资移运中,发还原主余揖中。

17. 华南木工厂之南华中路一一四号之铺业前部　发还原主曾永翔。

18. 花地泰安油厂一所　发还原主梁三安。

19. 花地山村豆腐埔第二号五记货仓　物资拍卖中,发还原主苏星。

20. 仰忠街天马新巷三号房屋　已函侨务处转知原主丘李堂收回。

21. 鳌洲正街三四号房屋　由中央信托局封用,已函该局发还原主宗荣岭平收回。

22. 天马新巷九号房屋　原由军政部标封物资交本处接收,已搬迁,由原主马福春收回。

23. 龙津东路一二一号何泰记铺业　由审查组核准发还原主何泰领回。

24. 汉民北路二六一号铺业　发还原主捷和钢铁厂。

H、先予承认其业权因工厂必需经妥洽租用者十家。

1. 东亚烟厂之海鸣街九、二、一三号,海天四望街二〇、二二号房屋　已与原主翁桂清租用。

2. 该厂之海天四望街三六号房屋　已与业主梁实甫租用。

3. 锯木厂工场之南华东路三三六号二座　已与原主甘兆祥租用。

4. 饮料厂之南华中路紫来街二四号房屋　已与原主容敏光租用。

5. 大明大生等厂办事处之新基路十三号楼二层　已与原主王述义望租用。

6. 酿造厂之东山署前一街十五号房屋　已与原主罗柳氏租用。

7. 东亚烟厂之海鸣街七号房屋　已与原主雷厚德租用。

8. 该处之河南海旁街未列号海垣一段　已与原主翁桂清租用。

9. 该厂之海鸣街七号地段　已与原主雷厚德租用。

10. 该厂之洪德路二八五、二八七号房屋　已与原主张道成租用。

I、经承认其业权因工厂必需正在洽商租用者八家。

1. 东亚烟厂之海天四望街二四号铺业　已与原主罗明璞洽租。

2. 该厂之海鸣街三、五号房屋　已与原主吴永安洽租。

3. 酿造厂之署前街三七号之一房屋　已与原主张钟慧洽租。

4. 该厂之署前二街十四号房屋　已与原主邓达民洽租。

5. 冰厂之新堤一九二、一九四号房屋　已与原主朱业兴洽租。

6. 该厂之二四、二五号地段　已与原主黄景堂洽租。

7. 锯木厂之河南南华中路一一四之一房屋一部分　已与原主曾永翔洽租。

8. 冰厂之新堤二〇、二一号地段　已与广东省银行洽租。

J、经承认其业权因工厂必需尚未得业主同意租用者六家。

1. 第一橡胶厂之丰宁路九二、官禄路八、九号铺屋　业主韦基恩。

2. 东亚烟厂之河南南华东路一五〇号房屋　业主徐学仁。

3. 该厂之南华东路一五四号房屋　业主李德成。

4. 南堤化学厂之八旗大马路五二号房屋　业主钟光耀。

5. 东亚烟厂之南华东路一五二号房屋　业主严钟河。

6. 协兴冰厂增建部分之东堤大马路十二号地段　业主蔡启瑞。

K、正在办理调验契据以凭核定业权者二十一家。

1. 酿造厂之东山署前街二三号及未列号房屋　业主王乐山。

2. 化工第二厂附属火柴厂之德政中路聚仁坊二〇号房屋　业主陈宏大。

3. 第三胶厂之惠福西路三七一号铺业　业主霍陈氏。

4. 盖栏东十三号房屋　业主何仲甫。

5. 第一烟厂之河南南华东路一五八至一七〇号房屋　业主郭昌。

6. 该厂之海天四望街一八号之一房屋　业主潘大业。

7. 该厂之海鸣街七号之一房屋　业主潘大业。

8. 东亚第二烟厂之河南厂前三巷六号房屋　业主邹谦恕等。

9. 原日冯强胶厂厂址　业主冯子仪。

10. 第二铁工厂之河南南华东路崇安街一五、一七、一九号房屋　业主关伴明。

11. 瑞东铁工厂之南华东路一二四号房屋　业主温安。

12. 鱼市场之南华东路二一二号铺业　业主黄飞球。

13. 饮料厂之河南紫来通津二、四、八、一〇、一二、一四之一二、一六号房屋　业主胡合兴。

14. 华南胶厂之河南鳌洲正街一七号房屋　业主佘泽唐。

15. 鱼市场之南路二二四号房屋　业主陈黎爱莲。

16. 锯木厂工场地产之南华中路一一八号房屋　业主彭祥集。

17. 东亚第一烟厂之海天四望街被拆地段　业主李福荣。

18. 该厂之河南红炮台海垣三段　业主李建业。

19. 南堤化学厂之南关老龙外街三五至五三号被拆地段　业

主李汝康。

20. 酿造厂之署前街九号房屋　业主余庆灼。

21. 该厂之署前街九号房屋　业主张培植。

L、发还民营厂号资产设备者二十三家。

1. 协兴冰厂　原有机器设备厂房发还与原主罗祝平收回。

2. 捷和钢铁厂　发行所及原有机器已发还与该厂领回。

3. 协同和机器厂　原有厂房机器设备在未奉核定前,先发交回原主陈拔廷等。

4. 协安隆机器厂　原有机器厂房设备发还与原主李铁领回。

5. 大生铜厂　原有厂房机器设备发还与原主凌建南领回。

6. 三兴布厂　原有机器厂房发还与原主何宣康领回。

7. 美亚织绸厂　原有机器发还原主领回。

8. 商务印书馆　机件三十六箱又第二次六十九箱由孔士洋行仓发还该馆广州分馆经理黄访书领回。

9. 国立中山大学　书籍仪器十三箱由孔士洋行发还该大学领回。

10. 胡弘成　寄存孔士洋行物品二十四箱经发还该民收领。

11. 何泰记　铺业及物资均发还原主何泰记领回。

12. 广东火柴厂　原有厂房机器设备均发还原主林延荣领回。

13. 泰丰布庄　由审查组查确已将该庄资产发还管业。

14. 莫海祥　寄存孔士洋行夹万一个经发还领回。

15. 杨锡宗　寄存孔士洋行书籍图则十三箱已发还收领。

16. 姚碧澄　寄存孔士洋行 X 光镜仪器三箱经发还该民收领。

17. 黄著勋　寄存该行揼箱家俱等共二十件,已发还收领。

18. 周活民　寄存该行皮揼一个,已发还领回。

19. 军医学校及陆军总医院　寄存该行大小仪器及机件共四

十七件，已发还该机关领回。

20. 韩侨协会　封存铜砂五十袋已发还该会领回。

21. 李晋南　存孔士洋行夹万一个已准发还该民收回。

22. 中国火柴厂　除没收附敌之股份及敌人增加器材外，其余厂房机器准先具保暂行领回。

23. 军医学校、陆军总医院　寄存孔士洋行仓库医学器械及物品一四八箱件，业发还该校代表王士成、施本平收领。

M、在搜集证件审查中之请求发还案七家。

1. 潘宝记　寄存福生丝庄内之土丝乙担。

2. 三才兴冰厂　被敌移至协兴冰厂利用之机件。

3. 乐颂云　寄存孔士洋行电料三十四件，据报前经被王礼泉等提去，只存电料零件二箱。

4. 均和安机器厂　经函审查组将办理经过见复在核办中。

5. 国华胶厂　饬提供确切证件核办。

6. 大生火柴厂　该厂民有资产部分已移处理局决定核办。

7. 大生火柴厂　同上。

海南岛工矿厂商等敌产据报截至现在止，经共接收一百九十八单位（内矿锡三、电厂八、大小型工业五十、垦植二十六、商号三十、仓库六十九、事务所十、研究所二）。

A、锡矿已在接收整理者四处。

1. 田独铁矿

2. 石碌铁矿

以上两矿已移交资源委员会接办

3. 羊角水晶矿

4. 南鹏岛钨矿　现经处现局移送资源委员会核办。

B、电厂已接收整理复工者六家。

1. 东方水电厂

2. 海口电厂　海口

3. 三亚发电所

4. 浅野公司附属发电所　榆林

5. 石碌矿山附属发电所八所

6. 田独矿山附属发电所　安游

C、电厂已接收在整理筹备复工者二家。

1. 夕见发电所

2. 日本制铁附属发电所

D、工厂经整理复工者十六家。

1. 海口制皂厂

2. 海口饮料厂

3. 海口油脂厂

4. 福大机器厂

5. 旗山钉厂

6. 南兴酒厂

7. 南国烟厂

8. 大南辗米厂

9. 琼山辗米厂

10. 下津磷寸厂

11. 东亚制药厂

12. 嘉积油脂厂

13. 盐水巷糖厂

14. 苏门答拉辗米厂

15. 大致坡辗米厂

16. 丰田修车厂　（该厂经移交战时运输局接办）

E、工厂在整理筹备复工者十七家。

1. 琼山纺织工场

2. 海南纸厂

3. 榆林大共制木厂

4. 海南砖厂

5. 岛田砖厂

6. 绪方制箱厂

7. 嘉积油脂厂

8. 万宁油脂厂

9. 崖县南洋饮料厂

10. 大南精米工场

11. 南海酒造商行

12. 八所绪方饮料店

13. 九所南国糖厂

14. 大路口糖厂

15. 琼东糖厂

16. 加来糖厂

17. 中源糖厂

该岛经接收之厂库，有遵令移拨与其他主管机关接管者，其小型工厂及复工不需要之物资均移请处理局核定，分别予以招商承办或标售拍卖。

至该岛失业工人颇众，多属前由日人自中国各地强拉到此工作，经会同各方协力救济或疏散回籍。

潮汕区敌伪工厂四家，先经汕头市党政接收委员会接收，现正交涉移交本处接管。

1. 南兴烟厂　（该厂原料已由该会拍卖其厂房机器则由省府令饬该会发还原厂商华良公司收回）

2. 兴亚酱油厂

3. 双叶酒厂

4. 出光炼油厂　（因供给电灯厂燃料由当地军事长官令饬继续开工，现依案交还本处接管，经移请处理局核定招商承办。）

厦门敌伪厂库三十家，原由厦门市长黄天爵先行接收，现准交还后开三家均移请处理局核定办理。

1. 南兴烟厂 （已由处理局核定准以优先权交中央日报社备价承办）

2. 南兴酒厂 （以下二家均由处理局核定招商承办）

3. 平安酱油厂

〔国民政府经济部档案〕

6. 经济部苏浙皖区特派员办公处工作报告

(1946年7月 日)

经济部苏浙皖区特派员办公处工作报告 三十五年七月

(一) 本办公处成立之经过

本区人员奉 经济部 / 战时生产局 派委于三十四年九月十二日到达上海筹备设立办公处，至十九日奉中国陆军总司令何电令接收日本纱厂，二十四日复奉电令接收华中振兴公司，其余各敌伪机关及工厂，则均经上海市党政接收委员会指令本处接收，由该会转行第三方面军汤司令官转饬日本官兵善后联络部遵照始往办理。嗣奉行政院于三十四年十月二十四日颁布上海区敌伪产业处理办法，上海区敌伪产业处理局旋即依照规定组织成立，所有敌伪产业之接收或处理依照处理办法，均应以处理局为中心机关。关于工厂矿场设备、原料、成品之接收保管运用，则由该局委托本处办理。因之自处理局成立后，本处办理接收保管运用各事，乃随时洽商该局办理。

三十四年终，战时生产局奉令撤销，本处任务至是悉归经济部管辖。而前战时生产局办理国外物资事项，即于本年初移并本处设立国外物资组办理。至六月间，奉本部转行政院令，将国外物资组经办事宜，移交行政院物资供应局接管，现已遵办。

本处办理接收事宜，以上海区敌伪工厂众多，类别不同，经于本处分设纺织、机械、化工、电气、烟草等组。其〔除〕上海以外，各地区则视事实上之需要，分设各办事分处，以资办理(附件(一)本处组织系统表〔略〕)。

(二) 工厂接收情形

关于工厂之接收，遵奉经济部颁布之接收办法办理。凡属敌伪资本经营者，应由本处派接收委员前往接收；如属本国及友邦资本经营而被敌人强占者，均派原业主自行接收，规定于接收完竣后，将清册送处备查。关于接收各厂物资，注重日人原始清册，详加清点，并于清册上由点交人接收人双方签字，倘清点后发觉有清册以外之物资，则另造补遗清册，以昭核实；至已为其他机关所接收之工厂，准处理局函知后，并即派员洽办移管一切接收清册，于接收完毕后，均经检送处理局一份，以资查核。截止现在止，上海本处除接收敌华中振兴公司本社及该公司与本部有关者之附属单位及伪政府机关7单位外，(见附件(二))所有各类工厂接收单位均详见(附件(三)一览表)。

(三) 工厂保管情形

本处于接收每一工厂完毕后，即派遣驻厂人员负责保管，听候处理，并令接收人员限期呈送接收清册，以资查考。同时组织巡回稽核团，随时复查各厂物资，以期核实驻厂人员间有报告因厂址地处偏僻物资有失窃情事者，经即据情分函该管警区协缉究办，并函处理局查核。

(四) 工厂复工情形

本处接管之工厂，在处理局尚未决定处理办法期间，则视其设备及原料供应等情形，设法次第规划复工，并设立复工指导委员会主持进行。复工各厂以纺织厂为最早，卅四年十月十一日即已开始复工，现除移交标售及发还者外，在本处保管中之工厂，其复工情形见附件(四)〔略〕。

(五)工厂发还情形

依照行政院颁布收复区敌伪产业处办法之规定，本处系受敌伪产业处理局之委托，办理接收保管运用事宜。至于产权之审议、调查、决定均由处理局主持办理，本处仅依照实际接收情形供给参考资料而已。各案一俟处理局作成决定后，通知本处办理发还手续。其程序，系先由本处定期召集业主及接收委员来处，洽谈发还手续，同时函约处理局派员出席参加，于洽谈时通知业主所有本处垫付之接收费用，应由业主缴还，并须备具保单、结单及填具发还业主物件清单，收归国有物件清单等件，送处备核。如有应收归国有之物资，一时未能移动，而有未能立时处理者，业主须另具保管清单，俟业主将各项应办事项办竣，并填具清单送处核定，即由本处检同清单函送处理局备案，同时以发还营业证明书发交业主，并通知即日会同原接收人员及处理局人员莅厂点收，至此发还手续即告结束。因处理局对于产权之决定仅能规定其原则，而应发还之工厂，其中之机件物料何者应收归国有？何者应予发还？均须依照接收清册、日人报告及业主所提之证件详加审核，分别列表，随后须处理局会同点交签章证明，故颇费时日。若查有处理局决议与本处接收报告不符，或当事人对处理局之决议不服而申请再议，或第三者提出异议时，本处须再提请处理局复议，以重产权。截至现在止，发还国人或洋商之厂房机件或一部分机件情形详见附件(五)。

(六)工厂移管情形

本处接收之工厂，经处理敌伪产业审议委员会议决，移交其他机关接管者，由本处遵办，饬由原接收人员根据原始清册，负责移交，并请处理局派员监交，于点交完毕后，另造接交清册，由双方负责人员及监交人员签署，送由本处转送处理局备查，所有移交工厂各类情形见附件(六)〔略〕。

(七) 工厂标售情形

依照收复区敌伪产业处理办法之规定，凡规模较小或不在移交其他机关接管范围以内之工厂，以公平价格标售之。此项标售程序，系由本处分批开单送请处理局评价，提请审议会通过后，再由本处登报公告标售，其开标及确定何人得标均由处理局办理详细手续见附表(七)〔略〕。截至现在止，标售情形详见附表(八)〔略〕。

(八) 驻外各处之设立及上海以外所辖区域工厂接收情形

本处接收上海以外所辖地区之敌伪厂矿，因事实上之需要，经遵照经济部战时生产局颁布各收复区特派员办公处组织规程第十条之规定，先后设立驻京、驻江苏省、驻杭州、驻芜湖各办事处及徐海区接收委员办事处，以资办理，并派徐肇基为驻京办事处主任，于卅四年九月十日成立专门委员，吴闻天主持驻江苏省办事处事务，于卅四年九月十七日成立专门委员，焦雨亭兼任杭州办事处主任，于卅四年十一月二十日成立，袁子英为驻芜湖办事处主任，于卅四年十二月二十六日成立，吴扼一为徐海区接收委员，于卅四年十二月廿一日成立，各办事处先后成立后，即开始接收所属地区敌伪厂矿，其有在分处未成立前已为当地或其他机关接收之工厂，则先予调查，并电请全国性事业接收委员会或敌伪产业处理局核夺洽办，移转接管，以符规定。至各办事处之组织，其应用人员均参酌本部参事厅发下之鲁豫晋特派员办公处组织规程，视其任务之繁简，酌予核定。主任以下设秘书一人，并设专员、技术员、接收委员、接收专员、接收技术员、办事员、管理员、雇员等佐理处务。关于接管工厂之处理，除随时据呈函转处理局核夺，转饬遵办外，并由各办事处就各地洽商处理局各分处办理呈报备核，以期便捷。截至现在止，据办事处具报接收及处理工厂情形详见(附件九)。

接收报告书　附件二

经济部苏浙皖区特派员办公处接收伪组织部分一览表

名　　称	附属机关	处理情形
伪商业统制委员会		家具物件一部分移交中信局,一部分现在移交该局中房屋由农民银行收回档卷已整理装箱呈部待运中
伪工商企业调查委员会		所有家具已移交中信局档卷呈部待运中
伪实业部商标局		已移交本部商标局
伪实业部上海商品检验局		已移交本部检验局
伪实业部煤矿增产督导会社		已移交燃料管理委员会
伪油粮统制会		已移交粮食部特派员办公处(当时系由粮食部会同接收)
伪棉业统制委员会		已移交中国纺织管理委员会
伪华中振兴公司本社		
	振兴劳需组合	待标售
	振兴生计组合	待标售
	华中水电公司总店	移交资源委员会
	中华蚕丝公司	移交中国蚕丝公司
	华中矿业公司	移交资委会华中矿务局
	(太平矿业所)	
	(桃冲矿区)	
	(栖霞山矿业所)	

续上表

名　　称	附属机关	处理情形
	(马鞍山矿业所)	
	(凤凰山矿业所)	
	(铜官山矿业所)	
	(板桥中央分析所)	
	(上海中央分析所)	
	(上海浦东造矿所)	
	(日铁马鞍山制铁所)	

经济部苏浙皖区特派员办公处　附件(三)

上海区接收单位分类统计表

三十五年七月十五日

类　别	业　别	机构数		单位数		备　注
		小计	总计	小计	总计	
纺织类	棉纺业		87	34	115	纺织组接收之每一机构大都兼营数业，故各业小计，无从划分。
	染织业			17		
	毛纺业			10		
	麻纺业			3		
	丝绸业			17		
	针织业			21		
	绳带业			3		
	帽服业			4		
	废花业			3		
	纺织用品类			3		

续上表

类别	业别	机构数		单位数		备注
		小计	总计	小计	总计	
化工类	酿造及食品	31	130	47	178	
	制药	5		8		
	油脂工业	15		32		
	橡胶	16		21		
	制蛋冷藏	2		2		
	制革	6		7		
	酸碱	10		12		
	造纸	12		15		
	其他化学工业	33		34		
机械类	金属	13	162	24	283	
	车辆修理	20		29		
	电工器材	12		48		
	机械	94		158		
	木材	5		5		
	其他	18		19		
水电类	电气事业		23	22	41	电气组接收之机构中有兼营数业者，故各业小计无从划分。
	自来水事业			10		
	水电事业			8		
	纱厂发电所			1		
烟草类	卷烟叶	13	13	30	30	
总计			415		647	

名　　称	地　　址	接收人员	处理情形	备　　注
内外棉一、二厂	劳勃生路六十二号	张方佐	移交中国纺织建设公司	
内外棉三、四厂	西苏州路十九号	郭明章	移交中国纺织建设公司	内设上海纤维公司及上海制靴工场另行标售
内外棉五厂	西苏州路十五号	沈哲明	移交中国纺织建设公司	
内外棉六、七厂	西苏州路十四号	黄云骙	移交中国纺织建设公司	
内外棉八厂	戈登路一二八六号	黄希阁	移交中国纺织建设公司	
内外棉九厂	麦根路六四〇号	谌悟庄	移交中国纺织建设公司	
内外加工一、二厂	西苏州路十九号	杜燕孙	移交中国纺织建设公司	
丰田一、二厂	梵皇渡	赵砥士	移交中国纺织建设公司	
丰田三厂	周家渡	骆仪甫	发还原业主申新一厂	
丰田机器厂	梵皇渡式〇〇号	赵砥士	移交中国纺织建设公司	
日华三、四厂	劳勃生路 78 及 60 号	孙镇域	移交中国纺织建设公司	
日华五、六、七厂	劳勃生路 98 号	张掝泉	移交中国纺织建设公司	
日华八厂	吴淞	翁练云	移交中国纺织建设公司	

续上表

名　　称	地　　址	接收人员	处理情形	备　　注
同兴一厂	戈登路一四三三号	吴欣奇	移交中国纺织建设公司	内设小川被服厂借与军政部使用
同兴二厂	杨树浦路二〇六八号	黄季冕	移交中国纺织建设公司	
大丰纱厂	闸北潘子湾一九五号	袁仲齐	移交中国纺织建设公司	
大康纱厂	杨树浦路腾越路一九五号	惠志道	移交中国纺织建设公司	
恒丰纱厂	华盛路五号	吴德明	移交中国纺织建设公司	
上海三厂	杨树浦路一九七〇号	徐缄三	移交中国纺织建设公司	
上海四厂	杨树浦路兰路五八五号	汪鸣玉	移交中国纺织建设公司	
上海五厂	杨树浦路兰路七三九号	袁敬庄	移交中国纺织建设公司	
上海六厂	临青路四一一号	张祖熙	移交中国纺织建设公司	
上海制麻一、二厂	杨树浦路一六一一及一九〇七号	张昂千	移交中国纺织建设公司	
裕丰一、二、三、四厂	杨树浦路二八六六号	秦德芳	移交中国纺织建设公司	
裕丰五、六厂	同　右	秦德芳	移交中国纺织建设公司	
公大一厂	平凉路二七六七号	吴士槐	移交中国纺织建设公司	
公大九厂	浦东白莲丘五十号	吴德明	发还原业主英商纶昌漂染厂	

续上表

名　　称	地　　址	接收人员	处理情形	备　　注
公大四厂	新加坡路六十号	张训恭	移交中国纺织建设公司	
公大三厂	梵皇渡路一三八号	施叔谋	移交中国纺织建设公司	
公大八厂	嘉兴东门外盐仓桥	施叔谋	移交中国蚕丝公司	
明丰纱厂	公平路七五〇号	王君明	移交中国纺织建设公司	
申新七厂	杨树浦路四六八号	徐缄三	发还原业主	
怡和新老厂	杨树浦路六七〇号及威妥玛路一〇五六号		发还原业主	由原主自行接收
怡和公益厂	劳勃生路一五〇号		发还原业主	由原主自行接收
永安二、四厂	吴淞温藻浜	杨尊三	发还原业主	
纶昌纺织印染厂	浦东陆家嘴	李锡剑	发还原业主	
华兴毛纺织厂	临青路一八八号	寿贤襄	移交中国纺织建设公司	职员宿舍及仓库移交中纺其他部分发还
宏康毛织一、二厂	锦州路975号及松潘路130弄	吴永恒	移交中国纺织建设公司	
永兴毛纺织厂	许昌路二五〇号	王鸿生	移交中国纺织建设公司	
中和毛纺织厂	北新浜马家宅九号	方玉卿	移交中国纺织建设公司	
红大毛织厂	白利南路十八号	彭汉恩	发还原业主民丰染织厂	

续上表

名　　称	地　　址	接收人员	处理情形	备　　注
上章毛绒厂	浦东周家渡	李技湛	发还原业主章华毛绒厂	
满蒙毛织厂	平凉路一〇九〇号	张宏丁	发还原业主上海毛绒厂	
密丰绒织厂	鄱阳路四〇〇号	吴德明		
东亚制麻厂	劳勃生路六十四号	吴襄云	移交中国纺织建设公司	
日华麻业公司	闸北沪太路	吴襄云	移交中国纺织建设公司	
一达漂染厂	南市打浦路八十号	李乃征	移交中国纺织建设公司	
美华印染厂	河间路五九五号	钱子超	移交中国纺织建设公司	
中华染色厂	平凉路一四〇二号	杜燕荪	移交中国纺织建设公司	
惠美染织厂	虹镇区沙虹路150号	倪麒时	移交中国纺织建设公司	
华张公司	全家庵路一三七号	同　右	移交中国纺织建设公司	
兴华印染厂	平凉路一九四〇号	杜燕荪	移交中国纺织建设公司	
桂川染织厂	物华路七十三号	倪麒时	移交中国纺织建设公司	
西田染色厂	宁武路四六一号	黄　立	标售	傅公蔚得标
光中染织厂	塘山路一二〇二号	同　右	发还原业主	

续上表

名　　称	地　　址	接收人员	处理情形	备　　注
中国染织厂	华伦路一四〇号	同　右	同　右	
吉华染织厂	新加坡路均泰里53号	朱已训	标售	李湧宝得标
大昌染织厂	高阳路五五九号	同　右	机件价拨中国纺织建设公司房屋发还浙江兴业银行	
康泰绒布厂	华德路齐物浦路口	同　右	移交中国纺织建设公司	
上海制绒厂	南市斜士路2093号	朱已训	标售	平麟伯得标
裕丰染织厂	新加坡路一八七号	朱已训	标售	邵光甫得标
东华织造厂	贾西义路130号又马当路645弄	黄　立	发还原业主	
中华松本织造厂	西宝兴路民生路71号	黄　立	标售	合谊之卖价准予发还
大隆织造厂	临平路14号	朱已训	标售	李源康得标
丸三织造厂	杨树浦路323弄	王鹤龄	标售	冯馥荪得标
华兴织造厂	汇山路二二八号	王鹤龄	第六批标售中	
福源针织厂	西宝兴路民生路40号	黄　立	标售(产权有问题)	
福助织造厂	闸北川公路三义里	黄　立	标售(产权有问题)	董一峰得标
山大织造厂	新疆路南林里十四号	黄　立	标售(产权有问题)	董一峰得标

续上表

名　　称	地　　址	接收人员	处理情形	备　　注
滨口洋行	文路三十五号	黄　立	第六次标卖中	迁并美津浓场内
日本工场	哈尔滨路十八号	朱已训	第六次标卖中	迁并美津浓场内
同兴洋行	同嘉路十号	朱已训	第六次标卖中	迁并美津浓场内
南华产业株式会社	库伦路一〇五号	朱已训	第六次标卖中	迁并美津浓场内
冈本洋行	东有恒路 595 弄 21 号	朱已训	第六次标卖中	
美津浓运动用品社	东有恒路 529 弄 15 号	朱已训	第六次标卖中	
丸善洋行	邢家桥路 169 号	朱已训	第六批标售中	迁并美津浓场内
杉浦公司	靶子路 277 号	朱已训	同右	同右
南京军服工场上海出张所	有恒路三一号	朱已训	同右	同右
福兴织造厂	东京路一〇一五号	朱已训	准处理局通知准由美新厂优先承购	
河井洋行	百老汇路二三五号	朱已训	第六批标售中	
光益被服厂	余杭路一〇八七号	黄　立	同右	
明丰被服厂	横浜路七二五号	李仲记	标售	宣锡均得标
中美蚕丝公司绢编工场	周家嘴路九九九号	高事恒	移交中国蚕丝公司	

续上表

名　　称	地　　址	接收人员	处理情形	备　　注
杨树浦工场	杨树浦路宁国路241号	同	同右	
闸北第一工场	潭子湾	同	同右	
闸北第二工场	大生桥	同	同右	
绢布本工场	延平路叶家宅二九四号	同	同右	
绢布分工场	白利南路二十号	同	同右	
庆德织绸厂	虹口全家庵济丝厂弄	同	产权尚在处理局审核中	
久保绸织一厂	周家嘴路庆福里七五—七七号	高事恒	产权尚在处理局审核中	
久保绸织二厂	华德路月华87号	同　右	标售	周礼得标
利华织绸厂	长宁路十五号	同　右	产权纠纷中止标卖	
西川织绸厂	闸北湾451—457号	同　右	标售	周开孝得标
江商织绸厂	劳勃生路西和里十七—二三号	同　右	产权尚在处理局审核中	
菱来织绸厂	华德路月华坊72号	同　右	发还	
菱福织绸厂	杨树浦路怀德路491弄三十一号	同　右	发还	
亚洲织绸厂	长宁路1325弄恒德里4号	同　右	发还	

续上表

名称	地址	接收人员	处理情形	备注
远东纲丝布厂	河间路 292 号	金效先	移交中纺	
三友梭子二厂	惠山路 579 号	张宏丁	标售	吴铎得标
丰大筒管厂	槟榔路三友里	葛暨英	产权尚在处理局审核中	
生光制药厂	劳勃生路 98 号	陆厚文	移交生物化学实验处	日华纱厂附属事业
堀拔制帽厂	河间路三一〇号	黄铭安	标售	马世辉得标
美康兔子呢帽厂	来百老汇路一〇六〇号	同	发还原业主	
小林纱带厂	平凉路六七五号	戴元成	移交中纺	
上海制带厂	(一)华盛路三益里三九号 (二)南市机厂街一九六号 (三)四达坊 28 号	同	同右	
上海制绸厂	浦东陆家渡 175 号	徐寅昌	移交中国水产公司	
上海毛布厂	浦东陆家渡烟厂路二二三号	寿贤襄	标售	张宏丁得标
清水废花厂	宝安路五号	孙文胜	第六批标售中	
喜宏废花厂	狄思威路宝安里	张宏丁	由原主优先承购	
福泰废花厂事务所	唐沽路 185 号	张宏丁	处理局来函改由中信局接收	
华懋洗濯公司	平凉路 278 号	李锡剑	发还原业主	公大附属事业

续上表

名　　称	地　　址	接收人员	处理情形	备　　注
钟渊商店	南京路150号	吴德明	原主自行接收	公大附设贩卖店
新兴有限会社	汉口路130号	蔡惠霖	移交中纺公司	内外棉附设商店
永丰企业公司	九江路116号	杨尊三	一部分发还原业主一部分收归国有	
佐佐木洋行	南市	朱已训	机件移至冈本洋行待提标售	
理与酒精饮料株式会社第一工场	长阳路941号	吕保龄 蒋彦文	标售	
理与酒精饮料株式会社第二工场	华盛路1041号	同　右	物资标售(再标)	
大日本麦酒株式会社	大连湾路277号	方文彬	已标售(第三批)	保标人沙竟志
东亚酿造株式会社	闸北柳营路1101号	周连泰 张守忠	标售	
中国麦酒厂附设酒精厂	大西路120号	顾善杨 陈　拱	标售(再标)	
昭和酿造株式会社一场(中国酒精厂)	浦东白莲泾一号	王元中 刘永传 黄江泉 樊元成 王恩荣 陈驹声	发还原业主连源公司	根据处理局沪三字第九八四六号函
昭和酿造株式会社二场	宝昌路631号	王恩镤 樊元成	由业主杨和酒厂杨大璋优先承购	根据处理局沪三字第二九六三七号函
昭和酿造株式会社三场	宁国路413弄四号	刘永传 王元中	发还原业主大美汽水公司	根据处理局沪二字第三三〇八六号函

续上表

名　　称	地　　址	接收人员	处理情形	备　　注
上海食料品厂一厂	三阳路121号	蒋炳鸿	标售(第二批)	得标人沈调笙
上海食料品厂二厂	通州路301号	同　右	物资标售(再标)基地产权发还周鸿元华	根据处理局沪三房字第三三〇七四号
日本酒精酿造酒精饮料株式会社	其美路955号	胡可惠	标售第五批房地产权发还大华科学仪器公司及陈金记鞋厂沪三字五三五八	得标人丁佐成
大和酒造所	宁国路117号	林翰泗	标售(第五批)	得标周开孝
大和营业所	北四川路1330号	同　右	生财装修发还五洲房其他移交中信局	
桧垣本店酒造厂	东宝兴路335号	林其祥 李元中	标售第五批房屋发还甫康公司邹宝生	
永光化学工业厂	西摩路1571号	金俊伯 庞芳柏	标售(再标)	
森田酿造所	南市瞿真人路1403号	高伯俊	标售	得标人毛定勇
上海□□酱油株式会社一场	□□路29号	马维孝 胡元吉	同右	得标人葛得尧
上海□□酱油株式会社二场	永兴路310号	同　右	同右	得标人宣谦
上海□□酱油株式会社四场	□□庵路587号	高伯俊	同右	得标人葛德尧
上海□□酱油株式会社营业所	南浔路112号	高伯俊	房屋发还□□家具移中信局	处理局沪字壹字五四九三号函

续上表

名　　称	地　　址	接收人员	处理情形	备　　注
嘉兴路仓库	嘉兴路 80 号	马维孝 胡元吉	物资移交江海关	
万利酒精厂	汇山路 802 号	林其祥 刘永仲	复工标售商务主任冯镇	
泉花豆腐厂□□□商店	九龙路 317 号	翁林通 □□□	标售	得标人吴朝辉
明治产业株式会社	杨树浦 1504 号	冯　镇 □□□ 马　奔 □□□	移交资委会中央化工厂	根据处理局沪叁字第二四〇三〇号函
明治产业株式会社卖店	北四川路 1313 号	同　右	同右	
明治产业株式会社营业所	北四川路 1332 号	同　右	房屋发还恒泰钱庄物资移中央化工厂	
明治产业株式会社眉州路	眉州路 354 号	同　右	移交中央化工厂	
明治产业株式会社公益坊	公益坊 1185 号	同　右	同右	
明治橡胶厂	齐齐哈尔路 124 弄	刘学文 黄超俊	厂房机器发还宏大橡胶厂	处理局来函沪三字二〇三五号
上海理化学株式会社	闸北潘家湾一号	□志弦 □志方	复工	厂务主任童恋贤
瑞新淀粉厂	宝山路 728 号	李名岳 方志澄	复工	厂务主任王槐根
天利工厂	宝山路 728 号	谭林通 王槐根	标售第三批	得标人中华味上盛亚乡
上海食品工业株式会社	小沙渡路 1371 弄 151 号	谭林通 方志澄	标售第四批	得标人傅德予

续上表

名称	地址	接收人员	处理情形	备注
中外制药株式会社	同右	同右	与上会社合并标售	得标人傅德予
原田酿造厂	梧州路瑞金路41号	石玉华 严志弦	价让三方面军采购委员会	
国分商社工场	昆明路许昌路角	高伯俊 华酱君	厂房机器发还天一味素厂及昆明酿造厂	处理局函沪三字四六三五号
同兴酱色厂	恒业路41号	马维孝 张守火 严志弦	标售(第四批)	得标人金以焕
滩屋酒造所	江湾花园街底15号	林其祥 马　奔 胡可惠	标售(再标)	
森永糖果有限公司	北四川路877号	林□柏 林其祥 胡可惠	移交中信局	
森永糖果有限公司南浔路仓库	南浔路118号	同右	房屋发还□□物资移北四川路877号移交中信局	
大东制果工厂	共合新路致富新里一号	同右	房屋发还周李记物资移至东亚酿造厂标售	处理局函沪三字第　号
日本制果工场	横浜路大兴坊17号	同右	标售(第四批)房屋发还原业主通华公司	得标人林叙九根据沪三字二九三三六号
日华酒精厂	龙华路900号	石玉华 严志芳	标售(再标)	

续上表

名　　称	地　　址	接收人员	处理情形	备　　注
新兴公司	东熙华德路52号	樊元成 周连泰	房屋发还租赁人震和五金号家具移中信局机件标售	机件已移至接管福利茶叶公司内
北海道兴农会社	新民路59号	周连泰 马　奔	房屋发还原主物资移中信局	
武田药厂	宁武路226号	曾广方 钱思亮	移交卫生署中央生物化学药物实验处	
武田药厂中州路仓库	中州路51号	同　右	同右	
中国若素制药第一厂	横浜路1020号	张辅忠 张国仁	同右	
中国若素制药第二厂	南浔路176号	同　右	同右	
塘沽路仓库		同　右	同右	
黑田药厂	宝山路826号	徐作和	同右	
山田药厂	荆州路103号	张铺忠 方人麟	同右	
佛慈药厂	平凉路1841号	方人麟	发还原业主冯明政房屋发还原业主大茂工场	物资已移至平凉路731号上海工业会社
关西油漆厂	欧阳路545号	韩祖康 虞昌年	复工	厂务主任李名岳
固本皂厂	谨记路斜徐路口	张铺忠 孙　侃	发还原主固本皂厂代表人项绳武	

续上表

名　　称	地　　址	接收人员	处理情形	备　　注
日产化学工业株式会社宿舍	东嘉兴路217号	洪绍渝 沈嘉雄	移交中信局	
振华油漆公司	闸北潭子湾582号	李名□ 孙瑞耕	□□□分发还原业主代表人秦克成	处理局沪三字二六九函
立德油厂	闸北潭子湾	林元达 汪保浚	移交上海市粮政特派员办公处	
英商中国肥皂公司	杨树浦路2310号	白弟和 洪绍渝 戚盛祥	发还原业主英商中国肥皂公司	
英商厚丰有限公司	同　右	同　右	发还英商厚丰有限公司	
英商白礼氏洋烛厂	劳勃生路379号	洪绍渝	厂房机器设备发还白礼氏洋烛厂	处理局函沪三字三四九四号
中华炼油株式会社	其义路海军桥畔	施庆余 申庆霆	标售	
中华炼油株式会社营业所	北四川路846号	同　右	移交中信局	
吉田产业株式会社	浦东张家浜路2号	程瀛章 闵世俊	发还原主长德油厂附逆股东股权及增益部分收归国有	处理局函沪三字一九九八号
吉田产业株式会社营业所	广东路一七五号	同　右	移交中信局	
大日本涂料株式会社	昆山花园十一号A	韩耀伯 程忠义	房屋移交交通部家具本组借用	

续上表

名　　称	地　　址	接收人员	处理情形	备　　注
开林油漆公司	西体育会路229号	程忠义 华安得	复工	厂务主任林天骥
大德新榨油厂	浦东杨家渡路2号	陈景雍	发还原业主大德新榨油厂	处理局函沪三字四四五〇号
英商永光油漆厂	平凉路2200号	韩祖康 麦斯德	发还原业主永光油漆厂	
上海油脂工业(瑞宝洋行)	昆明路661号	杨亮之 徐家鼐	复工	厂务主任杨亮之
丸善石油株式会社	浦东高桥	陈广顺 沈兹耀 冯宝和	移交资委会	
丸善产业株式会社	丹阳路140号	顾耀鎏 邓栗铭 李名岳 蒋瑞耕	同右	
丸善产业株式会社宝山路仓库	宝山路85号		同右	
久华洋行	严家阁路退藏灵二十一号	杨维德 韩育东	标售(第三批)	得标人顾振军
久华洋行营业所	泗泾路28号	同　右	移交中信局	
泰山油厂	浦东烂泥渡路七四号	柯荣炎 洪超群	厂房机器发还原业主卢鑫	根据处理局沪叁字一二三九七号函
同右营业所(横山洋行)	四川路二一五号二楼	柯荣炎 洪超群	移交中央信托局	
中国植物油厂	杨树浦定海桥	俞大卫 宋鸿锵 杨国荣	全部发还原业主经济部中国植物油料厂	根据处理局沪叁字一五五〇二号函

续上表

名　　称	地　址	接收人员	处理情形	备　　注
日华油脂株式会社上海支店	汉口路九三号	朱曾征 沈嘉禄	移交中央信托局	
顺余榨油厂	闸北西光复路八号	朱曾征 沈嘉禄 朱丹初	厂房机器发还原业主顺余榨油厂	根据处理局沪叁字三一二九号函
恒兴泰榨油厂	闸北西光复路八号	朱曾征 沈嘉禄 何允梅	租用部分发还原业主恒兴泰榨油厂	根据处理局沪叁字九九三九号函
中美火油公司	浦东东沟	郑栗铭 孙瑞耕		美商中美火油公司申请发还尚未由局核定
万谷合名会社万谷制油工场(即同甡油厂)	浦东张家浜二号	施庆和	移交上海市粮政特派员办公处	
万谷合名会社万谷草包厂	浦东张家浜四九号	宋鸿锵 洪超群	标售(再标)	房屋产权一部分发还原业主姚姓
万谷合名会社厚生油厂	拉都路509弄一号	施庆和 宋鸿锵		原业主厚生油厂代表勃鲁华陈秉钧向处理局及本处申请发还尚未核定
江南化学工业株式会社浦东工场	浦东陆家嘴	吴蕴初 高伯俊	房地发还原主英商安利洋行一部分物资发还天原电化厂	其余物资收归国有
东亚电化工业株式会社	外滩沙逊大厦242-5号	吴蕴初 高伯俊	移交中央信托局	
(同右)第一工场(天利淡气厂)	陈家渡	吴蕴初 高伯俊	工厂发还原业主天利淡气厂代表人吴蕴初	根据处理局沪叁字一〇八三一号函

续上表

名　　称	地　　址	接收人员	处理情形	备　　注
(同右)第二工场(天原电化厂)	白利南路	吴蕴初 高伯俊	厂房机器发还原业主天原电气化厂代表人吴蕴初	根据处理局沪叁字一二六二一号函
开成造酸厂	市中心区军工路蕴藻浜	徐永炘 朱迪民	标售	
公大化成厂	小沙渡路1501弄95号	徐永炘 朱迪民	厂屋基地及一小部分设备发还祥茂洋行	
江苏药水厂	小沙渡路1501弄92号	徐永新 吴德明 钱皆安 李锦剑	厂屋发还原业主祥茂洋行	根据处理局沪三字第三三四九号函
上海化学工业株式会社	横浜路589号	陈可培 邹汀若	标售	
天通化学工业厂	三阳路30号	夏　炎 贡兰英	标售(再标)	
桥本化学厂	横浜路589号	黄友逢 林君潜	原有生财机器及添置房屋发还原业中华油精公司(顾少卿)	根据处理局沪叁字八八八一号
永礼化学工业株式会社事务所	四川路185号三楼	李倜夫	移交中央信托局	
万国橡皮物品机器厂	欧嘉路43弄40号	宋国桢	地基及厂房之部分发还厂房之增益部分及机器由原主优先承购	启明橡胶厂申请发还厂房机器尚未经核定

续上表

名称	地址	接收人员	处理情形	备注
大陆橡胶厂	韬朋路 876 号	朱滋李 张汴增	地基及厂房之部分发还厂房之增益部份及机器由原主优先承购	根据处理局沪叁字二七九九二号
庆德橡胶第一厂	宝山路 862 号	李进德 于本中	标售(第一批)	得标人永大实业公司代表人陈春林
庆德橡胶第二厂	天通庵路福源里一3号	李进德 于本中	标售(第一批)	得标人利华橡胶厂代表人萧伯修阮觉施
福昌橡皮公司	江湾路 272 号	李进德 于本中	复工	厂务主任刘学文
上海护漠工业株式会社	塘山路 1100 号	张汴增 李乃昌	标售(第五批)	得标人施欣昌
上海护漠工业株式会社营业所	北四川路 468 号	张汴增 李乃昌	移交中央信托局	
世界通益橡胶厂	威妥玛路 469 号	杨公庶 刘学文	复工	厂务主任杨公庶
美丰橡胶厂	愚园路 1423 弄乔寿里二号	程绪周 张巽增	厂产发还原业主詹木生	根据处理局沪叁字二四七一五号函
四达橡胶厂	白利南路 110 号	程绪周 张巽增	由中和企业公司负责保管开工	产权问题仍在审核中
大同实业护漠制造所	眉州路 300 号	张维康 叶振民	生财机器发还原业主大同实业无限公司	根据处理局沪叁字四二四九号

续上表

名称	地址	接收人员	处理情形	备注
大东橡胶厂	朝阳路131号	张维康	价让交通部公路总局	
大东橡胶厂营业所	北四川路676号	张维康	价让交通部公路总局	
大东橡胶厂昆明路仓库	昆明路	张维康	价让交通部公路总局	
清和工厂	昆明路1749号	吕溢 方君秩	标售(第二批)	
兴亚护漠工业株式会社	全家庵路51弄2号	朱滋李 曾汉光	复工	
华兴橡胶厂	岳州路299弄22号	闵世俊 张延龄 郭兆文		
华商永固橡胶厂	南市鲁班路南溏浜路52号	张延龄 汪葆浚	机件生财发还原业主永固橡胶厂	
大利公司营业所	泗泾路22号	吕溢 方君秩	移交中央信托局	
大利公司营业所宝山路仓库	宝山路874号	吕溢 方君秩	物资标售	
东洋制纸工业株式会社	新加坡路255弄81号	钱子宁 高梓	标售(再标)	
井上制纸厂	天通庵路69号	钱子宁 高梓		
樱井兴业株式会社	九龙路139弄8号	钱子宁 高梓	复工	
上海制纸株式会社(原名新东亚)	霍山路1202号	钱子宁 高梓	房地产发还业主吴克明机器标售	

续上表

名　　称	地　　址	接收人员	处理情形	备　　注
大中华造纸厂	吴淞蕰藻浜	钱子宁 高　梓	复工 原业主优先承购	
天章造纸西厂	杨树浦路 408 号	钱子宁 高　梓	复工	
天章造纸东厂	浦东北护塘路 313 号	钱子宁 高　梓	复工	
上海加工纸厂	飞虹路 500 号	钱子宁 高　梓	标售	得标人华利铜板造纸厂董和甫
东华纸品工业厂	周家嘴路 510 号	钱子宁 高　梓	标售(再标)	
上海纸器株式会社(即上海纸业公司上海工场)	格兰路 203 号	钱子宁 高　梓	标售	得标人宏大机器造纸厂李国伟
金星造纸厂	成都路 1095 弄 25 号	钱子宁 高　梓	敌产部分标售(再标)	厂务主任郭振
高林扳纸厂	狄思威路刑家宅单福里 4 号	钱子宁 高　梓	标售(再标)	
江南造纸第一厂	曹家渡光复路 10号	钱子宁 高　梓	复工标售	厂务主任沈季超
江南造纸第二厂	西摩路 1741 号	钱子宁 高　梓	复工(标售)	厂务主任钱丕显
江南造纸第三厂	北成都路 1086 弄 10 号	钱子宁 高　梓	现充复工纸厂仓库	
扬子蛋业冷藏株式会社	黄浦路 177 号	李允成 张东叟	房地产机件发还原业主英商茂昌洋行	根据处理局沪叁字一三三〇一号函

续上表

名称	地址	接收人员	处理情形	备注
上海冷冻工业株式会社(即前川冰厂)	狄思威路30号	李允成 张东叟	复工	厂务主任张东叟
日本皮革株式会社上海工场	闸北中山路潭子湾	吴树阁 胡培德	标售	
华中制革厂	平凉路2535号	王庭荪 颜春安	复工	厂务主任吴树阁
上海皮厂	白利南路59号	王庭荪 颜春安	发还原业主上海皮厂 Donnell	
恒业皮革厂制靴工场	宁国路515号	谭冠英 翟祖绳	厂房还发时兆报馆代表人 E. A. James'物资标售(再标)	
五二皮革厂	闸北横浜路524号	程文骐	复工	厂务主任黎裕恭
中兴皮革厂	韬朋路833号	吴树阁 王成昱	厂房产权发还原业主国华地产公司标售(第四批)	发还房屋根据处理局沪叁字五六〇〇号函得标人刘锡卿
三川皮革毛皮工场	北苏州路120号	李允成 李　锐	房地产发还原主可炽昌记号物资第五批标售	得标人康文焕
德康化学工业株式会社	其美路童家宅路113号	林纪衡 沈鼎三	复工	厂务主任沈鼎三
维新化学工业社	柳营路680号	周振钧 吴洁然	移交资源委员会中央化工厂	根据处理局沪三字二四〇三〇号函

续上表

名　　称	地　　址	接收人员	处理情形	备　　注
万国化学染料厂	荆州路75号	陶　桐 孙玄衍	房屋发还原业主华记公司支含芬	根据处理局沪三字房字三二三二二号函
兴亚染料制造株式会社	龙华天钤路1187号	王　箴 车志义	复工	厂务主任乐作霖
日华酸素工业株式会社	华德路1519号	李允成	复工	厂务主任李锐
须藤洋行酸素工场	华德路691号	李允成	标售（第五批）	得标人许冠英
兴亚酸素工业株式会社	徐家汇路200号	李允成 黄秉章	复工	法商东方修焊公司负责复工产权尚未确定
狮子牙粉公司	辽阳路537号	李允成	标售增益部份（第五批）	得标人叶翔庭中国工业炼气公司郭承恩申请发还尚未经确定
上海电气化工业株式会社	河间路144号	李允成		中国工业炼气公司郭承恩申请发还尚未经核定
上海水泥公司	龙华镇江经庙	刘吉生	原出租部分发还原业主上海水泥公司刘鸿生	根据处理局沪叁字二八一六号函
中华混凝土工业厂	沙泾路22号	应和鸣 应和平	物资标售（再标）	
小川香料公司	昆山路116号 公兴路45号	陶　桐 张国享	标售（第五批）	得标人王修荫

续上表

名称	地址	接收人员	处理情形	备注
上海高砂化学工业株式会社	济宁路340号	邵家麟 李博达 王修荫 莫畏三	同右	得标人李润田
三和化学工业厂	闸北士庆路300号	沈朔明 顾冀东	标售(第三批)	得标人曹友耕
大东树脂工业株式会社	小沙渡路471号	林君潜 谢承志	复工	厂务主任林君潜
中华樟脑株式会社	临潼路282—292号	王修荫 郭绍文 莫畏三	标售	
拜罗德自来水笔公司	杨树浦路渭南路二及四号杨树浦路1655号及1657号	黄友逢 林纪衡	标售(再标)	
南昌化学工业株式会社(南昌化学厂)	南市日晖东路33号	徐永炘 谢承志 朱迪民	标售	
大陆砖瓦厂	华德路1501号	沈祖戡 张国享	标售(再标)	
上海窑业株式会社	闸北三阳路甲5号	周百龄 江礼璘	价让第三方面军	
岩井化学药品厂	辽阳路189弄14号	车志义 周百龄	标售(再标)	
岩井洋行制茶工场	闸北大统路788号	车志义 陈承荫 张嘉陵 周百龄 陶秉珍	复工	厂务主任朱惠清

续上表

名　　称	地　　址	接收人员	处理情形	备　　注
太仓产业株式会社制茶工场	平凉路194号	徐永炘 朱迪民	标售(再标)	
福利茶叶公司	天潼路288号	车志义 杨永寿		茶叶公司唐季珊申请优先承购敌遗物资尚未经核定
中华矾土公司	塘山路1202号	沈祖戡 杨永寿	标售(第五批)	得标人黄国年
华中火柴股份有限公司	浦东陆家渡	唐凌阁 虞兆年 夏松潮 刘念智	厂房机件发还原业主大中华火柴厂	根据处理局沪叁字一五五七四号函
大陆制瓶厂	闸北恒业路顾家湾14号	江礼璘 邹汝职	标售(第五批)	得标人吴友山
大中火柴厂	浦东塘桥张家浜25号	同　右	标售(第四批)	得标人李祖敏
京华产业株式会社	南市兆丰路199号	庄茂如 王珍荫 周百龄	复工由原业主吴潮洲金田山优先承购	厂务主任庄茂如
中央化学工业股份有限公司	浦东	吴蕴初 陈聘丞	价让财政部盐务总局	
太阳堂	华山路448号	周振钧 贡兰英	标售(再标)	
三菱商事株式会社肠衣工场	奉天路244号	张东叟	物资交江海关标售	
堺工业原料厂	欧嘉路79号	虞昌年 杨维德	标售(再标)	
中国织成厂	南京谨记路401号	于本中 方君秩		大中华织染厂申请发还房地产尚未经核定

续上表

名　　称	地　　址	接收人员	处理情形	备　　注
田丸酢酿厂	欧阳路27号	刘永傅	物资标售（再标）	
森田酿酒场	闸北指江庙路68号	林其祥 陈拱宸	同右	
日本化学厂	闸北青云路三五八号	周振钧 杨永寿 黄友逢	标售	
兴亚窑业株式会社（即泰山砖瓦厂）	新龙华长桥港口	黄首民	发业主泰山砖瓦公司代表黄首民申请发还全部厂产	尚未由局核定
兴亚钢业厂	大连湾路652号	傅积和	现复工	厂务主任周茂柏
兴亚钢业厂营业所	昆山路146号	同　右	已发还	美国教会
大陆炼铜厂	昆明路1220号	姚诵尧	已移交	资委会中央电工分厂
大陆电线厂	昆明路1222号	同　右	已移交	同右
亚细亚钢业厂	河间路379号	钱祥标	现复工	厂务主任钱祥标　唐汉宗
日亚钢业厂	平凉路1628号	赵端棨	现复工	厂务主任余名钰
日亚钢业厂宿舍	临青路100弄15、11、21号126弄33、35号	同　右	现复工	同右
公和制铜厂	岳州路331号	黄叔培	已发还原主	中国制铜厂

续上表

名　　称	地　　址	接收人员	处理情形	备　　注
中山钢业厂	江西路131号	张　瑞 朱衡石	敌产	现为本办公处
中山钢业厂周家桥工厂	白利南路2501号	李绍镠	提处理局标售	厂务主任叶有才陶胜百
中山钢业厂制板工场	光复路607号	戚允中	提处理局标售	
中山钢业厂浦东制铁场	浦东周家渡西村1号	同　右	已发还和兴铁厂日人增益部分标售	
中山钢业厂浦东电线场	同右	同　右	已移交资委会中央电工分厂	
中山钢业厂华丰搪瓷场	浦东	同　右	已发还华丰搪瓷厂日人增益部分标售	
中山钢业厂仓库	公本路769号	李绍镠		第四、五批标售价过低再标售中
日光工厂	周家嘴路355号	周承佑 孙光昌	已标售	须昂贤得标
中华制铁株式会社	外滩12号138、137、343、345号	蔡　常	房屋已发还汇丰银行家具移交中信局	
中华制铁株式会社浦东工厂	浦东西渡旧亚细亚下栈	蔡　常	第五批标售因标价过低准备再标	厂地占用英商亚细亚火油公司
中华制铁株式会社吴淞工厂	吴淞张华浜北齐浜	钱品松	同上	接收前已遭重大破坏
中华制铁株式会社杨树浦工场	黄兴路	蔡　常	同上	

续上表

名　　称	地　　址	接收人员	处理情形	备　　注
华铝钢精厂	眉州路610号	夏少平	正在办理发还原主事宜日人增益部分已提处理局标售	
大鑫钢铁厂	齐浦路730号	姚诵尧	正由原主大鑫钢铁厂向处理局申请发还	
协和工场	韬明路883弄31号	胡嵩岳	已发还原主镁铝翻砂厂	
田所泽行伸铜厂	天宝路704号	俞百禄	已复工	厂务主任樊景云
昌和制作所	北四川路841号	张　瑞	已移交资委会上海机器厂发还原主手续完妥	
昌和制作所仓库	奉天路379号	同　右		
昌和制作所工场	唐山路1219号	同　右	移交资委会上海机器厂	
日产重工业华中事务所	北四川路523号	黄叔培	已复工	厂务主任胡厥文
日产重工业华中修理工场	大连湾路740、770号	同　右	同右	同右
日产重工业华中第一工厂	福照路615号	同　右	已发还原主美通洋行	
日产重工业会社第二工厂	福照路783号	黄叔培	已发还美商信通洋行	
日产重工业会社仓库	大西路36号	同　右	已发还原主福林洋行	

续上表

名　　称	地　　址	接收人员	处理情形	备　　注
日产重工业会社中国金属公司	康脑脱路 632 弄 101 号	同　右	已发还原主中国金属公司	
大同机械会社事务所	西华德路 80 号	同　右		神启义得标
大同机械会社仓库	福德路 11 号	同　右	第五批标售无人投标	
南丰洋行修车工场	多伦路 250 号	张　瑞	同右	
吉崎运输公司办公处	平凉路 119 号	夏少平	已移交资委会无线电厂	
吉崎运输公司仓库	大连湾路 360 号	同　右	由美军司令部借用	
吉崎运输公司仓库	华德路 352 号	同　右	已移交江海关	
吉崎运输公司仓库	平凉路 540 号	同　右	同右	
吉崎运输公司仓库	齐物浦路 120 号	同　右	同右	
吉崎运输公司车库	榆林路 560 号	同　右	已移交战时运输局	
吉崎运输公司车库	麦克利克路 27 号	同　右	同右	
吉崎运输公司车库	韬明路 827 号密勒修理厂	同　右	同右	
阿部市洋行工作所	惠民路 65 号	傅积和	上海市公用局函请价让现正估价中	

续上表

名称	地址	接收人员	处理情形	备注
冈崎机械工业株式会社出张所	长治路581号	张瑞	房屋发还裕丰源一部分物资移交资委会上海机器厂一部分移厂待售	
冈崎机械工业株式会社第一工厂	长阳路1443号(新华铁厂)	张瑞	已提处理局标售因产权停止尚未决	
冈崎机械工业株式会社第二工厂	辽阳路327、329号(同右)	张瑞	房屋发还华昌机器厂	
华中丰田自动车事务所	九江路50号301号	徐肇和	已移交资委会上海机器厂	
华中丰田自动车工厂	河间路193号	徐肇和	同右	
华中丰田自动车分厂	香港路	徐肇和	同右	
明和自动车修理厂	西体育会路11号	徐肇和	已移交资委会上海炼油厂	该厂为出光油槽之容器工场
佳友通讯工业上海工厂	东有恒路741弄74号	黄叔培	房屋已发还公平洋行	器材已由航委会价拨
中华电气株式会社炼钢厂	河间路826号	任家昆 钟兆琳	已移交资委会中央电工分厂	
中华电气株式会社炼钢厂电线厂	昆明路700号	同右	同右	
中华电气株式会社炼钢厂第一仓库	周家嘴路729号	同右	同右	
中华电气株式会社炼钢厂第二仓库	北海宁路15弄3号	同右	同右	

续上表

名称	地址	接收人员	处理情形	备注
中华电气株式会社炼钢厂第三仓库	仁记路110号	同右	同右	
中华电气株式会社炼钢厂须藤洋行	辽阳路398号	同右	同右	
东光电气株式会社	狄思威路57号	丁舜年	同右	
三上电气公司事务所	北四川路1035号	任家昆 齐含真	已复工	厂务主任陈祖光
三上电气公司第一厂	北四川路1030号	任家昆 齐含真	已复工	厂务主任陈祖光
三上电气公司第二厂	东横浜路德培里15号	任家昆 齐含真	已发还原主新成钢管厂	
三上电气公司仓库	余庆坊2、7号	任家昆 齐含真	归第一厂使用	
三上电气公司仓库	吟桂路285号	任家昆 齐含真	归第一厂使用	
新华电机厂	周家嘴路959号	钟兆琳	已复工	厂务主任周锦水
维新电业社	北四川路813号	钟兆琳	已标售	周献之得标
维新电业社工场	东横浜路兴9、10号	钟兆琳	已标售	同右
细田贸易公司	广东路友好大楼414号	钟兆琳	已标售	王九香得标
细田贸易公司工场	平凉路509弄18、40号	钟兆琳	已标售	同右
细田贸易公司仓库	广东路64号4楼		已标售	同右

续上表

名　　称	地　　址	接收人员	处理情形	备　　注
细田贸易公司仓库	闵行路64号4楼		已提处理局标售仓库大门江海关加封物资存于一室本组加封	
东亚电池工场	北四川路1331号	丁舜年	余四、五批标售标价过低准备再标	
日本电信电话工事工场	虬江路868号	丁舜年	器材经处理局议决价让航委会及交通部	
九鬼公司总店	乍浦路75、77号	齐含真	器材移交资委会中央电工厂	
九鬼公司分店	北四川路464号	齐含真	同右	
日本电气工业	长春路392号	齐含真	已标售	得标
日本电气工业仓库	辽阳路66号	齐含真	物资已标售房屋发还亚浦耳电机厂	同右
日华蓄电池厂	海南路十九号	齐含真	联实厂王否兴得标	已标售
通用电气制造厂	河间路1785号	钟兆琳	已发还英商通用电气	
东京芝浦电气株式会社	园明园路21号	任家昆 齐含真	已发还原主慎昌洋行	
东京芝浦电气株式会社第一工厂	辽阳路66号	任家昆 齐含真	物资标售房屋发还亚浦耳电机厂	胡振治得标

续上表

名　　　称	地　　　址	接收人员	处理情形	备　　　注
东京芝浦电气株式会社沪西工厂	劳勃生路140号	任家昆 齐含真	房屋发还通用电气公司	
东京芝浦电气株式会社虹口工场	欧阳路146号	任家昆 齐含真	房屋发还华德灯泡厂	
东京芝浦电气株式会社杨树浦工场	杨树浦铜梁路86号	任家昆 齐含真	房屋发还慎昌洋行	
新东电机工业	周家嘴路93号	齐含真	处理局函移交交通部	
东丰洋行	乍浦路63号	任家昆 齐含真	物质移交资委会中央电工厂房屋发还惊信银行	
川北电业社	乍浦路318号	任家昆 齐含真	物资移交资委会中央电工厂	
川北电业社仓库	昆山路172弄7、9号	任家昆 齐含真	物资移交资委会中央电工厂	
昭电社	昆山路8号	齐含真	物资移交资委会中央电工厂房屋发还衍司理教会	
昭电社仓库	昆山路81弄2号	齐含真	物资移交资委会中央电工厂房屋发还衍司理教会	
昭电社仓库	吴淞路332弄160号	齐含真	物质已移交资委会中央电工厂房屋敌产由中信局处理	

续上表

名称	地址	接收人员	处理情形	备注
昭电社仓库	文路49号	齐含真	物资已移交资委会中央电工厂，房舍已交中央造船厂	
昭电社仓库	昆山路81弄6号	齐含真	物质已移交资委会中央电工厂房屋发还衍司理教会	
加藤公司和丰厂	岳州路149号	丁舜年	已标售	沈信孚得标
中华无线电变信机工业株式会社	平凉路189号	陆济仁 郭其章	已提处理局审核	
□通信机株式会社上海支店	昆山路146号A202室	刘其永	物资移交复工房产发还东英大学	
□通信机株式会社上海支店宿舍	施高塔路文茸别墅18号	刘其永	房屋被占家具移租	
野材产业株式会社事务所	东大名路325号	张瑞	房屋已移交资委会上海机器厂，家具交中信局	
野材产业株式会社铁工厂	榆林路801号	张瑞	价让农林部	
野材产业株式会社锯木厂	许昌路624号	张瑞	已标售	江鹏飞得标
野材产业株式会社锉刀厂	平凉路757弄2号	张瑞	已标售	陈钟秀得标
野材产业株式会社老工厂	沪西陈家渡	张瑞	提处理局标售	

续上表

名称	地址	接收人员	处理情形	备注
光来公司	斜徐路842号	张瑞	已标售	朱文焕得标
东宝铸物厂	周家嘴路1041号	张瑞	已标售	吴仁智得标
东宝铸物厂仓库	周家嘴路1032号	张瑞	已发还	
东方建铁厂	辽阳路366号	张瑞	已发还业主东方钢窗公司日人增益部分已标售	雷有谋得标
上海精密机械工艺社事务所	南京路60号	张瑞	原主(韩人)孙昌植申请发还,现在正办理发还	
上海精密机械工艺社工场	北四川路807号后面	张瑞	原主(韩人)孙昌植申请发还,现在正办理发还	
上海精密机械工艺社工场仓库	惠民路927号	张瑞	原主(韩人)孙昌植申请发还,现在正办理发还	房屋已发还英商谋得利洋行
上海精密机械工艺社宿舍	惠民路202号	张瑞	原主(韩人)孙昌植申请发还,现在正办理发还	
上海精密机械工艺社仓库	文路545号	张瑞	原主(韩人)孙昌植申请发还,现在正办理发还	

续上表

名　　称	地　　址	接收人员	处理情形	备　　注
上海精密机械工艺社仓库	大连湾路福寿坊 34 号	张　瑞	原主(韩人)孙昌植申请发还，现在正办理发还	
上海精密机械工艺社仓库	江浦路顺吉里	张　瑞	原主(韩人)孙昌植申请发还，现在正办理发还	
中华制针办事处	北四川路 1307 号	黄叔培	现复工房屋被占，物质移厂	厂务主任尹致中
中华制针工厂	江湾路 206 弄 7 号	黄叔培	现复工房屋被占，物质移厂	厂务主任尹致中
中华制针仓库	花园街底 2 号	黄叔培	现复工房屋被占，物质移厂	厂务主任尹致中
野崎铁工厂	昆明路 427 号		已发还源兴大兴铁工厂	
东亚铁工厂	汇山路 447 号	黄叔培	现已复工，并提处理局标售	厂务主任尤其炤
坂田制作所	汇山路 339 号	黄叔培	现已复工，并提处理局标售	厂务主任陈炳勋
田中机械制作所	兆丰路 472 弄 100号	黄叔培	已标售后处理局通知已解决再标产权纠纷暂停标卖	
大华撳钮厂	杨树浦路盐山路盐山里 12 号	黄叔培	现已复工并已标售	厂务主任蒋淡仕李冀曜得标
新兴铁机厂	天潼路 62 号	黄叔培	已标售	李祖谦得标
石福金属会社出张所	西华德路 89 号	黄叔培	准处理局通知拨交中央造币厂	

续上表

名称	地址	接收人员	处理情形	备注
石福金属会社工场	引翔区玉山路东王家宅一号	黄叔培	准处理局通知拨交中央造币厂	
祥昌洋行事务所	泗泾路16号三楼	傅积和	已标售	葛暨英得标
祥昌洋行工厂	榆林路237号	傅积和	已标售	葛暨英得标
江南钢精厂	安国路263号	傅积和	发还原主韩人奉命石	
福昌公司铁工厂	广阳路97号	傅积和	已提处理局标售	
福昌公司铁工厂仓库	狄思威路B字249号	傅积和	已提处理局标售	
福昌公司铁工厂住宅	狄思威路563号	傅积和	房屋被占物资移厂	
上海发动机械制造所	临青路66号	傅积和	已发还原主九合铁厂	
中华金属工厂	香烟桥路105号	傅积和	已标售	吴光汉领标
大东洋行铸工部	东余杭路1158号	傅积和	已发还万兴协记翻砂厂	
天荣钢业厂事务所	百老汇路133号	傅积和	器材已标售房屋发还一价公司	钱品松得标
天荣钢业厂工场	乍浦路110弄3号	傅积和	已标售	钱品松得标
田中洋行事务所	吴淞路417、419号	傅积和	已标售	薛毓华得标

续上表

名称	地址	接收人员	处理情形	备注
田中洋行事务所仓库	吴淞路猛将路22弄28号	傅积和	已标售	薛毓华得标
野田铁厂	中华新路60号	傅积和	价让交通部	
大和铁工厂第一厂	大连路570号	傅积和	汪葆方申请发还房地产在处理局审核中	
大和铁工厂第二厂	济宁路130弄9、29、31号	傅积和	已发还国华电器厂	
美隆厂	岳州路256号	夏少平	房屋发还机件标售	
美隆厂仓库	岳州路252号	夏少平	房屋发还机件标售	
上海金属制造株式会社第一厂	吉祥路54号	夏少平	已发还华昌钢精厂日人增益部分已提处理局标售	
上海金属制造株式会社第二厂	榆林路840号	夏少平	房屋机器产权未决日人增益部标售	
松崎工厂商店事务所	文路55号	夏少平	已标售	王凯盛得标
松崎工厂商店工厂	唐山路90号	夏少平	已标售	王凯盛得标
大亚工业株式会社事务所	欧嘉路35号	夏少平	物资移归保管房屋军队占用	
大亚工业株式会社工厂	香烟桥路29号	夏少平	已发还约克洋行	物资移复工工厂

续上表

名　　称	地　　址	接收人员	处理情形	备　　注
山三洋行	元芳路356号	陈钟秀	器材移西山洋行提第四、五批标售无人投标	
松华瓶盖厂事务所	园明园路167号五楼505、506号	夏少平	房屋已发还英商华懋铁工厂家具移工厂	
松华瓶盖厂工厂	倍开尔路273号	夏少平	日人增益部分拟提处理局标售	
上海自动给炭机厂	平凉路584号	夏少平	粹丰机器厂申请系被敌强买黄俊乐请术发还基地在处理局查核中	
日华贸易洋行	汇山路597号	夏少平	房屋移交中央工业试验所物资运往石福工厂	
同生铁厂	眉州路120号	夏少平	已标售	陈德生得标
大中华铁工厂	临平路147号	夏少平	已办理发还申请购日人机器准以估价三分之一承购	
爱工铁厂第一厂	新港路12号	周承佑 孙克昌	现复工	厂务主任张闻骏
爱工铁厂第二厂	沙泾路22号	周承佑 孙克昌	现复工	厂务主任周承佑
汉和工业株式会社发行所	吴淞路446号	周承佑 孙克昌	家具器材已标售房屋已移交中信局	陈歆馥得标

续上表

名　　称	地　　址	接收人员	处理情形	备　　注
汉和工业株式会社工厂	横浜路 201—219 号	周承佑 孙克昌	家俱器材已标售房屋已移交中信局	陈歆馥得标
三亥公司铁工部发行所	百老汇路 195 号	周承佑 孙克昌	已提处理局标售	
三亥公司铁工部工厂	飞虹路 97 号	周承佑 孙克昌	已标售	汪焕章得标
浪速机器公司	东长治路 553 号	周承佑 孙克昌	第四、五批标售无人投标	
协源铸物厂	东横浜路鸿顺里 12 号	周承佑 孙克昌	已标售	朱德祥投标
冈谷商店发行所	长治路 121 号	周承佑 孙克昌	物资移复工工厂	
江南建材铁工厂	周家嘴路 530、532 号	周承佑 孙克昌	第五批标售无人投标	
万和第一工厂	周家嘴路 1113 号	张　瑞	处理局通知价让第三方面军	
可假铁工厂	周家嘴路 1047 号	周承佑 孙克昌	第二、五批标售因投标二价太低处理局通知再标	
三河兴业株式会社铁工厂	齐物浦路 727 号	姚诵尧	原主大钢铁厂申请发还处理局在审核中	
西山洋行事务所	文路 193 号	姚诵尧	移交中信局	
西山洋行工厂	周家嘴路 87 弄 15 号	姚诵尧	陆鸿兴铁工厂申请发还厂房机器处理局已准予发还	

续上表

名　称	地　址	接收人员	处理情形	备　注
西山洋行仓库	元芳路356号	姚诵尧	提局标售	
西山洋行仓库	斐伦路139弄4号	姚诵尧	提局标售	
大陆电工厂	桂杨路449号	姚诵尧	已复工	厂务主任李贻棠
大陆铁机厂第一厂	西华德路33、35号武昌路口	姚诵尧	已发还德泰机器厂日人机器收归国有由德泰保管物资移石福	
大陆铁机厂第二厂	杭州路740号	姚诵尧	房屋已发还斯高工艺学校器材移复工工厂	
淡海洋行	倍开尔路251号	王佑中	已复工	厂务主任支秉渊董道仪
淡海洋行翻砂厂	唐山路1250号	王佑中	已复工	厂务主任支秉渊董道仪
上海工业株式会社	大名路156号	戚允中	房屋已发还泰利洋行	
上海工业株式会社总管理处	平凉路733—739号	戚允中	房屋归第二厂应用	
同右第一工厂	扬州路217号	戚允中	已发还上海自来水用具公司	
同右第二工厂	平凉路731号	戚允中	准备复工	厂务主任夏述虞
同右铸造工厂	扬州路217号	戚允中	房屋已发还蒋达中	

续上表

名称	地址	接收人员	处理情形	备注
同右仓库	江浦路214号	戚允中	已提处理局标售	
同右仓库	倍开尔路9—15号	戚允中	房屋发还物资移出	
同右宿舍	平凉路757弄10号	戚允中	明华一厂宿舍	
同右宿舍	平凉路743、745、747号	戚允中	本组职员宿舍	
同右宿舍	平凉路751—753号	戚允中	工务局及地政局借用	
同右职员宿舍	平凉路304弄3号	戚允中		
同右职员宿舍	临潼路69、107号	戚允中		
同右贮藏室	平凉路757弄6—7号	戚允中	日本铁厂宿舍	
同右贮藏室	吉祥路37号	戚允中		
上海计器制作所	天潼路94、96号	梁士超	已标售	
同右工厂	宝山路204号			
霸田洋行	元芳路356号	陈钟秀	器材于第四次标售无人投标	
永奉铁工厂	陆家路左家宅246号	夏少平	原主日人水绍博与周性初互相推委不肯签字于清册上经处理局核定收归国有	

续上表

名称	地址	接收人员	处理情形	备注
菱东铁工厂	公平路岳州路口	戚允中	现复工已提处理局标售	唐性成得标
耐尔思制钉厂	哥伦比亚路35K号	戚允中	第三批标售因第一、二连续弃权保证金没收处理局通知再标	
上海电镀工厂	虬江路106号	戚允中	已标售	顾聚昌得标
远藤洋行	元芳路356号	陈钟秀	器材于第四批标售无人投标	
高山机器厂	唐山路187—189号	姚诵尧	已发还张载奋	
日本铁厂	荆州路334弄150号	夏少平	现复工	厂务主任袁渭清
明华铁厂一厂	倍开尔路994号	夏少平	现复工	厂务主任沃鼎臣
明华铁厂二厂	扬州路425号	夏少平	房屋发还朱玉姝	
明华铁厂三厂	丹阳路157号	夏少平	已发还统一呢绒厂	
小浦洋行营业所	乍浦路120号	董道仪	房屋被强占生财已移出保管	
小浦洋行工厂	昆明路584号	董道仪	厂房发还张锡记铁工厂增益机器标售	
德乌组事务所	塘沽路24号	董道仪	第三批第五批标售均因标价过低	

续上表

名称	地址	接收人员	处理情形	备注
德乌组工场	兰路187、193、195号	董道仪	第三批第五批标售均因标价过低	
德兴铁厂营业所	北海宁路82号	董道仪	第三、五批标售均因标价过低	
德兴铁厂工厂	平凉路威妥玛路口518号	董道仪	房屋发还中国实业银行一部机器发还培康工厂余物标售	
德兴铁厂翻砂厂	华德路900号齐物浦路口	董道仪	第三、五批标售均因标价过低	
德兴铁厂仓库	威妥玛路507号	董道仪	第三、五批标售均因标价过低	
日信机器厂	开纳路214号	董道仪	现复工第四、五批标售无人投标	厂务主任黄国斌
日信机器厂仓库	大西路56号	董道仪	房屋发还物资移厂	厂务主任黄国斌
冈村洋行事务所	峨嵋路27号	董道仪	现复工	厂务主任陈元章
冈村洋行工厂	唐山路145弄5号	董道仪	现复工	厂务主任陈元章
冈村洋行仓库	武昌路金书里12号	董道仪	现复工	厂务主任陈元章
亚细亚机械会社	平凉路624号	董道仪	房屋已发还原主机器已提处理局标售	
木代造船造机株式会社	狄思威路50号	李绍缪	已发还远昌翻砂厂	

续上表

名　　称	地　　址	接收人员	处理情形	备　　注
大陆铁厂	潭子湾西光复路	黄希冈 姜长英	已移交资委会	
东亚铁厂	槟榔路49号	黄希冈 姜长英	现复工	厂务主任胡叔常
有新铁厂	昆明路572号	严开镐	已移交中纺公司	
大丰铁厂	小沙渡路987号	黄希冈 姜长英	现复工	厂务主任胡叔常
上海医疗机械制作所	韬朋路594号	严开镐	已移交卫生署	
日本机械制作所第一厂	通北路710号	陈有恒	已移交资委会	
日本机械制作所第二厂	通北路883弄26号	陈有恒	正待移交中纺公司	
日本机械制作所第三厂	杭州路741号	陈有恒	已复工并已标售	厂务主任傅积和袁育安得标
日本机械制作所第四厂	舟山路550号	陈有恒	正待移交中纺	
日本机械制作所第五厂	长阳路1687号	陈有恒	同右已移交	
日本机械制作所上海衣料属品厂	华德路1687号	陈有恒	已移交中纺公司	
江南造机厂	南市外马路1076号	屠威康	现复工	厂务主任颜耀秋
振华铁厂一厂	西湖路110号	陶志谦	已移交中纺公司	
振华铁厂二厂	平凉路1841号	陶志谦	同右	房屋已发还大茂工厂

续上表

名　　称	地　　址	接收人员	处理情形	备　　注
平和洋行	杨树浦路248号	黄希阁 姜长英	已在办理发还英商平和洋行	
龙华船厂	龙华	屠盛康 陆绍镛	业主龙华船厂申请发还	
东信机信厂	宝安路59号	赵镇焕	傅品珍申请发还现在处理审核中	
川西铁工厂	宝安路祥园里2号	赵镇焕	已标售	发与翻砂厂陆汉清得标
中华制铁厂	华盛路330号	戚允中	已发还中华制铁厂	
华兴钢铁厂	华德路567弄400号	赵镇焕	与傅逆金奎有产权关系处理局通知查封	
大利铁号	苏州路780号	赵镇焕	处理局查缉案件审查会审查中	
亚兴铜铁厂	潘家湾路171号	杜庆宣 雷有谋	标售因标售过低未售	
和兴机器厂一厂	茂海路511、517号	姚诵尧	华兴机器厂申请发还在处理局在审核产权中	
和兴机器厂二厂	公平路510号	姚诵尧	华兴机器厂申请发还在处理局在审核产权中	
松下洋行	长春路187号	戚允中	第四、五批标售无人投标	

续上表

名　　称	地　　址	接收人员	处理情形	备　　注
隆记洋行合资会社外栈	斐伦路 139 弄 9 号	李绍缪	房屋原为元泰五金号货栈器材第四、五批标售无人投标	
隆记洋行合资会社外栈	青浦路 64 号	李绍缪	房屋原系乾泰祥五金货栈器材第四、五批标售无人投标	
福冈洋行	元芳路 265 号	梁士超	第四、五批标售无人投标	
中华实业株式会社	横浜路 706 号	夏少平	现复工	厂务主任马冠雄
前田洋行	汇山路 430 号	戚允中	已标售	李冀曜得标
中南热水瓶厂	西横浜路 75 号	戚允中	已提局标售	接收手续近方完毕
扬子江木材公司	光复路 1189 号	鲍康志	已复工	厂务主任戚允中
三井木厂	杨树浦路 2180 号	戚允中	已复工	厂务主任鲍慷志
华新石棉瓦制造厂	横浜路 651 号	尹致中	第五批标售无人投标	
野泽石棉厂	永兴路 510 号	尹致中	已提局标售	
松下电气工业株式会社	长阳路 235 号	梁士超	发还英商广大铁厂	
上海制函株式会社	东汉壁礼路296号	吴虁梅	准备复工	厂务主任梁树禧

续上表

名　　称	地　　址	接收人员	处理情形	备　　注
三乐自来水笔厂	恒业路 348 号	吴龚梅	已提处理局标售	
祥泰木厂	杨树浦路 1426 号	鲍慷志	已发还祥泰木厂	
中国乐器公司	徐家汇 1097 号	马家驯	已发还英商电气音乐公司	
花王油脂厂	虹桥路 62 号	戚允中	房屋发还原主物资第五批标售无人投标	
东亚制茶会社(陆荣药厂)	闸北止园路 341 号	戚允中	已提局标售	
上海胶粉厂	全家庵路 660 号	戚允中	已标售	得标人钱鸿威
华中精工厂	龙江路 225 号	傅积和	已提局标售	厂务主任任家昆
原时铁工厂	惠名路 74 号晋阳里	赵镇焕	已标售	得标人陈大樊
中华食粮厂	中山北路 189 号	戚允中	已标售	得标人王念忱
公大电线厂	白利南路芦薛宅 176 弄 7 号	梁士超	已提局标售	先由交通部接收于二月间移交本处
大通电机工厂	北福建路 330 号	戚允中	第五批标售无人投标	
亚德士洋行	杨树浦路 323 弄 10、12 号	戚允中	第五批标售无人投标	
新声针厂	临青路临青坊 25、30 号	戚允中	已标售	得标人花锦高

续上表

名　　称	地　　址	接收人员	处理情形	备　　注
大竹洋行	爱尔考克路287弄31号	梁士超	已提处理局标售	
恒诚制匣厂	斐伦路久耕里55号	陶忠洁 顾子美	已标售	旧开制匣厂张福生得标
加藤洋行制面工场	闸北潭子湾街471号	戚允中	由处理局查获物资委员会标售	
鹰羽制作所	海拉尔路129号	戚允中	移交处理局查缉组	
东亚食粮厂	宝通路1号	戚允中	房屋拨三上电气工厂物资移厂	
东亚食粮厂工厂	宝通路39号	戚允中	已提处理局标售	
菱中洋行	四川路251号	戚允中	已提处理局标售	
东工建材工厂	光复厂479号	郑志磐	房屋发还机器拟分售各学校作实习工场用	
中国兴业石粉厂	南市康衢路康衢里三〇五号	戚允中	已发还增益房屋估价让售原主	
江南纤维工业株式会社	浦东张家浜胡家木杉49号	赵镇焕	为日韩人合资经营产权待处理	
金生洋行机器厂	东有恒路集贤里63号	雷有谋	已提处理局标售	
祥昌机器厂	梧州路如皋路13号德安坊	戚允中	已发还	

续上表

名称	地址	接收人员	处理情形	备注
大二木厂上海制材工场	眉州路七五〇号	鲍慷志	第七批标售	
华中水电公司总店	北四川路阿瑞里二号	张家祉 汪经镕	已移交资源委员会	
上海电力公司		赵曾珏 霍金斯	发还业主上海电力公司	
同右事务所	南京路181号	赵曾珏 霍金斯	发还业主上海电力公司	
同右总厂	杨树浦路底	赵曾珏 霍金斯	发还业主上海电力公司	
同右其他各变电所及配电所	散处旧公共租界	赵曾珏 霍金斯	发还业主上海电力公司	
沪西电力公司		赵曾珏 霍金斯	发还业主沪西电力公司	
同右事务所	南京路181号	赵曾珏 霍金斯	发还业主沪西电力公司	
同右变电所	忆定盘路劳勃生路海防路兆丰公园白利南路	赵曾珏 霍金斯	发还业主沪西电力公司	
闸北水电公司	北四川路阿瑞里一号	赵曾珏 金翰济	发还业主闸北水电公司	
华商电气公司		赵曾珏 杜月笙	发还业主华商电气公司	
同右总管理处	辣斐德路502号	赵曾珏 杜月笙	发还业主华商电气公司	
同右营业科	中华路1474号	赵曾珏 杜月笙	发还业主华商电气公司	

续上表

名　　称	地　　址	接收人员	处理情形	备　　注
同右电务用户科	和平路 1161 号	赵曾珏 杜月笙	发还业主华商电气公司	
同右营业科徐家汇收费处	同仁街 87 号	赵曾珏 杜月笙	发还业主华商电气公司	
同右总厂	南京车站路	赵曾珏 杜月笙	发还业主华商电气公司	
浦东电气公司		赵曾珏	发还业主浦东电气公司	
浦东电气事务所	浦东东昌路 6 号	同　右	同右	
浦东电气总厂	浦东张家浜	同　右	同右	
苏州电气公司	苏州观前街	张宝桐	发还业主	
戚墅堰电厂	无锡公园路	吴玉麟	发还业主戚墅堰电厂	
人□电气公司	镇江	张　恒	发还业主人□电气公司	
首都电厂	南京		发还业主首都电厂	
杭州电气公司	杭州□□		发还业主杭州电气公司	
永明电灯公司	嘉兴	蒋抚青	发还业主永明电灯公司	
明达电灯公司	芜湖	沈嗣芳 焦祖荫	发还业主明达电灯公司	
安庆电厂	安庆	刘祖辉	发还业主资源委员会	
徐州耀华电公司	徐州	吴抱一	接收报告尚未到	

续上表

名称	地址	接收人员	处理情形	备注
申新发电所	无锡	吴玉麟	发还业主申新发电所	
上海自来水公司	杨树浦路	赵曾珏 洛克	发还业主上海自来水公司	
上海自来水公司事务所		同右	同右	
上海自来水公司总厂		赵曾珏 洛克	发还业主上海自来水公司	
内地自来水公司	南市半淞园路292号	赵曾珏 姚慕莲	发还业主内地自来水公司	
同右事务所		赵曾珏 姚慕莲	发还业主内地自来水公司	
同右总厂		赵曾珏 姚慕莲	发还业主内地自来水公司	
浦东自来水公司	浦东游龙路	赵曾珏	由上海市政府收回	
同右事务所		赵曾珏	由上海市政府收回	
同右总厂		赵曾珏	由上海市政府收回	
南京自来水厂	南京江东门	方崇林	由南京市政府收回	
镇江自来水厂	镇江江边大马路	张行恒 李韧哉	发还业主镇江自来水公司	
安庆自来水厂	安庆	刘祖辉	全部收归国有惟究归国营抑归省营尚未决定	

续上表

名　　称	地　　址	接收人员	处理情形	备　　注
华中水电公司芜湖自来水部分	芜湖	沈嗣芳	由安徽省政府价购	原由安徽省政府派人接收本处所派接收人员沈嗣芳并未接管
中国烟草株式会社总公司	中正路三十四号三楼	郭可诜 邝兆祁 沈成式	移交中华烟草公司	房屋业已退还原业主大北电报公司
中国烟草株式会社第一厂	塘山路九〇二号	林　申 郑倩之	移交中华烟草公司	
中国烟草株式会社第二厂	培开尔路五九一号	郭可诜 王　增	移交中华烟草公司	
中国烟草株式会社第三厂	塘山路一〇三九号	林　申 郑倩之	移交中华烟草公司	
中国烟草株式会社第一仓库	邓脱路四十三号	郭可诜	移交中华烟草公司	
中国烟草株式会社第二仓库	辽阳路六号	郭可诜	移交中华烟草公司	
中国烟草株式会社榆林路宿舍	榆林路九十四号	郭可诜	移交中华烟草公司	
中国烟草株式会社山阴路宿舍	山阴路三十号	郭可诜	移交中华烟草公司	
中国烟草株式会社昆明路宿舍	昆明路三八一弄	郭可诜	移交中华烟草公司	
中国烟草株式会社汇山路宿舍	汇山路一一二二号	邝兆祁	移交中华烟草公司	
中国烟草株式会社施高塔路宿舍	施高塔路恒丰里六六一七〇号	沈成式	移交中华烟草公司	

续上表

名称	地址	接收人员	处理情形	备注
中国烟草株式会社东照里宿舍	施高塔路东照里二六、二二、三四号	沈成式	移交中华烟草公司	
中国烟草株式会社榆林路宿舍	榆林路十七弄三号	沈成式	移交中华烟草公司	
中国烟草株式会社昆山花园宿舍	昆山花园十二号内八号	沈成式	移交中华烟草公司	
中国烟草株式会社引翔区宅地	引翔区经字圩21、22号	沈成式	移交中华烟草公司	
中支叶烟草株式会社(上海部分)事务所	中正路三四号五楼	郭可诜	移交中华烟草公司	房屋业已退还原主路透社
中支叶烟草株式会社平凉路干燥工厂	平凉路一一一五号	宋绩成 沈宝琦	同右	
中支叶烟草株式会社榆林路干燥工厂	榆林路二一八号	谢富能 王义荣	发还原主美国烟叶公司	
中支叶烟草株式会社老靶子路宿舍	老靶子路二一五弄七、九号	A. I. MCOWEN	移交中华烟草公司	
合同烟公司	华盛路九六四号	郭可诜 王　增	发还原主新民烟公司	
新嘉洋行	塘山路四一五弄七三号	同　右	第四、五批标售无人投标	
泰丰烟公司	华德路226弄56—60号	林　申 郑倩之	已标售	薛嘉元得标
德昌烟厂	东长治路557号	宋绩成 谢富能	发还原主韩人	

续上表

名　　称	地　　址	接收人员	处理情形	备　　注
球手烟公司	眉州路大华印染厂内	宋绩成 郑倩之	已标售	张香齐得标
大陆烟草株式会社	欧嘉路 43 弄 120 号	林　申 郑倩之	发还原主德兴烟公司	
天华烟厂	塘山路 874 弄 25 号	王　增 郑倩之	已标售	钱金发得标
东映烟厂	欧嘉路 314 弄 40 号	谢富能 郑倩之	发还原主国人王如惠	
华中烟草配给组合	虎丘路 135 号	郭可诜	接收前已解散帐册部分移交中华烟草公司	房屋业已退还原主颐中烟公司
华中烟草配给组合第四配给所	江西路 261 号	邝兆祁	同右	房屋业已退还原主美华洋行
东亚烟草株式会社上海出张所	四川路同文大楼四楼	宋绩成 蒋逖先	移交中华烟草公司	房屋现为美军占用中

产权审议之敌伪工厂处理情形表(附件五)

三十五年七月十五日编

经济部苏浙皖区特派员办公处
产权审议之敌伪工厂处理案件统计表

三十五年七月十五日

处　理　情　形	件　数	共　计
已办完发还手续案件	144 件	312 件
业经函送处理局核办未有复文案件	111 件	
因业主未缴清单及接收费用未办妥发还手续案件	33 件	
其他原因未办妥手续案件	11 件	
提请处理局复议迄未决定案件	13 件	

附注：外处审议发还产权之案件除就地会同处理局办理者外亦包括在内。

附件九. 各驻外办事处接收工厂一览表

三十五年七月十五日编

各驻外分处接收单位统计表

三十五年七月十五日

接收机关	接收地点	机构数		单位数		备注
		小计	总计	小计	总计	
驻京办事处	南京	36	36	36	36	
驻江苏省办事处	苏州	33	81	38	94	
	无锡	26		29		
	常州	6		10		
	镇江	5		5		
	龙潭	1		1		
	栖霞山	1		1		
	嘉定	3		3		
	青浦	1		1		
	崇明	2		2		
	南通	2		3		
	江阴	1		1		
驻杭州办事处	杭州	22	22	45	45	
驻芜湖办事处	芜湖	5	5	5	5	
驻徐海区办事处	徐海区	19	19	19	19	
总计			163		199	

附注：此项统计依据本处收文编制

外处(一)　驻京办事处接收工厂一览表　　附件(九)

厂　　　名	地　　　址	备　　　注
伪实业部酒精厂	登隆巷一五号	奉准移交中央工业试验所
太平产业酒精厂	太平门御史廊一号	制冰部分应否发还已移处理局核定日建酒精制造部分请处理局核定标售
三共兴业第二酒精厂	白下路二二号	移交中央工业试验所
三共兴业第一酒精厂	马路街三六号	正标售中
中华理化学工业南京酒精工场	汉中门外二道梗子街普壹面粉厂内	正标售中
三河谷产工业酒精制造厂	广州路收兵桥一号	苞米部分已函处理局提前标售机件尚待处理局核定标售中
太平产业汽水酒精厂	西华门三条巷	移交中央工业试验所
富士铁工所及仓库	塘坊桥六〇号	移交中央水利实验处
日本制铁公司	正洪街52、53号	移交华中矿业公司
建兴洋行	碑亭巷二三五号	标卖中
东和制革厂	棉鞋营三四号	移交中央工业试验所
嘉来肥皂厂	棉鞋营九号	移交中央工业试验所
永利公司硫酸铔厂	六合县卸甲甸	已准处理局核定大部担保发还,补验证件
首都电厂	下关	已由该厂接管
建隆酒精制造厂	中华门外西善桥	该厂标售,原厂主优先承购
京华砖瓦厂	中华门外西善桥	该厂物资设备属于该厂原主者,应提证件凭核,具他照日人财产目录所载,即予标售
义合东砖瓦厂	和平门外东门村	为维持该厂职工生活,计已局部复工

续上表

厂　　名	地　　址	备　　注
天津砖瓦厂	和平门外迈皋桥	产权待定发还
晃明机器铁工厂	汉中路十一号	移交中央工业试验所
京华印书馆	中山路九二号	已准发还
川北电业社	太平路一一七号	电料交中央信托局标售
丸平电气洋行	中央东路三七六号	标售尚在审查中
大三洋行	太平路九八—100号	标售尚在审查中
大江商会	太平路三八五号	标售尚在审查中
岩尾株式会社	太平路四〇六号	标售尚在审查中
东洋棉花株式会社	太平路七〇号	标售尚在审查中
日产商业株式会社	太平路一四一号	标售尚在审查中
三井洋行汉中门外储材场	汉中门外十二号	移交处理局南京办事处
日人惟在下关江边棉花	下关江边	已运沪
三井洋行肥田粉	江边车站仓库	奉令运沪
三井洋行莫愁湖仓库	莫愁湖路六二号	
伪陆军部首都酒精厂	广州路八十五号	机件正在标售中
汤山酒精厂	中山门外汤山镇	机件正在标卖中
恒和仓库第三仓库	曾祠二号	布匹已移中央纺织公司明查，已交中央信托局标售
金记马车行日人遗留铁件	汉中路七三号	已交中央信托局标售
青柳洋行	碑亭巷四六号	

外处(二)　驻苏办事处接收工厂一览表

名　　称	地　　址	备　　注
苏州达磨洋行造酒厂	苏州南濠街232号	日人部分标售厂房发还
苏州日华纤维株式会社	苏州齐门外西汇路7号	日人部分标售厂房发还
苏州日华精粮厂	苏州觅渡桥	机器让售中国实业社厂房发还
苏州大丸工厂	苏州盘门外大马路虫口庙	日人机件生财标售厂房发还
苏州太仓铁工厂	苏州景德路二六二号	日人机件生财标售厂房发还
苏州桥本商行	苏州盘门外青阳地	日人机件生财标售厂房发还
苏州丰国产业株式会社	苏州城外大马路四三号	日人机件生财标售厂房发还
苏州龙王实业公司	苏州平门外西汇路36号	日人机件生财标售厂房发还
苏州兼松纺织第一工厂	苏州东北街板儿巷三十号	日人机件生财标售厂房发还
苏州兼松纺织第二工厂	苏州上津桥下塘街91号	日人机件生财标售厂房发还
苏州江苏兴农公司	苏州城外西汇路47号	日人机件生财标售厂房发还
苏州筒井棉花厂	苏州邱桥下塘十二号	日人机件生财标售厂房发还
苏州平江路草包厂	苏州平江路一五六号	日人机件生财标售厂房发还
苏州江苏建筑材料公司	苏州盘门外青阳地	日人机件生财标售厂房发还
苏州烽谷陶器厂	苏州葑门外青阳地	日人机件生财标售厂房发还
苏州中支油粮株式会社	苏州觅渡桥	日人机件生财标售余发还

续上表

名称	地址	备注
苏州亚细亚化学工业株式会社	苏州青阳地	日人机件生财标售余发还
苏州华中畜产株式会社	苏州留园马路62号	日人机件生财标售余发还
苏州山华工业社	苏州城外大马路312号	日人机件生财标售余发还
苏州中支骨粉肥料公司苏州工厂	苏州山塘路普济桥	日人机件生财标售余发还
苏州中支食品公司	苏州北濠弄四号	日人机件生财标售余发还
苏州正大洋行	苏州大马路二九四号	日人机件生财标售余发还
苏州吉田洋行第一工场	苏州学士街65号	日人机件生财标售余发还
苏州吉田洋行第二工场	苏州大马路175号	日人机件生财标售余发还
苏州吉田洋行第三工场	苏州大马路	日人机件生财标售余发还
苏州油肥合名会社	苏州阊门外三板桥	标售
苏州中华蚕丝公司苏州支店	苏州盘门外青阳地	移交中国蚕丝公司
苏州苏纶纺织厂	苏州盘门外裕棠桥	局部发还一部标售
苏州浒墅关大华造纸厂	苏州浒墅关	局部发还一部标售
苏州浒墅关远东实业公司陶瓷厂	苏州浒墅关	局部发还一部标售

续上表

名　　称	地　　址	备　　注
苏州华盛益记造纸厂	苏州枫桥	租用部分发还复工中
苏州泰纶丝厂	苏州胥门外枣市街	
苏州瑞纶丝厂	苏州胥门外枣市街下塘十一号	
苏州石码头敌遗物资	苏州码头等地	标售
苏州洞庭西山包山矿业公司	苏州洞庭西山	局部发还复工中
苏州包山矿业公司事务所	苏州西中市	复工
苏州大中火柴公司鸿生火柴厂	苏州胥门外皇亭街	复工
苏州关厚酿造公司	苏州湖田上路头堂四十一号	日人机件生财标售余发还
无锡中亚理化学股份有限公司无锡工厂	无锡西门外仓浜	日人生财机件标售
无锡亚细亚化学工业株式会社酒精厂	无锡光复门外汇路八号	日人生财机件标售
无锡大华酒厂	无锡周山浜	局部发还一部标售
无锡大东布厂	无锡惠商路十八号	发还原主
无锡中华蚕丝公司无锡支店办事处	无锡圆通路	移交中国蚕丝公司
无锡中华蚕丝公司无锡支店农民仓库	无锡北仓门	移交中国蚕丝公司
无锡中华蚕丝公司无锡支店合兴堆栈内乾尔	无锡龙船浜	移交中国蚕丝公司

续上表

名　　称	地　　址	备　　注
无锡农民仓库内永盛丝厂之钢精丝簸四千只	无锡北仓街	移交中国蚕丝公司
无锡大建油厂	无锡西门外冰池头	由原主优先买回
无锡机器制作所	无锡周山浜	日人生财机件标售
无锡伪棉总会无锡办事处	无锡西门外棉花巷七十三号	
无锡辛泰公司经营振新纺织厂	无锡西门外太保墩	原租用部分发还振兴增益部分收归国有
无锡申新第三纺织厂	无锡西门外太保墩	代纺代织部分收归国有
无锡丽新纺织厂	无锡惠商桥丽新路	代纺代织部分收归国有
无锡庆丰纺织厂	无锡周山浜	代纺代织部分收归国有
无锡振艺丝厂	无锡南门外清明桥	
无锡福纶丝厂	无锡东门庙港桥	
无锡宏余丝厂	无锡东门外亭子桥	
无锡宏绪丝厂	无锡东门外亭子桥	
无锡永盛丝厂	无锡东门外亭子桥	
无锡永泰丝厂	无锡南门外知足桥	
无锡华新丝厂	无锡南门外河旺桥	
无锡隆昌丝厂	无锡东门外亭子桥	
无锡嘉泰丝厂	无锡东门外熙井镇缘塔路	发还中国丝业公司已复工

续上表

名　　称	地　　址	备　　注
无锡禾丰丝厂	无锡西门外龙桥浜	
无锡鼎昌丝厂	无锡南门外通阳桥	
无锡润康丝厂	无锡光复门外南仓门	
无锡振元丝厂	无锡南门外南长街	
无锡五丰丝厂	无锡周山浜	
常州武冈洋行酿造部	常州武青路	日人部分作价让售武进县政府
常州武冈洋行薬工部	常州武青路	日人部分标售国人部分发还
常州松冈铁工有限会社	常州武青路	日人部分标售国人部分发还
常州织布株式会社	常州武青路	日人部分标售国人部分发还
常州亚细亚化学工业株式会社常州工场	常州关河路十八间	日人部分标售国人部分发还
常州达磨洋行酒精工场	常州西门外西仓街	日人部分标售国人部分发还
常州达磨洋行事务所	常州东横街十号	日人部分标售国人部分发还
常州山口洋行	常州乐皇庙	局部发还一部标售
常州民丰纺织公司	常州小南门外尉史路	租用部分发还
常州中华蚕丝公司无锡支店常州驻在所	常州博爱门四美里	移交中国蚕丝公司
镇江中华火柴公司荧昌火柴厂	镇江新河	厂房机器发还
镇江中华航空公司镇江酒精厂	镇江金山街	呈院核示

续上表

名　　称	地　　址	备　　注
镇江东和贸易公司镇江酒精厂	镇江四摆渡	日人生财机件标售
镇江三和酒精厂	镇江甘露镇	日人生财机件标售
镇江顺丰酒精厂	镇江西车站附近	日人生财机件标售
龙潭中国水泥股份公司龙潭工厂	江苏龙潭	租用部分发还已复工
栖霞山江南水泥公司	江宁县栖霞山	敌存酒精机件收归国有其余发还
嘉定东棉花厂	嘉定西门外	标售
嘉丰纺织厂	嘉定西门外	代纺代织部分收归国有
嘉定唐山镇敌遗物资	嘉定唐竹镇	标售
青浦辰山惠济采石工场	青浦辰山	
大通纺织厂	崇明南堡镇	厂房机件发还
富安纺织厂	崇明南堡镇	同右
南通造纸股份有限公司	南通	标售
南通大生纺织公司第一厂	南通	
海门大生纺织公司第三厂	海门	
广利实业公司利用纺织公司	江阴北门外	

外处(三) 驻杭州办事处接收工厂一览表

厂名	地址	备注
中华蚕丝公司杭州支店	乃紫路口	移交中国蚕丝公司
池塘巷仓库	池塘巷二十八号	同右
叶家弄冷藏库	叶家弄六号	同右
瑞丰茧行	拱宸桥	同右
华余茧行	余杭城内	同右
长安仓库	长安镇	同右
白木实业公司	迎紫路	房屋发还物资标售
日华麻业公司大丰仓库	清泰路二七八号	移交中国纺织公司
杭州麻袋公司仓库	长寿路大庆里十一号	移交中国纺织公司
萧山派出所	萧山东桥下街二号	同右
临平东当栈	临平四保一甲一户	同右
许村仓库	许村施公泰栈	同右
笕桥仓库	笕桥直街59、28号	同右
诸暨联络所	诸暨执留街8号	同右
长安仓库	长安站左	同右
长安铁路仓库	长安车站	同右
临平精炼厂	临平西马街	同右
临平分处	临平西市	同右
丸三绸厂	燕子弄十九号	移交中国丝绸公司
岩尾绸厂	回龙庙六十三号	同右
江南织绸一、二厂	三角荡二十一号	同右

续上表

厂　　名	地　　址	备　　注
江南织绸三厂	皇诰见巷	同右
祥太森绸厂	珍珠巷九号	同右
阿部市第一绸厂	威子巷十九号	同右
阿部市第二绸厂	白井儿头十六号	同右
阿部市洋行仓库	下羊市街十六号	标售
阿部市化工厂	栖霞里	同右
兼松洋行茶栈	祖庙巷十二号	同右
吉田缫棉厂	中柏儿巷一三七号	同右
大二木厂	候潮门外	复工
彦板清江木厂	同春里三号	标售
双山丝厂	硖石大荡二十号	发还工业丝业公司
仓马木厂	东街路七九号	标售
杭州麻袋公司	大庆里十一号	原主台湾人请求发还中
日华纤维更生一厂	栖霞里十五号	标售
日华纤维更生二厂	艮山门新坝二十二号	标售
峰绢人造丝洋行	新民路三二七号	移交处理局驻浙办事处
东和酒精工厂	拱宸桥大石桥四号	标售
湖滨路仓库	湖滨路九十一号	标售
长寿路仓库	长寿路十一号	标售
西大街仓库	西大街 3839 号	标售
东亚制麻厂	艮山门闸弄口	标售
星星手工纸厂	一亩六号	标售
闸口碎石场	闸口一带	移交交通部沪杭铁路运务段
武林烟草公司	中板儿巷一七四号	现正清理中

外处(四)　驻芜湖办事处接收工厂一览表

名　　　　称	地　　　址	备　　　　注
华中水电公司芜湖营业所	芜湖	已复工
中一纱厂(即裕中)	芜湖	
益新面粉厂	芜湖	
佐佐木电机锯木厂	芜湖中二街九十一号	
日军酱油厂	芜湖	

外处(五)　徐海区接收工厂一览表

名　　　　称	地　　　址	备　　　　注
横山生计有限会社	徐州二马路二十八号	已复工
帝国水产统制株式会社	津浦路北	已复工
明治制果出张所	圣德北街十七号	
顺康股份有限公司	东高提巷四十八号	造纸部分
东亚烟草公司	环城路五十九号	已复工
镰仓公齐藤商会工场	启明路十六号	
兴亚造酒厂	二马路二十七号	已复工
大基二厂第二工厂	少华街一五三号	已复工
兴淮工业肥皂厂	丰财四街	已复工
淮海兴业公司	河北路二霸窝	
兴南公司	公安街十二号	
淮海化学研究所	大马路二四五号	
华阳化学	公明街一七〇号	
中华杓光(中华出光公司)		

续上表

名　　称	地　　址	备　　注
徐州窑业公司		
日本坂本窑业公司		
徐州水电厂		
利国铁矿公司		
海州兴业株式会社(磷矿)		

〔国民政府经济部档案〕

7. 经济部冀热察绥区特派员办公处工作总报告书

(1946年　月　日)

经济部冀热察绥区特派员办公处工作总报告书

第一章　组设经过

第一节　筹设情形

抗战胜利以后,经济部及战时生产局,为处理各收复区工矿及其他有关事业,分七区设置特派员办公处。于三十四年九月一日,会派翼臣为冀热察绥区特派员。

当时,中国陆军总司令部何总司令应钦,奉令主持敌寇全国受降事宜。行政院为统一收复区一切行政,采取临时措置,规定中央及地方行政机关,派往收复区办理各项工作之人员,均归何总司令统筹调度监察指挥。何总司令以敌寇在华北设立之"北支那开发株式会社",为华北各省市唯一之经济统制机构,乃派经济部鲁豫晋区特派员杨公兆、交通部平津区特派员石志仁,及冀臣会同办理接收该会社及其所属各项机构事业资产。复以该会社以外之敌营工矿事业,为数尚多,又训令翼臣主持接收冀热察绥各省及北平、天津各市等区域之工矿事业。

奉令以后，翼臣于九月一日先在渝组织筹备处，开始筹划，九月十三日飞京，二十七日始率重要职员由京到平。即在西城兵马司地质调查所借地组设特派员办公处。于十月三十日，公告各界，开始办公。十一月一日开始接收北支那开发株式会社。嗣以该社占用之东交民巷二十六号楼房，适合本处办公之用，遂于十一月七日移入。

关于特派员办公处之组织，系遵照经济部"各收复区特派员办公处组织规程"之规定，分秘书、会计二室，及工电、矿冶、纺织、总务四组，各室组并按事实需要，酌量分科办事，设特派员 1 人，专门委员 4 人至 8 人，秘书 1 人至 3 人，专员 8 人至 15 人，组长 3 人至 4 人，组员 20 人至 30 人，事务员 8 人至 10 人，会计室主任 1 人，专员 1 人至 2 人，组员 4 人至 7 人，并设雇员若干人。

至于开发株式会社之接收，因该会社附属事业之所在地，分布于本区及鲁豫晋区。其事业之性质，亦包括经济、交通、农林、粮食等项，不宜由办公处全部主持。为保持该会社各机构接收工作完整并清理其债权债务起见，另设"华北开发会社接收委员会"，以杨公兆、石志仁、张清源、郑大勇及翼臣为委员，另指定聂汤谷为总干事，孙葆桢为副总干事，并分设会计、财务、冶炼、铁矿、事业、工电、化工、交通、粮食各组。

本处成立以后，对外均以"经济部及战时生产局冀热察绥区特派员"名义行文。至本年一月，接奉部电，以战时生产局奉令撤销，特派员自三十五年一月一日起改为部属，遵即改用新名，通知各机关查照，并公告周知。

本处接收之敌伪工矿事业，在津市者占大多数。为适应事实上之需要，根据"各收复区特派员办公处组织规程"第十条之规定，组设天津办事分处，派李景渤为该处主任。后因石家庄地区，敌产甚多，为就近统筹接收起见，复组设石门事务所，以张末元为该所主任。

天津办事分区组织规程，经本处拟就草案，呈奉部令修正，准予备查。设主任1人，秘书1人，专员3人至5人，技术员10人至20人，办事员35人至55人，雇员若干人。并设会计室，置会计员1人，办事员2人至4人，酌用雇员1人或2人。该分处为便利起见，分置秘书、会计二室，及总务、储运、调查、经理、供应五组办事。

先是，本处在天津原设有工电、矿冶、纺织三分组，受本处分处之指挥，分别办理各该部门之接收工作。至本年七月初，各项接收工作，多已告一段落，乃将各分组裁撤，由天津分处合并管理，另设管理组与津处其他各组，同归分处主任管辖。

石门事务所，设主任1人，接收专员1人或2人，技术员2人至4人，办事员3人至5人，雇员若干人，分置内勤外勤两段办事。

第二节　实施政策

查关于收复区工矿事业之处理，按照“收复区重要工矿事业处理办法”第一项之规定，应以左列步骤行之：(一)分别以临时机构先行接收全部资产，并迅速恢复业务。(二)整理股权及债权债务。(三)组织正常机构，经营业务。本处对于敌伪产业实施之主要政策，即在接收全部资产，迅速恢复业务两项。至整理股权及债权债务，与组织正常机构经营业务两项，则经法令规定，划归河北平津区敌伪产业处理局及其他有关机关主管。

本处根据前述两项主要政策，并按照各收复区特派员办公处组织规程第三条所规定之八项任务，分别订定实施办法如左：

(1) 登记及处理工矿及其他有关事业　本处为协助民营厂矿，予以合理保障，并介绍向四联总处或其他银行申请贷款，乃于去年十二月起举办民营厂矿登记，并在天津分处组设登记审议委员会，凡声请登记各厂矿，遵照规定办理手续提请审议委员会审议合格后，发给登记执照。

(2) 处理盟国及中立国原办工矿及其他有关事业　收复区内战前由同盟各国或中立国人民经营之工矿事业，由本处先行接收，于查明主权后依法发还。

(3) 接收整理敌伪所办工矿及其他有关事业　此项为本处主要业务。本处接收对象,除工矿外,所有属于经济机构之商社、仓库、事务所、(出张所)亦一并接收。于整理后,迅速设法恢复业务。

(4) 处理经济部及战时生产局职掌有关之商务事项　关于此项,经本处处理者,计有下列数端:(一) 公司登记　收复区公司登记办法,照章应由各地方主管机关办理。本处奉到部颁该项登记章则后,即照印小册若干,分发冀热察绥四省建设厅及平津两市社会局办理。(二) 商标注册　此项事务,本由经济部商标局主管。平津商人不明手续,多向本处申请,均经查照规定手续,详为批示,饬径向商标局申请。(三) 复工贷款实施　本区各民营厂矿,凡因复工需要贷款者,由本处先行登记,经审查合格后,将厂矿名称贷额编列总表,送经天津四联分处召集有关机关会同审查,再转报四联总处核准。其详细手续,曾由四联总处制定"平津区各厂矿复工贷款实施办法",公布施行。

(5) 接收经济部及战时生产局有关机关　关于经济部有关机关,本处均予接收,并移交各正常机关分别接管,兹分述如下:(一) 商品检验局　部派李尔康接收筹备天津商品检验局复局事宜,本处为协助进行起见,特派李君为接收委员,前往接收该局各项事业资产。(二) 度量衡制造工厂　本处接收平津各度量衡制造工厂后,随即移交经济部全国度量衡局接办。(三) 与经济部矿冶研究所、中央工业试验所、地质调查所有关之敌伪产业,本处接收后即分别移交各该机关接办。

(6) 促进主要物资之生产　本处对于工业上各种主要物资,如煤、铁、棉纱、棉布、水泥、电器、机械、盐、碱等,除在自行运用各厂矿极力促进生产外,所有辖区内各国营公营民营事业,亦均予以充分有效之协助,俾能大量增产。

(7) 办理主要物资之供应　本处办理主要物资之供应,以煤焦及其副产品为主体。其他工业上必要之器材原料，亦在可能范围内尽量设法供应。

(8) 采办及接收国外必需物资　关于接收及采购国外物资，曾协助开滦煤矿向日本购买矿用炸药及矿用木材，并为井陉、长城及门头沟等矿订购机械。

第三节　应用法令

本处应用法令，可归纳为六类：1. 组织，2. 接收处理，3. 经济行政，4. 人事，5. 财务，6. 其他。兹分志其名称及来源于左：

一、组织类

1. 经济部战时生产局各收复区特派员办公处组织规程　三十四年九月八日总字五一〇八二号训令，由部制定颁发。

2. 省市党政接收委员会组织通则　三十四年九月二十五日经济部收复区工矿事业处理委员会函转中国陆军总司令部代电颁发。

3. 行政院收复区全国性事业接收委员会组织规程　三十四年十一月十六日总字五四六四五号训令转发，行政院公布。

二、接收处理类

4. 收复区重要工矿事业处理办法　三十四年九月三日企字五〇九三〇号训令颁发。

5. 收复区电气事业处理办法　三十四年九月十九日电字五一七〇一号训令颁发。

6. 收复区矿业权处理办法　三十四年十一月二十三日矿字五五〇三五号训令颁发。

7. 收复区金融紧急措施办法　三十四年十一月十九日秘字五四七六八号训令转奉行政院令发。

8. 收复区敌伪财政金融机构财产接收办法　三十四年九月十八日商字五一六〇八号训令，转奉行政院据财政部呈送。

9. 各行政机关复员建设拨借国防工事材料办法　三十四年

十二月六日总字五五八一八号训令，转奉行政院转军委会颁发。

10. 德侨处理办法　三十四年十二月六日总字五五八一六号训令，奉行政院令据外交部呈送。

11. 德侨在华私人产业处理办法　三十五年七月十一日京商字六四三一号训令，奉行政院令核定。

12. 敌伪小工厂以公平价格标售办法　三十四年十二月二十五日渝工字五六七八六号训令，转行政院令据上海处理局拟定。

13. 后方敌伪产业处理办法　三十五年四月十七日渝商字二五一五八号训令转奉行政院令制定。

14. 收复区敌伪产业处理办法　三十五年五月十三日京工字一五三二号训令，转奉行政院及军事委员会会衔训令颁发。

15. 地方政府拨用接收敌伪产业办法　三十五年五月二十九日京总字三一三一号训令，转奉行政院令发。

16. 各收复区特派员办公处登记及接收工矿事业实施办法与特派员办公处组织规程同令颁发。

17. 军政部特派员与接收业务有关联特派员分工合作办法三十五年二月二十一日渝参字二二六六四号训令准军政部令发。

三、经济行政类

18. 非常时期营利法人维持现状暂行办法三十四年九月十九日商字五一一三九号令发。

19. 战区或接近战区各项事业限制办法　同前。

20. 限制沦陷区各项事业产权移转补充事项　同前。

21. 收复区各项企业组织应行遵守事项　同前。

22. 利用联总供给工矿器材处理规约　三十五年三月十九日，京工字五〇三号训令颁发。

23. 复员期间劳资纠纷评断办法　三十五年五月十五日，京工字六六八五号训令，奉行政院令公布。

24. 工矿救济之原则与实施办法　三十五年六月七日，京工字六四九一号训令，准善救总署函送。

四、人事类

25. 各部会署局派遣收复区接收人员办法　三十四年九月七日，人字五一〇一八号训令，奉行政院令发。

26. 公务员考绩条例　三十四年十一月二十日，人字五四八八九号训令，准铨叙部函送，国民政府公布。

27. 公营事业机关人事管理机构设置规则　三十五年五月二十九日，京人字三一六〇号训令，考试院公布。

28. 文武职公务员被处罚案件通布办法　三十五年七月一日京总字六二六四号训令奉行政院令发，国民政府公布。

29. 聘用派用人员管理条例实施办法　三十五年九月二十四日，京人字一一九四七号训令，准铨叙部咨送。

30. 国营事业机关人员待遇办法　三十五年五月十五日，京人字一七五六号训令奉行政院令发。

31. 颁给胜利勋章条例　三十四年十一月二日人字五三九四九号训令，国防最高委员会常务会议通过。

32. 公务员不能奔丧事后声请题词办法　三十五年二月二十六日，渝人字二二八五〇号训令，奉行政院令发。

五、财务类

33. 收复区库款收支紧急处理办法实施手续　三十四年十月十一日，会字五二七六一号训令，奉行政院令，据财政部呈送。

34. 四行办理汇往收复区工商业汇款办法　三十四年九月二十四日，总字五一九〇七号训令，准四联办事总处理事会议核定。

35. 军政机关公款存汇办法　三十五年七月十七日，京会字六八二二号训令，奉行政院令转奉国民政府令发。

36. 机关结束费发给办法　三十五年九月二十一日，京会字一一五五四号训令，国民政府公布。

六、其他类

37. 民船飞机乘客搭机办法　三十四年十一月九日，总字五四三五三号训令，奉行政院令发。

38. 调配全国船舶办法　三十四年十一月十六日，总字五四六五一号训令，奉行政院令通过交通部提议。

39. 行政院管理政务电讯办法　三十四年十二月十二日，秘字五六二〇一号训令，奉行政院令修正公布。

40. 抗战损失调查办法及查报须知　三十五年一月十七日，渝企字第二〇九三一号训令，准抗战损失调查委员会函送。

41. 收复区隐匿敌伪财产物资及军用品检举奖惩规则　三十五年三月十九日，渝管字二三八七二号令奉院令准中国陆军总司令部核定。

42. 电信监察实施办法　三十五年六月十二日京总字四三三七号训令，准军委会调查统计局函送。

第四节　人事及经费

本处管理人事之机构为人事室，所有人事案件，均由该室禀承特派员命令办理。

关于职员之类别，可分两项：(一) 组织规程以内之职员　按照组织规程第五条、第六条规定名义额数，委派雇用者，有专门委员、专员、秘书、组长、组员、事务员、雇员。(二) 办理接收事务之职员按照组织规程第八条及本部三十四年人字第五二三一二号指令之规定委派者，有接收委员、接收专员、接收技术员、接收管理员。以上第一项人员薪给，由本处经常费项下支付。第二项人员薪给，则由接收事业费项下支付。

此外根据组织规程第七条之规定，聘用技术顾问四人，每月致送车马费，不支薪给。

至于本处直接复工之厂矿，按照组织规程第九条之原则，订定暂行组织通则，依规模大小及事务繁简，分为五等：(一) 一等——设经理、副经理各1人，下设总务、工务、业务、会计四课，得分股办事。(二) 二等——设经理、副经理各1人,下设总务、工务、业务、会计四课,不分股。(三) 三等——设经理1人,下设总务、工务、业务、会计四股。(四) 四等——设经理1人,下设管理、工务、会计三股。(五) 五等——设主任1人,下设管理员、工务员、会计员各1人。各厂人事,均参照国营事业之成例予以管理。

关于人员之任用,可分四类:(一) 部派　本处专门委员、秘书、组长、专员及接收委员,均由部派。(二) 处派　本处组员、事务员、接收专员、接收技术员、接收管理员等,由本处派用,呈报备案。(三) 借调　接收工作开始,技术人才缺乏,分由经济部所属各机构借调人员多名,委以接收人员名义,呈报备案。此项人员,或工作完竣,仍行遣回,或商准原机关,改由本处任用。(四) 考试　本年一月,奉经济部及北平行营转国民政府令,以收复区失业青年过多,饬各部救济安置,乃公开举行考试,录用合格者四十二名,分别派赴本处及各厂矿工作。

本处接收敌伪各业,因事实需要,曾留用日籍人员,最初呈准留用之技术人员,计474人,候命交代人员353人,总计827人。嗣经陆续遣送回国,截至本处结束时止,尚余日技术人员187人(此残留人员,在本处各厂矿者,北平16人,天津27人,共43人;在移交资委会所属各机构者,北平127人,天津17人,共144人)。

至于经费概况,简述如下:

本处成立之初,对于接收工作仅有质的范围,并无量的限制,故三十四年经费预算,无法确定。嗣准经济部会计处电嘱,以实支数为预算数,当即按此编造三十四年度预算,计本处各项经费预算共为30,857,264元,(内开办费7,227,095元,出发旅费8,832,151元,经常费1,596,515元,经常生活补助费2,679,839元,接收费4,546,378元,接收生活补助费5,975,286元)迨年度终了,编制决算,实支数共为30,857,253.85元(内开办费7,227,094.49元,出发旅费8,832,151元,经常费1,596,511.20

元，经常生活补助费 2,679,838.81 元，接收费 4,546,372.73 元，接收生活补助费 5,975,285.62 元）。

至本年度（三十五年度）预算，因本处奉令至九月底结束，所有费用，均算至九月份截止，计各项经费预算共为 811,920,900 元（内经常费 55,602,000 元，接收费 400,000,000 元，生活补助费 356,318,900 元）。实支数共为 542,136,335.68 元（内经常费 42,343,227.01元，接收费 140,321,581.81 元，经常生活补助费 128,958,188.81元，接收生活补助费 230,513,228.05 元）。

所有每旬现金出纳旬报表，每月资产负债平衡表，以及三十四、五两年度各项经费预计算书并单据等，均经呈报有案。

第二章　接收概况

第一节　接收过程

本处接收敌伪经济事业，依其过程而言，可分为三期：第一期，接收华北开发公司及其附属事业。第二期，接收一般工矿电商事业。第三期，受河北平津区敌伪产业处理局委托再接收各机关接收之事业。

华北开发公司即“北支那开发株式会社”，成立于民国二十七年十一月，资本四亿四千三百万日元，为日寇侵略华北之唯一经济统制机关，其法定目的有三：（一）对公共事业电气业矿业等事业投资，统一经营，并调整各该事业。（二）统一经营并调整其他在华北经济开发促进上之必要事业。（三）经营经政府认可，或受政府命令之事业。其经营范围之广，诚属包罗万象。截至日本投降时，其所经营之事业，包括电气、铁道、通信等公用事业九单位，煤矿及其他矿业、盐业、炼铁等所谓基本工矿事业三十二单位，其他产业二十三单位，总计其直辖附属事业共六十四单位，总从业员工五十一万人，其中日籍职员七万二千人、华籍职员二十万人、劳工二十三万八千人。

该公司附属事业之所在地域，遍于冀鲁晋豫察五省及北平、天津、青岛三市，轶出本处管辖地区范围；其所经营之事业，亦不限于经济部门。故自奉令与本部鲁豫晋区特派员及交通部平津区特派员会同接收该公司后，即组设接收委员会，(见第一章第一节)进行接收。先后经本处接收者，为该公司在平津一带之附属事业，共计四十六单位。其中最重要之事业，如华北电业公司、北支制铁株式会社、永利化学公司、华北盐业公司、华北洋灰公司、华北纤维公司、东洋化学株式会社、北支电机株式会社、华北电线株式会社、井陉煤矿公司、华北轻金属公司、华北矾土公司、华北机械产业株式会社等均已分别移交资源委员会或发还原业主接管，所余则多系事务所、仓库性质。至于该公司经营之铁道通信事业，则由交通部接收。在山东青岛山西一带之事业，则由经济部鲁豫晋区特派员接收。而在蒙疆电业公司，焦作灰矿、龙烟铁矿等单位，则因所在地治安欠佳，交通隔绝，未能接收。

然本区敌伪经营之经济事业，除华北开发公司以外，为数尚多。本处于接收该公司之时，并展开一般敌伪工矿电商事业之接收工作。此项事业，多系直接向日人接收而来，总计凡一五九单位。

本处直接接收工作，至三十五年三月大致告一段落。惟自胜利以后，本处虽已奉令成立，但因交通关系，北来较晚，其时已有多数敌伪经济事业，被其他机关先行接收。嗣行政院宋院长来平视察，对各机关接收工作，重加厘定，凡性质属于经济部门者，一律移交经济部再行接收。以后，河北平津区敌伪产业处理局，亦时以此项再接收工作，委托本处办理。总计先后由间接接收而来之事业，凡473单位。其移交机关名称及单位数统计如下：

军事委员会委员长北平行营	7
军政部特派员办公处	5
军令部	1
第十一战区司令长官部	5
财政部特派员办公处	1

交通部特派员办公处	4
卫生署特派员办公处	4
后方勤务总司令部	2
空军第十地区司令部	2
中央信托局	19
中央广播事业管理处	1
天津市公营事业管理处	43
天津市党政接收委员会	237
河北平津区敌伪产业清查委员会	2
河北平津区敌伪产业处理局	31
社会部	1
北平市公用局	45
北平市工务局	2
北平市警察局	1
天津市政府	1
天津市卫生局	4
天津警备司令部	2
九十四军司令部	1
河北省政府	10
河北省建设厅	32
石门市接收委员会	8
中国文化服务社	2
总　　　计	473

综计以上三时期接收之各项敌伪经济事业,共计678单位。

关于每一单位接收之过程,约有八项:

一、指派接收人员与对方洽定接收时日,并责令编造移交清册。

二、接收人员与原有日人或移交人,会同办理交接手续。

三、依照原始清册，或移交清册，逐项清点。

四、如有现金及证券契据等项，应即日呈缴本处专案保管。

五、清点完竣后，加以封锁，并派驻厂员工常川看守。

六、接收竣事，由接收人员出给临时收据，付与对方，并填具“接收报告”，并附具处理意见，呈报特派员核办。

七、按照规定，编具各项表报。

八、接收人员，负责至该单位处理完了时止。

第二节　特殊情形

本处接收工作，固均按照规定程序进行，惟因办理接收，史无前例，而最后胜利，又复突然降临，各受命接收机关，仓卒将事，步伐不免紊乱，致特殊情形，在办理过程中，所在多有。兹分为外在的与内在的两类，概述如下：

（一）外在的特殊情形

（1）原有负责日人消灭重要文件，致详情无从查考。日人投降以后，华北受降较晚，各敌营公司厂社，多将重要文件焚烧销毁。及至我接收人员到达，该日籍人员仅就现状编造原始清册，致使资产状况，企划资料及一切详细情形，多已无可稽考。

（2）原有日人遣送回国，原始清册，无从追究。本处再接收之各单位，有于接交时，原负责日人业经遣送回国，移交机关仅有自造之移交清册，其原始清册，因一再转手，根本不复存在，且已无从追究。如丸辰铁工厂、华北废铁压缩工厂、东神洋行、生活工团制果工厂、北支机工业株式会社等单位，均无原始清册。

（3）原接收机关延不移交，未能顺利接收，或经其他机关事先占用，无法接收清点。此种情形，在各机关，自有其充足之理由，而本处奉令接收，亦不能即置而不论，虽经分别进行交涉，然至本处结束之时，仍有一部迄未移交之单位。

（4）地方治安不良，地痞流氓横行，抢夺盗窃，不断发生，致生损失。各厂之工场仓库，散在各偏僻地区者甚多。因治安不良，多无法接收管理，且常发生被地痞流氓劫夺物资机件情事。即在平津市区各单位，亦屡次发生盗案，如又一株式会社、福原商店、大建产业株式会社、兼松洋行、泰信株式会社、丸荣洋行、江商洋行、田赋株式会社、盛大食品公司等处，均曾发生被窃事件。

（二）内在的特殊情形

（1）人员不敷分配，工作过于繁复，百端丛胜〔生〕，难期尽善。本处限于组织规程，工作人员均有定额，虽临时派用若干接收人员，而在接收工作开始时，数百单位，同时交接，或因时机迫促，或因规模过大，事务丛生，难免舛错。如物资清点之遗漏，表册填写之错误，接收步骤之缺乏一致，接收报告之造送迟缓，种种现象，时有发生，虽经严加督饬，随时纠正，仍属未能尽善。

（2）交接过于频繁，人事异动极大，事后清查，颇感困难。接收工作，本属创举，各项规定，自难尽符实际需要。加以事业交接过于频繁，常有接收尚未完竣之事业，已先经处理，即便移转接管。至接收后即行移转之现象，则为数尤多。各事业一经移转管辖，人事即随之更迭，原有人员大都星散，彼此联系，亦遂疏远，因此新颁法令所需要之调查统计资料，如财产估价，现状调查等，在此等单位，多不予照办，致不能完成全部正确报告，且因各接管机关立场各殊，前后办法，自难一贯，其今日之情形，已迥非原来面目，对于清算工作，亦颇感棘手。

（3）工作过于广泛，督察难于周密，偶有疏失，易滋物议。本处接收之敌伪事业，远较同区域之其他接收机关为繁多，而自接收至处理，业务又极复杂紧张，万事齐来，一时顿举，督察考核，殊难期其周密，遂有极少数不良分子，乘机舞弊，但一经查觉，无不尽法究治。惟是社会人士，鉴于各地少数接收人员有营私舞弊情事，于是认为办理接收人员中无一廉隅自守之人，常对下列若干过失及疏忽事件，如（一）对电力表、电灯表、水表、电话机因系租用未列入清册事件；（二）建筑物之一部或机械附件未列入清册事件；

(三）物品名称前后不同，实际并无增减事件；（四）所用单位不同，数量发生差异，实际并无增减事件；（五）编造资产清册后营业尚在进行，原料成品有所增减事件；（六）破旧不能使用机械列入废料事件；（七）各厂暂时互借物品未列入清册事件；（八）日人私有物品，事后始行交出，未及列入清册事件；（九）被掩盖遮蔽物品，当时并未发现致未列入清册事件；（十）物资零乱，当时并未查明列入事件等大肆责难，普遍指为贪污，而于各员在艰苦环境中所表现之良好成绩，则极少置论，使一般洁身自爱之士，无不拂袖欲去，此在保障良善公务人员之立场上，不能不引为遗憾。

第三节　清查团及其他方面检举事项

本处接收人员，经接收工作清查团检举者，计有燕京造纸厂厂长范济川漏报物资案，及该厂前厂长贾成和隐匿物资案，接收专员王光英、武恩佑舞弊嫌疑案。经河北监察使署检举者，有试用职员韩扶生隐匿物资案。经本处自行惩办者，有工人刘宝全监守自盗案、雇员吴鹭生等私运物资案，外勤员崔世恩私取物资案，驻厂员康公烈渎职案。经人民呈控者，有接收委员周鸣珂贪污违法嫌疑案。兹分述其梗概如下：

（一）范济川漏报物资案　燕京造纸厂系由北平市公用局再度接收，继续开工，当派贾成和为厂长，贾于本年六月辞职，由本处工电组组长范济川兼代厂长。清查团据报该厂于预备标卖编造资产明细表时，有漏报物资情事，九月六日往查，发现漏报有汽车、载重汽车、电钻、打光机、水塔、院墙等，该团认定厂长范济川、副理李开天、庶务卢道清有意隐匿物资，据为己有。当将全案移送法院，范济川取保候传。据范济川称：“明细表奉令于五小时内赶成，时间匆促，致与实际物资不符，自难辞疏忽之咎，但绝无隐匿意思，且机器每日使用，汽车按季纳捐，水塔、院墙，亦非动产，故确系漏列”等语。本处以本案既经移送法院，应静候法律裁判。

（二）贾成和隐匿物资案　当清查团前往燕京造纸厂，调查前案完竣后，有该厂汽车夫工友控告前任厂长贾成和，曾将厂内皮沙发、地毯，运至家中，并有盗卖废铁情事。该团在贾之家中查明属实，即将贾成和及有关之胡素、王璿章等三人逮捕，移送法院羁押讯办。本处因贾成和早已辞职，无从再予处分，应候法院审理。

（三）王光英武恩佑舞弊嫌疑案　本处接收工厂，标售时，照章应由本处接收人员根据财产清册，制造九种资产明细表，送交处理局。清查团调阅该项案卷，发现天津分处接收专员王光英接收之三轮清凉饮料水制造工厂，接收专员武恩佑接收之中天护膜工厂，其所造上项明细表与得标人所持明细表，资产数字前后差异，乃电传该两员到团，并请地方法院纪首席检查官会同阅卷，认为该两员有舞弊嫌疑，即予拘捕，移送法院看押，现正在侦讯调查中。本处于案发后，即将该两员停职，听候法律裁判。

（四）试用职员韩扶生隐匿物资案　本年七月间，准河北监察使署公函，附纠举书一纸，略称："天津分处职员韩扶生，于去年利用机会，盗去岩渊工厂物资甚多，据该厂原主人岩渊宏次谈称：该时有十一战区高副司令长官，派吴炎在该厂筹设副司令办公室，其秘书韩扶生，强迫岩渊离厂，至十二月底岩渊返津，发觉厂内遗失煤八十吨，方木两万方，汽车一辆，衣服两箱，大无线电一架，时吴炎、韩扶生已不知去向，等语，显系被检举人盗用。又该被纠举人曾存入小关大街公善堂方木百株，与岩渊工厂失物式样相同，其蓄意隐匿吞蚀，昭然若揭"，等语。本处查明该韩扶生系天津分处试用职员，于本年一月二日到职，并未参与岩渊工厂接收事宜，究竟该员于未入本处任务以前，有何不法行为，本处无案可稽，难于查究。除将公善堂存木会同处理局警察局先行查封外，并将该员撤职，人卷移交监察使署，转送法院究办。

（五）工人刘宝玉监守自盗案　天津分处接收郡茂洋行仓库看守人刘宝玉，于本年七月，据报举止变常，经将仓库启封点验，短少物品甚多，随将该工人送交警局严讯，供认不讳，并追回一部分赃物，至该工人已由警局转解法院究办。

（六）雇员吴鹭生等私运物资案　津分处接收东京面包粉工厂内存物资，因欲清点标售，派临时雇员吴鹭生、李小峰、张彭瑞前往办理，该员等事先未经呈报，私将黄豆十五袋运出，后虽经追回，然究属渎职，已将该员等送警局转解法院惩处。

（七）外勤员崔世恩私取物资案　津分处在清点三井洋行仓库物资，交与海关时，接有密报，谓外勤员崔世恩将散置砂糖，携走二斤等情，经查私取公物属实，立将该员撤职。

（八）驻厂员康公烈渎职案　本处接收北平大二洋行驻厂员康公烈，前经接收委员周鸣珂报告，有勾结军人偷运公物行为，当即函请宪兵十九团拘捕，转解地方法院法办。

（九）周鸣珂贪污违法嫌疑案　本处奉军事委员会委员长北平行营主任及经济部部长电，以商人陈延寿呈控本处接收委员周鸣珂贪污违法，密令彻查，当即派员按址查访，并无陈延寿其人，复经法院传讯侦查，认为该员犯罪嫌疑不足，业予不起诉处分。

第四节　接收工矿电商之类别及其总数目与总估价

本处接收工矿电商各事业，截至现在为止，总计共有678单位。惟此项总数目，系就实接收单位个别计算，原属不甚合理。盖一般大事业，均设有各地分支机构，在理论上，应认为一个单位，然因本处开始接收之时，为便于就近指挥监督及节约人力时间起见，系依地域划分，采取分区接收办法。即非以一事业之全部机构为接收小组，而系以该地区之每一事业为一接收单位。如华北电业总公司所属平津唐石各公司及发电所，因规模过大，地点分散，各自为一单位。而燕京造纸厂有工厂两处，均在平市，同时一并接收，仅算为一个单位。又有某种事业，其本身包括工厂、事务所、仓库数种，接收时因地制宜，或分别办理、或合并呈报，久已成为定案，事后无法变更，遂即以此为计算标准。虽于逻辑上，不无可疵议之处，但限于既成事实，亦属莫可如何也。

本处接收单位，总数目共计678处，既如前述，按其类别分析，计工厂381单位，矿场6单位，电厂6单位，商社、仓库、事务所285单位，惟商社一类，亦有附设小规模制造或加工之设备者，惟以其并未具备工厂之形式与组织，故不列入工厂之内。

以上各类，其矿场均系煤矿。电厂即系伪华北电业总公司，及其平、津、唐山、石家庄四分公司，（各附发电厂）与微水发电所，为一个组织，不必再行分类。至于商社、仓库、事务所，多为普通营运机构，性质大同小异，亦无分析之必要。惟工厂381单位，按其业务性质，分类统计如下：

纸工业	12单位	纺织工业	24单位
化学工业	103单位	油业	6单位
机械工业	73单位	木工业	12单位
电器工业	26单位	印刷工业	8单位
窑业	25单位	织染工业	3单位
钢铁工业	25单位	其他杂工业	64单位

关于敌产估价事项，曾由行政院收复区全国性事业接收委员会制发“日伪机构事业资产接收简报表”一种，并附“填表须知”一份。该表中规定各事业每一项资产，均有“单位估价”及“总估值”两栏，填表须知中并规定该项估计价值，以民国二十六年（抗战前）各地物价为标准，以法币计算。本处当即转饬各接收单位，遵照填报。

嗣河北平津区敌伪产业处理局，复制定“接收敌伪产业总表”及“接收敌伪产业估价及处理情形明细表”两种，前者系综合的，分为固定资产、（包括房地产、家具、机器、设备、及其他）物资、（包括原料及物料、商品、制成品及在制品及其他）现金及有价证券、（包括现金、银行存款、有价证券）杂项资产四类，而总计其价值。后者系个别的，分为项目、（用总表所分之类别）说明、数量、单位、估计价值，处理情形、（又分已处理数量、未处理数量两栏）备考六栏，而总计资产价值，并决定估价标准，凡固定资产及物资，按照物价指数，折成二十六年价值，至于现金、银行存款及有价证券，则均照帐册金额或面值填列，注明币别，毋须折成二十六年价值。

本处按照上项办法，分别进行各接收单位估价工作，计已估竣者，凡556单位，其总估价如下：（二十六年价值）

1. 固定资产 196,991,247.15元

2. 现金及有价证券

法　币	271,863.21元
伪联币	2,325,220,426.96元
伪蒙币	8,578,739.63元
伪中储币	102,500.00元
美　金	1,725.00元
日　币	24,305.00元

惟本处接收事业总数为678单位，而已估价者仅556单位，尚缺122单位，考其原因，亦有数端：（一）原系国人产业，接收后即发还，无估价之必要（如开滦、启新、永利、久大等）。（二）虽经接收，未及清点，即被其他机关接管，无法再行估价（如第五补给区司令部接管之福寿药厂，战运局接管之大同机器厂等）。（三）仅接收账册文卷，别无任何资产（如隆成公司矿业研究所、大青山炭矿株式会社北平事务所等）。（四）一部德人资产，未及清点，且按照规定，亦应另案办理（如鲁麟洋行、美记洋行等）。（五）现由美军驻守，未能实际接收（如天津铁工所等）。基于以上五项原因，致估价工作尚缺少122单位，未及完成，然依前述556单位之估价，推定其数字，当亦不致相差甚远。

兹估推定该122单位之资产价值如下：

查业经估价之556单位，其固定资产总值共为国币196,991,247.15元（二十六年价值）。则每一单位之固定资产平均价值，应为国币354,300.80元（杂币及伪币暂不计算）。据此以推定缺少估价之122单位，其固定资产总值共为国币43,224,697.60

元。

因此，以 556 单位之实际估定价值与 122 单位之推定价值相加，则本处所接收 678 单位之总估价计为国币 240,215,994.75 元。（二十六年价值）

依照四联分处北平分处统计之北平物价指数，假定二十六年上半年为 100，三十五年八月之指数为 672,872，则上项总估价之现值，计为国币 1,616,346,167,494.22 元。

第三章　处理步骤

第一节　保管复工移管发还标售之经过

（一）保管之经过　本处接收各工厂，其始终继续开工者，为数甚少，大部均于日人投降后即停工，因本处接收以前，多未能认真保管，设备既多破坏，物料亦损失奇重，重加整理，费时伤财，故接收后之复工问题，乃最感棘手。本处当时之方针，即先就接收之单位，择其较重要而破坏较轻者，分别复工。但多数工厂，因下列情形不能复工：1. 原料缺乏，2. 破坏过甚，3. 产品无关民生及不适于国人需要，4. 工厂建设尚未完成。对于此种不能复工之工厂及非工厂性质之商社仓库事务所等，决定于未经依法处理之前，予以妥善之保管。除指定接收人员负保管全责外，并加派驻厂员工经常驻守。在保管期间，所有房屋、家具、物资、材料之移转动用，均经由河北平津区敌伪产业处理局核定，方行办理。此种始终在保管状态中之矿场、工厂及商社仓库事务所，共计 338 单位。

（二）复工之经过　本处接收各厂矿，除前项所述因特殊情形不能复工者外，均设法于接收后陆续恢复生产。其经过如左：

（1）未停工之工厂矿厂，于接收后，立即指派专门技术或管理人员负责，继续维持生产，不使中断。如华北电业公司、门头沟煤矿公司、井陉煤矿公司及开滦矿务局等。（2）已停工之厂矿，于接收后，第一步派定专门技术及管理人员负责整理内部，作复工准备；第二步规定各该单位组织，充实人员，拨发资金，购买物料；第三步正式复工生产。本处所属各复工厂矿，百分之九十五以上，均属此类。(3) 各厂矿复工以后，分在平津两地设立营业所，专售本处直接经营各单位之出品，并供应重要物料。直至本处结束时止，除一部厂矿营业不振外，其余各单位本年度收支概况大部均有赢利。此种由本处复工之厂矿，共计 149 单位，经历次发还移管及标售之结果，尚余 44 单位，于本处结束时汇案移交处理局接管。

(三) 移管之经过　本年初资源委员会在平津两地，设立各国营事业机构，接办本处接收之敌伪重要工矿电气事业。其名称为冀北电力公司、华北钢铁公司、华北水泥公司、天津纸浆造纸公司、中央电工器材厂天津分厂、天津机器厂及制车厂、天津化学工业公司、井陉煤矿公司 8 单位。本处于各该机构成立时，即将所接关于电业、冶炼、制钢、水泥、纸厂、化工、机电、石油等主要事业及有关事业分别移交，计共 55 单位。又中国纺织建设公司天津分公司，奉令接办本处接收之纺织及有关事业，计共 21 单位。此外有一部分规模较小工厂经依法处理，移交各机关团体接管运用者，计经济部所属机构 10 单位、军事机关 10 单位、文化机关 3 单位，其他机关 12 单位，计共 35 单位。以上系就工厂而言，至商社、仓库、事务所等，因按照敌伪产业处理办法之规定，凡属物资应移交海关点收；房产与家具则移交中央信托局北平分局；债权债务，则交处理局处理。各该单位之完成三项手续者，则视为移管竣事。惟海关及信托局，人员缺少，清点手续又甚繁琐，截至本处结束时止，凡移交竣事者，计 224 单位，尚有商社仓库事务所 62 单位，未及移交，已汇案移送处理局接管。(详见第四章结束情形内)

(四) 发还之经过　本处发还原业主之事业，最重要者如开滦煤矿、启新洋灰、永利化学、久大盐业四单位。兹分述其经过情形如下：(1) 开滦矿务局　该局系于卅四年十一月十九日由翼臣亲率接收委员朱玉苍、王崇植前往接收，因内部组织系统及生产设备均保持完整状态，乃遵经济部翁前部长指示，于接收之翌日，即行发还该矿局原业主负责人王崇植及英人裴利耶接管，并与该矿局订定发还要点五项，该项要点第二项规定："所有敌人'军管'时代之新兴事业，(例如炼炉焦厂及低温蒸馏厂等)及其他资材等，由政府暂交开滦代为保管应用。"第五项规定："政府对于开滦，用力维护，惟关于秦皇岛港管理问题、矿权年限问题、秦皇岛官有地续租问题、矿区越界问题及关于新兴事业资产之处理办法等，应由局派员至经济部商定。"(2) 启新洋灰公司　该公司系于卅四年十一月下旬，派接收委员姒南笙、王松波前往接收，当奉经济部翁前部长指示，以该公局〔司〕在沦陷期内，始终保持民营立场，应予发还。乃于接收后，即发还原业主接管。(3) 永利化学工业公司及久大精盐公司　该两公司系由本处天津分处主任李景渤于上年十一月接收，旋据各该公司代表人李烛尘呈请发还，当奉经济部翁前部长电令，以该两公司虽被敌侵占，然各负责人在后方协助建设，有功抗战，应予发还，遵即将该两公司发还原业主代表李烛尘、彭九生接管。

（五）标售之经过　标售工厂，依法由处理局主办，并由本处协助办理，兹将标售之程序，分为七个步骤列述于下：(一) 标售工厂，按月分批办理。由处理局预拟每批拟售之单位名单，并由本处依照该局规定，造具该单位之资产明细表。该表包括土地、房产、生财、物料、原料、机器设备、半成品、成品、信誉等九种调查表，送交处理局敌伪产业评价委员会。(二) 评价委员会，根据该表，评定标底。(三) 标底评定后，由处理局提出名单，经该局审议会通过，公开招标。(四) 申请标购人，按照本处与处理局合订之"标售敌伪工厂投标手续须知"办理投标手续。(五) 处理局会同有关机关，于预定日期开标。(六) 开标后，本处接到处理局关于得标人交款手续完了之通知，即造具清册，会同该局监交人，将该单位移交于得标人。(七) 该单位所有本处自行添置之物料、设备、成品，如系列入标底一并标售者，由本处向处理局清算价款；设未列入而亦卖与得标人者，则由本处与得标人自行清算。

本处接收敌伪工厂，自三十五年六月十五日开始标售起，至十一月十五日全部移交处理局止，历时凡五个月，共已举行标售八次：计第一批8单位，第二批12单位，第三批9单位，第四批12单位，第五批15单位，第六批11单位，第七批2单位，第八批8单位，总计售出工厂77单位。关于标售事宜，第一批由本处与处理局会同办理，自第二批起，改由处理局评价委员会直接办理，本处仍随时协助。至于得标人交款办法，亦有变更，第一批仅须交足百分之五十，其余由银行二家担保，自第二批起，改为全部价款一次交足。本处结束后，标售事宜，由处理局继续办理。

第二节　处理时之困难

“处理”与“接收”，均为抗战胜利后之新兴工作，在我国历史上，并无前例可资借镜，而业务殷繁，百端待举，时机又极迫促，不容有从容部署之余裕，致办理之际，困难丛生。兹择其荦荦大者。分述如左：

（一）办法之欠周　关于敌伪产业之处理，中枢虽早有规定，然因事前缺乏正确之调查与严密之统计，致所订办法，每与实际情形扞格不入，执行之际，常感棘手。加以办理机关，叠床架屋，权责不清，步伐不一，往往接收机关所办理之事项，处理机关不予承认，而处理机关所决定之办法，接收机关又认为窒碍难行，公文辗转，遂使机宜坐失。此种现象，在经济部门，最为显著，如一部事业，原经其他机关接收，经处理后，再由本处移转接收，部署未定，又须移交另一机关接收，然此另一机关，复不必为最后承办之机关，因而又须再度移转，或处理，致常有因处理一项事件，而手经数易，费时屡月，及积案盈尺者，对于人力物力与时间，均属莫大之浪费。

（二）保管之不易　各事业之资产，经清查点收后，或派员驻守，或集中保管，因地制宜，本不应发生困难，惟是胜利以后，国人常有一种错误心理，以为日人所经营之事业，均系直接间接向我国人民榨取而来，今抗战既经胜利，此项日人财产，当然均可染指。因而恃势强占房屋者有之，聚众强取财物者有之，至于巧取暗窃，尤所在多有。嗣虽逐渐觉悟，此风日戢，无如一部接收单位，远在外县，财产既难集中，处理亦感不便，或遭匪徒破坏、或被宵小盗取，防不胜防，损失奇重。如华北矾土公司、冀东矿业所、华北重石密云本社等，即其最著者。

（三）复工之困难　本处接收厂矿，素以恢复生产为第一要义，而复工之困难，则实非局外人士所能想象。盖各厂矿在接收以前，除极少数外，均已早经停工，设备及原料，亦多受有损失，恢复旧观，本属不易，加以各项事业为数繁多，复工前之创业经费及复工后之流动资金，所需数字甚为庞大，而本处预算，则并无此项事业资金，全恃少量银行贷款，挹此注彼，周转调度，颇费周章。此其一。因物价上涨，原料工资随之增加，致生产成本急剧提高，而廉价外货，充斥市场，竞争剧烈，销路日减，多数工厂多属难于维持。此其二。复工各厂矿，均须另行处理，有开工未久，即予移转管辖者，有业务甫将开展，即予标售者，组织及隶属既动荡靡常，人事及计划亦因之无由固定，员工均存五日京兆之心，计划大都无暇实现。此其三。有此三难，故本处对于百余厂矿之复工，实已尽其最大最善之努力。

（四）产权之纠纷　敌伪经营之事业，其产权确定者，自无若何问题，然亦有因系强占或其他关系，使产权纠纷，异常复杂。经过穷年屡屡调查，而产权仍无法解决者，如开滦煤矿在敌营时期，因设立制铁所及缸窑炭矿，征购民地，未领地价补发问题；井陉煤矿北凤山村杨家沟等地，因在地下挖煤，赔偿村民迁移等费问题；永利化学公司及久大精盐公司，敌伪增加资本收归国有问题等，均系至今尚未解决之悬案。

（五）标售之迁缓　本处接收之事业单位，依照法令规定，除一部重工业划归国营外，其余厂矿均应以标售方式交与民营。惟本区自本年六月十五日开始举办以来，迄今已五月有余，而售出之工厂仅有77单位，尚余200余单位，在本处结束时，仍待继续标售。推论标售厂矿困难之原因，约有数端：(1) 工厂生产成本过高，一般消费者购买力薄弱，加以外货竞争，销路滞塞，经营不易获利。(2) 投机盛行，游资竞向不正当途径猎取厚利，不愿投资生产事业，作茧自缚。(3) 国内局势未臻安定，交通阻滞，工潮澎湃，事业缺乏保障，企业家裹足不前。基于以上数点，倘今后客观环境，未能改善，则标售工厂前途，实不容乐观。

第三节　处理后之效果

本处接收各敌伪经济事业，大部已分别处理竣事，尚有一部分，因结束关系，未及处理，业经移交处理局接管。兹谨将各事业处理后之效果，概括叙述如下：

(一) 社会游资步入正当途径　平津地区在沦陷时期，生产事业几全为敌寇所垄断。民族工业则多迁徙后方，社会上游资无业可图，群趋于囤积、倒把、投机、操纵之途。胜利到来，敌伪产业全部接收，分别以标售方式移归民营，虽举办以后，因种种关系，标购未甚踊跃。然已有77工厂，由敌伪工业改为民族工业，且此项工厂已复工者仍继续开工，未复工者亦正由得标人筹划复工。使一部社会游资，逐渐步入正当途径，不致参加投机市场，加重金融恐慌。

(二) 资源开发奠定合理基础　煤铁为工业建设之主要资源，华北煤铁之储藏量，甲于全国。然在抗战以前，并未积极开发，沦陷之后，又复悉数落入日人之手。自经本处分别接收处理各煤铁事业以来，其应发还者，已发还原业主经营，应改为国营者，亦已交由主管机关组织机构，予以合理经营。现发还后之开滦煤矿，由接收时之日产五千吨增至日产一万三千吨，交由资委会经营之井陉煤矿公司，由接收时之日产一千吨增至日产二千一百吨。其采铁冶铁炼钢电力水泥各事业，亦均交由资委会经营，分别整理复工。从此经营华北重要工矿之机构，业已建立，自可逐步推进资源开发工作，奠定工业化之基础。

（三）物资供应获得若干平衡　本处接收各敌伪经济事业所生产及存储物资，种类数量颇为繁多。凡工矿业所需之器材原料，及民生必需之房屋家具衣食物品，无所不备。自接收完竣后，即依法交付处理，或继续大量生产，分别向市场抛售，因数额巨大，价格低廉，在物资市场上，已发生有效之平衡作用。一年以来，物价虽不断上涨，然因有接收及继续生产物资之调剂，若干物品价格及供应均能相当稳定，如煤焦供应情况之良好，即其最显著之一例。

（四）国家财政获得相当收益　本处接收敌伪经济事业，其资产总值，按时价估计，当在国币一万亿元以上。虽处理之权，属于处理局，出售敌产收入数字，本处无法确知，然数目巨大，自不难于想象，对国家财政，收益匪鲜。

第四节　对于处理产业日后之建议

敌伪产业之处理，本另设有专管机关，然本处曾始终参与其事，故知之颇深。兹谨就经验所及，贡其一得之愚，作日后之参考。

（一）工厂标售办法，宜予变通。根据过去之经验，关于工厂之标售，投标人实不能谓为踊跃，最近情形，更形冷落。此固各有其特殊之客观原因，然标购人投下巨额资金，不能获得与经营其他事业同等之利润，实为裹足不前之主要因素。现本处未经处理，交由处理局接管之厂矿尚有二百余单位，依照过去标售之进度推算，则约须一年时间，方能标售完竣。为使此项厂矿，迅速获得适当之利用，以免长期废置起见，似应于标售之外，另定人民承租办法或官督商办之法，俾无人承购之厂矿，亦可尽量处理，于国利民生，均不无裨益。

（二）房产处理问题，宜予改善。本处接收敌伪各经济事业附属之房地产，为数在千所以上，均经依照规定，移交中信局接管，分期标售。但因受与标售工厂同一之困难，致问津者甚稀，其业经售出者，寥寥无几。为迅速处理敌伪所有房地产，并合理解决各都市房荒问题起见，似应于标售之外，另订人民长期承租办法，由主管机关组织常设机构，专司其事。所有无人承购之房地产，均由该机构以合理租价租与人民住用，而收取应得租金，俾房荒与处理两问题得以同时解决，对于国计民生，亦属不无裨补。

（三）日用物品处理，宜求便民。本处接收各单位，所存日用品数量甚多，以径均由处理局日用品处理委员会，委托商店代为承售，或交由各机关团体合作社分别配售，在原则上本无可非议，惟是物品种类既极复杂，而处理手续又复繁重，以致若干物品，因存储过久而变质损坏，为迅速处理此项日用品并促应一般市民需要起见，似可减低售价，实行按户配给制度，或加强对各机关团体合作社，予以配售，藉于无损国库收入之原则下，仍寓救济人民及公教人员之意。

（四）工业器材分配，宜求合理。目前交通未尽恢复，一般工业器材，甚感缺乏，而接收敌产中所存此项物资，为数颇多，似宜研究有效利用之道，然后尽量以合理方法配售于国营及民营工厂，庶可于充裕国库收入之中，兼顾工矿业之需要。

第四章　结束情形

第一节　人事之安置

本处奉经济部令，于三十五年九月底结束。自十月一日起，停止接收，开始办理善后。嗣复奉电，核定结束办法七项：(1) 办理善后机构，应在本处原名下缀“结束办事处”五字。(2) 办理善后期间，以一个月至二个月为限。(3) 留办善后员额，以十人至二十人为限，如必须酌增，应呈明候核。(4) 办理善后经费，应就本年度办公处经费结余项下，撙节动支。(5) 已接收而未处理之各项事业，及派员复工之工厂，除由部明令保留者外，一律移交敌伪产业处理局接管。(6) 未了案件，应由结束办事处在办理善后期间内，尽速赶办完竣。(7) 垫付接收保管等项费用，分别向接管机关、原业主、及得标人取偿。

本处奉令后，即组设结束委员会，统筹办理各项有关结束事宜。其组织以本处秘书主任及天津分处主任为正副主任委员，各组室主管人为当然委员，每星期举行会议一次，一切结束事宜，皆由该委员会商讨决定，报请特派员核准施行。

兹先述关于本处人事之安置情形。在本处办理结束之前，处内职员计172人，天津分处202人，共374人。各派员开工工厂职员，计北平方面188人，天津方面402人，共590人。矿场职员计门头沟煤矿165人、长城煤矿47人，井陉煤矿645人，共857人。三项总计1821人。在办理结束时，除工厂矿场职员，均决定照常工作外，至本处及分处职员300余人之安置，计有下列四项办法：

（一）遣散　职员个人经手事务终了，并无可以另行调派工作之处，即由主管人员开单呈请遣散，并按部令规定，给予遣散费。计服务满一年以上者，发给三个月之薪津；在一年以内者，发给二个月之薪津；在六个月以内者，发给一个月之薪津。此项给资遣散人员，截至十一月底止共计227人。

（二）回任　凡本处向各机关借调人员，至本处结束时，原服务机关仍保留其职务者，即遣回原任，但不给遣散费，仅酌发回任旅费。此项遣回人员，截至十一月底止计6人。

（三）调用　本处职员，在开工各厂矿工作，在本处结束时，即随同各该厂矿移交接管机关任用。此项调用人员，截至十一月底止共计77人。

（四）暂留　本处接收而未处理之各项事业，因数量繁多，交接费时，延至十一月底，始移交竣事。最少约需一个月时间，清结各项未了事务，特呈请经济部准暂留本处职员4人（其中28人为办理清算工作之会计人员），天津分处职员16人，共计64人，办理本处及津分处善后事宜。此项暂留人员，预定于十二月底结束完竣后，一部调赴资源委员会工作，一部给资遣散。

综上所述，本处及津分处内部工作人员，于结束之际，因事实所限，以遣散者为最多。惟此项人员或有专门技能，或具丰富经验，且自到处服务以来，均曾著有劳绩，一朝工作结束，自未便任其投闲置散，乃于遣散之前，举行“志愿调查”，分别京沪、平津、东北等地区，由个人自行填写志愿服务地点。且已向各有关方面洽有具体安置办法。现正将该项志愿调查加以分析，即将依个人之志愿资历及经验，分向京沪、平津、东北等处工矿电气机构推荐，庶可使事无才难之叹，人免失业之苦。

第二节　财务之处理

本处于本年一月间，因各复工厂矿，需要复工周转资金甚巨，经加估计，约需十八亿二千四百万元，乃函请河北平津区敌伪产业处理局转陈行政院院长临时驻平办公处，向四行联合办事处总处如数贷放，以利复工。嗣准函复，奉令准贷十五亿二千四百万元为复工费用，当即向该处天津分处洽妥十五亿元贷款手续，于一月八日双方正式成立押借合约，额度国币十五亿元，利率月息三分，期限二个月，以本处接收之二十八个事业单位材料、原料、半成品作为抵押，由河北平津区敌伪产业处理局担保，并分呈经济部及行政院长临时驻平办公处备案。嗣以原约到期，而各单位需款仍甚迫切，经于三月间转期三个月，七月间再转期六个月，均经呈奉经济部并函准四行联合办事处核准各在案。各接收单位，得此周转资金，方能陆续开工，恢复生产，树立平津工业之初基，收效不可谓不宏大。

本处奉令办理结束，此项复工贷款15亿元，合约虽尚未届满，亦应早日偿付，以便清结。查该项贷款，共动用1,241,409,720.04元。其中722,878,601.19元，为移交资源委员会各单位所借用，商定由该会径行付还。其余518,531,118.85元为中国纺织建设公司天津分公司、中央工业试验所、财政部度量衡工厂、中宣部独立出版社、所属各单位及本处所属各厂矿借用之款，则由本处分别收回归还。至本处结束经费，已另案呈请核拨。

至于垫付接收保管等项费用，已依照规定办法，分别向接管机关、原业主及得标人取偿，以利清结。

第三节　各分处之结束

本处所属各地分处，仅有天津分处及石门事务所两处，石门事务所工作较为单纯，至天津分处则因所接事业单位，甚为繁多，故结束比较困难。兹分述如左：

（一）天津分处结束情形　（1）关于尚未处理各单位之善后　截至九月底止，该处已接收尚未处理之事业，尚余225单位。除一部物资单位，业经于十月及十一月份分别处理完竣外，其余一律移交河北平津区敌伪产业处理局接管。所有交接手续，已于十一月底全部办竣。（2）关于人事之安置　该处在九月底原有职员202人，至十一月初，尚余185人，除一部在厂工作人员，随厂移交处理局留用外，其余分批给资遣散。至十一月底，仅暂留职员16人，办理各项善后事宜，预定至十二月底完全办竣。（3）关于营业之结束　该处所设之营业部，于十月十六日移交处理局接管。计自十月十一日开业，以迄移交，为期共两月有半，所经售之24厂出品，共计131种，收入货款6947万余元，赢利1100余万元。（4）关于会计之整理　该处会计事项，系由本处会计室派员前往办理，故决定将所留会计人员移回北平，与本处会计室合并办理该分处会计方面结束事宜。（5）关于文卷之处置　关于该处接收各单位敌伪时期之文卷账册，全部移送处理局天津办公处，至该分处本身之文卷，则规定于结束后，呈送本处暂行保管，听候呈示处置。

（二）石门事务所结束情形　该所系于五月十七日成立，共接收12单位，其中仅有工厂一处，即大兴纺织厂，其余11单位均系商社事务所性质，该事务所已于九月底完全结束，所接收各单位，已移交处理局石门办公处接管，该所主任张末元以下，尚有职员10人，于结束后，张末元等8人调赴井陉煤矿公司工作。其余3人给资遣散。

惟查本处接收地域，规定为冀热察绥四省及平津两市，在承德张家口归绥等地，本亦应设立分处，但因治安及交通不良，所有热察绥三省接收工作，迄未能展开。直至奉令结束时，热察两省始先后收复。关于该两省经济事业接收工作推进办法，经迭电请示，嗣奉复电，已呈准行政院将察绥两省敌伪产业接收处理事宜，一并划归河北天津区敌伪产业处理局统筹办理；至热河省方面，则已委托东北行辕代为办理。于是本处管辖区域之接收工作，均已另有负责机关继续进行，本处任务，至此遂告完成。

第四节 本处派员复工及未处理各工厂之善后

本处奉令结束后，所有已接收而未处理之各项事业及派员复工之工厂，应如何处置，实为亟待解决之问题。当经拟定办法提付河北平津区敌伪产业处理局审议会讨论，旋由该会第三十七次会议通过，所有各该单位决定全部移交该局接管，并经本处呈经济部核准，此一重要问题，遂告解决。

旋经洽准该局，规定十月十六日为双方开始交接日期，随即订定交接办法，通饬应行移交各单位，遵照办理。兹将该项办法，摘记于次：(一) 由十月十六日起，各该单位，应即移处理局事业单位监理委员会接管。(二) 移交后，各该单位原负责人及厂内员工，照常工作，对处理局继续负责。(三) 各单位现金账，一律结至十月十五日晚为止。(四) 各该单位原负责人，应立即负责编造移交清册五份，于十月三十一日以前，呈处存转，清册封皮，应书明“经济部冀热察绥区特派员办公处移交河北平津区敌伪产业处理局接管清册”等字样。(五) 上项移交清册，应与原始清册核对，如有不符，另附物资增减表，详叙增减理由。

同时，处理局方面，对于每一单位，亦订有接管注意事项十项如下：(一) 依照清册所载在厂实物，会同评价委员会派员点收。(二) 依照清册所载未在本厂物品之借据共若干张。(三) 房地契存中信局之收据或租约，交监委会。(四) 驻厂员工保单，经监委会核对。(五) 清册经监委会与原始清册核对。(六) 银行存款结算表送交监委会审核。(七) 现金结存表送交监委会审核。(八) 会计各科目余额表，送交监委会审核。（九）业务报告表送交监委会审核。（十）机器工具图表以及各种有关业务之资料交监委会。

本处移交处理局之各项事业，计天津地区事业单位163单位，物资单位62单位，共225单位。北平及河北地区事业单位共76单位，总计凡301单位。均已于十一月三十日全数交接完竣。

前述移交处理局之各项事业，除物资单位62单位外，其中已复工之厂矿，计44单位，所余均系未开工之厂矿。

本处之主要任务，原为对本区域内各项敌伪经济事业，予以接收保管及运用。现所有应接收及已接收之各事业，均已扫数处理或移交无存，故本处所负之任务，可谓完全达成，此后所剩余之工作，仅为若干未了案件之清结善后而已。

回忆本处于三十四年十一月一日，来平正式组织成立，截至三十五年十一月三十日结束时止，恰为一年又一个月，时间虽甚短暂，然因所接收之各项事业，为数已达678单位，由各个事业之接收保管、运用、以至处理，其间均几费周折，而经纬万端。本报告书限于篇幅，不能予以较详尽之叙述。兹仅撮其大要，制就此简明报导。非敢于兹宣告结束之际，铺扬功绩，祈求长官与国人谅解；盖亦聊陈一年来本处工作经过，藉明本区敌伪经济事业接收之全貌云耳。

〔国民政府资源委员会档案〕

8. 经济部工业复员工作办理情形稿

（1946年9月18日）

工业复员工作办理情形

（卅五年九月十八日送秘书所）

经济部为预筹战后工矿复员之实施，于敌寇投降之前，即拟订收复区敌国资产处理办法及工矿事业接收办法，呈院核准颁行。胜利以后，复经相继订颁有关法令，迅速推进工作，并依奉准之“复员紧急措施方案”规定，分区设置特派员办公处，并视各区需要，分别设置分处，以处理工矿业复员工作。其区域划分如次表。

苏浙皖区　驻上海　分设驻南京、驻江苏省、驻杭州、驻芜湖四办事处。

湘鄂赣区　驻汉口　分设驻九江、驻湖南省两办事处。

粤桂闽区　驻广州　分设驻海南岛办事处。

冀热察绥区　驻北平。

鲁豫晋区　驻青岛　分设驻鲁、驻豫、驻晋三办事处。

东北区　驻长春。

台湾区　驻台北。

以上各区接收人员，因交通关系，到达颇有先后。其工作开展，因亦颇有参差。苏浙皖区，早在去年九月间开始工作；湘鄂赣区，亦于去年九月间开始，唯因该区敌伪产业已为第六战区接收日方物资委员会接收，分交各机关接管，故接收工作受其影响，至十二月始获正式开展。他如粤桂闽区，于十月间开始；台湾及冀热察绥区工作，于十一月开始；鲁豫晋区于十二月开始；仅东北一区，因环境特殊，直至今年五月，始展开工作。

各区接收，虽以所辖省份为其范围，唯表报所列，往往仅及工商业集中地区。如苏浙皖区，集中于上海一隅；粤桂闽区集中于广州、海南岛、潮汕、厦门四地；冀热察绥区偏重平津一带；鲁豫晋区，则以青岛为主；东北区仅长春、吉林、沈阳、抚顺、鞍山、营口、本溪湖、锦州而已。兹将各区接收厂数，分类列表于次：

各区接收工厂厂数统计表

业别 区别	总计	冶炼工业	机器工业	五金工业	电器工业	化学工业	纺织工业	服饰品工业	饮食品工业	印刷文具工业	杂项工业
合计	2,665	113	797	56	60	841	230	14	159	23	372
苏浙皖区	509	20	120	21	34	124	100	12	52	3	23

续上表

业别 区别	总计	冶炼工业	机器工业	五金工业	电器工业	化学工业	纺织工业	服饰品工业	饮食品工业	印刷文具工业	杂项工业
湘鄂赣区	153	7	16	2	1	35	11	2	49	1	29
粤桂闽区	73	2	8	2	/	25	6	/	9	/	21
鲁豫晋区	153	5	29	/	/	68	29	/	4	1	17
冀热察绥区	325	16	49	23	21	57	29	/	45	18	67
东北区	128	22	26	8	4	55	5	/	/	/	8
台湾区	1,324	41	549	/	/	477	50	/	/	/	207

注:本表系抄统计处九月份所编之统计报告,但本年三月份所编工作报告内列苏浙皖区接收工厂数已有552家,较本表所列者为高。

各处接收敌伪产业，尚能依照规定办法处理。凡敌伪产业属于本国及友邦资本，而被敌伪强占强买者，一俟人民申请，均按规定审核发还或赎还。如接收产业规模较大，经决定移交其他主管机关接管者，即分别拨转。如国营产业之移归资源委员会，纺织工业之移归中纺公司、中蚕公司等是。如接收产业规模过小，或停工已久，机件损坏，不堪使用，或产品无何价值者，经决定变价方法，以采标售为原则。但为求工作迅速完成，有兼采平售或拍卖两方式者，如湘鄂赣区是。有兼采配售、拍卖、价拨、外运四方式者，如鲁豫晋区是。至接收产业，在未决定处理办法期间，视其设备及原料产品等情形,分别缓急,次第复工者甚多。但亦有一部分未能复工者。盖以复工之先后,应视周转资金之有无、燃料原料之丰啬、以及产品之重要性，以为断。各处工厂，敌寇投降以前，原料燃料已感极度缺乏，故于接收后，若须全部复工，所需原料燃料之补充，殊属浩大。就上海而论，据初步估计，每月约需原棉二十万担，烟叶一百五十万磅、植物油籽二万吨、生牛皮四千五百张、生羊皮一万一千张、工业用盐四百吨、硫化铁三百六十吨、硫酸一百吨、烧碱一百吨、燃料30,900吨、电力62,800千瓦。故凡存有充足之燃料、原料、完整之设备，而规模较大，产品为市上必需者，固应排除万难，尽先规复；否则，立时复工，殊感困难。兹收各区接收工厂之处理情形，列表于次。

各区接收工厂处理情形统计表

业别	总计	冶炼工业	机器工业	五金工业	电器工业	化学工业	纺织工业	服饰品工业	饮食品工业	印刷文具工业	杂项工业
共计	2,665	113	797	56	60	841	230	14	159	23	372
复工	790	30	248	7	8	318	40	/	22	5	112
移转	296	17	41	4	19	45	85	3	39	6	37
标售	120	2	27	6	6	32	16	5	23	1	2
发还	135	4	27	6	7	33	24	2	19	/	13
保管	691	36	222	31	17	172	41	3	47	11	111
其他	633	24	232	2	3	241	24	1	9	/	97

注：本表系抄统计处九月份所编之统计报告。

经济部为督导各工厂复工起见，先就复工之基本条件，予以充分之准备。兹分煤焦、电力、原料三项之准备情形，分别说明于次：

（一）煤焦之运输　为统筹京沪各地煤焦之供应，于上年九月成立上海区燃料管理委员会，自秦皇岛、基隆、连云港、天津、青岛各处，抢运煤斤，一面积极恢复开滦及淮南、华东各煤矿生产，以裕京沪一带工业用燃料。在武汉方面，责由煤焦管理处，由重庆、万县、醴陵、湘潭等处，购运煤斤，供应电厂及铁路船舶之用。

（二）电力之供应　各区煤斤逐渐充裕，电力供应逐渐恢复，故目前各处电力，尚能应付裕如。

（三）原料之筹划　为供应各纱厂复工起见，向美订购大量原棉；为各纺织厂复工起见，向日本国内运桑苗二百万株、蚕种三百万克。

关于各区复工之困难，除原料燃料不敷供应外，尚有工潮澎湃，为其主要原因之一。本部为制止此类风潮继续发生起见，曾与社会部会商，令行各省市主管机关转饬各厂矿，根据内部实际情形，依照有关法令，自行拟订管理规则，呈由各该主管官署核定后，严格执行，以期迅速复员，加强生产。自此以后，工潮已熄，工作已循规渐进。上海区内工业以纺织厂为规模最大，接收敌伪纺锭共170万锭，接收时原已全部停工，后经逐渐复工，截至本年六月底止，日夜开班，已开纱锭达160万枚。纺织及毛纺织机，亦几全部复工。其他各厂正在先后复工中。至上海以外各地，在中央力量所能达到者，无不竭力督促，从速复工中。

综上所陈，本部对于各收复区工业之复员工作，遵照院颁法令，斟酌实际情形，分区派员负责办理。在万难情况之下，已使工厂达复工生产之鹄的。惟是敌伪工厂之处理，如招标拍卖、优先承租或售购于后方工厂等等，决非短时期内所能办理完竣，故尚须相当期间，始能结束也。

〔国民政府资源委员会档案〕

9. 经济部东北区特派员办公处敌伪事业资产接收处理报告（节录）

（1946年11月　日）

（一）、（二）〔略〕

（三）敌伪事业资产接收处理总表

名　　称	接收人	接收日期	经处理后接管机关	交接日期
沈　阳　区				
满洲电业株式会社奉天支社	童仲述	35.4.1.	资源委员会东北电力局	35.10.1.
满洲住友金属工业株式会社	邵象华	35.3.24.	资源委员会鞍山钢铁公司	35.10.1.
株式会社中山钢业所	邵象华	35.3.29.	资源委员会沈阳机器厂	35.10.1.
满洲矿业开发株式会社奉天制练所	施家福	35.3.20.	资源委员会东北金属公司	35.10.1.

续上表

名　称	接收人	接收日期	经处理后接管机关	交接日期
大信兴产株式会社奉天工场	施家福	35.4.14.	同前	35.10.1.
满洲选矿剂株式会社奉天工场	施家福	35.4.15.	同前	35.10.1.
日满钢材工业株式会社	邵象华	35.3.29.	资源委员会沈阳制车厂	35.10.1.
株式会社满洲工厂	孙文藻	35.4.9.	资源委员会沈阳机器厂	35.10.1.
株式会社津村制作所	孙文藻	35.4.19.	东北生产局	
松田机械工作所	孙文藻	35.4.19.	东北生产局	
森田铁工厂	孙文藻	35.4.19.	东北生产局	
满洲高压工业株式会社	孙文藻	35.4.19.	资源委员会沈阳机器厂	35.10.1.
满洲机材工业株式会社	孙文藻	35.4.28.	东北生产局	
高井铁工厂	孙文藻	35.5.13.	东北生产局	
株式会社满洲日立制作所	曾广韬	35.4.19.	资源委员会沈阳机器厂	35.10.1.
满洲架线金具株式会社	曾广韬	35.5.1.	资源委员会材料事务所	35.10.1.
满洲钢机株式会社	曾广韬	35.4.5.	资源委员会沈阳机器厂	35.10.1.
合资会社满洲工作所	曾广韬	35.4.5.	同前	35.10.1.
大连机械制作所奉天支店	曾广韬	35.4.5.	资源委员会沈阳机车公司	35.10.1.
满洲吴制砥所	曾广韬	35.4.26.	资源委员会沈阳机器厂	35.10.1.
菊本镳制作所	曾广韬	35.5.1.	东北生产局	
协和工业株式会社	刘史瓒	35.5.1.	资源委员会沈阳机器厂	35.10.1.
株式会社前田铁工所	刘史瓒	35.4.10.	同前	33.10.1.
满洲三菱机器株式会社	魏华业	35.4.15.	资源委员会沈阳机器厂	35.10.1.
株式会社满洲荣精制作所	魏华业	35.4.30.	同前	35.10.1.
满洲大阪精机工业所	魏华业	35.5.1.	同前	35.10.1.
大和机器制造株式会社	魏华业	35.5.3.	资源委员会沈阳电工厂	35.10.1.
奖工铅厂	魏华业	35.4.	东北生产局	

续上表

名　　称	接收人	接收日期	经处理后接管机关	交接日期
满洲铅工业株式会社	魏华业	35.4.6.	资源委员会东北金属公司	35.10.1.
满洲车辆株式会社	刘史瓒	35.3.26.	资源委员会沈阳机车公司	35.10.1.
株式会社满洲昌和制作所	李香洲	35.6.25.	资源委员会沈阳制车厂	35.10.1.
株式会社满洲宫田制作所第二工场	李香洲	35.7.18.	同前	35.10.1.
满洲自动车制造株式会社	向　俊	35.5.14.	资源委员会沈阳机车公司	35.10.1.
株式会社奉天制作所	赵明权	35.4.8.	资源委员会沈阳电工厂	35.10.1.
满洲变压器株式会社	赵明权	35.4.2.	同前	35.10.1.
美德电器株式会社	赵明权	35.4.22.	同前	35.10.1.
满洲电线株式会社	赵明权	35.4.8.	同前	35.10.1.
满洲通信机株式会社	赵明权	35.5.25.	同前	35.10.1.
株式会社满洲碳液化研究所	蔡宪元	35.3.25.	资源委员会沈阳化工厂	35.10.1.
南满洲铁道株式会社化学工场	蔡宪元	35.3.29.	同前	35.10.1.
株式会社凑阳护膜工厂	阮觉施阖　路	35.4.20.	资源委员会沈阳橡胶厂	35.10.1.
国华护膜工业株会社	阮觉施阖　路	35.4.12.	同前	35.10.1.
满洲阪东调带株式会社	阮觉施阖　路	35.4.18.	东北生产局	35.10.1.
福助产业株式会社	阮觉施阖　路	35.4.16.	资源委员会沈阳橡胶厂	35.10.1.
满洲再生护膜工业株式会社	阮觉施阖　路	35.4.21.	东北生产局	35.10.1.
东光护膜工业所	阮觉施阖　路	35.4.16.	同前	35.10.1.

续上表

名称	接收人	接收日期	经处理后接管机关	交接日期
掠梨金属粉工业株式会社	蔡宪元	35. 4. 18.	东北生产局	
满洲油脂株式会社奉天工场	蔡宪元	35. 5. 17.	资源委员会沈阳化工厂	
满洲酸酵工业株式会社	郑大洲 蔡宪元	35. 3. 30.	资源委员会沈阳化工厂	35. 10. 1.
株式会社满洲高冈组奉天工场	魏华业	35. 5. 8.	资源委员会材料事务所	35. 10. 1.
满洲重工业株式会社奉天用度仓库	邵象华	35. 4. 26.	同前	35. 10. 1.
满洲石川岛重工业株式会社	赵明权	35. 5. 25.	资源委员会沈阳电工厂	35. 10. 1
满洲光学工业株式会社	蔡宪元	35. 5. 20.	东北生产局	
东洋制带株式会社	阮觉施	35. 7. 27.	资源委员会沈阳橡胶厂	35. 10. 1.
秋每护膜奉天工场	阮觉施	35. 7. 27.	同前	35. 10. 1.
满洲帆布株式会社	阮觉施	35. 8. 2.	同前	35. 10. 1.
满洲轻合金工业株式会社苏家屯工场	施家福		资源委员会东北金属公司	35. 10. 1.
钟渊工业株式会社奉天出张所	徐广裕	35. 5. 30.	资源委员会辽宁造纸公司	
三井物产株式会社奉天支店	关东伯	35. 6. 1.	中央信托局	
三菱商事株式会社奉天支店	关东伯	35. 6. 1.	中央信托局	
日满商事株式会社奉天支店	关东伯	35. 7. 1.	经济部	
满洲大仓产业株式会社奉天支店	徐广裕	35. 6. 15.	经济部	
东方矿业株式会社	徐广裕	35. 5. 30.	资源委员会东北金属公司	35. 10. 1.
大陆矿业所	徐广裕	35. 5. 30.	同前	35. 10. 1.
日满矿业株式会社	徐广裕	35. 5. 30.	同前	35. 10. 1.
满洲铜铅矿业株式会社奉天出张所	徐广裕	35. 5. 30.	同前	35. 10. 1.

续上表

名　　称	接收人	接收日期	经处理后接管机关	交接日期
磐城矿业株式会社	徐广裕	35.5.30.	同前	35.10.1.
大东云母株式会社	徐广裕	35.5.31.	同前	35.10.1.
满洲实业振兴株式会社奉天支店	徐广裕	35.5.30.	经济部	
满洲矿业株式会社	徐广裕	35.7.1.	资源委员会东北金属公司	35.10.1.
义合锌矿山开发株式会社	徐广裕	35.7.1.	同前	35.10.1.
东洋棉花株式会社奉天支店	徐广裕	35.7.1.	中纺公司	
水上洋行	崔治中	35.9.9.	资源委员会抚顺矿务局	35.10.1.
康德矿业株式会社	徐广裕	35.8.15.	资源委员会东北金属公司	35.10.1.
中央储炭场	崔治中	35.7.19.	资源委员会抚顺矿务局	35.10.1.
浅野大楼	江才根	35.7.10.	资源委员会辽宁水泥公司	35.10.1.
奉天专卖署存油	施家福	35.7.	资源委员会东北金属公司	35.10.1.
哈利洋行仓库存漆	曾广韬	35.7.14.	资源委员会沈阳机器厂	35.10.1.
锦　州　　区(包括锦西、葫芦岛、阜新、北票等地)				
满洲电业株式会社锦州支社	余昌菊 李成德	35.1.1.	资源委员会东北电力局	35.10.1.
阜新炭矿株式会社	郭象豫	35.1.5.	资源委员会阜新煤矿公司	35.10.1.
北票炭矿株式会社	雷宝华	35.1.17.	资源委员会北票煤矿公司	35.10.1.
南票炭矿株式会社	雷宝华	35.12.	同前	35.10.1.
满洲矿山株式会社杨家杖子矿业所	施家福	34.12.30.	资源委员会东北金属公司	35.10.1.
满洲矿山株式会社锦州制炼所	刘史瓒	34.12.31.	同前	35.10.1.

续上表

名　　称	接收人	接收日期	经处理后接管机关	交接日期
株式会社阜新制作所	郭象豫	35.1.5.	资源委员会阜新煤矿公司	35.10.1.
满洲合成燃料株式会社	赵宗燠	34.12.21.	资源委员会东北炼油厂	35.10.1.
日本陆军燃料锦西工厂	胡安垲	34.12.29.	同前	35.10.1.
满洲矿山株式会社葫芦岛制炼所	蔡宪元	34.12.27.	资源委员会葫芦岛硫酸厂	35.10.1.
锦州造纸株式会社	羌逢戌	35.6.7.	资源委员会辽宁造纸公司	35.10.1.
满洲浅野洋灰株式会社锦州工场	陈宗恤	35.1.17.	资源委员会华北水泥公司	35.10.1.
葫芦岛军用油池四座 葫芦岛窑业	张松龄等	34.12.29.	资源委员会东北炼油厂	35.10.1.
龙湾工厂	施家福	34.12.29.	资源委员会东北炼油厂	35.10.1.
丰年制油株式会社	张松龄等		资源委员会华北水泥公司	35.10.1.
夹山铜矿	接收册未报情况不明		资源委员会东北金属公司	35.10.1.
大亚铅矿	同前		同前	35.10.1.
周杖子水银株式会社水银制炼所	同前		同前	35.10.1.
大陆化学工业株式会社锦州支社	杨国柱	35.2.20.	资源委员会东北炼油厂	
大隆公司	吴国英	35.4.7.	东北生产局	
又新洋行	吴国英	35.4.8.	东北生产局	
日满商事株式会社阜新支店	郭象豫		资源委员会阜新煤矿公司	35.10.1.
满洲出光兴产物资(工业用油)株式会社锦州支社	吴国英	35.4.6.		

续上表

名　　称	接收人	接收日期	经处理后接管机关	交接日期
松林家具店存伪木材组合物资(木材)	吴国英	35.4.26.		
伪锦州专卖署燃料部分物资(工业用油)	吴国英	35.3.3.		
兴济泳烧锅存伪专卖署物资(酒精)	吴国英	35.3.23.		
聚发泉烧锅存伪专卖署物资(酒精)	吴国英	35.3.25.		
永生泉烧锅存伪专卖署物资(糟子煤)	吴国英	35.5.		
福源合永成兴烧锅存伪专卖署物资(酒精糟子煤)	张松龄 施家福	35.5.		
永德泉烧锅存伪专卖署物资(糟子煤)	张松龄 施家福	35.5.		
福泉长烧锅存伪专卖署物资(酒精)	张松龄 施家福	35.5.		
营　口　区(包括海城大石桥)				
满洲制镁株式会社	丁嗣贤	35.4.25.	资源委员会东北金属公司	35.10.1.
钟渊制纸株式会社	丁嗣贤	35.4.19.	资源委员会辽宁制纸公司	35.10.1.
康德制油株式会社	丁嗣贤	35.4.3.	东北生产局	
营口纺织株式会社	丁嗣贤 王仲宜	35.5.10.	中纺公司	35.9.1.
营口无限木材工业株式会社	丁嗣贤	35.4.24.		
满洲滑石粉株式会社营口工厂	丁嗣贤	35.4.24.	东北生产局	
小岛滑石粉株式会社	丁嗣贤	35.4.24.	东北生产局	
满洲滑石工业株式会社	孙元勲	35.7.20.	东北生产局	

续上表

名　　称	接收人	接收日期	经处理后接管机关	交接日期
满洲矿山株式会社分水矿业所	丁嗣贤	35.7.	资源委员会东北金属公司	35.10.1.
大产矿业株式会社	孙元劻	35.7.20.	同前	35.10.1.
大和工业株式会社	孙元劻	35.7.20.	东北生产局	
福井商工株式会社	丁嗣贤	35.7.	资源委员会东北金属公司	35.10.1.
白川洋行工厂	丁嗣贤	35.7.	同前	35.10.1.
大石桥苦土灰工业合资会社	丁嗣贤	35.7.	同前	35.10.1.
满洲微粉工业合资会社	丁嗣贤	35.7.	同前	35.10.1.
福元号	丁嗣贤	35.7.	资源委员会东北金属公司	35.10.1.
兴亚制丝株式会社海城工场	孙元劻	35.7.20.	国防部联勤第六补给区	
满洲棉茎工业株式会社	孙元劻	35.7.20.	东北生产局	
海城和德纺株式会社	孙元劻	35.7.20.	东北生产局	
满洲棉花株式会社海城管理处	孙元劻	35.7.20.	中纺公司	
南满矿业株式会社	丁嗣贤	35.7.	资源委员会东北金属公司	35.10.1.
康德矿业株式会社海城矿业所	孙元劻	35.7.23.	同前	35.10.1.
满洲电业株式会社海城事务所	王升富	35.8.	资源委员会东北电力局	35.10.1.
满洲电业株式会社营口支店	张同海	35.8.29.	同前	35.10.1.
满日亚麻纺织株式会社海城工厂(二厂)	孙元劻	35.7.21.	第六补给区化工一厂	
鞍　　山　　区				
满洲制铁株式会社	唐之肃	35.4.16.	资源委员会鞍山钢铁公司	35.10.1.

续上表

名　　称	接收人	接收日期	经处理后接管机关	交接日期
康德金属工业株式会社	高丕琦	35.5.1.	同前	35.10.1.
满洲钢管工业株式会社	叶文龙	35.5.20.	同前	35.10.1.
满洲制钢株式会社	张佩璜	35.5.1.	同前	35.10.1.
鞍山钢材株式会社	戴义德	35.5.1.	同前	35.10.1.
满洲日本钢管株式会社	戴义德	35.5.1.	同前	35.10.1.
满洲大谷重工业株式会社	叶文龙	35.4.20.	同前	35.10.1.
满洲住友金属工业株式会社钢管制造所(附分厂)	叶文龙	35.5.20.	资源委员会鞍山钢铁公司	35.10.1.
满洲神钢金属工业株式会社	张佩璜	35.5.1.	同前	35.10.1.
满洲亚铅镀株式会社	张佩璜	35.5.1.	同前	35.10.1.
满洲久保田铸铁管株式会社	谭荣生	35.5.	同前	35.10.1.
鞍山精钢业株式会社	叶文龙	35.5.20.	同前	35.10.1.
满洲铁工株式会社	张佩璜	35.5.1.	东北生产局	
满洲铁塔工业株式会社	程作君	35.5.1.	资源委员会鞍山钢铁公司	35.10.1.
沼因机械工业株式会社	谭荣生	35.5.1.	同前	35.10.1.
满洲农具制造株式会社	张佩璜	35.5.20.	东北生产局	
满洲钢板剪断工业株式会社	张佩璜	35.5.20.	东北生产局	
满洲大林组灵山铁骨加工工场	张佩璜	35.5.20.	东北生产局	
满洲阪田工业株式会社	谭荣生	35.5.20.	资源委员会鞍山钢铁公司	35.10.1.
株式会社满洲大和铁工所	谭荣生	35.5.20.	东北生产局	
满洲汽罐制造株式会社	谭荣生	35.5.20.	东北生产局	
合名会社片冈铁工所	谭荣生	35.5.20.	东北生产局	
株式会社鞍山铁厂	谭荣生	35.5.20.	东北生产局	

续上表

名　　称	接收人	接收日期	经处理后接管机关	交接日期
满洲土木株式会社鞍山支店	谭荣生	35.5.20.	东北生产局	
鞍振铸铁株式会社	谭荣生	35.5.20.	东北生产局	
满洲矿山机械制造株式会社	谭荣生	35.5.20.	东北生产局	
鞍山制铢株式会社	谭荣生	35.5.20.	资源委员会鞍山钢铁公司	35.10.1.
鞍山铁机工业株式会社	谭荣生	35.5.20.	东北生产局	
西山铁工所	高丕琦	35.5.1.	东北生产局	
满洲野田兴农株式会社	高丕琦	35.5.1.	东北生产局	
满洲熔接器材株式会社	戴义德	35.5.15.	东北生产局	
奉天酸素制造工厂鞍山支店	高丕琦	35.5.1.	资源委员会鞍山钢铁公司	35.10.1.
满洲瓦斯株式会社鞍山支店	高丕琦	35.5.1.	同前	35.10.1.
鞍山高级炉料株式会社	高丕琦	35.5.1.	同前	35.10.1.
满洲小野洋灰株式会社鞍山工场	高丕琦	35.5.1.	资源委员会辽宁水泥公司	35.10.1.
南满化成工业株式会社	高丕琦	35.5.1.	东北生产局	
鞍山制材工业株式会社	谭荣生	35.5.20.	东北生产局	
株式会社满洲高围组鞍山工场	谭荣生	35.5.1.	资源委员会鞍山钢铁公司	35.10.1.
满洲电业株式会社鞍山事务所	郭殿文	35.	资源委员会东北电力局	35.10.1.
坂本组	李向春	35.8.25.	资源委员会鞍山钢铁公司	35.10.1.
日满商事株式会社鞍山出张所	郭建章	35.	同前	35.10.1.
辽　　阳　　区(包括烟台)				
满洲电业株式会社辽阳事务所	张国梁	35.4.	资源委员会东北电力局	35.10.1.

续上表

名　　称	接收人	接收日期	经处理后接管机关	交接日期
(满铁)抚顺炭矿烟台采炭所	崔峻峰	35.5.3.	资源委员会抚顺矿务局	35.10.1.
辽阳铁工所	徐国梁	35.4.16.	中纺公司	35.9.1.
满洲林产化学工业株式会社	张松龄	35.4.11.	资源委员会辽宁造纸公司	35.10.1.
满洲磐城洋灰株式会社辽阳工场	张松龄	35.4.16.	资源委员会辽宁水泥公司	35.10.1.
满洲小野因洋灰株式会社小屯工场	张松龄	35.5.10.	同前	35.10.1.
满洲胶皮化学工业株式会社	徐国梁	35.4.15.	国防部联勤第六补给区	
满洲棉实工业株式会社	刘光誉	35.4.16.	东北生产局	
满洲棉花株式会社辽阳管理所	路荫朴	35.4.16.	中纺公司	
满洲纺织株式会社	王仲宜	35.4.16.	中纺公司	35.9.1.
满蒙棉花株式会社	路荫朴	35.4.16.	东北生产局	
株式会社高冈棉厂	张松龄	35.4.16.	东北生产局	
公和兴业株式会社	徐国梁	35.5.1.	东北生产局	
满洲矾土矿业株式会社烟台采矿所	崔峻峰	35.5.8.	资源委员会抚顺矿务局	35.10.1.
烟台耐火窑业公司	崔峻峰	35.5.20.	同前	35.10.1.
日满色素工业株式会社	崔峻峰	35.5.20.	同前	35.10.1.
抚顺窑业株式会社烟台出张所	崔峻峰	35.5.20.	同前	35.10.1.
日满商事株式会社烟台出张所	崔峻峰 张松龄	35.5.20.	同前	35.10.1.
东洋亚麻工业株式会社	路荫朴	35.4.16.	东北生产局	
辽阳纺麻株式会社			(粮食部)东北生产局	
本　溪　区				
满洲电业株式会社本溪湖事务所	文兴武	35.5.8.	资源委员会东北电力局	35.10.1.

续上表

名　　称	接收人	接收日期	经处理后接管机关	交接日期
满洲制铁株式会社本溪湖支社	靳树梁	35.5.8.	资源委员会本溪煤铁公司	35.10.1.
溪城炭矿株式会社	魏锡銮		同前	35.10.1.
本溪湖特殊钢株式会社	邵象华	35.5.8.	同前	35.10.1.
宫原机械制作所	张誉延	35.5.11.	同前	35.10.1.
满洲磐城洋灰株式会社本溪工场	郁国城	35.5.8.	资源委员会辽宁水泥公司	35.10.1.
满洲磐城洋灰株式会社宫原工场	郁国城	35.5.8.	同前	35.10.1.
大和耐火工业株式会社	赵殿祯	35.5.12.	资源委员会本溪煤铁公司	35.10.1.
满洲大仓产业株式会社本溪湖制作所	洪恩涛	35.6.17.	同前	35.10.1.
日满商事株式会社本溪支店	殷同生	35.5.26.	同前	35.10.1.
制铁坑木株式会社	殷同生	35.5.18.	同前	35.10.1.
大陆化学工业株式会社本溪支社	张挽强	35.9.	同前	35.10.1.
满洲矾土矿业株式会社牛心台采矿所	魏锡銮	35.8.15.	同前	35.10.1.
抚　顺　区				
满洲电业株式会社抚顺发电所	程永兴	35.4.3.	资源委员会东北电力局	35.10.1.
南满洲铁道株式会社抚顺炭矿	程宗阳	35.4.10.	资源委员会抚顺矿务局	35.10.1.
株式会社南昌洋行	程宗阳	35.5.1.	同前	35.10.1.
满洲轻金属制造株式会社抚顺工场	程宗阳	35.4.10.	资源委员会东北金属公司	35.10.1.
满洲日本电池株式会社抚顺工场	程宗阳	35.4.10.	资源委员会抚顺矿务局	35.10.1.

续上表

名　　称	接收人	接收日期	经处理后接管机关	交接日期
奉天电球工厂抚顺工场	程宗阳	35.4.10.	同前	35.10.1.
满洲人造石油株式会社抚顺工场	程宗阳	35.4.10.	同前	35.10.1.
满洲浅野洋灰株式会社抚顺工场	程宗阳	35.4.11.	同前	35.10.1.
抚顺窑业株式会社	程宗阳	35.4.24.	同前	35.10.1.
满洲松风工业株式会社	程宗阳	35.4.10.	资源委员会沈阳电工厂	35.10.1.
合名会社金泰公司抚顺镶造厂	程宗阳	35.4.16.	东北生产局	
满洲电业株式会社抚顺事务所	程永兴	35.4.3.	资源委员会东北电力局	35.10.1.
铁　岭　区				
满洲星金属工业株式会社	李香洲	35.8.14.	资源委员会沈阳制车厂	35.10.1.
日满制袋工业株式会社	金希武	35.6.18.	资源委员会辽宁水泥公司	35.10.1.
辽　北　区				
满洲电业株式会社西安发电所	赵金堂	35.6.1.	资源委员会东北电力局	35.10.1.
满洲电业株式会社西安事务所	赵金堂	35.6.12.	同前	35.10.1.
西安炭矿株式会社	潘继武	35.6.1.	资源委员会西安煤矿公司	35.10.1.
满洲小野田洋灰株式会社泉头工场	屈光达	35.7.2.	资源委员会辽宁水泥公司	35.10.1.
日本陆军燃料四平工场	程兴武	35.8.20.	资源委员会东北炼油厂	35.10.1.
长　春　区				
株式会社满山制作所	罗　钧	35.6.25.		
新京重机工业株式会社	罗　钧	35.6.16.		

续上表

名　　称	接收人	接收日期	经处理后接管机关
满洲化成工业株式会社	罗　钧	35.7.1.	
满洲制糖工业株式会社新京制糖所	史固华	35.6.30.	
大陆科学院	罗　钧	35.6.26.	
满洲矿山株式会社矿山研究所及仓库 满洲矿业开发株式会社矿业试验所	罗　钧	35.6.26.	
资源调查所及满洲ボ|ソニ株式会社	罗　钧	35.6.26.	
村上铁工所	罗　钧	35.7.8.	
满洲电业株式会社(总社)	郑锦荣	35.6.1.	资源委员会东北电力局
大理大理石制作所	罗　钧	35.6.25.	
共保木材株式会社	罗　钧	35.6.25.	
满洲重工业开发株式会社	史固华	35.8.1.	
满洲炭矿株式会社	沙安成	35.8.12.	
周杖子水银株式会社新京支店	沙安成	35.8.12.	
昭德矿业株式会社	刘作舟	35.8.5.	
满洲石棉株式会社	刘作舟	35.8.5.	
满洲制铁株式会社新京事务所	刘作舟	35.8.5.	
满洲日立制作所	沙安成	35.8.12.	
满洲机器株式会社	史固华	35.7.19.	
满洲大仓事业株式会社	程沐寒	35.8.8.	
满洲矿业开发株式会社	张富民	35.6.28.	
日满商事株式会社	关维藩	35.8.1.	
三菱商事株式会社新京支社	刘作舟	35.8.5.	中央信托局
满洲原田商事株式会社	沙安成	35.8.5.	
康德吉租株式会社	程沐寒	35.8.5.	
鸟羽洋行新京支店	关维藩	35.7.31.	

续上表

名　　称	接收人	接收日期	经处理后接管机关
钟渊工业株式会社新京出张所	刘作舟	35.8.5.	
满洲纸业统制协会	沙安成	35.8.12.	
满洲洋炭生产统制组合	史固华	35.7.28.	
满洲纤维公社			
本社新京支社及范家屯工场	史固华	35.7.28.	
三井物产株式会社新京支店			
大陆化学工业株式会社	刘作舟	35.8.5.	
满洲大仓产业株式会社	程沐寒	35.7.24.	
住友本社新京事务所	程沐寒	35.7.28.	
满洲矿山株式会社	史固华	35.7.24.	
满洲人造石油株式会社新京支店	沙安成	35.8.12.	
满洲自动车制造株式会社新京支店	沙安成	35.8.12.	
满洲电线株式会社新京支店	沙安成	35.8.5.	
伪经济部	澹台燕翔	35.9.23.	
伪特许发明局	澹台燕翔	35.8.23.	
三井电气株式会社新京出张所	程沐寒	35.9.25.	
伪权度检定所	澹台燕翔	35.8.23.	
满洲轻金属制造株式会社新京支店	沙安成	35.8.12.	
满洲轻合金株式会社新京出张所	曹鹤爵	35.8.12.	
水上洋行	张凤翔	35.9.2.	
满洲大谷重工业株式会社新京事务所	宋鑑明	35.8.13.	
满洲大信兴产株式会社	宋鑑明	35.8.23.	
满洲通信机株式会社新京支店	宋鑑明	35.8.23.	
密山炭矿株式会社新京出张所	曹鹤爵	35.8.23.	
满洲合成燃料株式会社新京支店	史固华	35.9.15.	

续上表

名　　称	接收人	接收日期	经处理后接管机关
满洲石炭协议会	程沐寒	35.9.25.	
吉　林　区			
满洲电业株式会社丰满工程处	申　俊	35.6.11.	资源委员会东北电力局
满洲人造石油株式会社	李景汾	35.6.28.	资源委员会东北炼油厂
满洲浅野洋灰株式会社吉林工场	李景汾	35.6.25.	资源委员会辽宁水泥公司
满洲酒精工业株式会社	李景汾	35.6.25.	
吉林木材兴业株式会社	李景汾	35.7.1.	
日满商事株式会社吉林出张所			
吉林商事株式会社			
满洲土木建筑协会吉林支部			
株式会社福昌公司吉林出张所	耿心泉	35.10.24.	
南昌洋行株式会社	耿心泉	35.10.24.	
大信洋行吉林出张所	耿心泉	35.10.24.	
日满兴业株式会社吉林出张所	耿心泉	35.10.24.	

（四）经济部接管事业名单

名　　称	地　　址	备　　注
日满商事株式会社奉天支店	沈阳和平区富士町10	
满洲大仓产业株式会社奉天支店	沈阳和平区中山路46	
满洲实业振兴株式会社奉天支店	沈阳和平区中华大路40	
伪经济部	长春	
伪特许发明局	长春	
伪权度检定所	长春	

（五）资源委员会接管事业名单

名　　　称	地　　　址	备　　　注
东北电力局		
满洲电业株式会社奉天支社	沈阳南市区义光街一段	附苏家屯营业所
满洲电业株式会社锦州支社	锦州中正路	
满洲电业株式会社本溪湖事务所	本溪市	
满洲电业株式会社辽阳事务所	辽阳瑞穗区	
满洲电业株式会社抚顺发电所	抚顺大官屯	
满洲电业株式会社西安发电所	西安	统接会尚未处理移该局暂管
满洲电业株式会社西安事务所	西安永安大街	同前
满洲电业株式会社丰满水力发电所	永吉丰满村	同前
满洲电业株式会社抚顺事务所	抚顺市	
满洲电业株式会社海城事务所	海城	统接会尚未处理移该局暂管
满洲电业株式会社营口支店	营口	同前
满洲电业株式会社鞍山事务所	鞍山	同前
满洲电业株式会社	长春丰乐胡同 401	同前
抚顺矿务局		
南满洲铁道株式会社抚顺炭矿	抚顺	
株式会社南昌洋行	抚顺东潘町 45	
满洲日本电池株式会社抚顺工场	抚顺塔湾	
奉天电球工厂抚顺工场	抚顺龙凤坎	

续上表

名称	地址	备注
满洲人造石油株式会社抚顺工场	抚顺小瓢屯	待交中国石油公司
满洲浅野洋灰株式会社抚顺工场	抚顺大官屯	保管设备移其他水泥厂
抚顺窑业株式会社	抚顺市西十条通	
满洲矾土矿业株式会社烟台采矿所	烟台铧子街	
烟台耐火窑业公司	同前	
日满色素工业株式会社	同前	
抚顺窑业株式会社烟台出张所	同前	
日满商事株式会社烟台出张所	同前	
水上洋行	沈阳民族街 25	
中央储炭场	沈阳康泰街三段 38	
阜新煤矿有限公司		
阜新炭矿株式会社	阜新海州区	附满洲火药工业株式会社阜新制造所
株式会社阜新制作所	阜新太平区	
日满商事株式会社阜新支店	阜新	
满洲重工业会社奉天仓库		
北票煤矿有限公司		
北票炭矿株式会社	热河朝阳北票	
南票炭矿株式会社	锦州中央大街	
西安煤矿有限公司		
西安炭矿株式会社	西安	

续上表

名　　称	地　　址	备　　注
鞍山钢铁有限公司		
满洲住友金属工业株式会社	沈阳铁西区劝工街四段2	
满洲制铁株式会社	鞍山昭和街一段	附.第三工作所奉南交通株式会社
康德金属工业株式会社	鞍山立山区大兴街一段6	附.东洋矿机株式会社
满洲钢管工业株式会社	鞍山立山区大兴街二段3	
满洲制钢株式会社	鞍山灵山区山城街一段4	
鞍山钢材株式会社	鞍山昭和街一段1	
满洲日本钢管株式会社	鞍山昭和街一段	
满洲大谷重工业株式会社	同前	
满洲住友金属工业株式会社钢管制造所	同前	附.立山区分厂
满洲神钢金属工业株式会社	同前	
满洲亚铅镀株式会社	同前	
满洲火保田铸铁管株式会社	鞍山南六番町74	
鞍山精钢业株式会社	鞍山立山区大兴街一段2	
满洲铁塔工业株式会社	鞍山昭和街一段	附.满洲铁骨桥梁株式会社
满洲阪田工业株式会社	鞍山南六番町73	资委会不拟接办
鞍山制镔株式会社	鞍山南三番町101	

续上表

名　　称	地　　址	备　　注
奉天酸素制造工厂鞍山支店	鞍山立山区大兴街一段14	
满洲瓦斯株式会社鞍山支店	鞍山北四条町	
鞍山高级炉材株式会社	鞍山昭和街一段	附.满洲耐火工业株式会社
株式会社满洲高冈组鞍山工场	鞍山南一番町72	
坂本组	鞍山大同区对炉山	统接会尚未处理移该公司暂管
日满商事株式会社鞍山出张所	鞍山兴华区铁町7	同前

本溪煤铁有限公司

满洲制铁株式会社本溪湖支社	本溪	
溪城炭矿株式会社	牛心台	
本溪湖特殊钢株式会社	本溪	
宫原机械制作所	宫原振工街11	
大和耐火工业株式会社	本溪	
满洲大仓产业株式会社本溪湖制作所	本溪彩光区	
日满商事株式会社本溪支店	宫原兴亚街	
制铁坑木株式会社	本溪	统接会尚未处理移该公司暂管
大陆化学工业株式会社本溪支店	本溪	同前
满洲矾土工业株式会社牛心台采矿所	牛心台村	同前

续上表

名　称	地　址	备　注
东北金属矿业有限公司		
满洲矿业开发株式会社奉天制炼所	沈阳铁西区笃工街四段1	
大信兴产株式会社奉天工场	沈阳铁西区嘉工街四段14	
满洲选矿剂株式会社奉天工场	沈阳铁西区奖工街一段110	
满洲铅工业株式会社	沈阳铁西区劝工街303	
满洲矿山株式会社杨家杖子矿业所	锦西杨家杖子	附．满洲制铁连络所锦西铁道株式会社
满洲矿山株式会社锦州制炼所	锦州女儿河	
满洲制镁株式会社	营口振兴区惠民街	
满洲轻金属制造株式会社抚顺工场	抚顺山本町四丁目	
满洲矿山株式会社分水矿业所	海城分水村官屯	
大产矿业株式会社	海城光复区永安街	
福井商工株式会社	大石桥石桥大街	
白川洋行工场	大石桥中正路	
大石桥苦土灰工业合资会社	大石桥张家堡子	
满洲微粉工业合资会社	大石桥	
福元号	大石桥中正路22	
南满矿业株式会社	大石桥临境街	
康德矿业株式会社海城矿业所	海城光复区胜利街	

续上表

名称	地址	备注
满洲轻合金工业株式会社苏家屯工场	苏家屯	
夹山铜矿		统接会尚未处理移该公司暂管
周杖子水银株式会社水银制炼所		统接会尚未处理移该公司暂管
东方矿业株式会社	沈阳协和街五段41	
大陆矿业所	沈阳藤浪町40之四	
日满矿业株式会社	沈阳葵町45	
满洲铜铅矿业株式会社奉天出张所	沈阳义光街二段13	
磐城矿业株式会社	沈阳稻叶町33之一	
大东云母株式会社	沈阳稻叶町44之六	
满洲矿业株式会社	沈阳朝日街一段109	
义合祥矿山开发株式会社	沈阳宫岛町20	
康德矿业株式会社	沈阳琴平町2	统接会尚未处理移该公司暂管
辽宁纸浆制纸有限公司		
锦州造纸株式会社	锦州彰良村三合屯	
钟渊制纸株式会社	营口三家子	
满洲林产化学工业株式会社	辽阳铁西	
钟渊工业株式会社奉天出张所	沈阳台儿庄街8	
辽宁水泥有限公司		
满洲小野田洋灰株式会社鞍山工场	鞍山昭和街一段	

续上表

名　　称	地　　址	备　　注
满洲磐城洋灰株式会社本溪工场	本溪彩家屯	
满洲磐城洋灰株式会社宫原工场	本溪宫原	
满洲磐城洋灰株式会社辽阳工场	辽阳峨嵋村杨家花园	
满洲小野田洋灰株式会社小屯工场	辽阳小屯子	
日满制袋工业株式会社	铁岑兴隆大街67	
满洲小野田洋灰株式会社泉头工场	昌图泉头	统接会尚未处理移该公司暂管
满洲浅野洋灰株式会社吉林工场	水吉兴隆区哈达湾	同前
浅野大楼	沈阳同泽路50	同前
华北水泥有限公司锦西厂		
满洲浅野洋灰株式会社锦州工场	锦西中华钲	
丰年制油株式会社		统接会尚未处理移该厂暂管
中国石油有限公司东北炼油厂		
满洲合成燃料株式会社	锦州高砂街	
日本陆军燃料锦西工场	锦西	
满洲人造石油株式会社吉林工场	水吉江北三江子	统接会尚未处理移该厂暂管
日满陆军燃料四平工厂	四平	同前

续上表

名称	地址	备注
葫芦岛军用油池(四座)	葫芦岛	同前
龙湾工厂		同前
大陆化学工业株式会社锦州支社	锦州高砂街	同前
沈阳机车车辆有限公司		
大连机械制作所奉天支店	沈阳铁西区笃工街三段8	
满洲车辆株式会社	沈阳皇姑区大宝街四段2	统接会尚未处理移该公司暂管
满洲自动车制造株式会社	沈阳小西区惠工街三段36	
沼田机械工业株式会社	鞍山南潘町24	
中央机器有限公司沈阳机器厂筹备处		
株式会社中山钢业所	沈阳铁西区兴工街一段33	
株式会社满洲工厂	沈阳大东区珠林街二段6	附.铁西分厂
满洲高压工业株式会社	沈阳铁西区励工街三段104	
株式会社满洲日立制作所	沈阳铁西区笃工街四段19	
满洲钢机株式会社	沈阳铁西区励工街三段104	
合资会社满洲工作所	沈阳铁西区嘉工街一段66	
满洲吴制砥所	苏家屯渡月町26	

续上表

名　　称	地　　址	备　　注
协和工业株式会社	沈阳铁西区兴工街四段 1	
株式会社前田铁工所	沈阳铁西区霁虹街 10	
满洲三菱机器株式会社	沈阳铁西区奖工街四段	
株式会社满洲三荣精机制作所	沈阳铁西区奖工街一段 503	
满洲大阪精机工业所	沈阳铁西区奖工街一段 507	
中央机器有限公司沈阳制车厂		
日满钢材工业株式会社	沈阳铁西区嘉工街一段 27	
株式会社满洲昌和制作所	沈阳铁西区嘉工街二段 2	统接会尚未处理移该厂暂管
株式会社满洲宫田制作所第二工场	沈阳铁西区奖工街一段 104	
满洲星金属工业株式会社	铁岑兴隆街 45	统接会尚未处理移该厂暂管
中央电工器材厂沈阳分厂		
大和机器制造株式会社	沈阳铁西区启工街一段 102	
株式会社奉天制作所	沈阳铁西区笃工街三段 1	
满洲变压器株式会社	沈阳铁西区劝工街二段 205	

续上表

名　　　称	地　　　址	备　　　注
美德电器株式会社	沈阳铁西区劝工街三段 12	
满洲电线株式会社	沈阳铁西区劝工街三段 8	
满洲通信机株式会社	沈阳铁西区兴工街三段 12	
满洲松风工业株式会社	抚顺塔湾	
满洲石川岛重工业株式会社	沈阳铁西区笃工街三段 1	
株式会社富士电机工厂		
满洲轻金属苏家屯工厂		
沈　阳　橡　胶　厂		
株式会社凑阳护膜工厂	沈阳铁西区嘉工街四段 17	
国华护膜工业株式会社	沈阳铁西区嘉工街二段 11	
福助产业株式会社	沈阳铁西区裕工街一段 42	
东洋制带株式会社	沈阳铁西区励工街一段 102	
秋每护膜奉天工厂	沈阳铁西区兴工街四段 29	统接会尚未处理移该厂暂管
满洲帆布株式会社	沈阳小西区北兴街三段 52	同前
沈　阳　化　工　厂		

续上表

名　　称	地　　址	备　　注
南满洲铁道株式会社化学工厂	沈阳铁西区奖工街二段10	
满洲酸酵工业株式会社	沈阳铁西区甘露街一段8	
满洲油脂株式会社	沈阳铁西区笃工街二段4	资委会另有接办计划移该厂暂管
葫芦岛硫酸厂		
满洲矿山株式会社葫芦岛制炼所	葫芦岛茨山	
葫芦岛窑业	葫芦岛	移该厂暂管待统接会指令移交
材料供应事务所东北分所		
满洲架线金具株式会社	沈阳铁西区启工街三段102	统接会核定交生产局移该所暂管
株式会社满洲高冈组奉天工场	沈阳铁西区嘉工街三段89	附仓库
满洲重工业株式会社奉天用度仓库	沈阳铁西区笃工街二段3劝工街三段102	计二处
东北办事处吉长分处(总会尚未处理移请暂管)		
株式会社满山制作所	长春东盛大街202	
新京重机工业株式会社	长春东盛大街302	
满洲酒精工业株式会社	永吉兴隆街	
满洲化成工业株式会社	长春民丰街901	
满洲制糖株式会社新京制糖所	长春范家屯	
吉林木材兴业株式会社	永吉文庙区23	

续上表

名　　称	地　　址	备　　注
满洲矿山株式会社矿山研究所及仓库	长春宽城子利国街502	
满洲矿业开发株式会社矿业试验所 资源调查所及满洲ボ|ソニ会社	长春宽城子利国街502	
村上铁工所	长春宽城子尾上町	
大理大理石制作所	长春东盛大街302	
共保木材株式会社	长春东盛大街302	
满洲重工业开发株式会社	长春兴仁大路205	
满洲炭矿株式会社	长春兴仁大路205	
周杖子水银株式会社新京支店	长春慈光路417	
昭德矿业株式会社	长春中正大街302	
满洲石棉株式会社	长春中正大街301	
满洲制铁株式会社新京事务所	长春兴仁大路602	
满洲日立制作所	长春中正大街406	
满洲计器株式会社	长春丰乐路105	
满洲纤维株式会社	长春中正大街302	
满洲大仓事业株式会社	长春中正大街202	
满洲矿业开发株式会社	长春中正大街207	
日满商事株式会社	长春中正大街302	
满洲原田商事株式会社	长春中正大街301	
康德吉租株式会社	长春中正大街301	

续上表

名　　　称	地　　　址	备　　　注
鸟羽洋行新京支店	长春丰乐路720	
钟渊工业株式会社新京出张所	长春中正大街402	
满洲纸业统制协会	长春慈光路402	
满洲洋灰生产统制协会	长春丰乐路515	
满洲纤维公社本社支社及范家屯工场	长春中正大街202	
大陆化学工业株式会社	长春中正大街301	
满洲大仓产业株式会社	长春中正大街202	
住友本社新京事务所	长春中正大街301	
满洲矿山株式会社	长春中正大街201	
满洲人造石油株式会社新京支店	长春中正大街302	
满洲自动车株式会社新京支店	长春安达街731	
满洲电线株式会社新京支店	长春中正大街207	
川井电气株式会社新京出张所	长春兴安大路624	
满洲轻金属制造株式会社新京支店	长春中正大街406	
南满矿业株式会社新京事务所	长春中正大街302	
满洲轻合金株式会社新京出张所	长春中正大街301	
水上洋行	长春中正大街46	
满洲大谷重工业株式会社新京事务所	长春民治大街415	
满洲大信兴产株式会社	长春胜利大街83	

续上表

名　　称	地　　址	备　　注
满洲通信机株式会社新京支店	长春中正大街 301	
密山炭矿株式会社新京出张所	长春中正大街 213	
满洲合成燃料株式会社新京支店	长春中正大街 301	
满洲石炭协议会	长春中正大街 302	
日满商事株式会社吉林出张所	永吉南大路	
吉林商事株式会社	永吉朝阳区文庙街	
满洲土木建筑协会吉林支部	永吉南大路	
株式会社福昌公司吉林出张所	永吉电灯厂后胡同	
南昌洋行株式会社	永吉八径路	
大信洋行吉林出张所	永吉三径路	
日满兴业株式会社吉林出张所	永吉九纬路	

（六）其他机关接管事业名单

名　　称	地　　址	备　　注
东北行辕经济委员会		
大陆科学院	长春大同大街	马疫研究所前已移交农林部接管
联合勤务总司令部第六补给区司令部		
满洲胶皮化学工业株式会社	辽宁瑞穗区泉町	
兴亚制丝株式会社海城工场	海城福民街 39	
中　央　信　托　局		
三井物产株式会社奉天支店	沈阳加茂町 2	
三菱商事株式会社奉天支店	沈阳富士町 10	

续上表

名　　称	地　　址	备　　注
三菱商事株式会社新京支店	长春中正大街301	
三井物产株式会社新京支店	长春中正大街210	
中国纺织建设有限公司		
营口纺织株式会社	营口益民街37	
辽阳铁工所	辽阳朝日通58	
满洲棉花株式会社辽阳管理所	辽阳驳马町27	
满洲纺织株式会社	辽阳未广街一号	
满洲棉花株式会社海城管理处	海城西市区	
东洋棉花株式会社奉天支店	沈阳小西街五段103	
满日亚麻纺织株式会社海城工场	海城徐家园屯	计二处总会尚未处理移该公司暂管
粮　食　部		
辽阳纺麻株式会社	辽阳喇嘛街	现该部已移交东北生产局接
东北生产管理局		
株式会社津村制作所	沈阳铁西区奖工街三段107	
松田机械工作所	同前	
禁田铁工所	同前	
满洲机材工业株式会社	沈阳铁西区励工街三段303	
高井铁工所	沈阳大东区兴民街一段38	

续上表

名　　称	地　　址	备　　注
菊本镀制作所	苏家屯渡月町22	
奖工铅厂	沈阳铁西区奖工街三段106	
满洲阪东调带株式会社	沈阳铁西区奖工街一段509	
满洲再生护膜工业株式会社	沈阳铁西区笃工街一段41	
东光护膜工业所	沈阳铁西区嘉工街一段44	
掠梨金属粉工业株式会社	沈阳铁西区奖工街三段502	
康德制油株式会社	营口学林街18	
满洲滑石粉株式会社	营口南本街18	
小岛滑石粉株式会社	营口曙街13	
满洲铁工株式会社	鞍山灵山山城街二段	
满洲农具制造株式会社	鞍山灵山山城街一段	
满洲钢板剪断工业株式会社	鞍山灵山衣笠街二段	
满洲大林组灵山铁骨加工工场	鞍山灵山衣笠街一段	
株式会社满洲大和铁工所	鞍山南三番町72	
满洲汽罐制造株式会社	鞍山南一番町112	
合名会社片冈铁工所	鞍山南三番町72 六番町73	
株式会社鞍山铁厂	鞍山陶官街一	
满洲土木株式会社鞍山支店	鞍山北一番町106 四番町24	

续上表

名称	地址	备注
鞍振铸铁株式会社	鞍山南六番町75	
满洲矿山机械制造株式会社	鞍山南一番町96	
鞍山铁机工业株式会社	鞍山南一番町	
西山铁工所	鞍山立山大兴街一段17	
满洲野田兴农株式会社	鞍山立三街三段5	
满洲熔接器材株式会社	鞍山清和区马驿屯145	
南满化成株式会社	鞍山昭和街二段	
鞍山制材株式会社	鞍山南九番町82	
满洲棉实工业株式会社	辽阳桔町10	
满蒙棉花株式会社	辽阳朝日通55	
株式会社高冈棉厂	辽阳桔街4	
公和兴业株式会社	辽阳北园街216	
合名会社金泰公司抚顺酿造厂	抚顺西九条通39	
满洲光学工业株式会社	沈阳铁西区劝工街二段4	
东洋亚麻工业株式会社	辽阳北园街	
满洲滑石工业株式会社	海城光复区	已交省府由海城县政府暂管
大和工业株式会社	海城铁西	
满洲棉茎工业株式会社	海城新开街106	
海城和德纺株式会社	海城新开街	
大隆公司	锦州福寿街10	

续上表

名　　称	地　　址	备　　注
又新公司	锦州锦华街3	
营口无限木材株式会社	营口曙街	

（七）接收物资处理

名　　称	处理办法	备注
附奉天专卖署存	一并移交沈阳机器厂	
附哈唎洋行仓库油漆	同前	
满洲出光兴产株式会社锦州支社物资（工业用油）		
松林家具店所存伪木材组合物资（木材）		
伪锦州专卖署燃料部分物资（工业用油）		
兴济泳烧锅物资	标售款解国库	
聚发泉烧锅物资	同上	
永生泉烧锅物资	同上	
福源合 永成兴 烧锅物资	同上	
永德泉烧锅物资	同上	
福泉长烧锅物资	同上	

（八）附录·统一接收委员会原交本处接收而为其他机关接收之敌伪事业资产表

地区	名　　称	接收机关	本处未接原因	备注
沈阳	康德染色（即大公染色）	军政部	军政部已先接收	
沈阳	满蒙毛织	军政部	同上	

续上表

地区	名　称	接收机关	本处未接原因	备注
沈阳	德和纺织	物产组	物产组已先接收	
沈阳	大陆白铁	生产局	规模不大提会改交生产局接	
沈阳	特殊合金制造	空军	空军已先接收	
沈阳	满洲铸物	房地产局	设备无存仅余空屋	
沈阳	东京芝浦电气	物产组	设备无存物产组提请接收	
沈阳	满洲纸工	长官部	长官部已先接收	
沈阳	满洲麦酒	省政府	省政府请求接收	
沈阳	亚细亚麦酒	省政府	同上	
沈阳	中央烟草	生产局	性质不合提会改交生产局接	
沈阳	启东烟草		美商产业提会改交监察处查明处理	
沈阳	老巴夺株式会社		同上	
沈阳	满洲制纸	长官部	本处让交长官部接收	
沈阳	山叶洋行	教育部	性质不合本处移交教育部接收	
沈阳	满洲汤浅电池	后勤部	后勤部先接收	
沈阳	满洲珐琅	市政府	小型工厂让由市政府接收	
沈阳	满洲电池	交通部	交通部已先接收	
沈阳	满洲日本电池	生产局	规模不大提会改交生产局接收	
沈阳	满洲钢索	生产局	同上	
沈阳	大东铁工	生产局	同上	

续上表

地区	名　　称	接收机关	本处未接原因	备注
沈阳	满洲昌光硝子	生产局	生产局请求接收	
沈阳	日满熔材	生产局	同上	
沈阳	进和商会奉天工厂	交通部	原交本处会同交通部接收本处让该部独接	
沈阳	奉天纺纱	生产局	生产局强行接收本处退让	
沈阳	友荣工厂	军政部	军政部提请接收	
沈阳	久住产业	省政府	性质不合提会改交	
沈阳	福洋窑业	生产局	同上	
沈阳	丸山制纸	生产局	生产局已先接收	
沈阳	若素制药	卫生组	卫生组已先接收	
沈阳	柏内化学	生产局	生产局已先接收	
沈阳	嘉纳造酒	农林部	农林部已先接收	
沈阳	日满制果	农林部	同上	
沈阳	富士机械	空　军	空军已先接收	
沈阳	大同生药	卫生组	卫生组已先接收	
沈阳	野田酱园	农林部	农林部已先接收	
沈阳	日满纺麻	生产局	性质不合提会改交	
沈阳	奉天钢铁工业	生产局	生产局已先接收	
沈阳	日本机械工业	生产局	同上	
沈阳	柳原精工所	空　军	空军已先接收	
沈阳	松田汽水	农林部	农林部已先接收	
沈阳	巢守制作所	物产组	物产组已先接收	

续上表

地区	名　　称	接收机关	本处未接原因	备注
沈阳	满洲藤仓工业	空　军	空军已先接收	
沈阳	兴亚护膜	生产局	规模不大提会改交	
沈阳	满洲金属工业	后勤部	后勤部已先接收	
沈阳	满洲工作机械	长官部	长官部强行接收	
沈阳	永田制作所	省政府	省政府已先接收	
沈阳	满洲大和金属	生产局	生产局已先接收	
沈阳	新兴机械制作所	交通部	交通部已先接收	
沈阳	协同油脂	生产局	性质不合提会改交	
沈阳	满蒙护膜	军政部	军政部已先接收	
沈阳	大伸制作所	军政部	通过交军政部接收在先	
沈阳	宫田机械制作所(总厂)	空　军	空军已先接收	
沈阳	东洋精机株式会社物资	长官部	长官部已先接收	
沈阳	昭和工厂敷岛分厂	物资组	物资组已先接收	
沈阳	昭和工厂沈阳分厂	生产局	规模不大提会改交	
沈阳	日满特殊机器	生产局	生产局已先接收	
沈阳	满洲涂料	生产局	同上	
沈阳	明光电池厂物资	辽宁分会	总会训令由分会接	
沈阳	满洲电线厂存放第二啤酒厂铜线		啤酒厂不允接收	
沈阳	中山钢业所存放第一啤酒厂器材		啤酒厂不允接收	
沈阳	康德青写真工业	生产局	生产局强占	

续上表

地区	名称	接收机关	本处未接原因	备注
鞍山	协荣工业所	鞍市府	鞍山市政府已先接收	
鞍山	满洲日本燃料	生产局	煤球工厂提会改交	
鞍山	千山区工厂		查无此厂提请撤消	
辽阳	辽阳窑业	生产局	生产局请求接收	
抚顺	满洲火药工业抚顺制造所	军政部	兵工署已先接收	
沈阳	富士电机工厂	长官部	长官部先行接收	
沈阳	满业大楼	日侨俘管理处	侨俘管理处占用	
吉林	满洲东洋纺织精麻工厂	吉省府	吉林省政府占用	
吉林	满洲电气化学株式会社	吉省府	同上	
吉林	营城子煤矿	吉省府	同上	
吉林	隆吉石炭	吉省府	同上	
吉林	新东煤矿	吉省府	同上	
吉林	裕东煤矿	吉省府	吉林省政府占用	
长春	满洲ハルヘ	长官部	长官部占用	

〔国民政府资源委员会档案〕

10. 经济部统计处编接收处理敌伪产业初步统计报告

(1946年11月　日)

敌伪经济事业之接收处理

第一节　接收处理之计划

一、处理法规　吾国战前工业偏重在收复区，加以沦陷期间，敌人搜刮物资，掠夺企业，建立大东亚经济集团，大事发展。此次胜利来临，为预筹战后经济复员，自应妥为之计。本部有鉴于此，曾于胜利以前，就敌伪经济事业接收处理部分，拟定复员法规两种：一为三十四年三月行政院核定颁行之“沦陷区敌国资产处理办法”，该办法规定：凡敌国在中国之公私事业资产及一切权益，一律接收，由中央政府管理或经营；其与敌人合办之事业，不论公营或私营，一律由中央政府派员接收，分别性质，移交国营或民营，敌人不得迁出或破坏任何设备，如违应负完全赔偿之责；而各事业遇有必要时，得责令敌国指派大员经营或熟悉人员负责点交说明，以期迅速明了。二为三十四年八月经行政院核定颁行之“沦陷区工矿事业接收整理办法”。该办法规定设立沦陷区工矿事业接收整理之专管机构及接收整理之程序，以为工作之准绳，□敌寇投降，本部复依照前法成立收复区工矿事业接收整理委员会，并先后颁布“收复区重要工矿事业处理办法”、“各收复区特派员办公处，登记及接收工矿事业实施办法”、“收复区矿权处理办法”、“电气事业处理办法”、“收复区各种公司及各种企业组织应行遵守事项”、“收复区各种公司登记处理办法”等，借以确定收复区人民权益及敌伪资产接收整理之规范。

二、处理原则　至敌伪产业处理原则，则规定：(一) 产业原属本国盟国或友邦人民，经查明确实证据，系由日方强迫接收者，应发还原主。(二) 产业原属华人，曾自愿与敌伪合办有据者，其主权收归中央政府；产业原为日侨所有，或已归日侨出资收购者，其产权亦归中央政府所有。(三) 前项由敌伪收回划归中央政府所有之产业，其处理可分以下两途：(一) 为具有特殊重大关系之事业，由行政院分别性质，交由专管机构，负责经办，如与资源委员会所办国营事业性质相同者，交该会接办；纱厂及其必需之附属工厂，交纺织委员会接办；面粉厂交粮食部接办等。(二) 除此之外，各项事业及资产，则采标售民营办法由处理局邀集专门人才，评定价格，并由四联总处，订定复工贷款办法，以助民力之不足。

第二节　接收处理之机构

（一）全国接收处理机构　敌伪产业头绪万端，接收初期，因接收人员良莠不齐，接收机关重〔叠〕床架屋，技术人员之缺乏，行政效能之低微，以至各地敌伪资产，每有损失，接收步骤，客有紊乱，自卅四年十月份起，行政院开始加以整顿，组织"收复区全国性事业接收委员会"，统筹办理全国性事业之接收处理，以及计划之策划、人员之调派，工作之监督事宜，再分别性质，移交各有关部会接管。该会分区设置敌伪产业处理局办理该区敌伪产业处理事宜，复颁布"收复区敌伪产业处理办法"，明定各部分接收职权之范围，如军政部等机关之接收军用品；粮食部之接收粮食；农林部之接收农场；教育部之接收大学及文化部机关；金融机关之接收房地产货币证券；省市政府之接收地方性事业等。至工厂矿场设备原料成品之接收则由本部统筹办理。

（二）本部接收处理机构　八年以来，敌人在吾收复区内，掠夺资源，投资开发，积极生产，规模甚大，本部为求接收工作顺利推进，一方于部内设置收复区工矿电商事业接收工作审议考核委员会，主持收复区工矿电商事业接收工作之审议考核，以及接收物资清理保管分配移转发还迁运标售之审核事项，一方依据"复员紧急措施方案"，分区设置特派员办公处，并视各区需要，分别设置分处，其区域划分如下：

(1) 苏浙皖区办公处——辖江苏、浙江、安徽三省，及上海、南京二市，总处设上海，分设驻南京、江苏、杭州、芜湖四办事处，及徐海区接收专员办公处。

(2) 湘鄂赣区办公处——辖湖南、湖北、江西三省，总处设汉口，分设驻湖南、九江二办事处。

(3) 粤桂闽区办公处——辖广东、广西、福建三省，总处设广州，分设驻海南岛办事处。

(4) 冀察热绥区办公处——辖河北、察哈尔、热河、绥远四省及北平、天津二市，办事处设北平。

(5) 鲁豫晋区办公处——辖山东、河南、山西三省及青岛市，总处设青岛，分设驻山东、河南、山西三办事处。

(6) 东北区办公处——辖辽宁、安东、辽北、吉林、松江、合江、黑龙江、嫩江、兴安九省，及大连、哈尔滨二市，办公处设长春。

(7) 台湾区办公处——辖台湾省全境，办公处设台北。

第三节　接收情形

(一) 接收开始时期　敌伪经济事业之接收，由本部各区特派员办公处分区办理，既如上述，而各区环境不同，故接收工作开始时期，乃有先后，苏浙皖区着手最早，于三十四年九月间，即开始办理。湘鄂赣区于三十四年十月开始，其时武汉及南浔敌伪各工厂，已悉为第六战区长官部及地方政府先行接管，迨行政院处理武汉区敌伪产业特派员办公处成立后，乃将原接收之产业，分别性质，重行分配，指定移交原应接收之机关接收，故接收工作，直至三十四年十二月，始获正式开展，他如粤桂闽区，于十月开始，台湾及冀察热绥二区，于十一月开始，鲁豫晋区：于十二月开始，仅东北一区，因环境特殊，交通阻滞，延至三十五年五月间，始得开展工作。

(二) 接收单位数　关于各区接收产业单位数，根据各区接收工作报告所载，分述如下：

苏浙皖区：为敌伪政治经济中心，尤以上海一地，敌伪产业，数量最多，接收工作，甚为繁重，截至六月止，共接收之伪政府机关，有商业统制委员会，工商企业调查委员会，商标局，上海商品检验局，煤矿增产督导会社，油粮统制会，棉业统制委员会等七单位，工厂六二九单位，及其附属二二六单位，共为八五五单位。矿场二单位，电气事业十九单位，公司行号四十三单位，至工厂种类则以化学工业占第一位，计一百七十三单位，次为纺织工业，一百四十九单位，机器工业八十二单位，而以印刷文具工业为最少。

湘鄂赣区：接收敌伪产业，以武汉一区较要，唯大都规模较小，设备无多，其较占重要地位者，应属矿业，尤以大冶之日本制铁株式会社(即汉冶萍公司大冶铁矿厂)，原由日人设有四百五十吨炼铁炉二座，及运矿铁路设备完善，今后能以此为基础，继续建设，则可成为长江流域中最理想之冶炼中心。湖南、江西两省敌伪之经营工矿事业较少，唯湘潭、祁阳、醴陵、萍乡各煤矿，特应重视。总计接收工厂一百六十五单位，矿场十五单位，电气事业六单位，公司行号三十二单位，至工厂种类，则以饮食品工业占第一位，计六十三单位，次为化学工业三十九单位，纺织工业二十七单位，而以电器、五金、印刷文具等工业最少。

粤桂闽区：敌伪产业，以广州及海南岛为中心，其余各地，在沦陷期间，非但未经敌人经营整顿，而原有各项建设，亦多拆迁毁坏，广西一省，更无敌产各资接收，其中如石碌铁矿，规模宏大，运输港湾设备完善；田独铁矿产量丰富，东方水电厂，能发电七千千伏安；大日本制铁株式会社之士敏土厂，及浅野士敏土厂，均为可甚注意之产业，总计接收工厂九十五单位，矿场四单位，电气事业十单位，至工厂种类，则以化学工业占第一位，计五十单位，次为饮食品工业，十七单位，而以五金、电器、服饰品等工业，为数最少。

鲁豫晋区：为华北一工业区，敌伪产业集中青岛一地，故接收工作，亦以青岛为中心，其规模较大者，为日本制钢会社制铁所，与东亚重工业株式会社炼钢厂、青岛橡胶厂、华北啤酒厂、三菱东和两榨油厂、大京大公两纱厂等。至其他地区，尚有金铁岑铁矿、悦升、博东、旭章、无源、中福、六河沟等煤矿，均以地方情形尚未恢复，交通阻梗，尚无法派员前往接收，仅平定保晋、大同晋北二煤矿，已由晋省府接收中，总计接收工厂一五二单位，矿场廿三单位，电气事业二单位，公司行号三十七单位，至工厂种类，则以化学工业占第一位，计五十五单位，次为纺织工业，二十六单位，机器工业二十五单位，而以冶炼及印刷文具工业最少，仅一单位而已。

冀察热绥区：亦为敌人经济重心所在，其重要性仅逊于东北，即如经吾接收之“国策公司”(华北开发公司)其附属厂矿子公司事务所，以及调查研究机构，即达三十一单位。次如开滦门头沟、井陉磁具等煤矿，及北平、天津、宣化、唐山等地炼钢洗煤等工业设备，悉为敌人年来出力经营，积极扩充产运能力，均极可观，渤海化工厂，华北盐业公司，东洋造纸厂等，规模亦甚宏大。总计接收工厂三八一单位，矿场六单位，电气事业五单位，商社事务所仓库二八五单位。至工厂种类，则以化学工业占第一位，计二九单位，次为机器工业五十四单位，五金工业四十九单位，而以服饰品工业最少，仅八单位而已。

东北区：在十余年来，经敌人苦心经营，规模极大，工矿业之盛，为全国冠。尤以煤、电、机械、钢铁等工业，居全国首要地位，大概沈阳区以制造、机械、化工、火药为主，抚顺、锦州两区以煤矿为主，锦西区以炼油、洋灰为主，鞍山区以制钢铁为主，本溪区以煤铁为主，辽阳、营口二区以纺织、榨油等轻工业为主，其规模最大者为抚顺、阜新、本溪、北票、西安等煤矿，本溪、鞍山等铁矿及满洲车辆厂，三菱机器厂，满洲工厂，住友工厂等工业。第以环境特殊，交通梗滞，接收工作屡收阻挠，致工厂设备、产业大半经苏军、共军搬迁破坏，损失重大，殊觉可惜。总计接收工厂一百三十二单位，矿场十一单位，电气事业二百单位，研究调查试验机构三单位。至工厂种类，则以化学工业占第一位，计五十一单位，次为机器工业三十二单位，五金工业十八单位，最少者为服饰品印刷文具等工业。

台湾区：情形特殊，陷敌时间最久，数十年来，敌人经营之结果，单位既甚繁多，组织尤形复杂，接收初期，该区行政长官公署设立接收委员会，统一接收，至经济事业由该会与本部特派员办公处会同接收。接收工作分为监理及接管两步骤，对敌营各公司厂矿，先行派员监理，责令继续开工，然后逐步接管，并分设各业监理、接管两委员会，分负督导监理接收管理之责。关于樟脑制造、制酒、火柴等工厂由公署专卖局接收，公司企业由公署财政处接收，至规模较小之工矿事业，分由地方政府接收，本部特派员办公处之接收者，仅一部分，计工厂一百七十七单位，矿场十六单位，电气事业一单位，公司行号三十八单位，研究机关三单位，至工厂种类，则以化学工业占第一位，计一百一十一单位，次为机器工业，四十六单位，而以服饰品工业最少，仅二单位耳。

总计各区接收敌伪工矿电商事业，为工厂一八三一单位，矿场七十七单位，电气事业四十五单位，公司行号四三五单位，机关十三单位，列表如后：

区别／业别	共计	苏浙皖	湘鄂赣	粤桂闽	鲁豫晋	冀察热绥	东北	台湾
总计	2401	700	218	109	214	677	148	335
工厂	1831	639	165	95	152	381	132	277
矿场	71	2	15	4	23	6	11	16
电气事业	45	19	6	10	2	5	2	1
公司行号	435	43	32	/	37	285	/	38
行政学术机关	13	7	/	/	/	/	3	3

如就工业部门分析其业别，则有如下表：

区别／业别	共计	苏浙皖	湘鄂赣	粤桂闽	鲁豫晋	冀察热绥	东北	台湾
总计	1831	629	165	95	152	381	132	277
冶炼工业	80	28	4	4	1	20	15	8
机器工业	269	82	18	12	25	54	32	46
五金工业	100	23	1	/	3	49	18	6
电器工业	66	29	/	/	/	21	5	11
化学工业	598	173	39	50	55	110	51	111
纺织工业	261	149	37	8	26	27	7	11
服饰品工业	40	26	2	/	2	8	/	2
饮食工业	259	81	53	17	22	40	1	29
印刷文具工业	31	1	1	/	1	12	/	16
杂项工业	121	37	10	4	11	25	3	31

（三）接收产业价值　关于各区之接收产业价值，欲期正确计算，殊非易事。盖因接收物资种类繁什，良莠不齐，即同一物资，而其新旧之程度，数量之多寡，亦相距甚远，且有不少物资，其目下时价，无从查据，故各区计算时，大部系采估计方式，而所报资料，参差不齐，兹就报告所载，略为说明之。

苏浙皖区接收资产、价值估计列表如后：

业别＼资产别	共计（千元）	机械设备（单位：千元）	产地产（单位：千元）	原料成品（单位：千元）
总计	127,000,000	37,630,000	29,110,000	60,340,000
纺织工业	72,730,000	23,375,000	17,320,000	32,025,000
机械五金工业	26,500,000	6,000,000	7,000,000	13,500,000
化学工业	18,000,000	7,500,000	3,500,000	7,000,000
杂项工业	9,850,000	755,000	1,280,000	7,815,000

上表所列原料成品价值六百亿元，固可定价收款。至机器设备及房地产两项凡归政府自行经办者，仅为资产之收入，与生产力量之增加，并非直接现金，此项资产价值估计为五百五十亿元，所余拟归标售民营之工厂，其总价约为一百三十亿元。

湘鄂赣区接收资产价值估计列表如后：

资产种类	价值（单位：千元）	备注
总计	9,748,829,785	
厂矿	7,697,252,391	
花纱布	1,263,701,712	
五金器材	781,451,810	
现金股票及有价证券	6,469,859	

上表所列价值，系仅就武汉区，非委托经营之厂矿，按照三十

四年十月份当地价格，作价估计，若将湘赣两省，武汉外国委托经营之厂矿及大冶铁厂设备物资，全部计算，总数当在三百亿元以上，如将全部资产，按现值出售，当值五百亿元左右。

鲁豫晋区接收资产价值估计列表如后：

事业类别	廿六年价值(单位:千元)	备注
总计	55,956,561	
冶炼工业	1,078,758	
机器工业	2,298,147	
五金工业	364,951	
化学工业	19,312,440	
纺织工业	843,752	
饮食品工业	23,018,893	
杂项工业	490,532	
公司企业	6,203,578	
电气事业	1,985,510	

上表所列价格，系按二十六年价格计算，仅为五千万余元，且服饰品工业及纺织工业之归中纺公司部分，尚未计入，如按市价计算，资产总值当在六百亿元左右。

粤桂闽区接收资产价值估计列表如后：

地区	数额(单位:千元)	备考
总计	197,527,905,067	
广州	185,200,000,000	
工矿厂场	44,400,000,000	
码头仓库	32,800,000,000	

续上表

地　　区	数　额(单位:千元)	备　　考
房屋基地	33,000,000,000	
各种船舶	11,100,000,000	
各种车辆	2,600,000,000	
银货币	8,100,000,000	
其他物资	53,200,000,000	
海南岛	12,327,905,067	
海口琼山区	1,263,688,767	
文昌区	3,138,000	
定澄临澹区	233,734,000	
嘉积区	96,779,900	
陵水腾桥区	91,828,000	
榆亚区	5,414,614,000	
北黎区	5,224,142,400	

上表所列价值，海南岛一区，其原报价格，根据接收之单位财产清册所报价格计为一，二四三，九二四，〇六四元，但因当时物价与时价不同，故按时价加倍计算，计值一二，三二七，九〇五，〇六七元，再将广州计算在内，有如上表。

台湾区接收资产价值估计列表如后：

事业类别	共计	机械设备房地产(台币元)	原料成品(台币元)	备　注
总　计	3,353,552,000	2,697,299,000	656,253,000	
冶炼工业	266,012,000	245,954,000	20,058,000	
五金工业	93,266,000	87,327,000	14,899,000	

续上表

事业类别	共计	机械设备房地产（台币元）	原料成品（台币元）	备注
电器工业	499,154,000	497,439,000	1,715,000	
化学工业	518,251,000	444,825,000	83,426,000	
纱织工业	71,799,000	77,412,000	14,387,000	
饮食品工业	1,388,577,000	1,000,898,000	284,687,000	
杂项工业	477,523,000	343,444,000	234,079,000	

上表所列价值为台币三十三亿元，如以台币一元值国币三十元换算，约合国币一千亿元。唯接收以前，财务状况之调查估计总值台币八十六亿元，盖以战事期间，台湾产业大都遭受空袭，光复以后，社会秩序紊乱，盗窃风盛，工矿器材，时遭窃损，故仅此数耳。

第四节　处理情形

（一）处理单位数　接收敌伪产业之处理，依照“收复区敌伪产业处理办法”规定，以全国性事业接收委员会为中心机关，其所作决定，各有关机关，均须遵照办理。该会在上海、广州、平津等重要区域，设敌伪产业处理局，办理该区敌伪产业处理事宜。至处理办法，可分直接经营、移管、标售发还各项，其未经决定处理办法者，暂行保管。总计接收产业，除东北区情形特殊，报告简略，无法知悉处理办法，未加入计算外，经决定处理者，计一七九五单位，其尚在保管静候处理，计四四八单位，兹列表如下：

处理法别 / 业别 / 区别	共计	直接经营				移管				标售				发还				保管			
		工	矿	电	商	工	矿	电	商	工	矿	电	商	工	矿	电	商	工	矿	电	商
总计	2243	198	15	17	15	508	28	9	253	441	9	/	30	236	7	20	35	316	17	3	112
苏浙皖	693	56		3		139	/	1	12	201	/	/	8	116	/	15	13	57	2	1	10
湘鄂赣	218	6	1	1		18	7		8	29	/	/	/	33	6	4	22	19	1	2	2

续上表

区别＼业别＼处理法别	共计	直接经营				移管				标售				发还				保管			
		工	矿	电	商	工	矿	电	商	工	矿	电	商	工	矿	电	商	工	矿	电	商
粤桂闽	109	61		9		10	3		/	/	/	/	/	8	/	1	/	16	1	/	/
鲁豫晋	214	9				42	10	2	16	47	/	/	/	3	/	/	/	51	13	/	26
冀察热绥	677	55	12	2		96	3	5	209	42	/	/	/	15	1	/	/	173	/	/	14
台湾	333	11	2	2		143	5	1	14	122	9	/	22	1	/	/	/	/	/	/	/

附注：东北区 158 单位因处理情形不明未列入计算。

观上表可知发还及标售之产业，仅占接收总数百分之三十四强，而直接经营及移转管理之产业，占百分之四十五强，此种产业均归政府经营，国营工业□为复员后之普遍趋势。为明了各区处理情形，除收归国有直接经营复工部分，另节说明外，兹分别说明之于后。

（二）移管　依照"收复区敌伪产业处理办法"规定，凡产业原为日侨所有，或已归日侨出资收购者，其产权均归中央政府所有，分别移归性质相同之机关管理运用，如与资源委员会所办国营事业性质相同之厂矿，移交该会接管，纱厂及其必需附属工厂，移交纺织事业管理会接管，面粉厂移交粮食部接管是。

苏浙皖区遵照规定，分别移管者，计移交中国纺织建设公司纺织工业四十七单位，机器工业七单位，移交中国蚕丝公司纺织工业七单位，移交卫生署化学工业七单位，纺织机器工业各一单位，移交中国水产公司纺织工业一单位；移交资源委员会机器工业三十一单位，化学工业二单位，电器工业一单位，移交粮食部化学工业二单位，以及移交中华烟草公司，江海关，战时运输部，中央信托局，交通第三方面军司令部等，共一百三十九单位。此项移管工厂，均由接管机关负责主持规复复工。

湘鄂赣区特派员办公处接收厂矿，大部系先由第六战区兵站总监部，军政部，湖北省政府，汉口市政府，武昌市政处等机关分别接收，然后移交。且大多属小型制造，为求管理方便，故半数以上，均委托原接收单位经营。计委托湖北省政府经营者，化学工业十七单位，机器工业十五单位，纺织单位十单位，饮食品工业五单位，五金服饰品工业各一单位，其他工商事业十四单位，矿场七单位，委托汉口市政府六单位；连同移交资源委员会一单位，中央宣传部一单位，军政部十一单位，武昌市政处四单位，共计九十三单位。此项移管工厂，多经接管机关合并整理，酌量复工。

鲁豫晋区接收厂矿，经办理移管者，计移交中国纺织建设公司纺织工业十七单位，冶炼工业一单位，移交资源委员会化学工业六单位，机器工业一单位，矿场十单位，电气事业二单位；移交山东盐务局化学工业一单位，中央宣传部印刷文具工业一单位；中国蚕丝公司纺织工业一单位；粮食部饮食品工业五单位；连同移归青岛市政府，军政部处理局等机关，共计六十二单位。

冀察热绥区接收厂矿，先后移交其他机关接管者计移交资源委员会井陉、正丰两矿场，及机器、化学、电器、冶炼等工业，电气事业事务所等四十七单位，移交中国纺织公司二十一单位；物资移交海关者一百五十二单位；房屋家具移交中央信托局；及工厂商社移交其他机关或被其他机关占用者，计一百单位。总计现已移交其他机关接管者，三百一十三单位。

粤桂闽区接收工厂，以其他机关需要较急，最先移管者，计有朝日护膜工业所；泰记酒精厂，联合石油、河南油槽所等三单位；移交战时运输管理局，兴南、瑞东等三铁工厂，移交善后救济总署广东分署；广东化学分厂酒精部分，移交广东省建设厅。以后陆续移交农林部中国植物油厂三单位，总计移管者，仅十单位耳。

台湾区接收厂矿，移交其他机关管理者，计移交资源委员会经营者十五单位，移交资源委员会与公署合营者四十二单位；□由公署暂时经营者一百单位，共计一百五十八单位。此种厂矿实为整个台湾工矿电企业之重心，现均由接管机关，设立公司接办中。

兹将各区移管产业列表如后：

业别 区别	共计	工厂										矿场	电气事业	公司行号					
		冶炼	机器	五金	电器	化学	纺织	服饰	饮食	印刷	杂项			农	矿	工	商	交通	其他
总计	798	23	70	13	27	154	121	5	52	18	25	28	9	4	29	61	145	4	10
苏浙皖	152	7	14	/	9	22	68	2	13	/	4	/	1	/	/	4	5	1	2
湘鄂赣	93	2	15	/	/	25	12	1	15	1	1	7	/	1	1	/	5	/	1
粤桂闽	13	/	3	/	/	4	2	/	1	/	/	3	/	/	/	/	/	/	/
鲁豫晋	64	1	4	/	/	10	18	1	5	1	2	10	2	1	/	6	3	/	/
冀察热绥	313	8	15	10	11	26	13	1	6	2	4	3	5	2	28	39	131	2	7
台湾	162	5	9	3	7	67	8	/	12	14	8	5	1	/	/	12	1	1	/

观上表，可知各区接收产业移管情形。各区移管者，以台湾区最多，占百分之五十，冀察热绥区亦占百分之四十五；次为湘鄂赣区鲁豫晋区，各占百分之四十二及三十。以业别论，首为纺织工业；鲁豫晋区占百分之五十，冀察热绥区，苏浙皖区，各占百分之四十五以上。次为机器工业，湘鄂赣区达百分之八十，台湾区亦占百分之四十。又次如化学工业，冶炼工业，移管之数，所占比例亦大，此种趋势，殆亦国营事业之先声□。

（三）标售

依照“收复区敌伪产业处理办法”规定，凡规模较小，无法运用或不属移交其他机关接收范围以内之敌伪产业，由敌伪产业处理局标价出售，凡经决定标售者，先由本部特派员办公处，分批开单，送请敌伪产业处理局审核产权，提审议委员会核定。通知特派员办公处办理申请招标等手续，再由处理局评价委员会评定得标人，最后由特派员办公处办妥收款移交等事项，标售手续，始告段落。但在战时确为敌伪强迫以低价收购之产业，可由原主申请依评定价格优先承购，以示优惠。首先评价标售之对象，为特派员办公处所提清单之小工厂，评价范围，包括土地、房屋、生财、物料、原料、机器、设备、半成品、成品、信誉等。即发还原主之产业，除发还原有产业外，其增益部分，亦并入标售之列。

苏浙皖区接收产业，经特派员办公处提请处理局标售者，计工厂二百零一单位，公司行号八单位，第一批至第五批已标售工厂，为上海制绒厂等八十二家，以饮食品工业之十七单位，化学工业之十六单位，纺织工业之十二单位为最多。至其余工厂在请示，公告投标过程中。依目前申请情形观之，大体均集中于购买纺织、橡胶、饮食品工厂，至机械、化学、冶炼等工厂，则请购并不踊跃，良以社会资财有限，投资工业之风气不高，且所得资产，均须长期使用，利得迟缓，而短期付款，为数又至庞大，致厂商投标价购颇多顾虑。自经政府与四联总处商订国家银行贷款协助办法实行后，标售进行较为顺利。至二次标售未能售出之工厂二十七单位，亦以优惠条件，出售于后方工业家，以九月十五日为截止日期。开封结果，申请者共七十八家。本部决定以亚细亚机械会社等二十七家，交与后方工厂联合租购继续生产。

湘鄂赣区接收工厂，其规模较小设备简陋而省政府又不顾受托经营，经决定标售者，计二十九单位。其中以饮食品工业二十一家为最多。惟以此类工厂，脱售匪易，且标售方式至繁，不免迁延时日，故特派员办公处于实行标售之外，复采平售、拍卖两方式，以期处理工作，得以迅速完成。总计标售收入，约值国币陆亿元以上。

鲁豫晋区接收产业之标售，曾拟订“标售敌伪工厂暂行办法”及各机关分担工作大纲等，以为工作之准绳。于六月份起开始，计标售工厂四十七家，以机器、化学、饮食品等工业，为数较多。至接收物资，则以外运、配售、价拨、拍卖四种方式处理之。如□□、生铁、人造丝等，运交上海区敌伪产业处理局办理；木棉、布匹、毛巾等日用品，配售公务人员教职员，学生及其他机关羊毛、□□、铁桶、洋灰、牛骨等物资价拨其他机关，一部分物资则公开拍卖平售。

自三月份至五月份处理物资，计值七，三五□，三九二，六〇四元，六月份计七三六，四八六，七一二元，七月份计三四，九六七，三九二元，八月份计一，一二八，七九五，八三八元，总计处理物资，总值一百亿元。

粤桂闽区接收资产，其规模过小，残缺过甚，难于整理之工厂，及敌遗之物资，均先后移请处理局核定，分别出租拍卖或标售。工厂部分，以广州居多，物资部分，以海南岛较多，因均在处理期间，一部工厂已先行复工，一部未决定具体办法，故作复工或保管计算，至零星物资，均略而未计。

台湾区接收产业，除大部移管外，尚有一百五十三单位，移送接收委员会所设置之日产处理委员会，分别标售或承租，惟在未处理之前，均已先后复工，以免生产中断。此项标售工厂，以化学、机器工业为多，公司行号，亦达二十二单位。

兹将各区标售产业列表如后：

业别 区别	共计	工厂										矿场	电气事业	公司行号					
		冶炼	机器	五金	电气	化学	纺织	服饰	饮食	印刷	杂项			农	矿	工	商	交通	其他
总计	480	9	63	18	12	126	45	28	89	3	48	9	/	1	/	15	9	1	4
苏浙皖	209	7	18	10	8	61	30	23	31	/	13	/	/	/	/	1	2	1	4
湘鄂赣	29	/	/	1	/	3	1	1	21	/	2	/	/	/	/	/	/		
粤桂闽	/	/	/	/	/	/	/	/	/	/	/	/	/	/	/	/	/		
鲁豫晋	41	/	13	/	/	12	5	1	10	/	6	/	/	/	/	/	/		
冀察热绥	42	1	5	4	/	16	/	1	10	1	4	/	/	/	/	/	/		
台湾	153	1	27	3	4	34	9	2	17	2	23	9	/	1	/	14	7	/	/

观上表，可知各区接收产业标售情形。其已办妥者固多，而大部均在逐步进行中，如粤桂闽区，进行尤缓。至各区标售数，以台湾区最多，估百分之四十六。次为苏浙皖区，估百分之三十；鲁豫晋区估百分之二十二；而以冀察热绥、粤桂闽二区较少。以业别论以饮

食品工业较多，占百分之七十，次为化学工业、电器工业、机器工业，均占百分之二十以上，惟标售之工厂，多属小规模之单位耳。

(四) 发还

依照"收复区敌伪产业处理办法"规定，凡产业原属本国盟国或友邦人民所有遭敌伪强占没收，或强迫收买合作者，均由本部特派员办公处先行接收，一俟申请经查明确证据者，发还原主，惟原料成品及增益设备收归国有，分别标卖。倘接收之厂，原属敌产，而在胜利前由国人善意盘□者，一经查明，亦准发还。至发还手续，经敌伪产业处理局审议决定，交由本部特派员办公处办理，经原主缴齐清单及接收费用后，分别发还。

苏浙皖区接收之产业，决定发还者，计二百零四单位，其已办完发还手续者，计一百四十四单位。除公用事业，如电厂、电车、自来水等早已发还原主迅行复工外，余正办理进行中。发还之产业，以化学工业为最多，次为纺织工业及机器工业。

湘鄂赣区接收产业，决定发还者，计六十五单位，内包括盟商产业，如美孚洋行，慎昌洋行，亚细亚德士古等二十四单位。唯该区敌伪产业之处理，亦由本部特派员办公处负责兼任，非如其他区域之由敌伪产业处理局专管审议者然发还工作，有涉及产权之移转纠纷，无论属于盟国或本国人员，均不易觅取确实证据，以致办理发还颇感困难。

鲁豫晋区接收产业，经决定发还者，仅有冀鲁制针工厂，嵘山烟草公司，天隆造纸厂等三单位，均经原业主检具确实证件，提交处理局审议决定发还房地产，至增益部门，收归国有。

粤桂闽区接收产业，经决定发还者，亦仅有光阻电器厂，大生铜厂，协兴冰厂等九单位，以化学工业之四单位为最多，此外民有房屋，经决定发还者，为数达一百以上，均未计入。

冀察热绥区接收产业，经决定发还者，计有开滦煤矿、启新洋灰、永利精盐等十六单位，亦以化学工业之七单位为较多。

台湾区接收产业，经决定发还者，仅一单位。盖因台湾在敌人数十年经营之下，一切大规模企业，均归国营专卖，故合于发还规定者，绝无仅有也。

兹将各区发还产业数列表如后：

业别 / 区别	共计	工厂										矿场	电气事业	公司行号					
		冶炼	机器	五金	电器	化学	纺织	服饰	饮食	印刷	杂项			工	矿	电	商	交通	其他
总计	298	11	33	10	9	69	49	1	38	3	13	7	20	3	3	2	19	8	/
苏浙皖	204	8	29	8	9	51	33	1	23	1	13	/	15	/	2	2	2	7	/
湘鄂赣	65	1	1	/	/	5	12	/	14	/	/	6	4	3	1	/	11	1	/
粤桂闽	9	1	2	/	/	4	1	/	/	/	/	/	1	/	/	/	/	/	/
鲁豫晋	3	/	/	1	/	1	/	/	1	/	/	/	/	/	/	/	/	/	/
冀察热绥	16	1	1	1	/	7	3	/	/	2	/	1	/	/	/	/	/	/	/
台湾	1	/	/	/		1	/	/	/	/	/	/	/	/	/	/	/	/	/

观上表，可知各区产业发还情形。各区发还者，在各区处理情形中，所占比例，仅百分之十三，即如发还最多之苏浙皖、湘鄂赣二区言，仅占百分之三十四及三十，至如鲁豫晋、台湾二区，仅占百分之一点四及零点三耳。盖八年来敌人在我沦区，对我经济事业，作有计划之侵夺搜刮，故接收之产业，几大部为敌伪所有，分别作移管标售及直接经营之处理，台湾一区，此种现象，尤属明显。

（五）保管

各区接收产业，其性质已确定者，均已依照“收复区敌伪产业处理办法”之规定，分别处理。其有性质未明，处理办法尚未十分决定者，均暂时由特派员办公处指派驻厂人员，负责保管，一方斟情形，恢复生产，一方尽速设法处理以期迅赴事功。近各特派员办公处已先后结束，此项保管产业均已分别予以处理，唯在本部尚未接到报告或报告未注明处理办法以前，暂以保管一项，将处理办法未定或不明者，统予列入。综计各区保管之产业，共五百四十九单位，有如下表：

区别＼业别	共计	工厂										矿场	电气事业	公司行号					
		冶炼	机器	五金	电器	化学	纺织	服饰	饮食	印刷	杂项			农	矿	工	商	交通	其他
总计	549	11	41	36	11	94	36	8	42	7	20	17	3	19	12	47	101	6	62
苏浙皖	70	2	9	2	1	16	16	/	8	/	3	2	1	/	6	/	/	2	2
湘鄂赣	23	1	1	/	/	5	1	/	10	/	1	1	2	/	1	/	/	/	/
粤桂闽	159	/	/	2	/	/	6	3	/	5	/	1	/	17	/	16	49	/	60
鲁豫晋	90	/	7	2	/	28	3	/	2	/	9	13	/	/	/	10	15	1	/
冀察热绥	231	8	24	30	10	45	10	5	22	2	7	/	/	2	5	21	43	3	/
台湾	/	/	/	/	/	/	/	/	/	/	/	/	/	/	/	/	/	/	/

观上表，可知各区接收产业之未经决定处理办法或处理办法未明者。总计此项产业，占产业总数四分之一，如包括东北区全部处理方法未明者在内，几占百分之四十矣。如执此观，而断定各区处理工作进程之缓殊属武断。盖各区保管产业大部逐渐处理，第以报表寄达需时，而报表内容又未将处理办法详为说明，有以致之。且保管期内，各厂多已规复工，即就表内所列五四九之数以言，其已开工者，即达一百单位，其他未能复工者，多为客观困难所限耳。容俟下节详陈之。

第五节　复工情形

此次接收产业中，凡属战前由政府经营，或敌伪在收复区之产业，以及国人自愿与敌伪合办之产业，一概收归国有，中央对此项产业于接收以后，尽速督导复工，顾以各区厂矿，沦陷时期，敌伪虽曾锐意经营，然自盟军逐步进攻，敌伪深感交通不便，原料缺乏，以致各厂生产半陷停顿。及至敌人宣布投降，所有事业几全部停顿，故接收处理以后，恢复复工，其重要性也弥甚，而其困难也特多。以言复工，首须求交通之畅达，原料之无缺，销路之旺盛，始可顺利推进。试就原料而言，上海一隅，如将接收工厂全部复工，则每月所需原料、燃料及电力数量，已堪惊人，均须预为筹划，妥谋解决，方足以言复工生产，本部有鉴及此。故紧随接收工作之后，即致力于原料、燃料电力之供给，以期供应无虞。第一，关于原料之筹划，各地原料因战事之关系，产量锐减，未能充分供应，如棉花一项，吾国目前产量，仅足需要量三分之一，政府为应付急需，经向美国订购大批原棉，以资分批运用，一面加强购运国棉，以利增产，如上海一区，三十五年一至七月，已运来外棉一百三十八余担，国棉四五万担，预计年内收到八十万担，再如江浙等省桑株，战时摧毁，为数甚巨，蚕子数量，亦大感不足，已设法向日本运来桑苗二百〔?〕株，蚕种三百万克，以助丝业之复兴，次如烟叶、植物油子、工业用盐、硫化铁、硫酸烧碱等主要原料，亦在逐步计划购运之中。第二，关于燃料之运输，因胜利以后，各地交通之迭遭破坏与各地煤矿之尚待整理，故重要工业区，多感煤荒，本部为统筹京沪各地之煤焦供应，经于三十四年间，成立上海区燃料管理委员会，向美国订购船只，租借轮舰，又由军队保护陆上运输，自秦皇岛基隆、连云港、天津、青岛各地抢运煤斤，一方积极恢复开滦、淮南、华东、长城、抚顺各煤矿生产，以裕煤源。至武汉方面，责由煤焦管理处极力设法，向重庆、万县、醴陵、湘潭等地购运，就目前情形以观，燃料问题，差可解决。第三，关于电力之供应，各地煤焦苟能源源接济，则电力自可充裕无虞。目前，上海水电厂，均已先后供电，天津、北平、大冶、唐山、石家庄各电厂，亦已积极整顿，先后供电，至南京、青岛、武昌等地，电力足敷供应。台湾电力株式会社，因战时炸毁，损失过多，经资源委员会接收整理，亦已开始供电矣。

收复区工厂之复工，以苏浙皖区办理最早，接收之工厂，在敌伪产业处理局未决定处理办法期间，均视其设备及原料供应等情形，次第规划复工，并设立上海敌产机械工厂，化工工厂，造纸工厂，纺织工厂等四复工指导委员会，分别主持进行，后纺织复工指导委员会所经营之纺织工厂，移归中国纺织建设公司，其他三机构，仍为复工经营之指导机关。至复工工厂，以纺织厂最早，在纺织复工委员会主持之下，在三十四年十月间即已开始，自本年度一至七月份止，已生产棉纱一一六，九二一件，棉布一〇五，三五七，八八一码，毛纱八一七，八〇八磅，毛织品六〇五，三三五码，麻布三一四，七三〇码，至其他布匹呢绒、麻绢服饰品等，产量亦颇可观。次如机器、五金、电器、冶炼等工业，由机械复工委员会主持于去年十一月间，先就先亚钢业厂，白亚钢业厂，大陆炼铜厂，昌和制作所等十余厂，先行复工，目前每月可供应铁钉一千五百吨，铁斤铁条等一百余吨，复工委员会主持，亦于去年十一月间，先就扬子蛋业冷藏株式会社，东亚酒精酿造株式会社，武田药厂，上海皮厂，瑞新淀粉厂等十余家，先行复工，主要产品为酒精、橡胶品、水泥、药品、面粉、酿酒、调味品等。至造纸工业，则另由造纸复工指导委员会主持，计已复工者，有天章造纸厂东西两厂，大中华制纸株式会社，金星造纸厂，江南造纸厂一二两厂，樱井兴业株式会社等七家。自三十四年十月份至三十五年六月份各种纸张产量，为感光纸四〇八九卷，白报纸连史纸等一八七五六五令，卷筒白报纸一百八十万磅，灰板纸等一〇八吨，如折合“吨”数计算，则去年六月份至十月份产量，为四千一百余吨。目前除直接经营复工者五十单位外，尚有移管后复工七十单位，标售后复工四十单位，发还复工六十九单位，以及保管期间复工者八单位，共计二百三十六单位。

湘鄂赣区接收产业，经特派员办公处督导复工者，以华中水电公司汉口分处最早，余如第一纱厂、既济水电公司、武汉水电厂、英商电厂、大冶电厂、南洋兄弟烟草公司、平安酱油厂，及经该处分配厂址协助开工之内迁工厂等，计共十余单位。中华水厂等十余单位，亦已陆续筹备复工。至其余各厂，一俟运输正常原料机器零件到达，亦可期逐渐恢复。至湘省方面，中湘、湘江、醴陵、云湖等较大煤矿，均已先后复工。唯受运输影响，产销连系，殊感困难，且以复工所需资金，调拨困难，以致复工计划，未能完满完成。目前除直接经营复工六单位外，尚有移管复工二十八单位，标售后经复工十一单位，发还后复工八单位，以及保管期间复工一单位，共计五十四单位。

鲁豫晋区接收产业，经先后复工者，计有青岛电厂、维新化学工业株式会社、岩木酱油酿造厂等三十四单位，与接收工厂总数一五二之比例。为百分之二十二，其比例似较小，但以本区工厂直接经营者甚少，且原料不能源源补充，成品不为市上需要，设备破坏，须加配备，规模较小，资金不易调度，往往使复工计划，横遭阻滞。该区为求迅速复工，曾将接收物资，移转运用，一方可加速复工，一方可加紧处理，其法诚足多者，计目前已复工者，除直接经营复工者三十四单位外，标售后复工二单位，移管后复工十九单位，发还后复工二单位，保管时期复工二单位，其生产量，如棉纱一项，自本年二月至七月，共为二万六千二百八十八件，棉布二千四百九十九尺。

冀察热绥区接收产业，经先后复工者，计门头沟等六矿场，燕京造纸厂，华北皮革等一百五十余单位，钢铁厂九单位，皆已停工，正认真整理中，石景山铁矿，规模甚大，正积极修理炉座，以备复炼。纱厂七单位，移归中国纺织公司经营者，业已全部开工，至未能复工之单位，多因原料缺乏，破坏过甚，以及产品不合国人需要，内部建设尚未完成所致。计现已复工者，直接经营复工五十二单位，移管后复工五十八单位，标售后复工二十二单位，发还后复工七单位，保管时期复工二单位，共计一百五十一单位，每月生产数量，煤炭四四四，〇〇〇吨，钢铁八百吨，重机械二二〇吨，精盐一〇八〇吨，棉纱二百万磅，棉布十五万尺，麻布八万码，麻纱七万磅，电力八万五千瓩，至其他次要产品则未列入。

粤桂闽区接收产业，为求迅速复工，一面派出技术及保管人员，勘察现状，处理物资，一面参酌各厂与地方环境之需要，及其设备情形。分别缓急，补充原料、器材，从速复工。至目前止广州区已正式复工者，有广州铁工厂，福大机器厂，丰田汽车厂，华南锯木厂，旗山钉厂等十五单位，补充器材正图筹备复工者四单位。海南岛已复工者十八单位，共计三十七单位，又东方、海口、三亚、浅野、石碌、田独等六电厂，亦已复工。此外移管后复工者五单位，发还后复工者八单位，均化学工业为多。

东北区接收产业，经敌人与苏军破坏甚烈，即如最主要之电力工业一项，经苏军拆运及破坏者，占十分之八九，仅余小丰满水力发电十四万瓩，及各处零星电力，其他工业设备，同受破坏，接收以后，筹备复工必须投入大量资本，积极培植工业人才，重建电力设备，发展农业，假以时日，方可恢复旧观，目下接收产业，收归资源委员会国营者，据该会钱昌照氏报告，计为东北电力局，抚顺矿务局，阜新、北票、西安等煤矿公司，鞍山钢铁公司，本溪湖煤铁公司，东北金属矿业公司，沈阳机车车辆公司，中央机器公司，中央电工厂，华北水泥公司，锦西厂等十九单位，所辖大小工厂甚多，约估东北重工业百分之八十云。至纺织工业因过去日本纺织工业发达，故东北基础脆弱，全东北不足七十万锭，植棉亦有限制，中纺公司为解除纺织工业之危机，以陆续运去棉花、布匹，以资补充。同时积极恢复，已达六成，可开动纱厂，十二万锭，预计可开至十八万锭。其未复工之厂矿，多以客观环境之困难，现正努力设法，打破难关，至已开工之厂矿，为九十七单位。

台湾区接收厂矿，大部移归其他机关经营，其由资源委员会接管经营者，除铜铝等矿及高雄炼油厂等，因战事损失甚巨，正积极整理复工外，其余接管之各项事业均已全部或大部复工生产，完全复工工厂，约占接收总数百分之六十，连同积极筹备复工者在内，为二百八十八单位，约占接收总数百分之八十七，如水泥工业，台湾原有高雄、苏澳、新竹三厂，每年可出产水泥三十一万吨，唯胜利以前，产量即已减低，接收以后，积极恢复，已自月产五千吨，增至九月份之月产一万吨。至电气事业，由资源委员会与台湾行政长官公署合组台湾电力公司，九月底止，发电十四万瓩，本年年底，可提高至二十万瓩。总计复工工厂，为直接经营复工者十一单位，移管后复工者一百四十六单位，标售后复工者一百三十一单位，共为二百八十八单位。

兹将各区复工产业列表如后：

业别 区别	共计	工厂										矿场	电气事业	公司行号					
		冶炼	机器	五金	电器	化学	纺织	服饰	饮食	印刷	杂项			农	矿	工	商	交通	其他
总计	858	24	103	33	18	291	135	7	99	22	51	36	35	/	2	/	2	/	/
苏浙皖	258	7	15	3	4	75	90	3	26	1	13	/	18	/	1	/	2	/	/
湘鄂赣	67	1	7	1	/	14	9	/	21	/	1	9	3	/	1	/	/	/	/
鲁豫晋	34	/	3	3	/	6	11	1	7	/	3	—	—	—	—	—	—	—	—
冀察热绥	62	2	7	4	/	24	1	1	8	5	/	5	5	—	—	—	—	—	—
粤桂闽	40	/	4	/	/	25	/	/	7	/	1	—	6	—	—	—	—	—	—
东北	105	8	21	16	3	39	7	/	1	/	2	6	2	—	—	—	—	—	—
台湾	289	6	46	6	11	108	17	2	29	16	31	16	1	—	—	—	—	—	—

附注：表内—表示“未明”。

观上表，可知各区接收产业复工情况。已复工者占接收总数百分之三十五，至各区复工情形最良好者，为台湾区及东北区，各占百分之八十七及四十。唯东北之复工单位，系指可能复工者而言，至目前已正式复工，当无此数。次为粤桂闽区及苏浙皖区，各占百分之四十及三十七，而以鲁豫晋区冀察热绥区成绩较差。以业别言，则以印刷，纺织，化学三种工业最多，各占百分之七十、五十二及四十八。次为机器、五金、冶炼三种工业，各占百分之三十七、三十三及三十。唯复工成绩之优劣，似不能概视复工单位数字为断，盖工厂之是否值得复工，须视其是否具备应有之复工条件以为断，第一，须存有相当数量之原料，如原料仅敷数日或十数日之用，不能源源补充，势必旋开工旋停工矣。第二，须制成品为市上所需要者，否则业务不佳，虽经复工，亦不能持久。第三，须工厂设备已全部完成，无须增加配备者，如须重加修整，则旷日持久，耗财弥巨。第四，须规模较大，合于经济原则。至复工之先后缓急，又须视周转金与燃料及原料之丰啬而定，故目前各接收产业，未能一一复工者，良以一部产业设备不完，原料缺乏，规模过小，资金短绌，与失外货倾销，销路呆滞，苟能就此诸端，妥谋解决，当能陆续复工，增加生产，是则尚有赖于政府与人民之密切合作积极建设者也。

〔国民政府经济部档案〕

11. 资源委员会关于接办台湾工矿事业进展情形及周年简报呈

(1947年7月22日)

资源委员会呈　资（36）业字第10965号
中华民国三十六年七月廿二日发

查日人经营台湾逾五十年，我国抗战胜利，台湾光复，所有日人经营之工矿均经经济部台湾区特派员办公处接收、监理，三十五年五月一部分事业，并经先后交由本会接办，各单位战时多经盟机战略轰炸，残破不完，甚至有完全停工者。本会依事业性质分别加以归并，改组为台湾电力、糖业、碱业、纸业、水泥、肥料、机械、造船等公司，及石油、铝业、铜矿三机构，共计十个单位，除铝业、石油及铜矿为本会独办外，余均与台湾省府合办。各项事业经本会接办后，当即加紧修复，重新经营，迄至本年六月底止，接办届满一年，各单位幸皆能于艰苦状况下，收拾残余，补苴修整，次第开工，理合将各单位一年来办理情形，撮其大要，制成“接办台湾工矿事业进展情形一览表”及“台湾事业分布图”，并将各别详情汇编为“接办工矿事业周年简报”各一种，备文呈齐二份，敬祈鉴核。谨呈

行政院院长张

计呈图表简报各二份

资源委员会委员长翁文灏[印]

本会接办台湾工矿事业进展情形一览表

事业名称	地址	分厂或分公司数	接收时期生产情形	目前生产情形
台湾电力公司	锦町		发电设备可用,容量48,000千瓦。	发电容量达195,000千瓦。
中国石油公司高雄炼油厂	高雄		日人战时兴建,本未完竣,且主要设备为空袭破坏甚多,并为日人移设南洋不少,早经停工。	每日处理原油8,500桶,生产汽油71,000加仑。
台湾机械造船公司	基隆	2	盟机轰炸厂房破坏机器摧毁甚多,且经年锈蚀,已停工。	一年来计 制造:船舶313吨工具机9部重油机2014马力其他机械值7,791,487台元。 配造:制糖机械57部。 修理:船舶72,881吨(三十六年一至四月)。
台湾碱业公司	高雄	3	主要设备被炸毁,停工。	日产固碱11吨,盐酸6吨。
台湾肥料公司	台北	5	接收五个单位,仅台湾电化会社罗东工场尚完好。	日产电石600吨、硫酸110吨、氰氮500吨、电极50吨、氮气2300立米、过磷酸钙500吨。
台湾水泥公司	台北	3	厂房机械被毁,日产水泥5,255吨。	日产水泥16,800吨。
台湾糖业公司	台北	区分公司4糖厂36	种蔗面积减至43,000公顷。34-35年产糖86,000吨。	种蔗面积扩展至87,436公顷。35—36年产量30,882吨。预计36—37年度可产糖300,000吨。
台湾纸业公司	台北	5	原各单位被炸,破坏惨重。接收时,仅台北一厂开工。	各厂随修随即逐步开工。最近可月产纸465吨、纸板338吨、纸浆143吨、蔗板25084张。
台湾铝业公司筹备处	高雄	1	完全停工。	本年完成炼铝4,000吨。设备明年正式开工。

续上表

事业名称	地 址	分厂或分公司数	接收时期生产情形	目前生产情形
台湾铜矿筹备处	金瓜石		接收前数年即停工，所有设备为日人移设南洋或遭破坏或受盗窃损失。	日产金矿砂200—250吨、沉淀铜150吨，含铜约50%。

资源委员会接办台湾工矿事业周年简报

八年抗战，赢得胜利，失土收复，台湾重光。日人盘据台湾数十年，对工矿事业积极经营，其规模之大，仅亚于东北。惟战时经盟国空军战略轰炸，破坏非浅，重要厂矿摧毁惨重，我国接收后，整理修复煞费心力，加以年来风灾频仍，为害亦烈。幸我在业员工淬励以赴，始得补残究缺，渐复旧观。

台湾原有工矿事业单位甚多，初由经济部台湾区特派员办公处接收派员分别监理，一部分于三十五年五月交由本会接办，本会依事业性质分别归并，改组为十个单位。(1) 台湾电力公司。(2) 中国石油公司高雄炼油厂及嘉义溶剂厂。(3) 台湾机械造船公司。(4) 台湾碱业公司。(5) 台湾肥料公司。(6) 台湾水泥公司。(7) 台湾糖业公司。(8) 台湾纸业公司。(9) 台湾铝业公司筹备处。(10) 台湾铜矿筹备处。除炼铝、石油及铜矿为本会独办外，其他均与台湾省政府合资经营。

接收事业之初期监理，本会即有甚多人员参加，锐意竭力修复。本会接办以后，一切措施仍本旧贯，尤注意把握时机，争取事功。当兹接办周年，谨将各事业日人经营时简况、战争破坏程度以及接收后修复开工之经过，分述如后：

(一) 台湾电力公司

甲、日人经营情形　台湾电力事业在日本统治时期由前台湾电力株式会社统一经营，成立发电所三十四处，装置发电量共约三十二万瓩，其间水力发电所大小二十六处，共约二十七万瓩，最大者为日月潭第一发电厂，计十万瓩，火力发电所八处，共约五万瓩，中以北部火力发电所为最大，以供枯水季节短期补充及临时应急之用。

输电系统因地形关系分为东西两系统，西部贯通南北，长三百七十公里，东部规模较小。东西联络线曾经兴工，惜未完成而中止，配电线路分布颇广，几迫会□。

乙、战时之损坏 台省电力设备，战时受美空军轰炸，日月潭第一第二两发电所被炸最烈，所有附属之变电设备全部炸毁，立变压器联络，变压器及油开关等亦被炸毁，导采管亦略波及。此外，北部发电所建筑物略受损伤，长春发电所及东部溪口发电所亦遭炸毁，其他变电所及输电设备之破坏，则所在多有损，随坏随修，影响亦大。

民国三十三四两年夏秋之交，会台遭空前风灾，继以普遍山崩，西部圆山天运碑万大之龙湾竹仔门社察甭各发电所均受损害，东部大小水力发电所八所受害尤烈，河床同沙石填塞抬高有盈十六公尺者，如铜门立雾第一厂，清水第二厂等，厂几全部毁坏，配电部分亦统有损伤。

在上述破坏情形下，台湾光复时，供电能力降低至四万二千瓩，未足供应需要，多数工厂因电力不足，加以原料缺乏，纷告停工。

丙、接收后修复概况 监理时期即浐督前会社员工星夜赶工修复，并将负荷较轻之变压器移设于日月潭应用，供当时全省电力需要，得暂时应付之力，发电因而减少，藉以节省煤斤之消耗。同时编装修复计划，分为二期，第一期自八万瓩增至十万瓩，期于三个月内完成，第二期自十万瓩增加至二十万瓩，期于一年内完成，第二期修复计划已于三十四年年底如期完成。圆山天运碑社察甭竹子门清水第二厂、雾社第一厂各水力发电所均陆续修复。

至公司成立后，修复工事进行变为积极，尤着重于日月潭西发电所，截至现在，已完成95%，预计日内全部竣事，变压器由一套增至五套，全台输电干线依照预定计划修整竣事，迄已统一用十四万伏复路高压供电。全省最大可能发电量已达十九万余，达战光复时约增五倍。

配电方面二次配电所及配电线路经先后修整，大部完竣，惟变压器电表殊感缺乏，无法完全补充，路灯则因各地市政尚在修整中，一时尚未全复旧观。

在努力修复之过程中，台湾复屡遭风灾，尤以九月二十五日一次为最严重，配电设备则损害甚重，负荷量跌至平时五分之一，幸抢修努力，五日之内各处均陆续恢复供电，深得各方嘉许。

（二）中国石油公司高雄炼油厂及嘉义溶剂厂

甲、日人经营情形　中国石油公司在台所属之生产单位，计有高雄炼油厂及嘉义溶剂厂二处。高雄炼厂，原系高雄本营前之日本海军第六燃料厂，专事炼油。嘉义溶剂厂，原系台湾拓殖株式会社化学工厂生产丁醇丙酮及酒精，在战时归日本海军管理，全部产品供给日海军作液体燃料及溶剂之用。

乙、战时之损坏　高雄炼油厂原系日人战时新建之军用燃料厂，卅四年春盟机轰炸渐趋活跃，但尚不剧烈。迨建设将竣，已届生产之期，轰炸随之转烈，第一蒸馏装置及蒸馏工厂附近五千吨之油箱，皆被炸毁，牛屏山西麓之外式油箱及满贮已炼之油中弹燃烧达二、三昼夜。至于房屋被炸毁者约占全体百分之五，日〔?〕液及而受损者占百分之七十，后因机件破坏，原油缺乏，在本会接收时，生产业已停顿，不能开工。

台湾拓殖会社化学工厂破坏亦重，该厂累被中弹燃烧，其中一次燃烧达七昼夜，至日人投降时止，主要原料仓库全部被焚，四座发酵作业场亦尽毁。此外资材仓库发酵至过滤室及实验室均受损害，讵机械设备亦多随之损坏。

丙、接收后修复概况　高雄炼油厂与卅四年九月开始兴工修复，将第一蒸溜工厂滑油工场先后修复。输油工程设备，原设于高雄海军军港，战时损坏颇多，除积极整修外，旋于卅三年十月决定利用高雄商港运输油料，以时间匆促，材料不及，曾与东北运来油管，并暂将军港六吋油管拆卸二根应用，迄至本年六日，完成之主要工作如下：(1) 完成管线三根，6 吋二根，4 吋一根，各长约十四公里。(2) 完成商港输油站泉房码头卸油等设备。(3) 完成二三，〇〇〇吨总油量之油池七座，正在进行工作者计有：(一) 码头油池十二座，总容量为三八，〇〇〇吨。(二) 5 吋油管一根，计十四公里。(三) 安装各项油泉浦，此外，给水部分电机设备亦均努力抢修，此均荦荦大者。赖员工用命，本年四月下旬，已开始炼油，所产油料品质优良。

嘉义溶剂厂，主要出品之丁醇，原供战时军用，成本甚高，不合平时之用，炸毁以来，迄未复工。嗣几经向国外接洽，拨创颇有成就，现拟就原生产量四分之一至二分之一复工，本年六月开始修理工作，年底可能局部复工。

(三) 台湾机械造船公司

甲、日人经营情形　机械工业在台湾整个工业系统中似略于辅助地位，其发达之程度尚未能与其他各业比拟。台湾机械造船公司，乃并合前日营台湾铁工所及台湾船业会社而成。

台湾铁工所原有之工厂，除马尼剌分厂外，有高雄东西两厂主要设备，有工具机三百七十余部，电动机、电机等二百部及起重机大小电炉熔铁炉等件，该厂出品以制糖机械为主要，战时期有员工三千人以上，为日人在台湾机械事业之巨擘。

台湾船渠会社有二厂三所，最大者为基隆之社寮马厂，其次为基隆之大所及高雄之复町町厂，主要业务为修理船只兼造小船，但造船能力年来发挥重心，仍有修理部分。主要设备，基隆有乾船坞三座，最大者长二一〇米，可容一万五千吨，船及〔可〕入内修理。高雄有斜船坞三座，工厂共有工具机一五〇余部，发动机等一二一部，起重设备、动力设备、电炉、熔铁炉均具备。

乙、战时大损坏　台湾铁工所及台湾船渠会社在盟机轰炸下，所有建筑物完全炸毁者约百分之三十，半毁者约百分之四十，轻毁者亦门窗全无，其极少数未直接被炸者，亦因历久失修而有损坏，非整个重建或大修，几无可用之房。房内机器经长期之风雨侵蚀，损坏甚大，亦须大加修整。轰炸期间房屋破坏，员工逃避，台湾铁工所于三十四年三月正式停闭，台湾船渠会社实际上亦陷停顿。

丙、接收后修复概况　三十五年五月，台湾机械造船公司成立，将前台湾铁工所改组为高雄机械厂，前台湾船渠会社改为基隆造船厂，修复工事在经济困难之下，已将建筑物修复十分之八九，且有一部分新建工程，机器设备修复十分之七、八。为维持工人生机，高雄厂在监理时期即局部复工，基隆厂未久亦已开工。截至本年四月，该公司在两处制造船舶七五三吨，重油机三四四〇马力，工具机十八部。此外，配造制糖机械一〇二件，修理船舶五四二，九七九吨，修理机车四部，其他机械制造约值一一，四四二，五〇九台元。

（四）台湾碱业有限公司

甲、日人经营情形　该公司现有三厂，高雄第一厂，台南第二厂，安丰第三厂。第一厂由前南日本化学工业株式会社与旭电化工业株式会社合并而成，南日设备原有电解槽一四〇套，整流器三个，盐酸及液气设备各二套，漂粉一套，最高月产量为液碱三四五吨，漂粉一八七吨，盐酸三八吨，氯酸钾四点七吨。旭电化计有电解槽一六〇套，整流器四个，炼铁电解槽三〇套，最高月产量为固碱五七吨，盐酸四二吨，液气二点二吨，金属铁三三八吨。

第二厂以钟渊会达工业株式会社台南工场为前身，原有设备计为水银电解槽八八套，整流器二个，以及盐酸液气漂粉热碱及氧溴各设备。最高月产计为固碱八二吨，漂粉三〇吨，盐酸三〇吨，液气二五吨，溴素二五吨。

第三厂系由日本化学工业株式会社附设之定平北门布袋二工场合并而成，原有盐卤提炼副产品设备，最高月产量为溴素二吨，硫酸铁三二点三吨，氯酸钾二吨，氯化铁二点五吨，真空盐二七点五吨。

乙、战时之损坏　以上日本各厂战时均遭盟机轰炸，内日本化学工业株式会社受损较轻，旭电化则主要设备受损惨重，难以复工，遂将其剩余设备拆除，以补充南日本会社合并成为第一厂。钟渊会达台南工场，在三十四年一月至四月间，连遭轰炸，损失巨大，主要机件水银、整流器均遭炸毁，日本投降时，业已停工。安平北门布袋各工场在战争末期，因受盟机破坏停工，机器管件饱受风雨侵蚀，大部锈烂，不能使用。

丙、接收后修复概况　第一厂自监理期间开工以来，利用剩余器材仅日产烧碱三吨，其后运输改进，增至日产六吨。卅六年二月间，旭电化拆张之电桥装修完成，经试工后，而算顺利，现可日产固碱八吨以上。第二厂接收后兴工修复，昼夜不息，至三十五年十二月间复工生产，目前日产固碱三吨，盐酸六吨。第三厂接收后，即筹划复工，惟时值所需仅自台益公司购得者，计百余吨，局部开工提炼石膏、氯化钾等。三十六年五月海水提溴工厂，整修完竣，乃试车开工，若第二厂盐田能充分供给，共计当可达日产溴零点二五吨。

（五）台湾肥料公司

甲、日人经营情形　台湾肥料公司系由日营之台湾肥料、台湾电化、台湾有机合成及台湾窒素四会社合并改组而成。前台湾肥料会社有基隆、高雄两工厂。基隆厂每年最大生产能力为过磷酸钙一五，〇〇〇吨及硫酸九，〇〇〇吨，高雄厂为过磷酸钙二七，〇〇〇吨及硫酸一三，〇〇〇吨。前台湾电化会社厂址在基隆，设分厂于罗东。基隆有四〇吨，弧发电炉二座一千立方公尺，液化空气器一座，西地生产能力为年产电石四万吨，氯化碱一五,〇〇〇吨,氧气六十万立方公尺。又前台湾有机合成会社在新竹,主要设备有弧发电炉二座,石灰器一座,原计划生产能力年为电石二二,〇〇〇吨。前台湾窒素会社系新创,以战争影响,未能依照计划建成,接收时,机械尚未制竣,乃一未完成事业。

乙、战时之损坏　台湾肥料会社房屋全部被炸,硫酸制造设备损坏百分之三十,制肥设备毁坏无存,台湾电化会社基隆建筑物损坏百分之二十,机器受损甚微,罗东工场大部尚完好,台湾有机合成厂房损失百分之二十,惟重要器材前由日本运台,途中被盟机炸沉。

丙、接收后修复概况　该公司接收上述四个单位,经归并改组为五个工厂。第一厂(电化)及第二厂(肥料)均设基隆,系由前电化及台肥两会社各厂基隆工场改组成立,第二厂设高雄,即前台肥会社之高雄工场,第四厂设罗东,即前电化会社之罗东厂,第五厂设新竹,即前台湾合成会社之工场。自三十五年一月起,各厂次第开工。起初月产电石三五〇吨,目前各厂可月产电石近六万吨,氢氮五〇〇吨,氧气二,三〇〇立米,过磷酸钙五〇〇吨,66°Be 硫酸一一〇吨,电机 50 吨左右。

按台湾过去肥料消耗,年在六十万吨以上,省内工厂之生产量远不及此。该公司近定五年计划,冀使本省肥料供求能渐趋平衡,其第一年生产量预定为氮肥一二,〇〇〇吨,硝肥四,二〇〇吨,第五年可达氮肥二二〇,〇〇〇吨,硝肥三五,〇〇〇吨。

(六) 台湾水泥公司

甲、日人经营情形　台湾在日人统治时代,高雄有台湾水泥株式会社,苏澳有化成工业株式会社,竹东有南方工业株式会社,皆以制造水泥为业。光复后,此三会社由本会接收合并,组成台湾水泥公司。台湾水泥株式会社,原系日本浅野水泥株式会社高雄工场,创于民国四年,有旋窑三座,生产能力为每年三九四,〇〇〇吨。二十六年改组易名,该社就原有机器厂屋继续经营,为台湾水泥业之巨擘，但其最高实际产量为二三〇，〇〇〇吨。化成工业株式会社于民国三十一年开工，是年七月，风灾损失巨大，几频破产，会社当局力谋复兴，至卅三年九月，重建工程完竣，生产情形始入佳境。南方工业株式会社创立于民国卅一年，至日本投降时，工程仅完成百分之六十弱。

乙、战时之损坏　台湾水泥株式会社生产能力原为三九四，〇〇〇吨，但在战时迭遭空袭损坏，兼之机器使用已达三十余年，陈旧失修，产量锐减，迄至日人投降时止，月仅产三，六〇〇余吨。化成工业株式会社在三十二年六月重建完成后，最高产量曾月达七，五〇〇吨，翌年盟军空袭时，受损失，渐减至月产一，六五五吨。南方工业株式会社，原为战时新建而未成者，在建厂期中，亦迭遭空袭，机器厂房均遭损害。

丙、接收后修复概况　各厂监理接管后，一面维持可能生产，一面积极修整，并继续未完工程。高雄厂产量由每月三，六〇〇余吨增至一〇，〇〇〇余吨。竹东厂未完建厂工程，经积极赶修，于三十五年六月底大部竣事，七月初开始生产，惜因原石运输困难，未能发挥生产能力。苏澳厂接收后，产量亦见增加，不意六月、九月飓风两度为灾，房屋全部毁损，生产几陷停顿，幸赖员工积极抢修，十一月底即已修复开工，十二月生产竟达六千八百余吨，较台湾三厂规模冠于全国，惟是机器设备均须改善，始克恢复产能，经本会延聘美国专家设计改善计划，共须资金二百八十余万美元，大部业已筹措有着，所购机件本年内可陆续运达安装，预计明年度即可产达五十万吨，不但供应台省及国内迫切需要，且可大量外销，易歉外汇。

（七）台湾糖业公司

甲、光复前糖业概况　日人经营台湾糖业之机构，战前共有日糖兴业会社、台湾制糖会社、明治制糖会社及盐水溶制糖会社等四个单位，共辖有糖厂四十九所，蔗田面积达十六万七千公顷，铁路二千公里，资本金日金三亿元，产糖最盛时期，即民国廿七——廿八年年产糖达一百四十余万公吨，规模宏巨，居世界糖业第三位。

乙、战时衰落与破坏情形　三十年日人发动太平洋战争，初期军事颇获胜利，占领南洋各地，均为产糖区域，日人计划在南洋一带发展糖业，而在台湾增产粮食，大部蔗田改为稻田或种植其他粮食，蔗田面积因之逐年减少，至民国卅四——卅五年期间，甘蔗栽培面积当初预定尚有九万一千公顷，复因台湾总督府又下令废耕蔗田二万三千公顷，几余面积仅三万八千公顷。光复后，益以地方不靖，庶农多自由废耕且多，并食砍刈种植面积降及四万三千公顷。此外，由于盟机之轰炸，台南高雄、怡春、台东等产糖区域均受严重损害，损失庶糖达卅二万四千九百公顷，受到损害之糖厂，计达三十四所，其中破坏惨重者六厂，破坏较轻者二十一厂，小损者七厂，未受损者仅八厂。故在光复前台湾糖业即已一蹶不振，处处充满败落景象。生产方面，民国廿七——廿八年为最盛时期，生产量达一百四十八万公吨，自此以后，逐步衰退，卅年为一百十二万公吨，卅一年一百万公吨，卅二年八十八万公吨，卅三年三十二万公吨，急剧减少之趋势非常明显。迨至卅四年十一月，值卅四——卅五年期制糖期适由交接收监理，当督促原有员工榨蔗制糖工作颇顺利展开，但原料蔗质之劣实所罕见，致收获面积三万三千七百公顷仅制糖八万六千公吨，与最盛时期相较仅及十七分之一，但蔗无监理时期之抢救，恐并此区区亦不可得。

丙、接收后之复兴状况　复兴工作之第一步为蔗田之拓展。卅四——卅五年期间仅遗有蔗苗五千公顷。该公司据此作大量增产之基础，积极从事种蔗面积之推广，无如卅五年春季适达五十年来未有之亢旱，嘉南、大湖又因年久失修，蔗林枯死极多，卅五——卅六年期，植蔗面积遭受打击，仅推广至三万余公顷，本期(即卅六——卅七年期)截至本年四月底止，种蔗面积已达到八七，四三六公顷，如与蔗糖事业讨论会前预定面积八六，九二五中相比，已达百分之一〇〇点五九。复兴工程展开后，所有战时被炸之工场及仓库，均次第加以修整或重建，自营各线铁路所有路基炸毁、桥梁倒塌、枕木间断以及车站车库倒塌、车辆损坏者，亦正分别重建或修理等，欲将陈旧之机器逐步加以淘汰，新式之机器修整设法添置，自三十六年一月起至现在止，各项修整工作逐步推动。回顾三十五年春间，可以开工之糖厂仅十二，可见则完全修复者已有六厂，修竣50%以上者十五厂，预计本年年底制糖时该公司三十六所糖厂中有三十三厂可以开工，此外，年内虽可完成可储三十三万吨之仓库工程，继此经营，预计五年之内当可恢复年产百万吨之数目。

（八）台湾纸业有限公司

甲、日人经营情形　台湾纸业有限公司设于台北市，由纸业接管委员接来，规模最大造纸厂五处，即（一）兴业株式会社（台北罗东）。（二）台湾纸浆株式会社（台东大肚）。（三）盐水港纸浆株式会社（台南新营区）。（四）东亚纸浆株式会社（高雄水港）及台湾制纸株式会社（台北士林镇）分别改名为（一）台北厂；（二）台中厂；（三）台南厂；（四）高雄厂；（五）士林厂合并经营。此外，工拨来、花莲港林田山事务所改名为林田山营理处，专事造林，以裕纸浆来源。以上各厂处在日本掌操时，纸及纸浆产量约二万余吨，除本岛自用外，一部分销售于南洋、暹逻、日本本土及我国之东北四省。

乙、战时之损坏　太平洋战争爆发后，台湾广遭盟机轰炸，以上各厂处房屋机件损坏最烈，尤以台北、台中、台南、高雄四厂为尤甚，加以外洋封锁，原料方面缺乏优良茶品，如烧碱、漂白粉、松香、明矾等材料方面缺乏，铜丝布匹毛毯等均难供应，故当日人投降时，各厂除台北厂外，皆陷停工状态。

丙、接收后修复概况　光复后经济部台湾特派员办公处监理纸厂十六家，至卅五年一月间已有十五家局部复工，四月间监理程序结束，成立纸业接管委员会，将上述兴业株式会社等五家划为台湾纸业公司。该公司于五月一日成立，一面加强修复工程，一面从事生产，迄至五月底为止，厂屋机械修复已逾十之八九，各厂在极端困难中已共生产纸浆四二八吨纸及纸板七，一四〇吨，蔗板一三二，二五九张，三十六年预计产纸八，三六〇吨，纸板四，五〇〇吨，纸浆四，三七〇吨。

（九）台湾铝业公司筹备处

甲、日人经营情形　台湾铝业公司现尚在筹备时期，由本会设立筹备处以主持其事。该公司系以日本铝业株式会社之高雄、花莲二工场为基础，该会社成立于民国廿四年六月，同年创设高雄工场，期年而成，至廿五年已生产铝锭二百余吨，自是逐年扩充，廿六年规模粗具，已生产至二千七百余吨强，至三十年蔚为大观，已可年产铝氧三万五千吨，铝锭一万二千吨。

花莲港工场兴办较迟，民国二十七年着手，至三十年年底局部开工设计，年产量为铝锭一万一千吨，设备完成至九千吨，但实际仅达三千余吨。

乙、战时之损坏　高雄工厂自民国三十二年起生产量即趋低落，卅二年盟机轰炸剧烈，铝锭产量跌至七，九九〇吨，卅四年三月三日遭美机多架集中轮流轰炸，主要设备损坏实多，被迫停工，是年仅产铝锭五九二吨而已，花莲港工场于民国三十三年八月间，因水力发电厂被大水冲毁，短期内难望修复，同时盟机轰炸，损失亦重。

丙、接收后清理概况　光复后上述工场皆由我政府派员监理，当令日人在凌乱之瓦砾堆中从事整理。卅四年五月台铝公司筹备处成立，七月一日正式接收高雄工厂，设备及环境皆优。花莲港工场根基较差，水电设备又已冲毁，恢复维艰。该处现正集中力量拟先修复高雄场，该厂房屋修整工作已完成面积九〇，七八八平方公尺，约为原建筑物百分之九十，机械修配亦完成大半，现已开工部分，计有（1）路融工厂，（2）低周波电线及翻铸设备，（3）回收工场等。电气设备亦部分修复，可供目前足用之电力。本年拟先完成纯钴四千吨之计划，明年一月，当可正式出货。如与加拿大合作谈判成功，第一期计划当以年产铝氧一万六千吨，铝锭八千吨为目标。

（十）台湾铜矿筹备处

甲、日人经营情形　台湾金爪石金铜矿于一九〇五年（即光绪卅一年）被日人发现，次年即设厂经营采炼粗铜，民国十二年，因世界经济不景气，铜价暴跌，炼厂停顿，直至民国二十二年日本矿业株式会社被买产权后，建立浮游法铜矿选厂、情化金矿选厂，始又兼营金铜两矿，历年所产矿砂及半制品悉送日本佐贺关，提炼金与铜。

乙、战时之损坏　日本在未投降之前，为应付战争，放弃产金政策，矿山各厂之机械设备被日军拆移甚多，且因海上交通阻断，资金周转困难，于卅二——卅四年金铜矿先后停工，机械锈蚀废不能开者甚多。战时盟机空袭矿山水南洞第五层、矿水收铜矿第二层，此设备全部毁坏，第七平发口顶端廿公尺处及靖化厂第八层滤过机一段被炸，损失均甚重，日人投降时期，矿山秩序极紊，所有器材及小型机械，盗窃损失也颇可观。

丙、接收后修复概况　三十四年十一月政府派员接收监理，三十五年三月蒇事，同年八月交由本会组织台湾铜矿筹备处，统筹修复，该矿停顿时间甚长，巷内倒塌不堪，经积极修理，至三十五年底计修四三六号东港，港道总长度约八公里，目前日产金矿砂 200 吨至 250 吨，选矿设备修整工事较繁，必需器材以限于经费未能充分购备，以致进行较缓。本年一月中旬，仅修复碎矿部一个系统、磨矿部两个系统，浮选场及溶选场等及一月下旬始克完成，日可处理金矿砂二百——二百五十吨，目前已可处理四百吨，又沉淀铜场原有设备第一、二、三、四、五号木槽，全长四，二六七公尺，因战事停工过久，槽池均积泥沙，板木大部朽烂。因材料缺乏，三十五年五月先修复第五号槽一座，同年七月开始生产，每月生产沉淀铜一五〇吨，含铜量平均百分之六十。

〔国民政府行政院档案二〕